KB135044

기후변화와 WTO : 탄소배출권 국경조정

김 호 철

景仁文化社

추 천 사

　정부가 2015년부터 국내에 온실가스 배출권거래제를 도입하기로 결정하였고, 이와 관련하여 다양한 쟁점들에 대한 연구가 활발히 진행되고 있다. 이 책은 이러한 온실가스 배출권거래제에 대해 WTO 규범이라는 통상법적 관점에서 제기될 수 있는 법적 쟁점을 파악하고 체계적인 분석을 시도한 것으로, 시의적절하고 유용한 연구라고 생각된다. 특히 GATT 제2조2항 국경세조정, 제3조 내국민대우, 제20조 일반예외라는 가장 기초적이고 고전적인 규율을 '기후변화'라는 새로운 주제에 맞추어 재조명한 점에서 주목할 만하다.

　'기후변화'는 현재 전세계의 가장 큰 공통 관심사항 중의 하나이며, 우리나라의 법제도하에서 기후변화 문제를 어떻게 다루는 것이 국제기준에 합당한 것인지에 대한 많은 연구가 필요한 상황이다. 서울대학교 법학연구소 법의지배센터는 이러한 도전에 대응하고자 지난해 '기후변화와 법의지배'라는 단행본을 발간하였다. 이 책에 뒤이어 WTO, FTA 등 각종 통상협상에 직접적으로 관여하고 있는 현직 외교관인 저자가 '기후변화'라는 다소 낯선 주제에 대해 관심을 가지고 폭넓게 연구하고, 그간의 실무적인 경험과 나름대로의 고민을 바탕으로 분석적 의견을 제시한 점은 본인에게 개인적으로 큰 학문적 성취일 뿐만 아니라 이 분야에 종사하는 다른 전문가들에게도 지적인 자극과 함께 실무에 유용한 지식을 제공하고 있다고 믿는다.

2011년 6월
장 승 화
서울대학교 법학전문대학원 교수

감사의 글

본고를 완성하기까지 많은 은사님들의 가르침과 배려가 있었습니다. 우선 지도교수님이신 장승화 교수님께서는 넓은 아량으로 제 부족한 실력을 보듬어주시고 논문의 전체적인 구성과 논리전개상 오류를 세심하게 가다듬어 주셨습니다. 진심으로 존경과 감사의 인사를 드립니다. 심사위원장을 맡으신 신희택 교수님께서는 법학전문대학원 박사과정 내내 이루 헤아릴 수 없는 많은 관심과 가르침을 주셨습니다. 지면을 빌어 다시 한 번 존경과 감사의 인사를 드립니다. 심사위원으로 참여하신 이재협 교수님께는 기후변화 관련 일반론을 꼼꼼하게 읽으시고 훌륭한 의견을 주신데 진심으로 감사의 말씀을 드립니다. 외부 심사위원으로 참여하신 고려대 이재형 교수님과 한양대 이재민 교수님은 높은 식견과 활발한 활동으로 평소 통상법을 공부하는 후배들의 존경을 받아왔으며 논문 심사위원으로 오셔서 훌륭한 의견을 보태주신데 깊은 감사의 말씀을 드립니다. 논문에 직접적으로 참여하시지는 않았지만 수업을 통해 법정책적 사고의 기본 틀을 심어주신 조홍식 교수님께도 깊은 감사의 말씀을 드립니다. 그리고 서울대 법학전문박사과정에 입학하기까지 진로에 대해 훌륭하게 조언해 주시고 뜻하는 바를 이룰 수 있도록 아낌없이 지원해 주신 안덕근 교수님께도 진심으로 깊은 감사의 인사를 드립니다. 그 외에도, 학업기간 동안 훌륭한 가르침을 주신 정상조 교수님, 정인섭 교수님, 박준 교수님, 석광현 교수님께도 존경과 감사의 인사를 드립니다. 그리고 저자의 글을 책으로 펴낼 수 있도록 지원해주신 서울대 법학연구소와 경인문화사 관계자분들께도 감사 인사를 드립니다. 마지막으로 늦깎이 학생의 아내로서 그리고 두 아이의 엄마로서 묵묵히 뒷바라지를 마다하지 않고 어려운 고비마다 힘과 용기를 불어넣어 준 사랑스런 아내에게 고맙다는 말을 지면으로나마 전합니다.

요 약 문

본고는 각국이 배출권거래제를 도입하면서 그러한 규제를 수입상품에 대해서도 적용하는 것이 WTO 규범상 허용되는지 여부에 대해 분석하였다. 특히 그러한 조치가 어떠한 조건하에서 가능한지에 대해 가상적인 국경조정 시나리오를 중심으로 살펴보았다.

기후변화는 인류가 공동으로 대처해야 하는 중요하고도 심각한 문제이다. 이를 위해 국제사회는 유엔기후변화협약, 교토의정서 등을 통해 온실가스 감축을 위해 노력해왔고 현재 2012년 이후 기후변화 대응체제 마련을 위한 협상이 진행 중이다. 그러나 각국별 온실가스 감축목표 및 설정방식에 대한 선진국과 개도국간 이견으로 인해 아직 합의를 도출하지 못하고 있다. 이러한 상황에서, 선진국을 중심으로 온실가스 감축을 위한 정책을 도입하려는 시도가 확산되고 있다. 그 대표적인 정책 중 하나가 '배출권거래제'로서, 사업자에게 탄소배출량에 상당하는 배출권을 제출하도록 함으로써 온실가스 배출로 인한 사회적 비용을 사업자의 사적비용으로 내부화하려는 조치이다. EU는 이미 2005년 배출권거래제를 도입하여 단계적으로 시행 중에 있으며 미국도 배출권거래제를 포함한 기후변화법안이 논의되어 왔다. 우리나라의 경우도 「저탄소 녹색성장기본법」 제46조에서 총량제한배출권 거래제도의 도입근거를 마련하였고, 정부는 국내에 2015년부터 온실가스 배출권거래제 도입을 골자로 하는 「온실가스 배출권의 할당 및 거래에 관한 법률안」을 국회에 제출한 상황이다.

배출권거래제 도입의 가장 큰 걸림돌은 자국 상품의 국제경쟁력 저하 및 탄소누출 우려이다. 이를 해결하기 위한 방안으로 수입상품에 국내상품과 동등한 수준의 탄소배출권 제출의무를 부담시키는 방식의 국경조정(border adjustment)이 필요하다는 주장이 제기되어 왔으며 실제로 미국의 Waxman-Markey 법안에는 그 구체적인 방안이 포함되기도 하였다.

이러한 탄소배출권 국경조정은 기후변화 대응을 이유로 하지만 일방적인 무역제한조치의 성격을 가지고 있기 때문에 국제무역규범상 동 조치가 허용될 수 있는지 여부가 상당한 논란이 되고 있다. 한쪽에서는 지구온도 상승을 산업화 이전 수준 대비 2℃ 이내로 억제하기 위해서는 적극적인 탄소배출 규제가 필요함을 강조하면서 그러한 대책인 배출권거래제를 효과적으로 이행하기 위한 탄소배출권 국경조정이 WTO 규범상 허용되어야 한다는 입장인 반면, 다른 한쪽에서는 탄소배출권 국경조정은 자국의 기후변화 규제를 교역상대국이 따르도록 강제하기 위한 일방적인 무역제한조치이므로 WTO 규범에 허용될 수 없고 '공동의 차별화된 책임' 원칙에도 위배된다는 입장이다.

본고는 분석의 편의상 수입상품에 대한 탄소배출권 국경조정 시나리오로 두 가지 경우를 가정하였다. 시나리오 1은 국내 배출권거래제와 동등한 수준의 탄소규제를 도입하지 않은 국가로부터 수입되는 상품을 대상으로 하여 해당 국가의 평균탄소배출량을 기초로 미리 산정한 국가별 탄소배출계수에 따라 탄소배출권 의무를 산정하는 방안이다. 미국 Waxman-Markey 법안의 배출권 국제보전제도가 유사한 사례라고 할 수 있다. 시나리오 2는 원산지에 따른 구분 없이 모든 수입상품을 대상으로 하고 국내 배출권거래제에서 적용하는 배출권 산정기준을 동일하게 적용하여 탄소배출권 제출의무를 산정하는 방안이다. 시나리오 2에서의 배출권 산정기준은 1단계로 상품별 탄소배출량을 측정한 개별기준치를 적용하되 자료가 부정확하거나 산정이 곤란할 경우 2단계로 자국의 지배적인 생산방식에 기초하여 탄소배출량을 추정하는 법정기준치를 적용하는 것으로 가정하였다. 분석결과는 다음과 같다.

우선 국경조치 관련 규율인 GATT 제2조와 제11조이 적용되는지 여부를 살펴볼 필요가 있다. 탄소배출권 국경조정은 수입과 관련하여 부과되는 제한조치이므로 제2조1항에서 금지하는 '과징금' 또는 제11조1항에서 금지하는 '제한'에 해당될 수 있다. 이에 대해서는 두 가지 반박이 가능할 것이다. 하나는 제2조2항(a)은 수입상품에 대해 "제3조2항에 합치되

는 방식으로 부과되는 내국세에 상당하는 과징금"을 부과하는 것을 허용
하고 있음을 근거로 탄소배출권 국경조정이 그러한 '국경세조정'에 해당
한다고 주장하는 것이고, 다른 하나는 제3조 주해가 "수입상품에 대하여
그리고 동종 국내상품에 대하여 적용되는" 조치는 제3조 적용대상으로
간주한다고 되어 있음을 근거로 제2조와 제11조 규율은 적용되지 않는
다고 하는 것이다. 제2조2항(a)과 관련, 동 조항을 원용하려면 배출권거
래제가 '상품'에 적용되는 '내국세'이어야 한다. 일반적으로 배출권거래
제는 '사업자'에게 '탄소배출량'에 따라 배출권 제출의무를 부과한다. 이
때 '사업자'에게 부과되는 의무를 '상품'에 적용되는 조치로 볼 수 있는
지, 상품 생산과정에서의 '탄소배출량'에 따라 부과되는 조치에도 국경
세조정이 허용되는지 여부와 관련하여 복잡한 논의가 전개되고 있다. 생
각건대, 법령상 '사업자'를 규제대상으로 하더라도 탄소배출권 제출의무
가 '상품' 생산과 실질적으로 연계되어 부과되는 것이므로 제2조2항(a)
국경세조정 허용대상으로 볼 수 있다고 본다. 다만 제2조2항(a) 국경세조
정 허용대상이라고 하더라도 그 자체로 협정상 허용되는 조치라고 할 수
없으며 제3조2항 합치의무가 반드시 검토되어야 한다. 다음으로, 국경세
조정 논의가 아니더라도, 탄소배출권 규제가 수입상품과 동종 국내상품
에 함께 적용되는 것이므로 제3조 주해를 근거로 제2조와 제11조 규율이
아니라 제3조 규율이 적용된다고 주장하는 것이 가능하다고 판단된다.
따라서 본고 분석대상인 탄소배출권 국경조정 시나리오에는 제2조와 제
11조가 적용되지 않는다고 본다.

다음으로 탄소배출권 국경조정 시나리오가 GATT 제3조 내국민대우
및 제1조 최혜국대우 의무에 합치하는지 여부를 살펴보았다. 제3조 내국
민대우 의무는 수입상품과 동종 국내상품에 동등한 경쟁조건을 제공하
라는 것이다. 제3조는 내국세 및 기타 내국과징금에 대한 규율인 제3조2
항(1문 동종상품, 2문 직접경쟁 또는 대체상품)과 국내 법규, 규정 또는
요건에 대한 규율인 제3조4항으로 구성되며, 탄소배출권 국경조정에 대
해 제3조2항1문, 제3조2항2문, 제3조4항 위반이 제기될 것이다. 제3조 분

석은 대상요건인 동종상품 분석과 행위요건인 차별대우 분석으로 크게 구분된다. 우선 동종상품 분석과 관련, 전통적인 방법론에 따른 동종상품 분석은 두 상품이 시장에서 경쟁관계에 있는지 여부를 객관적으로 확인하는데 초점을 맞추고 있기 때문에 탄소배출량의 차이를 이유로 물리적 특성이 동일한 두 상품간의 동종성을 부인할 수는 없다고 판단된다. 다음으로 차별대우 분석과 관련하여, 시나리오 1의 경우는 상품 원산지의 탄소규제 수준에 따라 차별적인 배출권 의무를 산정함으로써 수입상품에 대한 경쟁상 불이익이 주는 것이므로 제3조의 세 가지 규율에 모두 위반된다. 시나리오 2의 경우 수입상품과 동종 국내상품에 동일한 2단계 기준치를 적용하여 차별의 소지를 감소시킨 것으로 평가되지만 시장여건상 수입상품에게 실질적으로 경쟁상 불이익을 초래하는 경우라면 제3조의 세 가지 규율에 위반될 소지가 여전히 남는다. 한편, 제1조 최혜국대우 의무는 수입상품과 동종의 제3국 수입상품에 대해 동등한 혜택을 부여하도록 규정하고 있다. 시나리오 1의 경우 탄소다배출 국가산 수입상품에 비해 탄소저배출 국가산 동종의 수입상품에 대해 혜택을 부여하는 것이므로 제1조1항 위반에 해당된다. 다음으로 시나리오 2의 경우 탄소다배출 국가산 수입상품과 탄소저배출 국가산 동종의 수입상품간의 차별 문제는 없지만 '탄소배출량'에 따른 차등적인 의무부담이 문제될 수 있다. 다시 말해서, 모든 수입상품에 대해 동일한 탄소배출권 산정기준을 적용하더라도 특정국으로부터 수입되는 상품에 실질적인 경쟁상 혜택을 주는 경우에는 제1조1항 위반이다. 이러한 분석결과에 대해 본고는 '동종성의 역설'이라고 표현하였다. 두 상품간 '시장'에서 경쟁관계의 형식적인 동등성 확보에만 초점을 맞춘 결과 그러한 시장의 왜곡을 시정하기 위해 정부가 개입하는 정당한 조치가 허용되지 못하는 문제가 발생하였다는 것이다. 이러한 문제를 해소하기 위해서는 GATT 비차별대우 의무의 동종상품 분석에 있어 방법론을 보완할 필요가 있음을 지적하였다.

탄소배출권 국경조정 시나리오 1과 2가 GATT 제3조 내국민대우 또는 제1조 최혜국대우에 위반되더라도, GATT 제20조에 해당되는 경우 정당화될 수 있다. 제20조 분석은 각호 요건과 chapeau 요건의 2단계로 구분된다. 첫 번째 단계인 제20조 각호 요건 분석의 경우, 탄소배출권 국경조정에는 (b)호와 (g)호가 관련된다고 할 수 있다. (b)호 "인간, 동물 또는 식물의 생명이나 건강을 보호하기 위하여 필요한 조치" 관련, 수입상품에 대한 탄소배출권 국경조정은 인류에게 돌이킬 수 없는 재앙을 가져올 '기후변화'라는 위험에 대응하기 위해 필요한 조치라는 점이 인정될 여지가 있다고 판단된다. 다만 시나리오 1에서처럼 수입상품에 대해 원산지국의 탄소규제 수준에 따라 차별적으로 비용부담을 주는 경우에는 협정에 덜 위배되는 다른 합리적으로 이용가능한 대안이 존재하므로 (b)호의 '필요성 테스트'를 통과하지 못할 것으로 판단된다. 시나리오 2의 경우에도 (b)호의 필요성 테스트를 통과하기 위해서는 협정에 위배되지 않은 합리적으로 이용가능한 모든 대안들을 고려하여 조치를 신중하게 설계해야 한다. 다음으로 (g)호 "고갈될 수 있는 천연자원의 보존과 관련된 조치로서 국내 생산 또는 소비에 대한 제한과 결부되어 유효하게 된 경우" 관련, 탄소배출권 국경조정의 보호대상인 '청정대기'는 고갈될 수 있는 천연자원으로 인정될 여지가 크고, 탄소배출권 국경조정이라는 조치와 기후 안정화라는 정책목적간 밀접하고 진정한 관련성이 있다고 볼 수 있으며, 이러한 국경조정은 기본적으로 국내의 배출권거래제와 병행하여 시행되는 것이므로 (g)호 사유를 충족할 수 있는 것으로 판단된다. 즉 탄소배출권 국경조정 관련 시나리오 1과 2 모두에서 협정상 의무위반 정당화 사유로 (g)호를 원용할 수 있다고 판단된다. 두 번째 단계인 제20조 chapeau 요건 분석의 경우, 조치가 적용되는 방식에 따라 분석결과가 달라진다. 제20조 chapeau는 제20조 예외의 남용으로 인해 협정상 의무규정으로 부여된 다른 회원국의 법적 권리가 훼손되어서는 안 된다는 원칙에 기초하고 있다. 그간의 WTO 분쟁사례에 비추어 볼 때, 동 chapeau 요건은 수입상품에 대해 탄소배출권 국경조정을 적용함에 있어 자국의 탄소규제 기준을 다른 회원국에 일방적으로 강요한다거나 수입상품에 대해 자료검증이 어렵다는 행정적인 이유로 불리한 기준을 적용하는 등의 행위를 통제하는 역할을 해왔다. 이를 탄소배출권 국경조정 관련 두 가지 시나리오에 적용해 보면, 시나리오 1에서처럼 일방적으로 국가별 탄소배출계수를 미리 정하고 이를 기준으로 하여 탄소배출권 의무를 부과하는 것은 제20조 chapeau 요건을 충족할 수 없다. 시나리오 2의 경우에는 '기후 안정화'라는 정책목적에 따라 합리적인 방식으로 설계되고 수입상품과 국내상품에 동일한 기준을 적용하는 중립적인 조치이므로 chapeau 위반 소지가 적은 것으로 판단된다. 다만 그 구체적인 적용에 있어 위반 가능성은 여전히 남아 있으므로, 조치의 적용에 있어 수출국의 의견을 적극 수렴하고 기후변화 공동대응을 위한 양자 및 다자 협상에 진지하게 임할 것이 요구된다고 할 것이다.

결론적으로 수입상품에 대해 배출권거래제를 적용하는 것이 WTO 규범상 허용되는지 여부에 대해 일반화된 접근은 타당하지 않으며 조치의 구조와 적용방식에 따라 위반 여부를 개별적으로 살펴보아야 할 것이다. 상기 탄소배출권 국경조정 시나리오 분석에서 보듯이, 미국 Waxman-Markey 법안의 배출권 국제보전제도와 유사한 형태인 시나리오 1의 경우 GATT 의무에 위반되고 제20조 예외로도 정당화가 불가능한 반면, 수입상품과 동종 국내상품에 대해 동일한 탄소배출량 산정기준에 따라 동등한 수준의 의무를 부과하는 시나리오 2의 경우는 GATT 제3조 및 제1조에는 위반되지만 제20조 (g)호 예외로 정당화될 수 있다. 이는 국내적으로 배출권거래제를 도입하면서 수입상품에도 동등한 수준의 의무를 부과하는 방안을 고려할 수 있음을 보여준다.

목 차

제1장

서 론

본고는 각국이 국내적으로 배출권거래제를 도입하면서 그러한 규제를 수입상품에도 적용하는 '탄소배출권 국경조정'이 WTO 규범상 허용될 수 있는지 여부와 관련하여, WTO 협정상 적용될 규정들을 확인하고, 각 조항의 정확한 법적 의미에 대해 현재까지의 WTO 패널 및 상소기구 보고서에 나타난 선례를 살펴보면서 「1969년 조약법에 관한 비엔나협약 (VCLT: Vienna Convention on the Law of Treaties)」의 해석원칙에 의거한 분석을 시도하는 것을 목적으로 한다.

2011년 4월 12일 국내에 2015년부터 온실가스 배출권거래제 도입을 골자로 하는 「온실가스 배출권의 할당 및 거래에 관한 법률안」[1]이 국무회의에서 의결되었다. 2010년 4월 14일 시행된 「저탄소 녹색성장 기본법」 제46조(총량제한 배출권 거래제 등의 도입)에 따른 후속입법이다. 그런데 동 법안은 국내적으로 상당한 논란을 불러오고 있다. 법안을 주도한 환경부와 녹색성장위원회측은 정부가 정한 '2020년 전망치 대비 온실가스 30% 감축' 목표를 달성하려면 배출권거래제와 같이 경제적으로 실효성 있는 제도가 필요하다고 강조하는 반면, 지경부와 재계에서는 온실가스 배출권거래제가 시행되면 철강, 화학, 기계 등 온실가스 배출이 많은 국내 9개 업종의 매출이 연간 기준으로 최대 12조원 감소할 것이라는 우려를 보이고 있다.[2] 기후변화로 인한 지구환경에의 리스크에 효과적으로 대응하면서도 우리 업계의 우려를 적절하게 해소할 수 있는 타협점을 찾을 수는 없을까? 본고는 이러한 물음에서 출발한다.

'배출권거래제(ETS: Emission Trading System)'는 일반적으로 온실가스를 배출하는 행위주체에게 초기에 배출권이라는 권한을 할당하고 배출자는 배출량에 상당하는 배출권을 확보할 의무를 부담하며, 일정량을

---

1) 법안 정식명칭은 「온실가스 배출권의 할당 및 거래에 관한 법률안」 2011.4.15 국회 제출, 의안번호 1811514)
2) 최진석·주용석, "기업들 '목표관리제에 배출권거래제까지 … 二重苦'", 한국일보 2010.2.10)

사용하고 남은 잔여배출권은 배출권 거래시장에서 거래할 수 있도록 하
는 제도를 말한다. 이는 대표적인 기후변화 대응정책의 하나로서, 온실가
스 배출에 따른 사회적 손실을 기업의 비용으로 내부화함으로써 시장기
능을 이용한 탄소배출량 감축을 목적으로 한다.3) 그런데 온실가스 배출
권거래제의 규제대상은 기본적으로 국내관할권 내에서 배출행위를 하는
사업자이다. 이러한 규제정책은 현재의 글로벌 경제 환경에서 한 가지
커다란 문제점을 안고 있다. 바로 각국 규제간의 불균형(disparity) 문제
이다. 각국은 자국 상황에 따라 온실가스 감축목표수준을 정하고 있다.
기후변화 국제체제도 각국의 역사적 책임에 기초한 '공동의 차별화된 책
임(common but differentiated responsibilities)' 원칙에 기반하고 있으며 회
원국간 감축의무 차이를 인정하고 있다. 국가별 온실가스 감축목표수준
의 차이로 인해 각국이 추진 중인 기후변화대책의 내용과 수준도 천차만
별이다. 이러한 상황에서 국내사업자를 대상으로 배출권거래제를 도입할
경우 수입상품과의 경쟁력(competitiveness)의 상대적 저하 및 탄소누출
(carbon leakage)이 야기된다는 우려가 제기될 수밖에 없고, 이로 인해 산
업계의 강한 반발에 부딪치고 있는 실정이다. 일례로 우리나라에 배출권
거래제가 도입되어 국내상품의 생산비용이 10% 상승했는데, 중국에서는
그러한 규제가 없어 중국산 수입품의 가격은 아무런 영향을 받지 않는
상황을 들 수 있다. 배출권거래제 도입의 환경적 혜택과 정책적 당위성
만으로는 국내 업계를 설득하기 어려울 것이다.

'수입상품에 대해서도 배출권거래제를 적용하면 되지 않는가?'라는 반
문이 제기될 것이다. 이를 소위 '국경조정(border adjustment)'4)이라고 하

---

3) 온실가스 배출권 거래제도에 관한 법률 제정안, 제1조 (목적): 이 법은 「저탄소
   녹색성장 기본법」(이하 "기본법"이라 한다) 제46조에 따라 온실가스 배출권 거
   래제도(이하 "배출권 거래제"라 한다)를 도입함으로써 가격기능과 시장원리에
   기반을 둔 비용효과적인 방식으로 온실가스 감축을 추진하고 국내 탄소시장을
   활성화하여 국제 탄소시장에 적극적으로 대비하는 것을 목적으로 한다.
4) '국경조정(border adjustment)'은 WTO 협정상의 법적 용어가 아니라 수입상품에
   대해 국내상품에 부과되는 의무의 동등하게 부과하기 위해 국경에서 조정하는

는데, 만일 이러한 조치가 허용될 수 있다면 앞에서 말한 경쟁력 저하
또는 탄소누출의 문제는 해결될 것이다. 일례로, 미국 오바마 행정부 출
범 전후 배출권거래제 도입을 내용으로 하는 기후변화법안이 추진되면
서 탄소배출권 국경조정에 대한 논의가 활발하게 진행된 바 있다. 당시
미 산업계에서는 배출권거래제를 도입하려면 다른 국가의 기업과의 공
정한 경쟁여건 확보를 위해 국경에서의 탄소조정이 포함되어야 한다고
강하게 제기하였고, 2009년 미 하원을 통과한 Waxman-Markey 법안에서
는 탄소배출권 국경조정의 방안으로 배출권 국제보전제도를 두기도 하
였다.5)

　　탄소배출권 국경조정의 허용 여부에 대한 일반적인 인식은 기후변화
라는 정책적인 이유로 수입상품에 대해 일방적으로 부담을 가하는 조치
이므로 국제무역규범, 즉 WTO 규범에 위반된다는 것이다. 무역자유화
원칙 차원에서 일면 타당성이 있는 접근이다. 하지만 그러한 답변이 전
부인가? WTO 규범 해석상 탄소배출권 국경조정이 허용될 여지가 정말
없는가? 본고는 이러한 성급한 일반화와 단편적인 접근은 타당하지 않으
며, WTO 규범의 해석상 수입상품에 대해 배출권거래제를 적용하는 것
이 일정한 조건하에서 허용될 수 있다는 주장을 제시하고자 한다. 현

조치를 일컫는 강학상 개념이다. 학자에 따라 '국경세조정', '국경탄소조정' 등으
로 다양하게 표현하고 있고 아직 통일된 용어가 없는바, 본고에서는 분석의 편의
상 WTO 및 OECD 문서에서 사용되는 '국경조정'이라는 용어를 사용키로 한다.
WTO-UNEP, Trade and Climate Change: A report by the United Nations Environ-
ment Programme and the World Trade Organization (WTO-UNEP, 2009); OECD,
"Competitiveness, Leakage, and Border Adjustment: Climate Policy Distractions?",
by John Stephenson and Simon Upon, OECD Round Table on Sustainable
Development, 22-23 July 2009, SG/SD/RT(2009)/3 참조

5) 미국에서는 지난 11월 중간선거 패배 이후 오바마 행정부가 배출권거래제 도입
을 고집하지 않겠다고 하면서 탄소배출권 국경조정에 대한 논란도 사그라진 상
황이지만, 우리나라의 경우 배출권거래제 관련 법안이 이제 막 국회에 제출되었
는바, 경쟁력 저하 및 탄소누출 문제, 그리고 이를 해소하기 위한 탄소배출권 국
경조정이 국회 논의과정에서 중요한 쟁점이 될 것으로 전망된다.

WTO 규범이 기후변화에 대응하기 위한 국내정책을 수입상품에도 비차별적으로 적용하는 것까지 금지하는 것으로 해석되어서는 곤란하다는 인식에 기초하고 있다.

본고 분석을 통해 의도하는 바는 다음과 같다. 첫째, 탄소배출권 국경조정과 관련하여 WTO 규범상 적용되는 핵심 규율과 다양한 법적 쟁점들을 구체적으로 확인함으로써, 기후변화 대응을 위한 정당한 정책수단과 국내산업 보호를 위한 위장된 무역제한조치를 구분하는 법적 기준을 제시하고자 한다. 둘째, 정책당국이 배출권거래제의 국내 시행을 준비하는 과정에서 본고의 법적 분석결과가 도움이 될 수 있을 것이다. 기후안정화를 위한 정책적 노력이 필요하다는데 누구도 이의를 제기할 수 없지만, 자국 산업의 경쟁력을 낮추고 일자리 손실을 야기한다는 주장은 상당한 정치적 호소력이 있으며 이를 보완하기 위한 대책을 찾아야 하는 상황에 놓이게 된다. 우리나라도 저탄소 녹색성장을 향후 60년 국가비전으로 천명하고 나서 기후변화대책을 적극적으로 도입하고 있으나, 산업계에서는 이러한 적극적인 기후변화대책으로 인한 경쟁력 저하로 제조업 생산량 및 고용 축소가 우려된다는 반응을 보이고 있다. 이러한 상황에서 정책당국은 수입상품과 국내상품간 동등한 경쟁 여건 확보를 위한 정책적 방안을 고민할 수밖에 없으며, 본고가 제시하는 법적 기준은 국제무역규범에 합치하는 정책대안을 찾는데 도움을 줄 수 있을 것이다. 셋째, 이론적 측면에서 기후변화정책과 WTO 규범간의 연계 문제에 대한 법적 분석을 보다 활성화하는데 기여할 수 있을 것이다. 탄소배출권 국경조정의 문제는 기후변화와 WTO 규범간의 연계 논의에 있어 핵심적인 문제이며 각계에서 다양한 분석과 견해가 활발하게 제시되고 있다. 하지만 대부분의 경우 정책적 타당성 또는 경제적 효과에 치중하고 있으며, WTO 규범의 시각에서 상세한 분석을 시도한 문헌은 많지 않다. 또한 WTO 합치성 여부를 분석한 문헌도 국경세조정 논의에 치중하고 있는 것으로 보인다. 따라서 본고는 기후변화와 WTO 규범 관련 법적 분석에 미력이나마 보탬이 될 수 있을 것이다. 마지막으로, '기후변화'라는 글로벌 과제에 대응하여 'WTO 규범'이 국제사회의 규범으로서 적절성을 유지하기 위해 무엇을 어떻게 보완해 나가야 하는지를 확인하고 향후 WTO 협상에서 논의할 의제를 선정하는데 기여할 것이다. 탄소배출권 국경조정의 WTO 합치성 문제가 표면적으로는 다소 지엽적이고 기술적인 규범 해석의 문제로 보이지만, 그 기저에는 '기후변화'라는 환경적 가치와 WTO 규범이 보호하고자 하는 '자유무역'이라는 경제적 가치간의 갈등이 존재하고 법정책적으로 두 가치를 어떻게 조정할지의 근본적 문제가 내재되어 있다. 본고는 기후변화와 자유무역간의 상호지지와 균형 확보를 위한 법정책적 해답을 찾는데 일조하고자 한다.

본고의 구성은 다음과 같다. 제2장과 제3장은 도입 부분이다. 제2장에서는 기후변화와 WTO 규범간의 관계를 조망한다. 기후변화의 과학적 및 정책적 리스크와 국제규범 협상동향을 살펴본다. 2006년 스턴보고서와 2007년 IPCC 보고서를 기초로 지구가 정말 더워지는 것인지에 대한 과학적 설명과 그에 대한 반론을 평가하고, 기후변화 관련 국제규범으로서 기후변화협약, 교토의정서, 그리고 최근의 Post-2012 체제 협상에 대해 소개한다. 마지막으로 기후변화와 WTO간의 연계에 대한 논의를 살펴본다. 제3장에서는 본고의 분석대상인 탄소배출권 국경조정의 개념을 정의하고, 탄소배출권 국경조정의 도입 논거로서 경쟁력 저하 및 탄소누출 우려와 그에 대한 반박 견해들에 대해 소개한다. 또한 탄소배출권 국경조정이 각국의 기후변화 관련 입법에 구체적으로 어떻게 반영되어 있는지를 미국 기후변화법안, EU의 배출권거래제 관련 지침들, 우리나라의 배출권거래제 관련 법안을 통해 검토해 본다. 그리고 WTO 규범상 허용 여부에 대한 각계 의견을 살펴본다.

제4장부터 제7장까지는 본격적인 법적 분석을 시도한다. 제4장에서는 탄소배출권 국경조정이 실제로 도입된 사례가 없으며 다양한 유형의 조치들이 광범위하게 포함될 수 있음을 감안하여, 분석의 편의상 두 가지 유형의 가상적인 탄소배출권 국경조정 시나리오를 가정한다. 그리고 이에 대한 WTO 협정상 적용 법규는 무엇인지, 어떠한 해석론적 접근을 취

하는지를 소개한다. 제5장에서는 국경에서 양허관세 이상의 관세 부과 또는 수량제한을 금지하는 GATT 제2조 및 제11조 관련 분석을 시도한다. 특히 제2조2항(a)의 국경세조정 논의와 제3조 주해를 중점적으로 살펴본다. 제6장에서는 GATT 비차별대우 원칙인 제3조 내국민대우 의무 조항과 제1조 최혜국대우 의무조항 위반 여부에 대해 분석한다. 제3조 내국민대우와 관련해서는, 각 조항별 문언적 해석과 함께 일본-주세 사건, 캐나다-정기간행물 사건, 한국-주세 사건, 칠레-주세 사건, 도미니카 공화국-담배 사건, 멕시코-청량음료세 사건, 중국-자동차부품 사건, 미국-휘발유 사건, 한국-쇠고기 사건, EC-석면 사건, 미국-FSC(21.5조) 사건 등에서의 패널 및 상소기구 판정을 분석한다. 제1조 최혜국대우 의무 위반 여부의 경우, 문언적 해석과 함께 EC-바나나 사건, 캐나다-자동차 사건 등을 참조한다. 제7장에서는 탄소배출권 국경조정이 상기 GATT 의무에 위반되더라도, GATT 제20조의 환경 관련 예외를 통해 정당화될 수 있는지, 정당화된다면 어떠한 조건 하에 가능한지에 대해 구체적으로 살펴본다. GATT 제20조는 환경 관련 일반적 예외로서, "(b) 인간, 동물 또는 식물의 생명 또는 건강을 보호하기 위하여 필요한 조치"와 "(g) 고갈될 수 있는 천연자원의 보존과 관련된 조치로서 국내 생산 또는 소비에 대한 제한과 결부되어 유효하게 되는 경우"를 규정하고 있다. 또한 제20조 chapeau는 "동일한 여건이 지배적인 국가간에 자의적이거나 정당화할 수 없는 차별의 수단을 구성하거나 국제무역에 대한 위장된 제한을 구성하는 방식으로 적용되지 아니한다는 요건"을 조건으로 하고 있다. 미국-휘발유 사건, 미국-새우수입금지 사건, EC-석면 사건, 브라질-재생타이어 사건에서의 패널 및 상소기구의 판정을 기초로 탄소배출권 국경조정에 대한 제20조 분석을 시도한다.

마지막으로, 제8장에서는 상기 탄소배출권 국경조정 시나리오에 대한 분석 결과가 정책적으로도 타당한지 평가해 보고, 탄소배출권 국경조정 문제에 대응하여 WTO 차원에서 보완해나가야 할 사항은 무엇인지에 대한 필자의 견해를 제시한다.

제2장

기후변화와 WTO

'온실가스(GHG: Greenhouse Gas)'[1])로 인한 '지구온난화(Global Warming)'[2]) 또는 '기후변화(Climate Change)'[3])에 대한 국제적 관심이 확산되고 있고, 이러한 기후변화 문제에 대응하기 위한 다양한 정책적 아이디어가 시도되고 있다. 그 중 최근 가장 주목을 받는 정책은 기후변화에 따른 사회적 비용을 시장에서의 가격에 반영시킴으로써 경제주체들이 온실가스 배출을 감축하도록 유인하는 방안이다. 국내적으로 논란이 되고 있는 '배출권거래제'도 그러한 정책의 일환이라고 할 수 있을 것이다. 그런데, 이는 기후변화 대응이라는 비경제적 이유로 시장경제에 정책적으로 개입하는 것이기 때문에, 경제활동의 제반 분야에서 기존 규범적 틀과의 부조화 문제가 불가피하게 수반된다. 여기에서는 기후변화에 대한 국제적 논의가 지금 어떤 상황에 있는지, WTO(World Trade Organization) 규범 측면에서 기후변화 대응에 따른 새로운 도전은 무엇인지를 살펴보겠다.

---

1) "온실가스"란 이산화탄소(CO_2), 메탄(CH_4), 아산화질소(N_2O), 수소불화탄소(HFCs), 과불화탄소(PFCs), 육불화황(SF_6) 및 그 밖에 대통령령으로 정하는 것으로 적외선 복사열을 흡수하거나 재방출하여 온실효과를 유발하는 대기 중의 가스 상태의 물질을 말한다. 저탄소 녹색성장 기본법 제2조 제9호

2) "지구온난화"란 사람의 활동에 수반하여 발생하는 온실가스가 대기 중에 축적되어 온실가스 농도를 증가시킴으로써 지구 전체적으로 지표 및 대기의 온도가 추가적으로 상승하는 현상을 말한다. 저탄소 녹색성장 기본법 제2조 11호

3) "기후변화"란 사람의 활동으로 인하여 온실가스의 농도가 변함으로써 상당 기간 관찰되어 온 자연적인 기후변동에 추가적으로 일어나는 기후체계의 변화를 말한다. 저탄소 녹색성장 기본법 제2조 12호; 일례로 1990년부터 2000년까지 10년간의 강우량 패턴변화를 들 수 있으며, 특정 해에 관찰된 폭설이나 폭염 등의 기상현상은 기후변화와는 구별된다.

기후변화가 진실인가?

기후변화 관련 이슈를 논의할 때 가장 우선적으로 발견되는 인식 차이는 "기후변화가 진실인가?"에 대한 반응일 것이다. 환경 전문가들을 중심으로 기후변화 또는 지구온난화로 인해 야기될 인류의 재앙은 우리의 상상을 초월할 것이라는 우려가 제기되고 있고, 실제로 크고 작은 자연재해가 빈번히 발생하면서 이러한 우려는 점차 현실화되고 있다. 그러나 국제사회 전부가 인식을 같이 하는 것은 아니다. 다른 일부에서는 기후변화 또는 지구온난화는 과학적으로 완전히 증명될 수 있거나 현재의 임박한 리스크가 존재하는 것이 아니기 때문에 과학적으로나 정책적으로 상당한 불확실성이 있는 상황이며, 선진국들이 자국 이익 보호를 위해 이를 전략적으로 활용하고 있다는 시각으로 바라본다. 이러한 인식 차이로 인해, 각국의 정책적인 입장이나 대응도 대재앙적 결과를 가져올 리스크를 원천봉쇄해야 한다는 태도에서부터 미래의 기술적 해결에 맡기자는 태도까지 스펙트럼이 다양하다. 기후변화 관련 그간의 논의를 과학적 증명 측면과 정책적 타당성 측면으로 정리해보면 아래와 같다.

I. 지구온난화에 대한 과학적 사실

"지구가 정말로 더워지는 것일까?"라는 근본적인 질문에 대해, 그간 과학적으로 상당한 연구가 진행되었고 많은 보고서들이 제출되었다.

주로 인용되는 연구결과는 유엔 산하 기후변화에 관한 정부간 패널(IPCC)[1]가 발표한 보고서이다. IPCC는 1900년, 1995년, 2001년, 2007년

---

[1] 기후변화에 관한 정부간 패널(Intergovernmental Panel on Climate Change: IPCC)은 UN의 전문기관인 세계기상기구(WMO)와 UN환경계획(UNEP)에 의해 1988

에 보고서를 작성하였는데, 2007년의 IPCC 4차 보고서[2]는 지난 100년간 (1906~2005) 지구의 평균온도는 0.74도 상승하였고, 최근 30년간은 10년에 0.2도씩 가파르게 상승하였다면서, 수많은 동식물종들이 매 10년마다 평균 6km씩 극지 방향으로 이동하고 있고, 개화시기, 알 부화시기가 점차 빨라져가는 것 등을 예로 들었다. 그리고 현재와 같이 온실가스 배출이 지속될 경우 21세기말경 지구온도가 최대 6.4도 상승할 것으로 전망하였다. 지구온도가 6.4도 상승할 경우 해수면은 최대 59cm 상승할 것이며, 이로 인해 인도네시아의 18,000개의 섬 중 2,000개가 바다에 잠기고 남태평양의 군도국가는 지도에서 사라질 것이다. 또한, 온난화가 진행되면 그에 따라 강수량이 변화하고 각종 기상이변이 증가하게 되어 인간이 입는 피해는 훨씬 커지게 된다. 증발되는 수증기의 양이 증가하게 되고, 집중호우도 잦아지게 되어 가뭄이나 홍수 피해지역이 확산될 것이다. 기온이 상승하게 되면 태풍에 공급되는 수증기와 에너지가 증가하게 되어 태풍의 위력도 더 강해지게 된다. 해수면의 온도가 상승함에 따라 1970년대 이래 대서양에서 발생한 강력한 태풍의 빈도는 두 배로 높아졌다고 한다. 해수면의 수위도 점차 상승하게 될 것이다. 특히 서남극의 대륙빙하가 붕괴되거나 그린란드의 대륙빙하가 녹기 시작하면 해수면은 큰 폭으로 상승할 위험이 있다.

2006년 스턴보고서[3]도 비슷한 결과를 제시하고 있다. 이에 따르면, 대기 중 온실가스의 축적수준은 산업혁명 이전의 280ppm CO2e[4]에서 현재

년 "인간 활동에 대한 기후변화의 위험을 평가하는 것을 목적"으로 설립된 조직이다.

2) IPCC(2007), A Report of Working Group I of the Intergovernmental Panel on Climate Change: IPCC의 Rajendra Pachauri 의장은 보고서를 완성한 공로를 인정받아 2007년 노벨평화상 수상자로 선정되었다.

3) Nicholas Stern, *The Economics of Climate Change* (Cambridge University Press, 2006)

4) 탄소환산량(CO2e, Equivalent carbon dioxide): 온실가스에는 메탄, 프레온가스, 수증기 등 다양한 종류가 있는데, 이들이 각기 지구 온난화에 얼마나 영향을 미치는지를 측정하기 위한 단위에 해당한다. 각기 온실가스마다 방열효과(radiative

430ppm CO2e로 크게 상승하였으며, 이로 인해 지구온도가 0.5도 이상 증가하였고 기후체계의 관성력 때문에 향후 10~20년간 추가적으로 최소 0.5도 증가할 것이라고 하였다. 또한, 만일 아무런 온실가스 배출감소정책을 펴지 않는 BAU[5) 시나리오에 의하면, 2035년에 산업화 이전의 2배 수준인 550ppm CO2e에 이르러 지구온도의 상승은 2도를 초과할 것이며, 21세기말까지 온실가스는 3배 수준으로 증가하여 지구온도가 5도 정도 상승할 가능성이 크다고 전망하였다. 스턴보고서는 지구온난화는 전세계인들 삶의 기본요소인 물, 식량, 건강, 토지 등의 이용을 위협할 것이라면서, 구체적으로 지구온도의 2도 상승만으로도 생물종의 약 15~40%가 멸종할 수 있으며, 3~4도 상승시에는 2억 명이 해수면 상승, 가뭄과 홍수로 인해 이주해야 한다고 주장하였다.

그러나 이러한 연구결과에 대한 반론도 만만치 않다. 탄소배출에 의한 지구온난화의 정도와 영향에 대한 IPCC 보고서의 정확도 및 신뢰도 문제가 제기되고 있다. 일례로, 2035년경 지구온난화로 인한 히말라야 융빙현상에 대한 IPCC 전망은 과학적인 근거나 자료가 전혀 없이 단순히 1999년 New Scientist Magazine에 기술된 인도 빙하학자의 검증되지 않은 인터뷰 내용인 것으로 밝혀졌다. 또한, IPCC 보고서는 "네덜란드 국토 면적의 55%가 해수면보다 낮으며 GDP의 65%가 침수 위험에 직면한 저지대에서 나오는 것"이라고 했는데, 네덜란드 정부는 "국토 면적의 26%가 해수면보다 낮으며 이 지역에서 나오는 경제적 부가가치는 GDP의 19%에 불과하다"며 보고서 내용을 정면으로 반박하였다. 지구온도가 상승하고 있다는 결과도 검증되지 않은 모델에 의존한 것이라고 지적한다. 기후는 항상 요동치는 시스템으로, 1920년부터 1940년까지 온난화가 있었고 1940년부터 1970년까지는 냉각화가 있었다가 1970년부터는 온난화가 발생하였다는 것이다. 지구온난화 주장에 반대하는 과학자들은 현

---

　　force)가 다르기 때문에 어떤 온실가스 영향의 정도를 이산화탄소 단위로 변환하는 단위이다.

5) BAU: Business as usual. 강력한 온실가스 배출 감소정책을 쓰지 않고 현행 산업구조를 방치하는 경우를 나타내는 개념으로 사용된다.

재의 기후는 자연적인 기후변동 범위 내에 있으며 기후변화는 정치적 목적으로 가공되었다는 내용의 공동보고서를 2009년 3월 미국 상원 청문회에서 발표하기도 하였다.[6]

현 시점에서 지구온난화에 대한 과학적 합의가 이루어졌다고 단언하기는 어려울 것이다. 더구나 모든 과학적 지식은 불확실한 "근사지식"에 불과하다는 점을 감안할 때, 과학적으로 명확하게 입증된 "절대적 진리"를 기대하는 것은 무리일 것이다. 하지만 2007년 IPCC 보고서는 기후변화의 실재성에 대한 서술이 이전보다 훨씬 확정적이라는 점에 주목할 필요가 있다. 지구온난화가 과학적으로 명쾌하게 증명되지는 못하였을지라도 과학자들간의 합의 정도가 이전보다 높아졌음을 시사한다. 따라서 과학적 불확실성이 남아있다는 점은 부인할 수 없겠지만, 기후변화에 대한 회의론자의 입지가 과거에 비할 때 상당히 좁아진 것으로 평가된다.[7]

II. 기후변화 대응의 정책적 타당성

'기후변화'는 "영-무한대 딜레마(zero-infinity dilemma)"가 확연히 드러나는 대표적인 환경 리스크라고 할 수 있다.[8] 다시 말해서 기후변화는 그 발생개연성이 영에 가깝다 하더라도 발생할 경우의 해악은 대재난이

---

6) 강상준, "기후변화에 대한 이해와 논의", 경기개발연구원 CEO Report (2010); 신현규·이재화·정동욱, "지구온난화는 착한 거짓말?", 매일경제 (2010.2.20); R. Lindzen, 'Debunking the Myth', Business Today 43 (2006), pp.66-67; 'There is No "Consensus" on Global Warming', Wall Street Journal (26 June 2006); AFP, "Netherlands adds to UN climate report controversy" (Feb 2, 2010); US Senate minority report: More than 700 international scientist dissent over man-made global warming claims 등 참조
7) 이재협, "녹색성장기본법의 친환경적 실현을 위한 법적 수단-기후변화 대응 시장적 메커니즘을 중심으로", 환경법연구 제31권 1호(2009), p.40 참조
8) 조홍식, "기후변화의 법정책: 녹색성장기본법을 중심으로", 조홍식·이재협·허성욱(편), 기후변화와 법의지배(박영사, 2010), p.4

되기 때문에 미소한 개연성도 무시할 수 없는 딜레마 상황을 연출하는 것이다. 따라서 기후변화의 과학적 불확실성을 이유로 아무런 대응도 하지 않는 것은 바람직한 대안이 될 수 없다. 기후변화협약(UNFCCC) 제3조3항도 충분한 과학적 확실성이 없다는 이유로 잠재적으로 심각하거나 돌이킬 수 없는 위협으로부터 지구환경을 지키기 위한 비용-효과적인 대응조치가 지연되어서는 안 된다는 점을 명시하고 있다.

그간의 정책적 연구를 보면, 기후변화의 과학적 불확실성 하에서 무엇이 비용-효과적인 조치(cost-effective measures)인지를 중심으로 논의가 이루어져 왔다. 우선, 2006년 스턴보고서[9]는 기후변화의 경제적 영향을 분석하면서, 지구온난화 완화를 위해 조기에 강력하게 대응하는 것이 적은 비용으로 지속가능한 경제성장을 도모할 수 있다고 분석하였다. 다시 말해서, BAU 시나리오 하에서 기후변화의 사회적 비용이 CO_2 톤당 85$이고 이는 전 세계 GDP의 5~10% 손실을 야기할 것이지만, 온실가스 배출을 450~550ppm CO2e 사이에서 안정화(stabilization)[10]시키는 정책을 취할 경우에는 탄소의 사회적 비용이 CO_2 톤당 25~30$의 범위(BAU 시나리오의 1/3 수준)로 낮아져 순편익 2.5조$가 발생하고, 이러한 안정화에 소요되는 비용은 2050년까지 평균적으로 GDP의 1% 수준에 불과할 것이라고 추정하였다. 또한, 2007년 UN IPCC 보고서도 중장기적으로 산업화 이전보다 지구 평균 온도를 2도 이내로 유지하기 위해서는 단기적으로 2030년까지 전 세계적으로 평균 GDP의 0.6% 감축비용이, 장기적으로 2050년까지 GDP의 1.2%의 비용이 발생할 것으로 전망하였다.

그러나 일부에서는 녹색성장, 환경규제라는 미명아래 특정부문의 이득을 위해 경제정책이 이용되는 것이 아니냐는 비판을 제기하고 있다. 최악의 상황을 주장함으로써 환경을 정치적 이념으로 삼고, 이를 통해

---

9) Nicholas Stern, *The Economics of Climate Change* (Cambridge University Press, 2006)
10) '기후 안정화'란 더 이상 대기에 축적된 온실가스가 증가하지 않고 현 상태를 유지하는 것을 말한다. 배출하는 양과 자연적으로 지구가 감소시키는 양이 균형을 맞추는 상태를 의미한다.

선진국의 경제정책 논리를 정당화하는데 이용한다는 주장이다. 실제로 스턴보고서가 발표된 이후 이는 주로 선진국의 친환경 경제정책을 옹호하는 데 자주 인용되고 있다. 이러한 이유로 개발도상국들은 선진국의 정책에 따라 자국 경제발전 방식을 수정하는데 주저하고 있는 실정이다. 또 다른 문제점은 기후변화의 영향을 줄이기 위해 쓰이는 재원의 비용과 편익이 서로 다른 시점에서 발생한다는 점이다. 중대한 해악을 막기 위해서는 지금 상당량의 재원을 투입해야 한다. 그러나 이러한 지출의 편익은 기후변화의 영향이 줄어드는 몇 백 년 뒤에나 나타나게 된다. 이러한 결과가 나타나는 이유는 두 가지이다. 첫째 온실가스는 상당히 오랜 기간 동안 대기 중에 머물러있기 때문에 현재 방출하는 온실가스는 오랜 기간에 걸쳐 대기 중의 온실가스 농도를 서서히 높일 것이다. 둘째 기후체계는 상당한 관성(inertia)을 가지고 있어서, 기후변화의 영향이 현실화되는 데는 상당한 시간이 걸린다는 점이다. 따라서 경제적 비용-편익 분석을 위해서는 사회적 할인율을 설정해야 하는데 이는 현실적으로 쉽지 않은 작업이다.[11)]

국가마다 탄소배출량과 기후변화로 인한 영향이 다르다는 점도 기후변화 관련 정책적 논의에 있어 각국의 정치경제적 이해관계를 복잡하게 한다. OECD 통계(OECD 30개국과 여타 주요 10개국 조사)에 따르면, 1970년대부터 2006년까지 가장 많은 탄소배출량을 기록하고 있는 국가는 미국으로 연평균 약 50억 톤의 탄소를 배출하고 있다. 그 다음으로 탄소배출량이 높은 국가는 중국과 러시아로 각각 연평균 23억 톤 및 16억 톤을 기록하고 있다. 한국의 경우 1970년 이후 연평균 2.4억 톤의 탄소배출량을 기록하여 40개국 가운데 15번째이며, 2000년 이후의 기간만을 본다면 4.6억 톤으로 40개국 가운데 9번째로 높다. 반면, 기후변화가 각국에 미치는 영향은 해당 국가의 탄소배출량과는 다른 양상을 보인다. 일반적으

---

11) 기후변화 관련 '사회적 할인율'에 대한 상세논의는 다음을 참조: 허성욱, "기후변화대응규제법제의 설계와 사회적 할인율 논쟁", 조홍식·이재협·허성욱(편), 기후변화와 법의지배 (박영사, 2010)

로 위도가 높은 극지방과 대륙지방일수록 지구 평균보다 상당히 높은 수
준의 기온 상승이 일어날 것이다. 현재는 열대지역이 중부지역에 비해
15도 더 따뜻하고 극지방에 비해 25도 더 따뜻하다. 온난화가 진행될 경
우 해양지역과 해안가의 열대지역에는 기온 상승이 상대적으로 미미한
반면, 극지방으로 가면 기온이 크게 상승하게 되고 이에 따라 빙하가 녹
게 된다. 평균 기온이 4도 상승할 경우를 가정하면, 해양과 해안지방은
3도 정도 상승하고, 중부지방은 5도 정도 상승하는 반면, 극지방의 경우
에는 8도 가까이 상승하는 것으로 추정되고 있다.

  기후변화에 조기 대응하는 것이 비용-효과적인 정책이라는 점에 대해
서는 대체적으로 수긍한다. 하지만 누가 비용을 부담해야 하는지, 누구에
게 편익이 돌아가야 하는지 등의 구체적인 사항에 있어서는 여전히 불확
실성이 존재한다. 이로 인해, 기후변화에 대한 정책적 논의는 환경에의
해악을 제거할 정답을 찾는 문제이기 보다는 각국의 이해관계가 복잡하
게 얽힌 환경리스크 조정의 문제라고 정의하는 것이 타당할 것이다.

국제적인 온실가스 감축 노력

기후변화의 불확실성 하에서도, 온실가스로 인한 인류에의 위협을 최소화하기 위한 국제적 합의를 마련하기 위한 노력은 지속되어 왔다. 특히, 1992년 브라질 리우에서 기후변화협약(UNFCCC)이 채택된 이래 지구온난화에 대한 국제적 논의는 해를 거듭하면서 구체화되어 왔다.[1]

Ⅰ. 기후변화협약(UNFCCC)[2]

기후변화협약(UNFCCC)은 국제적인 온실가스 감축 노력을 위한 기본적인 규범체계라고 할 수 있다. 1988년 세계기상기구(WMO)와 유엔환경계획(UNEP)은 기후변화 정부간패널(IPCC)을 설치하여 기후변화 메커니즘, 기후변화의 영향, 기후변화에 대한 대응전략 등을 연구하여 1990년 제1차 평가보고서를 제출하고, 1990년 12월 제45차 UN총회 결의에 의하여 기후변화협약을 위한 정부간협상 위원회(INC/UNFCCC)가 설립되어 1991년 2월부터 1992년 5월까지 회의를 갖고 1992년 5월 9일 기후변화협약을 채택하였다. 1992년 6월 브라질의 리우데자네이루에서 개최된 유엔환경개발회의(UNCED)에서 체결되고 1994년 3월 21일 발효되었으며 현재 192개국이 참가하고 있다. 우리나라는 1993년 12월 비준서를 기탁하였다. 기후변화협약은 전문과 26개 조항으로 구성되며 기본원칙, 의무사항, 재정지원사항, 기술이전, 조직사항 등을 규정하고 있다. 전반적인

---

1) 기후변화 관련 국제적 대응에 대한 문헌으로 다음을 참조: 정성춘·이형근·권기수·이철원·오태현·김진오·이순철, 기후변화협상의 국제적 동향과 시사점, 대외경제정책연구원 연구보고서 09-01(2009)

2) United Nations Framework Convention on Climate Change (1992)

구성은 <표 2-1>과 같다.

〈표 2-1〉 기후변화협약 조문 구성

목적(2조)		지구온난화를 방지할 수 있는 수준으로 온실가스의 농도 안정화
원칙(3조)		공동의 차별화된 책임, 사전예방원칙, 형평성 등 5가지 원칙
의무 사항	공통	온실가스-배출통계 작성발표, 정책 및 조치의 이행(4조 1항) 등
	특정	1990년 수준으로 온실가스 배출 안정화에 노력(4조 2항)
		재정지원 및 기술이전에 관한 특정공약(4조 3항-5항)
기구/제도		당사국총회(7조)/사무국(8조)/부속기구(9-11조)/서약 및 검토(12조)/다자간 협의 (13조)/분쟁조정제도(14조)

1. 목적(2조)

제2조는 동 협약이 "인간이 기후체계에 위험한 영향을 미치지 않을 수 준으로 대기 중 온실가스를 안정화"하는 것을 목표로 함을 명시하고 있다.

2. 원칙(3조)

제3조는 상기 기후 안정화 목적 달성을 위한 5가지 원칙으로서, ① 공동의 차별화된 책임(1항), ② 개도국의 필요 및 특별한 상황 고려(2항), ③ 사전예방조치(3항), ④ 지속가능한 개발 촉진(4항), ⑤ 국제경제체제와의 상호지지(5항)를 제시하였다. 본고 분석상 유의할 조문을 소개하면 다음과 같다.

(제3조1항) The Parties should protect the climate change system for the benefit of present and future generations of humankind, on the basis of equity and in accordance with their common but differentiated responsibilities and respective capabilities. Accordingly, the developed country Parties should take the lead in combating climate change and the adverse effects thereof.

우선 제3조1항의 "공동의 차별화된 책임(common but differentiated responsibilities)" 원칙은 모든 국가가 지구온난화에 책임이 있으나 기후 변화에 대한 역사적 책임을 고려하여 선진국과 개도국간의 차별적인 의무를 부담한다는 것이다. 이러한 원칙에 따라, 의무부담에 있어 당사국을 부속서 I 국가와 기타 국가로 구분하고 있다.

(제3조3항) The Parties should take precautionary measures to anticipate, prevent or minimize the causes of climate change and mitigate its adverse effects. Where there are threats of serious or irreversible damage, lack of full scientific certainty should not be used as a reason for postponing such measures, taking into account that policies and measures to deal with climate change should be cost-effective so as to ensure global benefits at the lowest possible cost ….

제3조3항의 "사전예방조치(precautionary measures)" 원칙은 환경정책에 있어 이미 발생하여 우리에게 위험으로 다가온 환경오염을 제거하는 방식이 아니라 제반 환경오염의 발생을 미연에 방지하는 방향으로 추진 되어야 한다는 의미이다. 동 원칙은 기본적으로 과학적 불확실성에 대한 대응원칙으로 나온 것으로, 환경문제가 지니는 불가역성과 예방적 투자의 경제성을 이론적 근거로 한다.

(제3조5항) The Parties should cooperate to promote a supportive and open international economic system that would lead to sustainable economic growth and development in all Parties, particularly developing country Parties, thus enabling them better to address the problems of climate change. Measures taken to combat climate change, including unilateral ones, should not constitute a means of arbitrary or unjustifiable discrimination or a disguised restriction on international trade.

제3조5항은 국제무역규범과의 조화를 위해, GATT와 동일하게 국제무역에 대한 자의적 또는 정당화될 수 없는 차별이나 위장된 제한의 수단을 구성하는 조치를 금지한다는 원칙을 규정하였다. 다만 어떤 유형의 무역관련 조치가 해당하는지를 정의하지 않았다.

3. 의무사항(4조)

이러한 기본원칙들 하에, 제4조에서 당사국의 의무를 명시하고 있다. 당사국의 의무는 ① 모든 당사국에 부과되는 일반의무, ② 부속서 I 국가의 감축 및 흡수에 관한 특별공약, ③ 부속서 II 국가의 개도국과 경제전환국에 대한 재정 및 기술지원에 대한 특별공약으로 구별된다.

모든 당사국은 공통의무로서, 1) 온실가스배출에 관한 목록 및 통계를 작성하여 당사자총회에 통보하고, 2) 온실가스감축계획의 작성, 3) 온실가스감축기술의 개발 및 이전에 협력, 4) 온실가스 흡수원 및 저장소의 관리 및 보존, 5) 기후변화의 영향에 대한 적응준비에 협력, 6) 국제협력의 증진 등의 의무를 부담한다.(제4조 1항)

특별공약으로, 부속서 I 국가에 대하여 1) 온실가스배출감축과 흡수원 및 저장소를 보호하기 위한 정책과 조치의 시행, 2) 2000년도까지 온실가스 배출량을 1990년 수준으로 동결하기 위한 국가보고서 제출 등의 의무가 부과되었고(제4조 2항), 부속서 II 국가에게는 1) 개도국과 경제전환국이 의무를 이행하고 기후변화의 부정적 효과에 적응하는데 필요한 비용을 지원하고, 2) 개발도상국을 포함한 다른 당사자가 의무를 이행할 수 있도록 기술을 이전하고 필요한 재정지원을 위한 조치를 취할 의무를 부과하였다(제4조 3항).

II. 교토의정서

기후변화협약의 권고적 의무만으로 지구온난화에 대한 대처가 불충분하다는 인식하에 선진국의 온실가스감축목표를 강화하고 감축정책을 구체화하기 위하여 1995년부터 협상을 개시하여 1997년 12월 일본 교토에서 개최된 기후변화협약 제3차 당사국총회는 '교토의정서(Kyoto Protocol)'[3]

---

3) Kyoto Protocol to the United Nations Framework Convention on Climate Change

를 채택하였고, 2011년 11월 모로코 마라케쉬에서 개최된 제7차 당사국 총회에서는 교토의정서 이행규칙인 '마라케쉬 합의문(Marrakesh Accord)'[4)이 합의되었다. 교토의정서는 전문과 28개의 조항, 그리고 2개의 부속서로 구성되어 있다. 기후변화 대응 정책 추진의 원칙(제2조), 부속서 1 당사국[5)에 대한 구속력 있는 온실가스 양적배출제한 및 감축목표(제3조), 이를 이행하기 위한 메커니즘(제6조, 제12조, 제17조), 공약사항 이행강화규정(제10조) 등을 주요 내용을 한다.

1. 기후변화 정책 추진의 원칙(2조)

제2조는 1항에서 부속서 1 당사국이 배출량 감축을 위한 공약을 달성함에 있어 지속가능한 개발을 촉진하기 위하여 자국의 여건에 따라 정책 및 조치를 이행 또는 강화해 나가도록 하고, 에너지효율 제고, 온실가스 흡수원 보호, 지속가능한 농업 장려, 신재생에너지 사용, 환경친화기술 장려, 보조금, 조세 및 관세 등 개혁, 온실가스 배출부문 개선, 수송부문 대응, 메탄 발생 폐기물 처리 등을 그 예로 제시하고 있다.

한편, 제2조3항은 부속서 1 당사국은 기후변화 국내정책을 수행해야 함을 기후변화의 부정적 효과, 국제통상에 미치는 영향, 개발도상국 등 다른 당사국들에 대한 부정적 영향을 최소화되는 방식으로 되도록 노력할

(1998); 교토의정서 발효를 위해서는 부속서 I 국가의 1990년도 이산화탄소 총 배출량의 적어도 55%를 차지하는 부속서 I 국가를 포함하여 55개국 이상이 비준서를 기탁하고 90일이 경과하여야 한다.(의정서 제25조 1항). 우리나라는 2002. 11.8 비준서를 기탁하였고, 러시아의 비준으로 2005.2.16 발효하였다. 2010년 현재 당사국 수는 184개국이다.

4) Marrakesh Accords, Report of the Conference of the Parties on its Seventh Session, held at Marrakesh from 29 October to 10 November 2001, FCCC/CP/ 2001/13/Add.1, 21 January 2002

5) "부속서 1 당사국"은 기후변화협약의 부속서 1(당해 부속서가 개정되는 경우에는 그 개정 부속서를 말한다)에 포함된 당사자 및 협약 제4조제2항사목에 의하여 통고한 당사자를 말한다. 교토의정서 제1조7호

의무를 규정하고 있음에 유의할 필요가 있다.[6] 이와 관련, 협약 부속기구인 과학기술자문부속기구(SBSTA)에서는 정책 및 조치의 모범사례에 관한 작업을 진행하고 있다.

2. 온실가스 감축목표(3조)

제3조는 기후변화협약의 구체적 이행방안으로서 구속력 있는 온실가스 감축목표를 규정하였다. 1항은 부속서 1 당사국이 개별적 또는 공동으로 2008~2012년까지의 제1차 공약기간 동안 부속서 A에 명시된 6가지 온실가스(① 이산화탄소, ② 메탄, ③ 아산화질소, ④ 수소불화탄소, ⑤ 과불화탄소, ⑥ 육불화황)의 이산화탄소 환산 총 배출량을 1990년 대비 최소한 5% 감축할 것과 부속서 B를 통해 39개국에 대해 온실가스 양적 배출제한 및 감축목표에 따라 허용되는 온실가스 배출할당량을 초과하지 않아야 한다고 규정하고 있다.

〈표 2-2〉 교토의정서의 각국별 온실가스 감축목표

1990년 대비 감축비율	부속서 B의 대상국가: 39개국
-8%	EU 15개국(오스트리아 -13%, 벨기에 -7.5%, 덴마크 -21%, 핀란드 0%, 프랑스 0%, 독일 -21%, 그리스 +25%, 아일랜드 +13%, 이탈리아 -6.5%, 룩셈부르크 -28%, 네덜란드 -6%, 포르투갈 +27%, 스페인 -15%, 스웨덴 +4%, 영국 -12.5%), 불가리아, 체코, 에스토니아, 라트비아, 리히텐슈타인, 스위스 리투아니아, 모나코, 루마니아, 슬로바키아, 슬로베니아

6) 교토의정서 제2조3항: The Parties included in Annex I shall strive to implement policies and measures under this Article in such a way as to minimize adverse effects, including the adverse effects of climate change, effects on international trade, and social, environmental and economic impacts on other Parties, especially developing country Parties and in particular those identified in Article 4, paragraph 8 and 9, of the Convention, taking into account Article 3 of the Convention ….

-7%	미국(2001년 비준 거부)
-6%	캐나다, 헝가리, 일본, 폴란드
-5%	크로아티아
0%	뉴질랜드, 러시아, 우크라이나
+1%	노르웨이
+8%	호주(2007년말 비준)
+10%	아이슬란드

3. 이행 메커니즘

교토의정서 제6조, 제12조, 제17조는 선진국의 감축목표 달성을 용이하게 하기 위하여 공동이행, 청정개발제도, 배출권거래제 등 유연성체제(flexibility mechanism)를 도입하였는데 교토메커니즘이라고도 한다. 유연성체제란 선진국들이 온실가스 감축의무를 자국 내에서만 모두 이행하기에는 한계가 있다는 점을 인정하여 배출권의 거래나 공동사업을 통한 감축분의 인정 등을 통해 의무이행에 유연성을 부여하는 체제를 말한다.

첫째 공동이행제도(Joint Implementation)이다. 제6조는 부속서 1 당사국이 다른 부속서 1 당사국에서 배출원에 의한 온실가스의 인위적 배출량의 감축 및 흡수원에 의한 제거량 증대를 목표로 하는 모든 경제부문의 사업을 이행할 수 있으며, 이를 통하여 발생하는 배출저감단위(ERUs: Emission Reduction Units)를 취득하여 제3조의 공약을 이행하는데 사용할 수 있다고 규정하고 있다. 이에 따라 부속서 1 당사국간에 합의된 ERUs는 국제배출거래의 대상이 되어 투자국의 온실가스 배출할당량에는 추가되고 투자유치국의 온실가스 배출할당량에서는 공제된다. ERUs 인증 등 공동이행제도와 관련한 주요사항을 결정하고 감독하기 위하여 JI 감독위원회(JISC: Joint Implement Supervisory Committe)를 설치하였다. JI 감독위원회는 공동이행제도 사업 및 사업자 자격요건의 검증, 독립기구의 승인 및 취소, 기준치 설정, 모니터링과 관련한 방법론 승인 등의 역할을 담당한다.

둘째 청정개발체제(CDM: Clean Development Mechanism)이다. 의정서 제12조는 선진국과 개발도상국간의 CDM을 규정하고 있는데, 부속서 1 당사국이 개발도상국에서의 온실가스 감축사업에 투자하여 취득한 실적을 자국의 온실가스 감축목표를 달성하는데 있어서 사용할 수 있도록 하였다. 이는 부속서 1에 포함되지 않는 당사국이 지속가능한 개발을 달성하고 협약의 궁극적 목적에 기여할 수 있도록 하는 것을 목적으로 한다. 부속서 1 당사국은 개발도상국의 온실가스 감축사업에 투자하여 승인된 온실가스 배출감축량(CERs: Certified Emissions Reduction)을 온실가스의 양적배출제한 및 감축목표의 일부를 준수하는데 있어서 의정서 당사국 회의가 결정하는 바에 따라 사용할 수 있다. 타국에서 사업을 수행하여 발생한 실적을 자국의 온실가스 감축목표 달성에 사용할 수 있다는 점에서 공동이행제도와 매우 유사하나, 사업이 수행되는 국가가 부속서 1 당사국이 아닌 개발도상국이기 때문에 부속서 1 당사국에서의 사업보다 비용이 훨씬 절감될 수 있다는 장점을 가지고 있다. 또한, 공동이행제도와는 달리 당사국이 충분한 시간을 가지고 정책을 시행해 나갈 수 있도록 2000년부터 제1차 공약기간 개시 이전까지의 조기 온실가스 감축활동(Early Action)을 인정하였다. 즉, 제1차 공약기간의 달성에 있어서 2000년 이후에 시작된 CDM 사업이라도 타당성이 확인될 경우 CERs을 소급하여 취득하여 감축목표를 달성할 수 있도록 하였다.

셋째 배출권거래제(Emission Trading)이다. 의정서 제17조는 부속서 B 당사국이 제3조의 공약을 달성하기 위하여 배출권거래제도에 참여할 수 있다고 규정하였다. 이에 따라 취득한 온실가스 배출할당량의 일부는 구입한 국가의 온실가스 배출할당량에 추가되고, 판매한 국가의 온실가스 배출할당량에서 공제된다. 공동이행제도와 차이점은 프로젝트를 기초로 실적을 취득하는 것이 아니라 온실가스 감축분을 기초로 실제 온실가스 배출할당량에서의 이전을 허용하는 점에 있다. 공약기간 동안의 자국의 온실가스 배출량이 온실가스 배출할당량을 초과할 것으로 예상되는 부속서 1 당사국은 다른 부속서 1 당사국의 잉여분 배출권(AAUs: Assigned

Amount Units)을 구입할 수 있다. 따라서 배출권거래시장에서 거래되는 배출권은, 배출량 감축공약을 한 국가에 부여되는 AAU(Assigned Amount Unit)을 단위로 하는 배출할당량, 공동이행으로 취득하게 되는 ERU (Emission Reduction Unit)를 단위로 하는 배출권, 청정개발제도로 취득하게 되는 CER(Certified Emission Unit)를 단위로 하는 배출권이라고 할 것이다.

III. 포스트-2012 체제 협상

'포스트-2012 체제'란 선진국 36개국을 대상으로 평균 5.2%의 온실가스 감축을 목표로 제1차 공약기간인 2012년에 종료되는 교토의정서체제에 이어서 제2차 공약기간인 2012년부터 적용될 체제를 말한다. 포스트-2012 체제에 대한 논의는 온실가스 감축의무 대상국가, 감축방식, 감축목표, 감축일정을 새롭게 설정하는 것이며, 논의의 핵심 내용은 현재 교토의정서 체제의 온실가스 감축의무 대상국인 39개국에 대한 추가적인 감축목표 설정 여부 및 우리나라를 포함한 선발개도국으로의 감축의무 대상국 확대 여부와 현재의 국가단위 구속적 방식에서 비구속적 감축방식으로의 전환여부이다. 주요 사항은 아래와 같다.

1. 경과

교토의정서 제3조9항은 제1차 공약기간(2008~2012년)이 끝나기 7년 전부터 부속서 1 국가의 후속기간 공약에 대한 검토를 시작하여야 한다고 규정하고 있다. 이에 따라 2005년 제11차 당사국총회 및 의정서 제1차 당사국회의에서 제1차 공약기간 이후의 의무부담방식(소위 '포스트-2012 체제')에 대한 공식적인 논의를 시작하였다. EU 등 선진국은 부속서 1 국가의 추가공약 협상과 함께 개발도상국의 참여를 강조하면서 제1

차 공약기간 이후에는 개발도상국도 온실가스 감축의무를 부담하여야 한다고 주장하였으나, 개발도상국은 이에 강력히 반대하면서 참여확대 문제에 대한 논의 자체를 거부함과 동시에 부속서 1 국가의 추가공약 협상을 위한 특별작업반을 즉시 구성할 것을 요구하였다. 이에 따라 기후변화협약 하에 장기협력방안 모색을 위한 특별작업반(AWG-LCA)[7]과 교토의정서 하의 선진국 추가 감축공약 특별작업반(AWG-KP)[8]을 설치하였다.

2007년 제13차 당사국총회에서는 2012년 이후 기후변화대응체제 마련을 위한 향후 2년간의 협상체제인 「발리로드맵」을 채택하였다. 당초 의장 초안의 문구는 "부속서 1 국가는 2020년까지 1990년 대비 25~40% 감축 한다"였으나, 협상과정에서 "IPCC 제4차 보고서가 제시하는 목표를 감축목표로 한다"는 선에서 그쳤다. 온실가스 감축목표를 적극적으로 추진한 EU와 구체적인 설정을 거부하는 미국 및 일본간 타협한 결과이다. 현재는 이러한 발리로드맵에 따라 당사국들간 Post-2012 체제에 대한 협상이 진행 중에 있다.

2. 코펜하겐 합의(Copenhagen Accord)[9]

2009년 12월 코펜하겐에서 제15차 당사국총회가 열렸고 193개국 4만5천여 명(120여 개국 정상 포함)이 참석하였다. 동 총회에서는 2012년 이후의 기후변화대응체제에 대한 최종결론을 도출하고자 하였다. 특히, 그간 온실가스 배출량 감축목표 제시를 꺼리던 EU, 미국, 중국, 인도 등이 감축목표를 잇따라 발표[10]하면서 코펜하겐 회의 성과에 대한 기대가 확

---

7) Ad Hoc Working Group on Long-term Cooperative Action under the Convention
8) Ad Hoc Working Group on Further Commitments for Annex I Parties under the Kyoto Protocol
9) Copenhagen Accord of 18 December 2009
10) EU는 2020년까지 1990년 대비 20% 감축하고 협상결과에 따라 30% 상향을 선언; 미국 오바마 대통령은 2050년까지 2005년 대비 83% 감축을 선언; 중국 후진

산되었다. 그러나 협상이 진행되면서 선진국과 개도국 간 극심한 대립이 반복되었고, 주요국 정상들이 12월 19일 새벽까지 비공식회합[11]하여 코펜하겐 합의(Copenhagen Accord)를 도출하였으나, 일부 개도국들의 투명성 및 위임사항 문제를 지적하여 결국 전체회의에서 승인을 받지 못하면서 Post-2012 기후체제에 관한 구속력 있는 합의를 채택하는데 실패하였다. 결국, 당사국 총회 결정문에 주요국이 합의한 코펜하겐 합의문을 주목한다(take note)는 문안을 포함시키고 동 합의문을 결정문에 첨부하는 수준에서 회의는 종결되었다.

코펜하겐 합의는 비록 총회의 승인을 받지는 못했으나 기후변화 문제에 대한 나름대로 의미 있는 내용을 담고 있는 것으로 평가된다. 첫째, 장기목표로서 기온 상승을 산업화 이전 대비 "2℃ 이내"로 안정화한다는 공유비전에 합의하고, 2015년에 1.5℃로 재조정하는 문제를 검토하기로 하였다. 둘째, 기후변화 안정화를 위한 배출량 감축목표에 대해서도 제시하였다. 선진국인 부속서 1 국가는 1990년 또는 2005년을 기준으로 2020년까지의 온실가스 감축목표를 2010년 1월 31일까지 제출키로 하였다. 다만, 2050년까지의 전지구적 장기감축목표는 합의되지 못하였다. 개도국인 비부속서1 국가도 자발적인 일방적 감축행동(unilateral NAMA) 또는 선진국의 재정·기술 지원을 받는 감축행동(supported NAMA)을 등록부(Registry)에 등록할 것을 규정하였다. 또한, 지원받지 않는 독자적 감축행동은 2년마다 국가보고서에 수록하고 자체적으로 측정·보고·검증(MRV: Measurement, Reporting, Verification)하기로 하였다. 셋째, 개도국 지원을 위한 기금규모에 대해, 2010~2012년 기간 동안 긴급 지원자금으로 300억불(미국 36억불, 일본 110억불, EU 106억불 각각 출연)을 조성하고, 2020년까지의 장기지원자금 목표로 매년 1,000억불의 기금을 선진

타오 주석은 2005년부터 2020년간 40-45% 감축을 선언

11) 비공식 회합 참석국(총 28개국 + EU, UN): 한국, 미국, 중국, 스웨덴(EU의장국), 브라질, 독일, 프랑스, 인도, 인도네시아, 일본, 레소토, 몰디브, 멕시코, 남아공, 노르웨이, 러시아, 사우디, 스페인, 수단, 영국, 호주, 에티오피아, 덴마크, 알제리, 방글라데시, 콜롬비아, 그레나다, 가봉

국들이 공동 조성하는데 합의하였다. 넷째, 투명성 제고를 위한 감축검증 방식과 관련, 선진국은 별도 국제기구의 감독을 받고 개도국은 2년마다 감축노력을 UN에 보고한다고 하였다. 「코펜하겐 녹색기후기금」, 「기술 메커니즘」 등의 관리체제도 신설하였다.

코펜하겐 합의에 대한 평가는 엇갈린다. 일부에서는 지구 평균온도 상승폭을 산업화 이전 수준과 비교해 "2℃ 이내"로 안정화하겠다는 공유 비전을 설정하고, 개도국에 대한 재정지원 관련 총론에 합의한 점을 성과로 평가한다. 반면, 다른 일부에서는 이번 합의안이 법적 구속력을 갖고 있는 않는데다 2012년 만료될 교토의정서를 대체할 새로운 기후변화 체제에 대한 합의를 도출하지 못하였고, 각국 온실가스의 구체적인 감축 목표는 물론 2020~2050년의 중장기 감축목표 도출에도 실패하였다고 지적한다. 개도국 지원규모에 대해서도, 선진국과 개도국간 합의내용에 대한 입장 차이가 커 이를 둘러싼 논란이 지속되고 있다. 이러한 엇갈린 평가에도 불구, 코펜하겐 합의는 Post-2012 체제를 위한 첫 단추를 끼웠다는 의의가 있다.

3. 칸쿤 합의문(Cancun Agreement)[12]

2010년 11월 29일부터 12월 10일까지 2주간에 걸쳐 멕시코 칸쿤에서 열린 제16차 유엔기후변화협약 당사국총회(COP16)에는 194개국 정부대표를 비롯하여 1만5천여 명이 참가하였으며, Post-2012 기후변화 대응체제에 관한 결정문인 칸쿤 합의문(Cancun Agreement)를 채택하였다.

칸쿤 합의문은 부속서 I 국가(선진국)의 감축목표와 그 이외 국가(개도국)의 감축행동을 구분하는 두 개의 협상 트랙인 AWG-KP와 AWG-LCA을 유지시키는 등 2009년 코펜하겐 합의의 내용을 발전시켜 유엔 체제 내로 수용하였다는데 의의가 있는 것으로 평가된다. 또한 단기재원(2010~

---

12) The Cancun Agreements: Outcome of the work of the Ad Hoc Working Group on Long-term Cooperative Action under the Convention, Decision 1/CP.16

2112년, 300억불)과 장기재원(2020년까지 매년 1000억불)을 조성하기로 한 코펜하겐 합의를 재확인하고, 개도국 감축행동 검증(ICA), 그린기후기금(GCF) 설립 및 구체화 계획 제시, 기술위원회 및 적응위원회 설립 등의 내용도 포함되었다. 다만 협상의 핵심이슈인 선진국의 교토의정서 연장문제를 구체화하지 못하였다.[13]

IV. 평가 및 시사점

지금까지 논의 결과를 토대로, 본고 분석과 관련하여 다음 몇 가지 시사점을 도출해 볼 있다.

첫째 코펜하겐 합의문 제1조[14]에서 볼 수 있듯이, 각국은 지구의 기온상승을 산업화 이전 대비 "2℃ 이내"(온실가스 농도는 450ppm)로 안정화해야 한다는 장기목표에 대한 인식을 공유하였다는 점이다. 이는 기후변화의 과학적 사실 여부에 대한 기존의 대립적인 구도에서 진일보하여 각국이 실천적 행동계획을 논의하는 단계에 들어섰다고 평가할 수 있다.

둘째 기후변화의 심각성에 대한 인식의 확산에도 불구, 교토의정서체제가 종료되는 2012년 이후 각국의 온실가스 감축의무에 대한 국제적인 합의가 아직 없다는 점이다. 선진국과 개도국의 지속적인 대립으로 인해, 국제사회가 구속력 있는 합의를 도출할 수 있을지도 의문인 상황이다. 국제적인 온실가스 감축 노력이 구속력 있는 협약상 의무가 아니라 각국의 자발적인 선언에 의존하게 될 가능성도 배제할 수 없다.

셋째 각국의 기후변화대책 추진정도와 감축의무에 있어서의 불균형(disparity) 문제이다. 기후변화 관련 국제체제에 대한 협상은 "모든 국가

---

13) 외교통상부, "제16차 유엔기후변화협약 당사국총회 참석결과", 정책홍보메일 제158호. (2010.12.16)

14) 코펜하겐 합의문 제1조: … recognizing the scientific view that the increase in global temperature should be below 2 degrees Celsius …

가 지구온난화에 책임이 있으나 기후변화에 대한 역사적 책임을 고려하여 선진국과 개도국간의 차별적인 의무를 부담한다"라는 '공동의 차별화된 책임(common but differentiated responsibilities)' 원칙15)에 기초하여 진행되고 있다. 국제사회 공동현안인 기후변화에 대응하기 위해 각국은 기후변화대책을 적극적으로 도입해야 하지만, 그러한 대책의 수준은 각국이 동일하지 않다는 것을 의미한다.16) 이는 비차별(non-discrimination) 원칙에 기초한 국제무역규범과는 다소 구별되는 특징이다.

넷째 기후변화 관련 국제협상의 초점은 각국별 온실가스 감축의무 설정에 있으며, 그러한 감축목표 이행을 위해 국내적으로 어떠한 정책을 취할지에 대해서는 각국 재량사항으로 한다는 점이다. 본고 분석대상인 배출권거래제의 경우도 마찬가지이다. 기후변화 관련 국제협약은 어디에도 반드시 배출권거래제를 도입해야 한다는 규정은 없다. 정부가 온실가스 감축을 위한 정책수단으로 이를 선택하는 것이다. 이를 국가간 관계로 확대해서 적용해보면, 어떤 당사국이 온실가스 감축의무를 부담한다고 해서, 타방 당사국이 그 당사국에게 의무 이행을 위해 배출권거래제 도입을 강요할 권리는 없다고 할 수 있다.

다섯째 기후변화 관련 국제협상에서 논의되는 온실가스 감축의무의 주체는 '국가' 단위이다. 기업이나 개별 주체가 온실가스 감축의무를 얼마나 부담해야 하는지는 그가 속한 국가에서 내부적으로 조정해야 하는 사항이다. 달리 표현해보면, 일방 당사국이 자국 관할권 밖에서 온실가스를 배출행위를 한 기업에게 자국의 기후변화 정책에 따른 의무를 부담시키는 것이 일응 타당하지 않음을 시사한다.

---

15) 기후변화협약 제3조1항: ⋯ on the basis of equity and in accordance with their common but differentiated responsibilities and respective capabilities ⋯.

16) 이재협, "국제환경법상 형평성 원칙의 적용: 교토의정서에서의 개도국의 의무부담", 국제법논총 제49권 제1호(2004) 참조

WTO 규범과의 관계

'기후변화'라는 환경 문제를 접근함에 있어 국제무역과 관련되는 WTO 규범이 왜 문제되는가? 기후변화와 WTO가 도대체 어떤 관계에 있는가? 이러한 질문들에 대한 명쾌한 해답은 아직 찾아보기는 어렵지만, 기존 논의를 기초로 아래와 같이 정리해 볼 수 있을 것이다.

Ⅰ. 논의 배경

기후변화라는 환경 이슈를 논의함에 있어 WTO 규범에 관심을 가져야 하는 이유로 다음 두 가지를 생각해 볼 수 있다. 첫째, 현실정치에서 기후변화 대응을 위해 무역제한조치를 도입해야 한다는 다양한 주장이 제기되고 있다는 점이다. 일례로, 2006년 9월 CGD(Center for Global Development) 회의에서 노벨 경제학상 수상자인 미국 Stiglitz 교수는 교토의정서를 탈퇴한 미국의 철강 및 에너지 집약적 제품 수출에 대하여 상계관세를 부과해야 한다고 주장하였다.[1] 2006년 11월 케냐의 나이로비에서 열린 기후변화 회의에서 프랑스의 Villepin 수상은 Post-2012 의무감축에 동참하지 않는 국가로부터의 수입상품에 탄소세(carbon tax)를 부과해야 한다고 하였다.[2] 둘째, 다자무역규범인 WTO 협정의 목적이 단순히 경제성

---

1) Joseph E. Stiglitz, *Making Globalization Work* (W.W.Norton&Company: New York, 2006); Lawrence MacDonald, "Stiglitz Urges Tariffs on U.S. Exports to Cut Global Warming", Center for Global Development(2006.9.26.), available at http://blogs.cdgev.org/

2) Reuters, "French Plan Would Tax Imports From Non-Signers of Kyoto Pact", *The New York Times* (November 14, 2006)

장에만 있는 것이 아니라는 점이다. WTO 협정 서문 및 DDA 협상의 기
초가 되는 도하 각료선언문도 지속가능한 개발(sustainable development)
이라는 목표를 명시하고 있다.

최근 들어, 기후변화와 WTO 규범간의 관계 문제에 대한 국제적인 관
심이 높아지고 있다. 일례로 2007년 12월 UNFCCC 제13차 당사국총회
기간 중에 31개국 통상장관, WTO 사무총장 등은 통상장관회의를 개최
하고, 기후변화에 대응하여 무역 및 투자 분야 어떠한 조치를 취할 수
있을지, 각국이 기후변화 대응정책의 일환으로 도입하는 조치들이 WTO
규범 측면에서 회원국의 의무조항에 위배되거나 공정무역을 해치는지에
대해 논의하였다.[3]

기후변화와 무역 및 WTO간의 연계 문제에 대한 학술적 연구도 활발
히 진행되고 있다. 2009년 WTO와 UNEP는 공동으로 작성한 「무역과 기
후변화」 제하의 보고서[4]는 무역과 기후변화간의 연계에 대한 이론적 논
의뿐만 아니라 각국의 기후변화 대응정책과 WTO 관련 규정에 대한 상
세한 분석을 제공하고 있으며, 이는 WTO 차원에서 기후변화 논의를 촉
발하는 계기가 되었다. 그 외 기후변화와 WTO 문제를 구체적으로 다룬
다수 문헌이 존재한다.[5]

---

3) 기후변화와 무역에 대한 국내문헌으로 다음을 참조: 윤창인, 기후변화 대응조치
와 국제무역규범 연계에 대한 논의 동향, 대외경제정책연구원 연구자료 08-08
(2008), pp.18-19
4) WTO-UNEP, *Trade and Climate Change*, a report by the United Nations
Environment Programme and the World Trade Organization (2009)
5) 기후변화와 WTO에 대한 대표적인 문헌으로 다음을 참조: Gary C. Hufbauer,
Steve Charnovitz and Jisun Kim, *Global Warming and the World Trading System*
(Peterson Institute for International Economics, 2009); Lael Brainard and Isaac
Sorkin, *Climate Change, Trade and Competitiveness: Is a Collision Inevitable?*,
Brookings Trade Forum 2008/2009 (Brookings Institution Press: Washington
D.C., 2009); World Bank, *International Trade and Climate Change: Economic,
Legal and Institutional Perspectives*(The World Bank: Washington D.C., 2008)

II. 기후변화와 WTO간의 연계 유형

우선 기후변화와 WTO가 어떻게 연계되는지를 생각해보자. Cosbey
(2007)[6]는 기후변화와 무역 간의 연계 전반을 이해하는데 있어 유용한
틀을 제시하고 있다. Cosbey는 기후변화와 WTO간의 관계를 기본적으로
기후변화, 기후변화정책/규범, 무역, 무역정책/규범의 네 가지 요소간의
관계로 상정하고, 그간의 다양한 논의를 크게 네 가지 유형으로 구분하
였다.

첫째, 무역규범·정책이 기후변화에 미치는 영향이다. 무역자유화, 투자
협정 등의 무역정책 변화는 무역·투자 활동의 증감을 가져오고, 이는 기
후변화와 관련 네 가지 효과를 야기한다: 규모(scale) 효과, 구성(compo-
sition) 효과, 기술(technique) 효과 및 직접(direct) 효과. 즉, 온실가스를 배
출하는 생산의 규모(scale)에 영향을 미치며, 비교우위에 따른 상품과 서
비스의 수출입은 경제적 활동의 구성을 변화시키고 그에 따라 온실가스
의 배출정도가 변화한다. 생산기술의 신규 수입은 에너지효율을 개선시
킬 수 있으며 교역상품 운송에는 온실가스의 배출이 수반된다.[7]

둘째, 무역규범·정책과 기후변화 관련 규범·정책간의 법적 연계(legal
linkage)에 대한 논의이다. 무역규범·정책에는 WTO 협정 등 다자 및 양
자 차원의 무역자유화 협정뿐만 아니라 국내의 각종 정책들도 포함되며,
기후변화 관련 규범·정책에는 UNFCCC 및 교토의정서, 그리고 이러한
협약상 의무 이행을 위한 각국의 다양한 정책 및 조치들이 포함된다. 법
적 연계 관련 핵심적인 질문은, 무역규범이 기후변화에 대응하기 위한
각국의 조치를 불가능하게 하는가, 만일 그렇다면 무역과 기후변화 목표

---

6) Aaron Cosbey, "Trade and Climate Change Linkages", A Scoping Paper produced
   for the Trade Ministers' Dialogue on Climate Change Issues (International Institute
   for Sustainable Development, 2007)

7) *Ibid.*, paras.11-22

를 모두 존중하는 해결책이 있는지 여부이다. 또한 기후변화 관련 국제
환경규범과 WTO 규범간의 관계도 쟁점이다. UNFCCC나 교토의정서에
서 요구되는 무역관련 환경조치에 대해 WTO 규범이 어떻게 적용되어야
하는지, 어느 분쟁해결절차에 제기되어야 하는지 등의 문제가 논의되고
있다.[8)

셋째, 기후변화가 무역에 미치는 물리적 영향(physical impacts)이다.
기후변화는 농업, 산림 등의 생산 및 교역의 흐름에 상당한 영향을 주고,
각국의 비교우위 변화를 가져올 수 있다. 또한 기후변화로 인한 해수면
상승, 해빙 등은 무역관련 인프라 및 운송경로에 직접적인 영향을 가져
올 것이다.[9)

넷째, 기후변화 규범·정책이 무역에 미치는 영향으로, 경쟁력(competi-
tiveness) 이슈에 대한 논의라고 할 수 있다. 유엔기후변화협약(UNFCCC)
및 교토의정서는 환경문제를 다루는 협정이라고 분류되지만, 근본적으로
는 상품 및 서비스에 대한 세계적인 생산과 소비를 재편하는 것을 도모
하는 경제적 성격의 조약이라고도 할 수 있으며, 이러한 성격으로 인해
경쟁력 저하 및 탄소누출 우려가 상당한 논란이 된다.[10)

〈그림 2-2〉 기후변화와 WTO 규범간의 연계

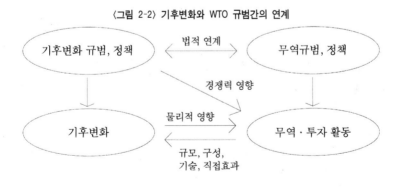

---

8) *Ibid.*, paras.23-35
9) *Ibid.*, paras.36-38
10) *Ibid.*, paras.39-43

Ⅲ. 기후변화와 WTO: 갈등인가 조화인가?

기후변화와 WTO 논의에 있어 가장 자주 등장하는 쟁점 중의 하나는 두 규범체제가 갈등 관계인지 아니면 조화가능한 관계인지의 문제라고 할 것이다. 기후변화라는 환경 목표와 WTO라는 무역자유화 목표가 양립가능한지 여부이다.[11]

국제무역과 환경보호간의 관계에 대한 다양한 접근시각과 주장들이 존재한다. Jackson(1992)[12]은 이해의 편의상 크게 두 가지 주장으로 단순화하여 제시하였다.

<주장1> 환경보호가 더욱 중요해지고 있다. 각국의 환경보호를 위한 조치가 다른 국가의 행위에 의해 저해되지 않도록 하려면, 환경보호는 국제적인 협력 및 제재에 대한 규범을 필요로 하며, 이러한 규범은 경우에 따라 무역제한 조치도 포함한다.

<주장2> 무역자유화는 세계의 경제적 복지를 견인하고 인류에게 보다 많은 기회를 창출하는데 중요하다. 무역제한조치는 대부분 이러한 목표 달성을 저해한다.

주장1은 환경보호론자들의 입장이고, 주장2는 자유무역론자들의 입장이다.[13] 주장1은 무역과 환경을 갈등 관계로 파악하고 있으며 환경 목적

---

11) 무역과 환경 연계에 대한 국내문헌으로 다음을 참조: 강상인외, 환경 무역 연계 논의동향과 대응방향 (한국환경정책평가연구원, 2001); 김기홍, 무역과 환경 (집문당, 2005); 성봉석, 무역과 환경 (대경, 2004); 이재면, 무역과 환경의 연계 (청목, 2005)

12) John H. Jackson, "World Trade Rules and Environmental Policies: Congruence or Conflict?", 49 Wash & Lee L. Rev. 1227 (1992), pp.1227-1228

13) 본고에서 사용하는 '환경보호론자'와 '자유무역론자'는 무역과 환경에 대한 논쟁에서 대립되는 양 진영을 의미하는 것이다. 실제로는 양 진영의 주장이 획일적이거나 일관된 원칙을 고수하는 것은 아니며, 무수히 많은 논의가 존재한다. 따라

달성을 위해 일정한 형태의 무역제한조치가 허용되어야 한다고 주장한다. 반면 주장2는 무역과 환경을 양립가능한 관계로 보고 있으며 무역자유화 원칙을 존중하면서 환경보호 목표 추구가 가능하다고 주장한다.

보다 구체적으로, Esty와 Bhagwati간의 논쟁을 중심으로 양 진영의 차이에 대해 살펴보면 다음과 같다. 환경보호론자측의 핵심 주장[14]은 네 가지이다: ① 무역은 환경보호 조치가 없으면 천연자원의 지속 불가능한 소비와 폐기물 생산을 초래하는 경제성장을 가져옴으로써 환경에 피해를 줄 수 있다(scale and composition effect); ② 무역규범과 무역자유화는 시장개방 협정을 수반할 수 있는데, 동 협정상 무역체제 내에서 적절한 환경조항이 포함되지 않을 경우에 환경규제를 저지하기 위해 사용될 수 있다(regulatory effect); ③ 무역규제는 세계적 차원의 환경보호를 촉진하고, 특히 세계적인 또는 국경을 넘는 환경문제를 해결하며 국제환경규범을 강화하기 위한 수단으로서 이용될 수 있어야 한다(trade leverage); ④ 환경오염이 다른 국가에 영향을 미치지 않는다고 할지라도, 환경기준이 낮은 나라들은 세계시장에서 상대적인 비교우위를 유지하게 됨에 따라, 환경기준이 높은 나라들이 자국의 엄격한 환경요건을 낮추도록 압박하게 된다.(competitiveness effect) 한편, 이러한 주장에 대한 자유무역론자의 반론[15]은 다음과 같다: ① 자유무역이 경제성장을 주도하더라도 성장은 환경보호의 방향으로 사회적 우선순위를 변경하고 환경조치에 소요

서 이러한 용어들은 엄격하게 특정 이념에 기초한 견해가 아니라 포괄적으로 환경보호 이익과 무역자유화 이익을 지칭하는 것이다.

14) Daniel C. Esty, Greening the GATT (Institute for International Economics, 1994) p.42: Esty(1994)는 무역과 환경간의 가교로서 두 가지 방안을 제안하였다. 첫째 환경비용을 가격으로 내부화하는 정책을 사용하면, 희소 자원을 신중하게 사용하고 오염을 최소화하려는 동기를 유발시킴으로써 환경보호를 추구하면서도 국제무역규범과의 저촉의 범위를 최소화할 수 있다. 둘째 무역자유화 및 환경보호 모두에 있어 인근궁핍화 정책이나 무임승차의 결과를 피하기 위한 집단행동을 필요로 한다.

15) Jagdish Bhagwati, "Trade and Environment: The False Conflict?", in Durwood Zaelke et al.(eds), Trade and the Environment: Law, Economics and Policy (1993)

되는 가용재원을 확대함으로써 환경조건을 개선할 수 있다; ② 시장개방 협정은 환경적으로 유해한 보조금을 철폐하고 오염통제 기술의 이전을 촉진하여 긍정적 규제효과를 가져온다; ③ 일방적인 무역제한조치는 국제적인 환경문제에 대한 차선의 접근이며 개도국의 환경보호에 부당한 경제적 부담을 야기한다; ④ 경쟁력 효과는 이론적으로나 실제적으로 정당한 주장이 아니다. 각국은 각자의 환경조건과 정책선호를 가지기 때문에 각 국간 환경기준의 차이는 정당화되며, 경험적 연구들도 느슨한 환경기준을 가진 국가에 대한 무역·투자 혜택이 측정된 적이 없다는 것이다. 정리해보면, 두 진영 간 대립의 주된 요인은 무역이 환경에 미치는 세 가지 영향(규모 효과, 규제 효과, 경쟁력 효과)에 대한 생각이 다르기 때문이라고 할 수 있다.

국제 관행은 어떠한가? 두 가지 상반된 가능성이 공존한다. 우선, GATT 및 WTO 분쟁사례에 비추어 볼 때 각국의 일방적인 무역제한조치는 그것이 환경보호라는 합리적인 목적을 추구한다고 하더라도 국제무역규범에 위배될 가능성이 크다. 대표적인 분쟁사례가 1991년 미국-참치수입제한 사건(I)[16]이다. 동 사건은 멕시코 참치어선들이 미국 해양포유동물보호법(U.S. Marine Mammal Protection Act)에 의해 요구되는 돌고래 보호 어업 관행을 준수하지 않았다는 이유로 미국이 멕시코산 참치수입을 제한하자 멕시코가 이를 GATT에 제소한 사건이었는데, 패널은 미국의 수입제한조치가 GATT위반이라고 판단하였다. 이러한 결정은 무역과 환경에 대한 논의를 촉발한 바 있다. 반면, 국제적으로 무역자유화와 환경보호 목표간 조화를 위한 법적 근거와 정책적 가능성도 분명히 존재한다. 상기 미국-참치수입제한사건 직후인 1992년 각국 정상은 UNCED 회의에서 환경과 개발에 관한 리오선언[17)에 서명하였다. 리오선언의 원칙 12[18)

---

16) GATT Panel Report, United States-Restrictions on Imports of Tuna ("*Tuna/Dolphin I*"), BISD DS29/R, September 3, 1991 (unadopted), reprinted in 30 I.L.M. 1594

17) Rio Declaration on Environment and Development, June 14, 1992, U.N. Doc. A/CONF.151/5/Rev.1, reprinted in 31 I.L.M. 874 (1992)

18) Rio Principle 12: States should cooperate to promote a supportive and open

는 미국-참치수입제한사건 유형의 일방적인 무역제한조치는 바람직하지
않다는 점을 분명히 밝히고 있다. 또한 2년 후인 1994년에는 통상장관들
이 WTO 각료결정의 하나로서 무역과 환경에 관한 결정(Decision on Trade
and Environment)[19]을 합의함으로써 무역자유화와 환경보호의 조화 의
지를 표명하였다.[20]

그렇다면 WTO 체제가 무역과 환경 문제에 어떻게 대응해야 하는가?
이에 대해서도 두 진영간 입장이 대립한다. WTO 규범은 1947년 제정된
GATT 협정에 근간을 두고 있는데, GATT 협정은 환경 문제가 대두하기
이전의 시기에 기초하고 있기 때문에 규범체제 내에 환경적 가치를 보호
하고 서로 충돌하는 목표와 우선순위를 조정하는 시스템을 충분히 갖추
지 못하고 있다. 또한 WTO 체제를 출범시킨 우루과이 라운드 협상에서
도 일부 회원국들이 무역과 환경 의제를 추가하자는 제안을 하였으나 새
로운 의제가 추가될 경우 협상타결을 지연시킨다는 이유에서 채택되지
못하였다.[21] 이로 인해 WTO 규범상 무역과 환경을 균형적으로 반영하
고 있는지의 문제를 둘러싼 환경보호론자 진영과 자유무역론자 진영간

---

international economic system that would lead to economic growth and sustainable
development in all countries, to better address the problems of environmental
degradation. Unilateral actions to deal with environmental challenges outside the
jurisdiction of the importing country should be avoided. Environmental measures
addressing transboundary or global environmental problems should, as far as
possible, be based on an international consensus.

19) WTO, Decision on Trade and Environment, adopted by Ministers at the Meeting
of the Trade Negotiations Committee in Marrakesh on 14 April 1994: Considering
that there should not be, nor need be, any policy contradiction between upholding
and safeguarding an open, non-discriminatory and equitable multilateral trading
system on the one hand, and acting for the protection of the environment, and
the protection of sustainable development on the other,

20) Chris Wold, Saford Gaines and Greg Block, *Trade and the Environment: Law
and Policy* (Carolina Academic Press, 2005), pp.3-9

21) 서철원, WTO 체제에서의 무역과 환경보호에 관한 연구, 서울대학교박사학위논
문(1995), pp.12-13 참조

의 대립이 지속되어 왔다. 환경보호론자는 기본적으로 WTO 협정이 환경보호 목표를 균형 있게 반영하고 있지 못하므로 각국 환경보호 조치를 보다 존중하는 방향으로 국제무역규범을 개정하거나 무역과 환경간의 갈등을 조정하는 새로운 국제규칙을 제정해야 한다는 입장이다.[22] 반면 자유무역론자는 국제무역규범의 환경화 시도는 보호주의의 구실이 될 수 있다고 하면서, WTO 협정이 환경보호를 위해 적극적인 조치를 취하는 것은 국제법상 부여된 권한범위를 벗어나는 것이며, 기존 협정상의 환경규정을 통해 정당한 환경보호 조치는 인정하면서도 국내산업 보호를 위한 위장된 조치는 배격하는 균형적인 접근을 시도해야 한다는 입장이다.[23] WTO 협정상 무역과 환경의 균형이 필요하다는 기본원칙에는 모두 공감하지만, 그러한 균형을 누가 결정하는지, 어디에서 균형이 설정되어야 하는지 등의 구체적인 문제로 들어가면 여전히 이견이 좁혀지지 않는다.

IV. WTO 차원에서의 논의 동향

WTO 차원에서 기후변화와 WTO 관련 논의는 선진국과 개도국간의 대립 양상으로 전개되어 왔다. 아직 논의가 체계화되지 못한 단계이지만, 그간의 WTO CTE 논의결과[24]를 토대로 주요국 입장을 정리해보면 다음

---

22) Daniel C. Esty(1994), supra note 181 참조
23) Mitsuo Matsushita, Thomas J. Schoenbaum and Petros C. Mavroidis, *The World Trade Organization: Law, Practice, and Policy*(Oxford, 2006), pp.787-788
24) WTO CTE 회의결과는 다음을 참조: Report of the Meeting held on 3 November 2008, note by Secretariate, WT/CTE/M/46, 12 January 2009; Report of the Meeting held on 10 July 2009, note by Secretariate, WT/CTE/M/47, 31 August 2009; Report of the Meeting held on 20 November 2009, note by Secretariate, WT/CTE/M/48, 12 January 2010; Report of the Meeting held on 17 February 2010,, note by Secretariate, WT/CTE/M/49, 7 April 2010

과 같다.

하나는 주로 선진국의 주장으로서, 국제사회의 공동현안인 '기후변화'에 대응하기 위해 WTO 규범도 적극 기여해야 하며, 이를 위한 구체적인 방안에 대해 WTO 차원에서 논의해야 한다는 입장이다. 일례로 EU는 기후변화로 인한 돌이킬 수 없는 재앙을 막기 위해서는 지구온도 상승을 산업화 이전 수준 대비 2°C 이내로 억제하는 것이 중요하고 이는 기술적으로 가능하고 경제적으로도 부담가능한 수준이며 시급히 대응하는 것이 비용-효과적임을 지적하면서, 이러한 기후 안정화 목표는 국제사회의 공동노력을 통해서만 효과적으로 해결할 수 있는 전지구적 도전이므로 다자무역체제는 기후변화 목표 달성에 상호지지(mutual supportive) 역할을 해야 한다고 하였다.25) 또한 WTO 차원에서 이러한 논의를 다루지 않는다는 것은 인류가 당면한 지상 최대의 과제인 기후변화 대응에 있어서의 WTO의 적실성(relevance)을 심각하게 저해하는 것일 뿐 아니라, WTO CTE의 mandate를 부당하게 축소하는 것이라고 하였다.26)

다른 하나는 주로 개도국의 주장으로서, 무역자유화라는 제한적인 목적을 가진 WTO 규범에 '기후변화'라는 큰 이슈를 담을 수 없음을 지적하면서, 기후변화 관련 다자협정에서 먼저 타결하고 나서 WTO 규범체제 내에서 기후변화와 무역조치간의 관계를 보다 명확히 하는 접근이 바람직하다는 입장이다. 중국은 배출권거래제를 도입하면서 국경에서 수입상품에 탄소배출권 제출의무를 부과하는 방안은 기후변화 대응이 목적이 아니라 다른 국가의 경쟁력을 제한하기 위함이라고 하면서 반대 입장을 분명히 하고, 2009년 6월 발간된 WTO와 UNEP 공동보고서가 언론에 마치 WTO가 국경탄소조정을 지지하는 것으로 비추어졌음을 지적하면서 WTO 사무국이 이러한 민감한 이슈에 대한 의견 표명에 있어 좀 더 신중을 기해 줄 것을 요청하였다.27) 인도도 우선적으로 기후변화에 관한

---

25) WTO, WT/CTE/M/46, *supra* note 203, paras.85-87
26) WTO, WT/CTE/M/48, *supra* note 203, paras.64-82
27) WTO, WT/CTE/M/47, *supra* note 203, paras.70-72

다자협정을 타결하고 그 이후에 WTO 차원에서 기후변화와 무역조치간
의 관계에 대한 규범을 보다 명확히 하자는 입장을 표명하였다. 기후변
화는 국제적 문제이지 어느 일국의 문제가 아니므로, 각국의 개별적인
대응 보다는 국제적인 해결책과 공동대응이 필요함을 강조하였다. 특히
1992년 국제사회가 합의한 "공동의 차별적인 책임" 원칙에 기초하여 기
후변화 관련 협상이 진행 중에 있으며 각국이 부담하는 책임의 범위는
그 협상이 타결되어야 알 수 있음을 지적하였다. 이러한 관점에서 국경
조치와 같은 일방적인 무역조치는 문제해결에 도움이 되지 않으며, 기후
변화에의 공동 대처방안을 논의해야 하는 지금 시점에 국경조치가 합법
적인지 어떤 상황에서 가능한지 등을 논의함으로써 주의를 분산하는 것
은 옳지 않다고 하였다.28)

　　이러한 선진국과 개도국간 입장대립이 지속되는 가운데, 2010년 2월
WTO CTE 정례회의에서 WTO와 UNEP가 공동으로 발간한 '무역과 기
후변화(Trade and Climate Change)'에 대한 간략한 발표와 이 문제에 대
한 회원국간 의견교환이 있었다. 동 계기에 의장은 UNFCCC에서의 다자
적 합의가 있기 전에는 기후변화 관련 무역조치에 대한 논의를 본격화
하지 않는다는 원칙을 존중하면서도, WTO가 글로벌 이슈에 대한 적실
성(relevance)을 상실하지 않기 위해서는 CTE 차원에서도 기후변화 이슈
를 방관해서는 안 되며 무역과 기후변화에 대한 일반적인 차원의 논의는
신중하게(cautiously) 진행해 나갈 필요가 있다는 의견을 표명하면서 향
후 논의를 지속해나갈 가능성을 열어두었다.29)

V. 평가 및 시사점

　　국제사회에서는 각 분야를 규율하는 규범이 개별적으로 발전해왔고,

---

28) WTO, WT/CTE/M/47, *supra* note 203, paras.75-76
29) WTO, WT/CTE/M/49, *supra* note 203, paras.34-46

WTO 규범은 그 중 하나로서 무역자유화를 기본 이념으로 하고 있다. 그렇다고 해서 WTO가 무역자유화 이외의 다른 이념에 대해 전혀 무관한 것이 아니다. WTO 설립을 위한 마라케쉬협정 전문은 "상이한 경제발전단계에서의 각각의 필요와 관심에 일치하는 방법으로 환경을 보호하고 보존하며 이를 위한 수단의 강화를 모색하면서 지속가능한 개발(sustainable development)이라는 목적에 일치하는 세계자원의 최적이용을 고려"할 것을 명시하고 있다. 또한 1992년 UN 환경개발회의에서 채택한「의제21 (Agenda 21)」제2조19항은 환경과 무역정책간의 상호지지를 선언하고 있다.30) WTO 규범은 원칙적으로 무역자유화를 이념으로 하고 있으므로 '기후변화' 문제를 직접적으로 다루는 것이 적절치 않다는 점은 수긍하지만, WTO 전문의 설립취지와 여타 국제적 합의에 비추어 볼 때 WTO 규범과 국제사회의 다른 중요한 의제간의 관련성과 조화를 모색하는 차원에서 '기후변화' 문제를 다루는 것은 타당하고 시의적절한 접근이라고 보아야 할 것이다.31) 다시 말해서, 무역자유화 목표와 기후변화 목표는 모두 인류의 복지를 위해 필요한 가치들이므로, WTO 규범은 이러한 두 정책목표간의 상호지지(mutually supportiveness)와 균형(balance)을 도모해 나가야 한다는 점은 자명하다. 기후변화 문제에 대한 WTO 법정책을 고민함에 있어 이러한 정책목표간 균형의 필요성이 충분히 고려되어야 할 것이다.

---

30) Agenda 21, §2.19, UN Doc. A/CONF. 151/4 (1992), reprinted in 31 I.L.M. 881
31) 지난 2009년 11월 제7차 WTO 각료회의에서는 이러한 문제의식을 배경으로 relevance와 coherence라는 주제 하에 별도의 세션을 가지기도 하였다.

제3장

탄소배출권 국경조정 도입 논의

본고 분석대상은 국내적으로 배출권거래제를 도입하면서 국내상품과 수입상품간의 동등한 경쟁여건 조성을 위해 수입되는 상품에도 공평한 탄소배출권 의무를 부담시키는 국경조정 조치이다. 이에 대해서는 아직 이론적으로나 실무적으로 논의가 충분히 성숙되지 않아 보편적으로 사용되는 개념적 정의를 찾기 어려운바, 본고에서는 분석의 편의상 이를 '탄소배출권 국경조정'이라고 명명하기로 한다. 아래에서는 우선 배출권거래제의 개념과 구성요소를 개괄적으로 소개하고, '탄소배출권'의 법적 성격은 어떠한지, 그리고 수입상품에 대한 배출권거래제의 '국경조정'과 관련하여 정책적인 논거와 반박은 무엇인지, 각국에서 어떤 법안들이 논의되고 있는지를 살펴보겠다.

배출권거래제 개관

배출권거래제(ETS: Emission Trading System)란 어떠한 제도인가? 그 개념과 이론적 원리, 배출권거래제의 유형, 주요 구성요소를 간략하게 소개하겠다.

Ⅰ. 개념 및 이론적 원리

배출권거래제는 일반적으로 온실가스를 배출하는 행위주체에게 초기에 배출권이라는 권리를 할당하고 배출자는 배출량에 상당하는 배출권을 확보할 의무를 부담하며, 일정량을 사용하고 남은 잔여배출권은 배출권 거래시장에서 거래할 수 있도록 하는 제도를 말한다.[1] 배출권거래제는 탄소배출을 초래하는 행위의 사적비용(private cost)과 사회적 비용(social cost)이 다르기 때문에 탄소배출이 발생한다는 인식에서 출발하며,[2] 그 러한 기후변화의 사회적 비용을 가격으로 내부화하여 온실가스 감축을 유도하는 시장기반정책수단(MBI: Market Based Instruments)[3]의 하나라

---

[1] 배출권거래제에 대한 국내 문헌으로 다음을 참조: 김용건(2008), "온실가스 배출 권 거래제 도입 방향", 환경법연구 제30권 2호 (2008); 노상환, "우리나라 온실가 스 배출권거래제도의 도입에 관한 연구", 환경정책연구 8권 4호 (2009)

[2] 상품을 생산하는 과정에서의 탄소배출이 야기하는 사회적 비용은 상품의 실제 가 격에 반영되지 않고 있으며, Stern 보고서(2006)는 CO2 1톤당 $85로 계산하였다.

[3] 기후변화 관련 시장기반정책수단(MBI: Market-Based Instrument)에 대한 상세 논의 는 다음을 참조: 이재협, "녹색성장기본법의 친환경적 실현을 위한 법적 수단: 기 후변화 대응 시장적 메커니즘을 중심으로", 환경법연구 31권 1호(2009); European Commission, *Green Paper on market-based instruments for environment and energy related policy purposes* (2007): 유럽환경청은 시장기반정책수단을 크게

고 말할 수 있다.

배출권거래제의 이론적 기초는 Coase(1960)[4])에서 비롯되었다. Coase (1960)는 사회적 비용에 관한 논문에서 환경문제를 포함한 외부성의 문제는 기본적으로 불명확하거나 또는 정의되지 않은 재산권(property right) 때문에 발생한다고 보았다. 따라서 환경재에 대해 명확히 재산권을 정의해 줌으로써 경제주체간의 자발적 협상을 유도해 환경문제를 효율적으로 해결할 수 있다고 주장하였다. 이러한 인식을 기초로, Dale(1968)[5])은 배출권거래제를 처음으로 제안하였다.[6])

배출권거래제의 가장 큰 장점은 '비용효율성'이다. 배출권거래제 하에서 오염물질의 배출저감비용이 작은 업체는 배출량을 더 삭감하는 대신 상대적으로 비용이 큰 업체에게 배출권을 판매함으로써 이익을 얻을 수 있다. 또한 저감비용이 큰 업체는 무리한 저감노력을 하는 대신에 배출권을 매입함으로써 저감의무를 대신할 수 있다. 이때 지불하는 매입비용은 저감비용이 상대적으로 낮은 기업이 보다 많은 저감을 위해 노력하는 데 쓰일 것이다. 배출권의 거래가격은 판매자의 추가적 배출삭감비용보다는 크고 구매자가 절약하게 되는 삭감비용보다는 작은 수준에서 결정될 것이며, 결과적으로 총 배출량이 증가하지 않으면서 거래자 모두가 이익을 얻을 수 있게 되고 사회적으로 최적의 자원배분이 달성될 수 있을 것이다.[7][8])

거래가능 배출권(tradable permits), 환경세, 환경부담금, 환경보조금 및 인센티브, 의무와 보상 등 5가지 유형으로 들었다.

4) R.H. Coase, "The Problem of Social Cost", Journal of Law and Economics 3, 1-44 (1960)

5) J.H. Dales, *Pollution, Property and Prices* (Toronto: University Press, 1968)

6) 김용건, "온실가스 배출권 할당방식에 관한 논쟁과 시사점", 조홍식·이재협·허성욱(편), 기후변화와 법의지배 (박영사, 2010), p.340

7) Id., p.341; See Montgomery, "Markets in Licences and Efficient Pollution Control Programs", *Journal of Economic Theory* 5, 395-418 (1972)

8) 일반적으로 탄소세에 비해 배출권거래제가 선호된다고 한다. 배출권거래제와 탄소세는 모두 원인자 부담 원칙에 기초한 것이지만 오염에 대한 지불비용을 낮추

II. 배출권거래제의 유형

배출권거래제는 일반적으로 총량거래방식(Cap-and-Trade) 방식과 감축량거래방식(Baseline-and-Credit) 방식의 두 가지 유형으로 구분된다.[9] 전자는 배출총량 목표를 정하고 이에 해당하는 '배출권'을 할당하고 거래할 수 있도록 하는 제도이고, 후자는 일정한 기준배출량 보다 낮은 수준의 배출을 인정받을 경우 그 차이만큼을 '배출크레딧'으로 획득하여 판매할 수 있는 제도이다.

〈그림 3-1〉 Cap-and-Trade 방식과 Baseline-and-Credit 방식[10]

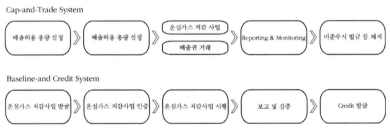

이에 따라 배출권의 유형도 크게 배출권과 배출크레딧으로 구분해 볼

기 위해서는 스스로 탄소배출을 저감해야만 하는 탄소세와는 달리, 배출권거래제의 경우에는 더 낮은 비용으로 탄소배출을 저감할 수 있는 자가 이를 저감하고 오염자는 배출권을 매수함으로써 더 낮은 비용으로 오염원의 배출을 감소시킬 수 있기 때문이다. 그러나 배출권거래제는 제도의 설계비용이 상대적으로 크고, 배출권 거래에 대한 정교한 경제성 분석이 어려워 거래의 비용이 증가하는 경향이 있어 배출권거래제가 탄소세에 비해 반드시 더 효율적이라고 단정할 수는 없다. 경제학자들은 탄소세가 그 적용대상이 광범위하고 행정비용이 적으며 정책의 투명성과 예측가능성이 높다는 점을 들어 탄소세 활용을 촉구하기도 한다. 김승래, "녹색성장을 위한 탄소세 도입방안", 『재정포럼』, p.18

9) 총량거래방식과 감축량거래방식에 대한 상세내용은 다음을 참조: 김준환, "배출권거래제도의 도입에 관한 연구", 토지공법연구 제43집 제3호(2009), pp.205-206
10) 기후변화홍보포털(www.gihoo.or.kr)

수 있다. 우선 배출권은 배출총량(cap)에 따라 설정된 배출할 수 있는 권리이고 실제 배출량이 이보다 적을 경우 잔여배출권을 배출권 시장에서 거래(trade)할 수 있다. 교토의정서 제17조는 유연성 체제(flexibility mechanism)의 하나로 국제배출권거래도 허용하고 있다.11) 다음으로, 배출 크레딧의 경우에는 교토의정서 제6조 공동이행(JI: Joint Implementation) 및 제12조 청정개발체제(CDM: Clean Development Mechanism)를 통해 취득한 권리를 지칭한다고 할 것이다.

〈표 3-1〉 교토메커니즘상 배출권의 종류12)

거래단위	메카니즘	1차 이행기간 활용한도	banking
AAU(Assigned Amount Unit)	부속서 B국가에 대한 교토의정서 할당량	한도 없음	한도 없음
ERU(Emission Reduction Unit)	공동이행(JI)	한도 없음	구매국 할당량의 2.5%
CER(Certified Emission Reduction)	청정개발체제(CDM)	흡수원 사업 CER의 경우 구매국 할당량의 1%	구매국 할당량의 2.5%
RMU(Removal Unit)	부속서B국가의 흡수원 감축량에 대해 발행	산림경영 RMU의 경우 국가별 한도 설정	이월 불가능

11) 국가별로 할당된 온실가스 감축목표 달성을 위해 자국의 기업별, 부문별로 배출량을 할당하고 기업들은 할당된 온실가스 감축의무를 이행하지 못할 경우 다른 나라 기업으로부터 배출권을 매입할 수 있도록 하였다. ETS 하에서는 온실가스 감축의무 국가인 부속서 B국가가 감축의무를 초과 달성하였을 경우 이 초과분을 타 부속서 B국가와 거래할 수 있다. 반대로 의무를 달성하지 못한 국가는 부족분을 다른 부속서 B국가로부터 구입할 수 있다. 이 제도의 시행으로 각국은 배출량을 최대한 감축하여 배출권 판매수익을 거두거나, 배출감축비용이 많이 드는 국가는 상대적으로 저렴한 배출권을 구입하여 감축비용을 줄일 수 있으므로 전체적으로는 감축비용을 최소화할 수 있게 된다. 의정서에서 정의된 배출권거래는 부속서 B국가들에만 허용된다. 기후변화홍보포털(www.gihoo.or.kr) 참조

12) 기후변화홍보포털(www.gihoo.or.kr)

III. 구성요소

총량거래방식 배출권거래제를 구성하는 주요 요소로는 배출규제 적용 대상 및 범위, 배출허용 총량의 설정방식, 배출한도에 해당하는 배출권의 할당방법, 배출권 거래 규칙(이월, 차입, 가격규제 등), 배출권 확보의무 위반시 벌칙, 배출량 측정방법 및 검증 등을 들 수 있다. 국가별 제도의 구체적인 내용상 많은 차이가 있으나, 분석의 편의상 일반화하여 구성요소별 쟁점을 설명하도록 하겠다.

1. 적용대상 분야 및 범위

배출권거래제는 일반적으로 발전, 산업, 공공 분야의 '사업장'을 대상으로 적용된다. 수송분야는 자동차 온실가스 배출허용 기준과의 중복규제 방지를 위하여, 그리고 농축산·폐기물 등의 분야는 온실가스 배출량 산정의 불확정성을 고려하여 제외하는 것이 보통이다.

규제대상 결정방식은 상류식(upstream) 접근과 하류식(downstream) 접근으로 대별된다. 우선, 하류식 접근은 오염자부담원칙에 입각해 직접 에너지를 소비하여 온실가스를 배출하는 부문, 즉 화석연료의 수요자를 대상으로 한다. 이는 다시 전력의 경우 발전소에 할당하는 전력·직접 방식과 전력수요자에게 할당하는 전력·간접 방식으로 나누어진다. 다음으로, 상류식 접근은 직접 온실가스를 배출하지 않지만 온실가스 배출의 원인이 되는 상품 및 원료를 생산, 수입, 판매하는 부문을 대상으로 하는 것이다(예: 할당량 = 화석연료의 탄소함유량 × 생산·수입·판매량).[13]

---

13) 윤종수, "국내 온실가스 배출권거래제도 구축방향", 조홍식·이재협·허성욱(편), 기후변화와 법의지배 (박영사, 2010), p.290 참조

2. 배출권의 할당방식

배출권의 할당은 배출권을 누구에게 어떤 방법으로 나누어 줄 것인가에 관한 문제이다. 개념적으로 배출권 할당의 대상이 되는 경제주체는 배출권 확보의무를 갖는 규제대상과 다를 수 있으나, 통상적으로 규제대상에게 배출권을 할당하는 방안이 보편적으로 사용되고 있다.

배출총량에 해당하는 배출권을 할당하는 방법은 크게 유상과 무상 두 가지로 나눌 수 있다. 유상 할당에는 일정한 가격으로 규제당국이 배출원에 판매하는 직접판매 방식과 경매를 통해 할당하는 방식이 활용될 수 있다. 무상 할당의 경우에는 크게 불변실적 기준 무상할당(grandfathering)과 실적조정 무상분배(updating)의 두 가지로 구분한다. grandfathering은 과거 기준연도의 배출량/투입열량/산출물 등의 평균 또는 최고치를 기준으로 할당하는 방법이다. 투입열량이나 산출물을 기준으로 배출계수 기준값(benchmark)을 적용하여 할당하기도 한다. updating은 할당의 기준이 되는 실적을 기간에 따라 조정하여 적용하는 것이다. 예를 들면 대상연도 대비 해당연도 투입열량 혹은 산출물 등에 비례하여 할당하는 것을 의미한다. 이 경우 원단위 혹은 배출집약도 규제와 유사하다.[14]

3. 온실가스 배출량 산정·보고·검증

온실가스 배출량 산정·보고·검증(MRV: measurable, reportable and verifiable)은 크게 두 가지 측면에서 중요하다. 첫째 MRV는 배출권거래제의 안정성 및 신뢰성 확보의 핵심요소이다. 배출권거래제의 궁극적인 목적인 배출감축이 실제로 이루어진다는 확인은 결국 배출량의 정확한 파악을 통해서만 가능하기 때문이다. 둘째 주기적 배출량 정보 제공은 탄소시장의 효율성을 증대시킨다. 주기적인 정보 확인으로 의무 불이행 및

---

14) 김용건, "온실가스 배출권 할당방식에 관한 논쟁과 시사점", 조홍식·이재협·허성욱(편), 기후변화와 법의지배 (박영사, 2010), p.345 참조

오류의 사전 방지에 기여할 수 있다.

배출량 산정방법으로는 각 사업장별 배출계수에 따라 산정하는 '계산법'과 온실가스 측정기기를 부착하여 실제 배출량을 측정하는 '측정법'이 있으며, 일반적으로 계산에 의한 배출량 산정방법을 중심으로 하되 측정에 의한 배출량 산정방법을 보완적으로 사용하게 된다. 배출량 보고 검증 절차는 ① 사업장의 모니터링 계획 수립, ② 사업장의 배출량 산정 보고서 제출, ③ 검증기관의 배출량 검증, ④ 배출량 검증 보고서 검토·승인의 네 단계로 이루어진다.[15]

4. 배출권 거래 규칙

배출권이 시장에서 원활하게 거래되도록 하는 규칙이 필요하다. 배출권에 확실한 법적지위를 부여하여 금융회사의 배출권 취급 등 배출권과 관련된 매매·결재·신탁 등에 확실성을 부여해야 하고, 배출권이 비용효율적으로 거래될 탄소시장을 개설, 운영하는 것이 필요하다.

배출권 가격은 기본적으로 일반적인 상품시장과 같이 시장에서의 배출권 수요와 공급에 따라 형성되는 것이지만, 상품시장과는 달리 배출권 공급이 규제당국의 초기 배출권 할당총량에 따라 결정되므로 공급이 극단적으로 경직된 함수를 갖고 있어 시장가격을 불안정하게 만들 우려가 있다. 따라서 이를 완화시키기 위해 배출권 이월(banking)이나 차입(borrowing)을 허용하는 방법, 배출권 가격의 상한(price cap) 및 하한(price floor)에 대해 직접 규제하는 방법 등이 활용되기도 한다.

5. 배출권 확보의무 위반시 벌칙

총량규제방식의 배출권거래제 하에서는 일반적으로 제도의 실효성 확

---

15) 윤종수, "국내 온실가스 배출권거래제도 구축방향", 조홍식·이재협·허성욱(편), 기후변화와 법의지배 (박영사, 2010), p.293 참조

보수단으로서 적용대상 시설운영자에 대하여 배출권 확보의무 위반시 벌칙(톤당 벌금, 차기 배출권 중 초과분만큼 차감 등)을 규정하고 있다. 일례로 EU ETS 지침은 적용대상 시설운영자가 배출량에 상응하는 배출권을 제출하지 못하는 경우, 1단계 기간에서는 CO_2 1톤당 40유로 이상, 2단계 기간에서는 100유로 이상의 벌금을 납부하여야 한다고 규정하였다.[16)

---

16) 황형준, "EU 및 영국의 배출권거래제도: 현황과 법적 쟁점", 조홍식·이재협·허성욱(편), 기후변화와 법의지배 (박영사, 2010), p.135 참조

'탄소배출권'의 법적 성격

배출권거래제에서 탄소배출권이란 법적으로 무엇을 의미하는가? 온실
가스 배출권 거래제도에 관한 법률안 제2조2호에 따르면, '배출권(emission
permit)'은 "일정 기간 동안 1톤의 이산화탄소(CO2) 또는 이산화탄소 1톤
에 상응하는 온실가스를 배출할 수 있는 권한"을 말한다. 하지만, 탄소를
배출할 수 있는 권한이라는 것이 법적으로 어디에서 연유하는 것이며 어
떠한 성격을 갖는지는 불명확하다. 탄소배출권의 성격을 구체적으로 생
각해보면, 사업자에게 ① 할당범위에서 탄소를 배출하는 활동을 자유롭
게 할 수 있으나 그 범위를 넘어서는 활동이 제약되는 지위를 부여하는
것이며, ② 다른 한편으로는 할당받은 배출권의 이전 등을 통하여 경제
적 이익을 추구할 수 있는 지위를 부여하는 것이라고 할 수 있다. ①의
경우 자유권적 성질을 가지는 반면 ②의 경우 재산권적 성질과 관련된
다. 이에 따라 탄소배출권을 자유권적 기본권이라는 견해와 재산권으로
보는 견해로 나누어진다.[1]

I. 자유권적 기본권이라는 견해

탄소배출은 인류를 포함한 모든 생물의 기본적인 생존과 삶에 필연적
으로 부수되어 발생한다. 이를 극단적으로 제한하여 탄소를 전혀 배출하
지 말라는 것은 곧 생명활동을 중단하라는 의미와 같으며, 활동을 하면

---

1) 전종익, "탄소배출권의 헌법적 성격과 거래제도", 조홍식·이재협·허성욱(편), 기
후변화와 법의지배 (박영사, 2010), p.255; Wybe Th. Douma, Leonardo Massai
and Massimiliano Montini (eds), *The Kyoto Protocol and Beyond-Legal and
Policy Challenges of Climate Change* (T·M·C Asser Press, 2007), pp.71-77 참조

할수록 그에 비례하여 탄소배출이 증가한다는 점에서 그 제한은 모든 활동에 대한 제약을 의미한다. 따라서 탄소배출권은 생명권, 일반적 행동자유권, 거주이전의 자유, 직업수행의 자유 등 헌법적으로 인정되는 자유권적 기본권의 행사에 필연적으로 포함된다.

이러한 견해에 따르더라도 독자적인 자유권적 기본권으로까지 인정하는 것은 아니다. 탄소를 배출하는 행위는 기본적으로 지구의 자연환경을 파괴시키는 것이므로 독자적인 '권리'로 인식하는 것은 윤리적·도덕적으로 타당하지 않고, 개별 주체의 탄소배출 행위가 타인의 자유와 권리를 침해한다면 그에 대한 통제가 정당화될 수 있어야 하는바, 탄소배출은 헌법적으로 개별 기본권의 구체적인 행사에 부수되는 범위에서만 의미를 가지는 것으로 파악한다.

동 견해의 문제점으로는, 자유권에 포함되는 내용의 하나로서의 탄소배출권과 현재 탄소시장에서 거래되고 있는 탄소배출권을 법적으로 다른 성질을 가진 별개의 것으로 보아야 하는 어려움이 있게 된다. 게다가 탄소배출 자체가 가지는 지구환경과 인류생활에 대한 해악을 생각할 때 정책적인 필요에 의하여 입법을 통해 권리를 설정해주는 것은 가능하다 할지라도 이를 헌법적으로 보호되는 개별 기본권 행사의 내용의 하나로 보는 것이 과연 타당한지에 대한 문제가 제기된다.[2]

II. 재산권으로 보는 견해

탄소배출권은 기존에 모두에게 이용과 접근이 개방되어 있던 자원인 대기에 대하여 일정하게 정해진 정도로 이용할 수 있는 권리를 개인에게 분할하고 시장을 통하여 이를 재분배함으로써 정책적 효율성을 극대화하려는 취지에서 나온 것으로, 기존의 공유되어 있는 재산관계를 개인에게 분할되어 있는 재산관계로 변경한다는 생각을 바탕으로 생성된 것이

---

2) 전종익(2010), *supra note,* pp.255-257

므로 기본적으로 재산권적 성질을 가진다고 할 수 있다. 이렇게 보면 탄소배출권 자체를 경제적 가치 있는 것으로 보고 거래가 가능하도록 하며, 탄소배출권을 이용하여 사업을 수행함으로써 수익을 얻을 수 있도록 하는 것은 논리적으로 당연히 인정될 수 있다. 또한 법률에 의하여 설정되어야 비로소 거래 등이 가능해지는 점 등은 탄소배출권 거래제도의 현실과도 일치한다.

다만 탄소배출권은 완전한 의미의 '권리'라고는 할 수는 없다. 배출허용량이 할당된다고 하더라도 이는 대기의 사유화를 의미하는 것이 아니며 단지 대기의 사용을 규제하는 것에 불과하다. 또한 이는 정책적인 이유에서 설정된 권리로서 정책적인 이유에서 여러 가지 제약이 예정되어 있다는 한계가 있다. 각국에 따라 그러한 권한을 이해하는 방식에 차이가 있다. 일례로, 미 연방대기청정법(Clean Air Act)은 "이 법에 의한 허가(allowance)는 아황산가스 배출에 대한 제한적인 권한부여로서 그러한 허가는 재산권(property rights)을 구성하지 않으며, 어떠한 규정도 그러한 권한부여를 제거하거나 제한할 수 있는 연방정부의 권한을 제한하는 것으로 해석되어서는 안 된다"고 명시하고 있다.[3] 반면 독일 배출권거래법(TEHG)은 제4조의 배출허가와 제3조4항의 배출권(berechtigung)을 구별하고 있으며, '배출권'은 사업자가 구체적인 배출행위들을 합법화시키기 위해 요구되는 것이며 배출권거래의 대상이 되는 '재화(handelsgut)'로 이해한다.[4]

동 견해의 문제점으로는, 기본적인 생활이나 영업의 자유 등 기본권에 부수되는 탄소배출과 거래가 가능한 재산적 가치 있는 탄소배출의 차이가 무엇인가를 설명하기 어렵다는 문제가 존재한다는 점이다. 게다가 전체로서의 국민 또는 인류에게 속한 '대기'에 관하여 사적인 재산권을 설정하여 주는 것이 타당한지에 대한 문제도 제기된다.[5]

---

3) 42 U.S.C. §7651b(f); Tom Tietenberg, "Tradable paermits in Principle and Practice", 14 Penn St. Envtl. L. Rev. 251, 267 (2006) 참조

4) 최봉경, "독일의 탄소배출권거래제도에 관한 소고", 조홍식·이재협·허성욱(편), 기후변화와 법의지배 (박영사, 2010), p.159

Ⅲ. 평가 및 시사점

'탄소배출권'은 자유권적 성격과 재산권적 성격의 양면적인 모습을 모두 가지고 있으며 배출권거래제 관련 법령이 어떤 입장을 취하는 것이 타당한지에 대한 법적 해명이 아직까지 완전히 이루어지지 못한 상황이다. 따라서 탄소배출권이 자유권인지 재산권인지 단정적으로 말하기는 어렵다. 다만 어느 입장을 취하더라도 본고가 분석대상으로 하는 탄소배출권이 '재산적 이익'의 성질을 갖는다는 점은 부인될 수 없다. 자유권적 기본권의 입장에서 보더라도 탄소시장에서 이전거래의 대상이 되는 탄소배출권에 대해서는 기본적인 영업활동에 수반되는 탄소배출의 문제를 넘어서는 사항이므로 정부가 지급하는 재산적 이익으로 간주하게 되기 때문이다. 본고에서는 '탄소배출권'은 법률에 따라 부여되는 경제적 가치가 있는 재산권이고, 탄소배출권을 구입하는 것은 그러한 재산권을 취득하는 것으로 이해하는 입장에서 분석을 진행하도록 하겠다.

---

5) 전종익(2010), *supra* note, pp.257-259

국제무역에의 적용: 국경조정

배출권거래제는 기본적으로 '국내사업자'를 규제대상으로 한다. 그런데 국내시장에는 국내사업자에 의해 생산된 제품만 유통되고 소비되는 것이 아니라 다른 국가에서 생산되고 국내로 수입된 제품도 함께 경쟁하고 있다. 국내사업자를 대상으로 배출권거래제를 도입하여 온실가스 배출비용을 기업의 상품 생산비용으로 내부화하게 되면 외국에서 생산되는 과정에서 그러한 비용을 부담하지 않은 수입상품과의 경쟁관계에서 국내상품이 상대적으로 불리한 위치에 놓이게 된다. 이에 따라, '수입상품'에도 온실가스 배출권 규제를 동등하게 적용하는 것이 국내상품과의 공정한 경쟁여건을 조성(level playing field)하는 것이라는 주장이 제기되고 있으며, 그 구체적인 방안으로 수입상품에 대한 탄소배출권 '국경조정'이 논의되고 있다. 아래 국경조정의 개념, 그리고 정책적 논거와 반박주장에 대해 소개하겠다.

I. '국경조정'의 개념

국경조정(border adjustment)은 WTO 협정상의 법적 용어가 아니라 강학상 개념으로, 엄격한 조치의 적용을 받는 국내 생산자와 상대적으로 덜 엄격한 조치의 적용을 받는 외국 생산자간에 공정한 경쟁여건을 조성(level the playing field)하기 위해 국경에서 조정하는 조치를 의미하는 것으로 정의될 수 있다.[1] 일부에서는 기후변화에 대응하기 위한 탄소세 또

---

1) '국경조정(border adjustment)'은 WTO 협정상의 법적 용어가 아니라 수입상품에 대해 국내상품에 부과되는 의무의 동등하게 부과하기 위해 국경에서 조정하는 조치를 일컫는 강학상 개념이다. 학자에 따라 '국경세조정', '국경탄소조정' 등으로 다양하게 표현하고 있고 아직 통일된 용어가 없는바, 본고에서는 분석의 편의

는 배출권거래제와 관련된 국경조정에 대해 '국경탄소조정(BCA: Border Carbon Adjustment)'이라고 부르기도 한다.[2]

구체적으로 살펴보면, 첫째 '국경'조치이다. 이때 '국경'이라는 표현은 수출입과 관련된다는 의미이며, 조치가 반드시 국경에서 이루어져야 한다는 의미는 아니라는 것이다. 국제무역에 진입하는 상품에 대한 국내조치 조정을 모두 포함하는 것으로 이해해야 할 것이다.[3] 둘째 국내 생산자와 외국 생산자간 동등한 경쟁여건을 확보하기 위한 '조정' 조치이다. 조정의 방식으로는 수입상품에 대해 국내상품과 동등한 비용을 부과하는 상향식 조정과 국내 수출상품에 대해 비용부담을 낮추어 주는 하향식 조정의 두 가지 상황이 모두 해당되며, 조정수단으로는 조세, 배출권 할당, 비용보전 등의 여러 가지 방식이 사용될 수 있다. '탄소배출권 국경조정'이라는 개념에는 수입상품에 대한 배출권거래제의 국경조정과 수출상품에 대한 배출권거래제의 국경조정이 모두 포함되는 것으로 이해될 수 있으나, 본고 분석에서는 수입상품에 대한 탄소배출권 국경조정으로 한정하여 접근하기로 한다.

GATT 및 WTO 체제에서는 국경세조정(BTA: Border Tax Adjustment)이라는 개념으로 논의되고 있다. 1970년 국경세조정 작업반 보고서는 국경세조정에 대해 "전체적으로 또는 부분적으로 도착지과세원칙의 효력을 가져오는 재정적 조치(예: 국내시장에서 판매되는 유사한 국내 상품과 관련하여 수출국에서 부과되는 세금부담으로부터 부분적으로 또는

상 WTO 및 OECD 문서에서 사용되는 '국경조정'이라는 용어를 사용키로 한다. WTO-UNEP, Trade and Climate Change: A report by the United Nations Environment Programme and the World Trade Organization (WTO-UNEP, 2009), p.100; OECD, "Competitiveness, Leakage, and Border Adjustment: Climate Policy Distractions?", by John Stephenson and Simon Upon, OECD Round Table on Sustainable Development, 22-23 July 2009, SG/SD/RT(2009)/3 참조

2) Aaron Cosbey, "Border Carbon Adjustment", *Trade and Climate Change Seminar*, June 18-20 2008, Copenhagen, IISD, p.1

3) GATT, "Report of the Working Party on Border Tax Adjustments", adopted on 2 December 1970, BISD 18S/97, para.5

전체적으로 벗어나게 하거나, 소비자들에게 판매되는 수입 상품에 대해 수입국에서 유사한 국내 상품과 관련하여 부과되는 세금의 일부 또는 전부를 부과)"라고 정의하였다.[4] 국경세조정은 수입 상품에 대한 내국세 부과와 수출 상품에 대한 내국세 환급을 의미하는 것으로, 각국의 국내 조체체계를 인정하면서 이러한 과세제도의 차이가 야기하는 국제무역에서의 경쟁력의 왜곡을 시정하여 동등한 경쟁여건을 확보하도록 하는 조치이다.[5] 무역상대국 사이에 통일적인 조세제도가 도입되지 않는 한, 국경세조정은 이중과세 또는 조세제도의 허점을 방지함으로써 국내상품과 수입상품간의 대등한 경쟁조건을 보장하기 위한 조치가 필요한 것이다.[6] 이러한 국경세조정은 각국이 국내적으로 어떠한 정책을 추진함에 있어 자국 상품의 경쟁력을 저해하지 않으면서 그러한 조치를 운영하는 것을 가능케 하는 제도적 장치라고 할 수 있다.[7]

II. 정책적 논거: 공정한 경쟁여건의 조성

탄소배출권 국경조정을 도입해야 한다는 주장의 정책적 논거로는 경

---

4) GATT, Report of the Working Party on Border Tax Adjustments, adopted on 2 December 1970, BISD 18S/97, para..4: any fiscal measures which put into effect, in whole or in part, the destination principle (i.e. which enable exported products to be relieved of some or all of the tax charged in the exporting country in respect of similar domestic products sold to consumers on the home market and which enable imports sold to consumers to be charged with some or all of the tax charged in the importing country in respect of similar domestic products).

5) Gary C. Hufbauer and Carol Gabyzon, "The Evolution of Border Tax Adjustment", report prepared for the Center for Strategic Tax Reform (1993), p.9

6) WTO, "Taxes and Charges for Environmental Purpose-Border Tax Adjustment", WT/CTE/W/47, 2 May 1997, para.24

7) Frieder Roessler, "Diverging Domestic Policies and Multilateral Trade Integration", in Jagdish Bhagwati and Robert E. Hudec (eds), 2 *Fair Trade and Harmonization* 21 (1997), p.50

쟁력 저하, 탄소누출 우려, 국제협상 레리지 등의 세 가지 사항을 들 수 있다.8) 온실가스 감축을 다루는 국제적 노력이 '공동의 차별적인 책임' 원칙에 기초하고 있고 각국은 경제적 능력과 역사적 책임의 정도에 따라 차별적인 감축의무를 이행하게 되므로, 높은 감축의무를 부담하는 선진국은 보다 엄격한 국내정책을 도입하게 되고 이로 인해 선진국 기업은 낮은 감축의무를 부담하는 다른 국가의 기업에 비해 추가적인 비용을 안게 되며 이는 선진국 기업에게 경쟁상 불이익이 된다는 것이다. 또한 이러한 경쟁력의 불이익으로 인해 기업들은 덜 엄격한 규제를 가진 국가로 배출시설을 이전하게 되어 국제적 온실가스 감축효과는 반감된다는 것이다. 따라서 기후변화대책의 효과적인 추진을 위해서는 경쟁력 저하 및 탄소누출 우려를 해소하기 위한 조치로서 수입상품에 대한 탄소배출권 국경조정, 배출권의 무상배분 등이 도입되어야 한다고 주장한다.9) 일례로, 미국 의회는 자국 기업 경쟁력 악화 및 고용손실을 이유로 교토의정서를 비준하지 않기로 결정한 바 있다.10)

---

8) 탄소배출권 국경조정을 지지하는 견해로는 다음을 참조: Joost Pauwelyn, "U.S. Federal Climate Policy and Competitiveness Concerns: The Limits and Options of International Trade Law", Nicholas Institute for Environmental Policy Solutions Working Paper 07-02 (2007); Susanne Dröe, *Tackling Leakage in a World of Unequal Carbon Prices* (Climate Strategies, 2009); Michael Grubb and Thomas Counsell, *Tackling carbon leakage: Sector-specific solutions for a world of unequal carbon price* (Carbon Trust, 2010), available at http://www.carbontrust.co.uk

9) 탄소규제로 인한 경쟁력 저하 및 탄소누출 문제를 다룬 문헌으로는 다음을 참조: OECD, "Competitiveness, Leakage, and Border Adjustment: Climate Policy Distractions?", by John Stephenson and Simon Upton, Round Table on Sustainable Development, 22-23 July 2009, SG/SD/RT(2009)3; OECD document, "Border Carbon Adjustment and Free Allowances: Responding to Competitiveness and Leakage Concerns", by Peter Wooders, Aaron Cosbey and John Stephenson, Round Table on Sustainable Development, 23 July 2009, SG/SD/RT(2009)8

10) Byrd-Hagel Resolution, S Res 98, July 1997: The Senate strongly believes that the proposals under negotiation, because of the disparity of treatment Annex I

1. 경쟁력

'경쟁력(competitiveness)'이라는 용어는 광범위하고 모호한 개념이며 다양한 의미로 사용되지만, 일반적으로 경쟁력은 자유롭고 공정한 시장 상황에서 상품 및 서비스를 판매할 수 있는 능력으로 정의되고, 경쟁력 향상은 시장점유율 및 수익의 증가를 가져오는 것으로 이해된다.[11] 탄소세나 배출권거래제는 기업의 생산비용을 증가시켜 가격 경쟁력을 저하시킨다는 것이다. 이에 대한 논의는 2가지 사항으로 구분된다. 하나는 기후변화대책으로 인한 경쟁상 불이익이 어느 분야에서 어느 정도나 발생하는지를 경제학적으로 측정하는 문제이고, 다른 하나는 이러한 경쟁력 우려 주장이 각국 정책결정에 미치는 영향을 정치경제적으로 설명하는 문제이다.

경제적 분석을 살펴보자. 탄소세나 배출권거래제를 일방적으로 도입할 경우 자국 산업이 다른 국가의 산업에 비해 어느 분야에서 어느 정도의 경쟁력 저하가 야기되는지에 대한 논의가 활발히 진행되어 왔다. 먼저 경쟁력 저하의 위험이 있는 분야는 어느 분야인가? 연구결과에 따르면, 탄소비용 부과로 인해 생산비용이 증가하여 경쟁력 저하 위험에 노출되는 분야는 시멘트, 철강, 석유화학, 화학, 제지 등의 일부 분야에 한정되며, 국가 전체 GDP의 0.5~2% 가량에 불과한 것으로 분석되고 있다.[12] 일견 경쟁력 문제가 경제 전체적으로 심각한 문제는 아니라는 것을 함축하고 있지만, 기업 또는 산업의 경쟁력 차원에서 접근해 보면 그

Parties and Developing Countries and the level of required emission reductions, could result in serious harm to the United States economy, including significant job loss, trade disadvantages, increased energy and consumer costs ···

11) Julia Reinaud, *Issues behind Competitiveness and Carbon Leakage: Focus on Heavy Industry*, IEA Information Paper (OECD/IEA, 2008); R.G. Lipsey, Economic Growth: Science and Technology and Institutional Change in a Global Economy (Canadian Institute for Advanced Research, 1991)

12) Carbon Trust, *EU ETS Impacts on Profitability and Trade: A Sector by Sector Analysis* (Carbon Trust: London, 2008), available at http://www.carbontrust.co.uk

리 간단한 문제가 아니다. 다음으로 탄소비용 부과로 인한 경쟁력 저하의 정도는 어떠한가? 기업이 부담하는 배출비용이 반드시 기업의 경쟁력 저하의 정도와 일치하는 것은 아니다. 지리적 위치, 시장경쟁 상황, 비용 전가능력, 교역비용 등의 다양한 요소가 고려되어야 한다.[13] 특히 수익성을 유지하면서 소비자에게 비용을 전가할 수 있는 능력이 있는지 여부가 기업의 경쟁력 위험의 결정하는 핵심기준이 된다. 하지만 비용전가율을 실제로 정확하게 산정하는 불가능하다는데 정책적 딜레마가 있다.[14] 이에 따라 EU 집행위는 어떤 산업분야가 '탄소누출의 상당한 위험'에 있는지를 검토하면서 비용증가와 시장개방 정도라는 2가지 요인만으로 추정하였는데,[15] 이러한 접근의 부정확성을 지적하는 비판이 다수 제기되고 있다.[16] 보상대상 및 보상액 산정은 더욱 복잡하다. 생산비용 증가 자체는 기후변화대책이 의도한 결과이기 때문에, 보상범위에는 의도되지 않은 경쟁력 효과만 포함되어야 할 것이다. 또한 기후변화대책으로 인해 생산비용이 증가한다고 하더라도 다른 중요변수의 영향으로 경쟁력이 오히려 개선되는 경우도 있음을 감안해야 한다.[17]

---

13) J.P.M. Sijm et al, "The Impact of the EU ETS on Electricity Prices", Final Report to DG Environment of the European Commission, ECN-E-08-007 (2008); J. Ponssard and N. Walker, "EU Emissions Trading and the Cement Sector: a spatial competition analysis", Climate Policy Vol.8 No.5 (Earthscan: London, 2008), pp.467-493; Damien Demailly and Philippe Quirion, "Leakage from Climate Policies and Border Tax Adjustment: Lessons from a Geographic Model of the Cement Industry", in Roger Guesnerie and Henry Tulkens (eds), The Design of Climate Policy, papers from a Summer Institute held in Venice, CESifo Seminar Series (The MIT Press: Boston, 2008b); Carolyn Fischer, "Rebating Environmental Policy Revenues: Output-Based Allocations and Tradable Performance Standards", Resource for the Future Discussion Paper 01-22 (2001)

14) OECD SG/SD/RT(2009)3, supra note, para.12

15) European Commission, "Commission services paper on Energy Intensive Industries exposed to significant risk of carbon leakage-Approach used and state of play", 12 September 2008

16) Julia Reinaud(2008), supra note, pp.6-8

정책결정 차원에서는 국가경제 전반에 미치는 영향이 중요할 것이다. 일례로, EU가 일방적으로 온실가스 감축을 위한 정책을 추진하는 경우 EU 경제의 소득은 0.7% 감소, 다른 부속서 I 국가의 소득은 0.3% 감소, 부속서 I 에 포함되지 않은 국가의 소득은 0.1% 감소된다는 분석이 있다.[18] 이는 기후변화대책 도입으로 인해 자국의 경제소득이 상대적으로 크게 감소함을 보여주는 것으로, 국가경제의 경쟁력 저하 주장을 뒷받침한다. 그러나 국가 차원의 경쟁력 개념과 개별 기업 또는 산업 차원의 경쟁력 개념은 매우 다른 의미를 가지며,[19] 일부에서는 경쟁력이 기본적으로 기업 차원의 개념이므로 국가 차원의 경쟁력을 논의하는 것은 무의미하다는 지적[20]도 있음을 감안해야 한다. 즉, 기후변화대책 도입에 따른 국가 차원의 경쟁력 효과를 논의하는 것은 적절치 않다는 것이다. 결론적으로 경쟁력 효과를 측정하기 위해 다양한 연구가 진행되고 있으나, 분명한 것은 누가 얼마나 경쟁력 저하의 위험에 처하는지를 정확하게 측정하기는 매우 어려우며 국가경제 전체의 경쟁력 저하를 증명하는 것은 더욱 어렵다는 점이다.

그렇다면 이러한 경제적 분석의 불확실성에도 불구하고 왜 경쟁력 우려를 극복할 수 없는 것인가? 이에 대해서는 정치적인 측면을 살펴볼 필요가 있다. 기업의 경쟁력 저하 주장은 사실 새로운 주장이 아니라 환경정책 도입을 반대하기 위한 논거로 오래전부터 이용되어 왔으며, 기후변

---

17) OECD SG/SD/RT(2009)3, *supra* note, paras.15-17
18) T. Manders and P. Veenendaal, "Border Tax Adjustments and the EU-ETS: A Quantitative Assessment", CPB Netherlands Bureau for Economic Policy Analysis (2008), available at http://www.cpb.nl/eng/pub/cpbreeksen/document/171/
19) M.E. Porter, C. Ketels and M. Delgado, M, "The microeconomic foundations of prosperity: Findings from the Business Competitiveness Index", in *the Global Competitiveness Report 2007-2008* (World Economic Forum, 2007)
20) Paul Krugman, "Competitiveness: A Dangerous Obsession", *Foreign Affairs* March-April 1994, pp.28-44: 경쟁력으로 일반적인 이익을 얻는다는 것은 '위험한 망상'이고 미국 및 기타 국가 내에서의 실질적인 경제 문제로부터 주의를 분산시키는 것이라고 주장하였다.

화정책에 대한 정치적 의지를 약화시키고 정책효율성을 저해하는 요인
이었고 지금도 이에 대한 논쟁은 계속되고 있다.21) 일례로 미국 하원 상
임위에서 배출권거래제 도입과 관련하여 경쟁력 우려 문제가 논의되었
는데, 미국 산업계는 미국만 높은 기준의 기후변화규제를 도입하고 다른
주요 생산국들은 그렇게 하지 않을 경우 미국의 생산 및 고용이 감소하
고, 이에 따른 탄소배출과 일자리가 규제가 느슨한 국가로 이전하게 될
것이라고 주장하였다.22) EU에서도 마찬가지이다. 2008년 EU가 2020년
까지 20:20:20 달성을 위한 기후변화 패키지 도입을 논의할 당시에 경쟁
력 우려가 쟁점이었다.23) 경쟁력 우려 주장의 경험적 증거가 확실하지
않음에도 불구, 정책결정자들은 기업 경쟁력에의 영향 축소를 위해 일정
한 양보를 할 수밖에 없었다.24) 경쟁력 우려를 극복하지 못하는 이유로
는 몇 가지를 생각해 볼 수 있다. 경쟁력 위험의 존재 또는 정도를 확인
할 수 없기 때문에 정책을 둘러싼 논란이 불가피하고 과도한 피해주장을
완전히 반박하기 어렵다는 점을 들 수 있다. 또한, 경쟁력 주장의 논지가
간단하고 쉽게 표현되어 대중들에게 널리 받아들여지는데다가 일자리
상실과 임금 저하에 노동자들이 민감하다는 점도 이유가 될 것이다.

---

21) OECD, *The Political Economy of Environmental Related Taxes* (OECD: Paris, 2006)
22) Testimony of John J. McMackin before the House Committee on Energy and
    Commerce Subcommittee on Energy and Environment Hearing on Competitiveness
    and Climate Policy: Avoiding Leakage of Jobs and Emissions, March 18 2009,
    on behalf of the Energy-Intensive Manufacturers' Working Group on Greenhouse
    Gas Regulation
23) European Commission, Questions and Answers on the Commission's proposal to
    revise the EU Emission Trading System, MEMO/08/35, Brussels, 23 January
    2008; EU의 '20:20:20'이란 2020년까지 에너지 소비효율성 20% 제고, 온실가스
    배출량 20% 감축, 재생에너지 비중 20% 증가라는 목표를 말한다.
24) OECD, "Linkages Between Environmental Policy and Competitiveness", OECD
    Environment Working Papers, No.13, OECD Publishing, doi: 10.1787/218446820583
    (2010)

2. 탄소누출

'탄소누출(carbon leakage)'에 대해 IPCC는 "일국의 기후변화정책의 결과로 그 국가 영역 밖에서 배출이 증가하거나, 일국의 기후변화정책의 결과로 그 국가 영역 안에서 배출이 감소하는 것"으로 정의하였다.[25] 국내 정책의 엄격성으로 인해 경쟁력 손실이 발생하게 되면, 상업활동과 그에 부수되는 오염배출이 덜 엄격성한 규제를 가진 국가로 이동하게 된다. 이는 규제국의 일자리와 세금을 줄어들게 할 뿐만 아니라 탄소배출이 다른 곳에서 증가하는 결과를 가져온다. 규제 도입으로 인한 온실가스 배출 감축 효과 보다 생산기지 이전에 따른 배출 증가폭이 더 커져 전세계적 온실가스 감축 노력이 실패할 수도 있다. 기업들은 국내적으로 이를 기후변화대책의 문제점으로 지적하고 있고, 기업들의 경쟁력 약화 우려를 해결하기 위한 보완정책 도입을 정당화하는 강력한 논거가 되고 있다.

탄소누출 규모는 어떠한가? 이에 대한 측정결과는 매우 다양하다. 산업부문별 연구결과들을 보면, 탄소누출 비율이 0.5%부터 75%까지 이르고 있다.[26] 경제전체적 분석결과들도 마찬가지로 결과치에 차이가 크며 기후변화대책을 채택한 국가들의 규모에 따라 영향을 받음을 보여주고 있다.[27] 일례로, 교토의정서 부속서 I 국가들이 유사한 정책을 도입하는

---

25) Terry Barker et al., Contribution of Working Group III to the Fourth Assessment Report of the Intergovernmental Panel on Climate Change, Technical Summary, pp.80-81: "an increase in emissions outside the country as a result of a country's climate policy / decrease in emissions inside the country as a result of a country's climate policy"

26) 일례로, 기후변화대책에 따른 유럽 시멘트 산업의 경쟁력 영향을 분석한 OECD의 연구결과에 따르면, 톤당 CO2가격이 15유로일 경우 2010년도 유럽의 시멘트 생산이 7.5%감소하고 시멘트 생산이 유럽이외 지역으로 이전된다고 한다. OECD, "The Competitiveness Impact of CO2 Emissions Reduction in the Cement Sector", COM/ENV/EPOC/CTPA/CFA(2004), November 2005

27) Susanne Dröe, Tackling Leakage in a World of Unequal Carbon Prices (Climate

경우 EU 기후변화대책 도입으로 인한 탄소누출 비율은 11.5%로 분석되고 있다.[28] 그러나 탄소누출 결과치 전부가 기후변화대책으로 인한 결과인지에 대해서는 이견의 여지가 있다. 경쟁력 저하 논의에서와 마찬가지로, 탄소누출 평가에 있어서도 일부는 정책 자체가 의도한 재원배분 효율화 과정이기 때문에 결과치에서 이를 배제해야 할 것이다.

탄소누출이 어떠한 경로를 통해 발생하는지를 살펴보자. 일반적으로는 2가지 경로가 주로 소개된다. 하나는 국제적인 시장점유율의 변화로 인한 탄소누출로서 "경쟁력 주도 탄소누출(competitiveness-driven leakage)"이고, 다른 하나는 보다 장기적인 관점에서 생산비용 차이로 인해 에너지 다소비 산업의 재배치 효과로서 "투자방식 탄소누출(investment channel for leakage)"이다. 주의해야 할 사항은 탄소누출 개념은 경쟁력과는 달리 개별 기업 또는 산업 차원이 아니라 경제전체적인 탄소배출 이전의 정도를 의미한다는 점이다. 따라서 특정 부문의 경쟁력 문제가 탄소누출에 기여하는지 아닌지를 판단하는 것이 실제적으로 불가능하며, 이러한 이유에서 탄소누출 해결을 위한 정책은 경쟁력 문제와 함께 논의된다.

탄소누출은 기후변화 관련 다자시스템에 심각한 위협요인으로 인식되고 있다. 일부에서는 UNFCCC 및 교토의정서는 각국이 기후 안정화 목표를 추구함에 있어 각기 다른 수준의 책임을 지며 다른 정책을 채택하는 것을 인정하고 있기 때문에, 탄소누출 및 국제배출 재분배은 일정부분 이러한 국제적 원칙에 따른 것이며 의도되지 않거나 부정적인 결과라고 단정하기 어렵다고 지적한다. 그러나 이러한 주장은 다음 두 가지 점에서 수긍하기 어려운 것으로 보인다. 첫째, 각국의 배출총량이 적절한 수준에서 설정되었다는 가정이 전제되어야 한다는 점이다. 지나치게 느슨한 배출총량은 "핫 에어(hot air)", 기후 안정화에의 실질적인 기여 없는 단순히 서류상의 배출감축이라는 문제를 가져온다. 탄소배출의 문제

Strategies, 2009)

28) OECD, *The Economics of Climate Change Mitigation: Policy Options for a Post Kyoto Global Action Plan beyond 2012* (OECD: Paris, 2009)

는 배출이 일어나는 장소가 어디든 모든 국가에 동일한 효과가 있기 때
문에 한 국가만으로는 문제를 해결할 수 없다(collective action problem).
따라서 국제적인 협력 하에 문제를 해결해야 한다. 그러나 이를 위한 정
부 간 협력이 실패할 경우 각국의 일방적 조치가 불가피할 것이다. 둘째,
UNFCCC 제3조3항에 규정된 기후변화대책의 비용-효과성 원칙에도 배
치된다는 점이다. 만일 상대적으로 낮은 비용으로 배출감축이 가능한 산
업이 배출규제를 피해가게 된다면 이는 UNFCCC의 목적을 달성하기 위
한 국제적 비용을 증가시키는 것을 의미하는 것이기 때문이다. 따라서
UNFCCC가 일정한 정도의 경쟁력 이동을 전제하고 있다고 하더라도, 탄
소누출이 UNFCCC 목적 달성을 저해한다는 비판을 피할 수는 없을 것이
다.29) 더구나, 정치적 측면에서 볼 때에도, 경쟁력 및 탄소누출의 문제는
국내 기후변화대책의 비용을 증가시키고 목적달성을 저해하고, 낮은 환
경기준을 정치적으로 확산(political spillover)하는 요인이 될 수 있다. 온
실가스 배출규제에 대한 자국 업계의 지지 확보를 위해서는 이에 대한
해결이 반드시 필요하다.

3. 국제협상의 레버리지

탄소배출권 국경조정은 국제적 온실가스 감축노력에 여타 국가들이
참여하도록 인센티브와 압력을 제공할 수 있고, 기후변화 국제협상에서
의 레버리지로 활용되어 국제기후변화 협상의 진전을 촉진할 수 있다는
견해도 있다.30) 일례로, 미국의 전력협회(AEP: American Electric power),
전력노조(IBEW: International Brotherhood of Electric Worker) 등이 미국
의회에 이러한 주장을 제기하였으며, 이후 다수의 기후변화입법안에 경

---

29) OECD SG/SD/RT(2009)3, supra note, paras.37-42
30) Larry S. Karp and Jinhua Zhao, "A proposal for the Design of the Successor
to the Kyoto Protocol", Discussion paper 2008-03, Cambridge MA Harvard
University Project on International Climate Agreement (2008)

쟁력 문제 해결을 위한 조항이 포함되는 배경이 되었다.[31]

III. 반대 주장 :
과장된 우려에 기초한 녹색보호주의

탄소배출권 국경조정 도입 논거가 이해하기 쉽고 설득력 있어 보이지만 실상은 그리 간단한 문제가 아니다. 반대하는 측은 경쟁력 우려는 과장된 것으로 실재하는 문제가 아니라 보호주의 차원에서 제기되는 것이고, 현실적으로 정책상 실익이 없고 집행도 어려우며, 다자무역규범인 WTO 협정에 위반됨을 지적하고 있다.[32]

1. 경쟁력 약화에 대한 과도한 우려

우선 기후변화대책으로 인한 경쟁력 효과가 과장되어 있으며 무역조치를 정당화하는 이유가 될 수 없다는 지적이 오래전부터 있어 왔다. Krugman(1994)은 경쟁력의 일반이익은 위험한 망상(dangerous obsession)이고 생산성과 같은 경제의 실질적인 문제로부터 주의를 분산시킨다고 주장하였다.[33] GATT 사무국 보고서(1992)도 각국이 자국 환경기준을 유

---

31) Gary Hufbauer, Steve Charnowitz and Jisun Kim, *Global Warming and the World Trading System* (Peterson Institute for International Economics, 2009), pp.22-24 참조

32) 탄소배출권 국경조정을 반대하는 견해로는 다음을 참조: Trevor Houser, Rob Bradley, Britt Childs, Jacob Werksman, and Robert Heilmayr, *Levelling the Carbon Playing Field: International Competition and US Climate Policy Design* (Peterson Institute for International Economics and World Resources Institute: Washington DC, 2008)

33) Paul R. Krugman, "A Dangerous Obsession", *Foreign Affairs* 73, no.2 (1994), pp.28-44

지할 주권적 권리를 보유하고 있으며 이러한 기준의 차이는 비교우위를 유발하는 합법적인 근원이라는 시각이다.[34] 실제로 경쟁력 저하의 위험이 있는 산업은 국가경제 전체의 극히 일부에 불과하다. 최근 연구결과에 따르면, 미국 제조업 중 온실가스 다배출 산업으로는 철강, 시멘트, 제지, 비철금속, 화학 등의 5대 산업을 들 수 있고 이들이 미 제조업 온실가스 배출의 절반 이상을 차지하고 있으나, 이들 온실가스 다배출 산업이 미국 경제에서 차지하는 비중은 전체 GDP의 3%, 전체 고용의 2% 미만에 불과하다.[35] EU의 경우도 경쟁력 저하의 위험이 있는 산업은 국가 전체 GDP의 0.5~2% 가량에 불과한 것으로 분석되고 있다.[36] 나아가, 하버스 경영대학원의 Michael Porter(1991, 1994)는 동적인 기업에서의 엄격한 환경규제가 시행되고 개혁을 촉진시키는 역할을 한다면 경쟁상의 우위를 창출할 수도 있다고 주장하였다. Porter는 '적절하게 구성된' 규제라는 가정적 상황에서 엄격한 기준이 기업들을 자극하여 배출량을 감소시키고 동시에 비용을 절감하는 방법으로 기술과 생산과정을 재편하도록 한다고 하였다.

2. 정책 집행의 복잡성과 효과 불투명

수입상품에 대한 탄소배출권 국경조정을 현실적으로 집행하기 위해서는 그 상품의 생산과정에서 배출되는 탄소량(carbon footprint)에 대한 정확한 측정을 전제로 하지만, 이러한 측정에는 많은 비용이 소요될 뿐만 아니라 복잡한 과정을 거쳐야 한다. 특히 제품의 생산과정에서 배출된

---

34) GATT, *Trade and Environment Report* (GATT: Geneva, 1992): 실제로 Hecksher-Ohlin의 무역이론은 요소부존량의 차이에 따른 비교우위에 입각하고 있으며 이에는 환경규제의 차이도 포함된다는 것이다.

35) Trevor Houser, Rob Bradley, Britt Childs, Jacob Werksman, and Robert Heilmayr (2008), *supra* note, pp.42-57

36) Carbon Trust, *EU ETS Impacts on Profitability and Trade: A Sector by Sector Analysis* (Carbon Trust: London, 2008), available at http://www.carbontrust.co.uk

탄소는 제품에 물리적으로 존재하지 않아 확인이 어렵고, 사용에너지별로 또는 생산방식별로 탄소배출량이 각기 다르기 때문에 실제로 탄소가 얼마나 배출되었는지를 정확히 알려면 동일한 상품이라고 하더라도 국가 및 기업별로 개별적으로 측정해야 한다. 철강, 시멘트, 기초화학 등의 중간재의 경우도 탄소배출량 측정을 위해서는 복잡한 계산을 필요로 한다는 점을 감안할 때, 이러한 중간재를 투입한 전기제품, 자동차 등 최종제품의 탄소배출량 계산은 현실적으로 거의 불가능하다는 것이다.

탄소배출권 국경조정은 자국 산업의 경쟁력에도 큰 도움이 되지 않는다. 국경탄소조정으로 보호될 수 있는 자국 생산업자는 극히 일부에 불과하고 보호 가능성도 미미하기 때문이다. 미국의 경우 철강, 시멘트, 화학 등 보호되는 분야에서 대부분의 수입이 중국이 아닌 다른 국가로부터 이루어진다. 또한 탄소다배출 중간재 수입을 제한하게 되면 자국 하방산업에도 부정적 영향을 가져오게 된다. 탄소다배출 중간재를 투입하는 최종제품에 대한 탄소배출량 측정이 현실적으로 불가능하다는 점을 감안할 때, 국경탄소조정이 수입되는 철강에는 적용되고 수입되는 자동차에는 적용되지 않을 가능성이 크다. 이 경우 자국 자동차 산업이 외국 업체에 비해 철강구매에 있어 경쟁상 불이익을 받게 된다.

국제협상에서의 레버리지 효과도 거의 기대하기 어렵다. 조치국은 자국의 기후변화법안과 유사한 조치를 다른 국가도 취하기를 희망하지만, 특정국 시장에의 접근제한만으로는 정책변화를 유도할 수 없다. 미국 시장을 예로 들면, 중국이 세계 철강생산의 32%를 차지하고 있지만 2005년 단지 8%만 수출했고 그 중 미국에 수출된 건 1%도 안 된다. 미국 시장이 중국 비철금속 생산의 3%, 제지생산의 2%, 기초화학과 시멘트는 1%에도 못 미친다. 경쟁력 우려가 제기되는 5개 품목에서 미국시장은 세계수요의 10% 미만, 수입점유율은 3% 미만이라는 점을 감안할 필요가 있다.[37]

---

37) Trevor Houser, Rob Bradley, Britt Childs, Jacob Werksman, and Robert Heilmayr (2008), *supra* note, p.75

3. WTO 규범에의 위반

탄소배출권 국경조정 도입의 가장 강력한 반대 논거는 WTO 규범에의 위반 문제이다. 수입상품에 대한 탄소배출권 국경조정은 GATT 제3조 내 국민대우 원칙 위반이며, 선진국이 자국 기후변화 규제에 따르도록 강제하기 위한 이러한 일방적인 무역제한조치는 제20조 예외로도 정당화 될 수 없다고 주장한다. 특히 기후변화협약의 기본적인 원칙이 '공동의 차별화된 책임'이며 각국이 어느 정도의 책임을 부담하는지는 그러한 국제협상에 따라 결정되는 문제임을 강조한다.[38]

---

[38] WTO CTE, Report of the Meeting held on 10 July 2009, Note by the Secretariat, WT/CTE/M/47, 31 August 2009, paras.75-76 참조

각국 입법동향

탄소배출권 국경조정 도입과 관련하여 각국에서의 논의 동향은 어떠한
지를 살펴보자. 교토의정서상 탄소배출량 감축목표 이행을 위해 각국은
자국 사정에 맞는 기후변화대책을 수립 및 추진해 온바, 배출권거래제의
내용과 방식, 그리고 탄소배출권 국경조정 논의에 있어 다소 차이가 있
다. 아래 미국, EU, 일본, 우리나라를 중심으로 논의동향을 소개하겠다.

Ⅰ. 미국

1. 기후변화대책 개관[1]

미국은 중국과 함께 온실가스 최다배출국으로서 교토의정서에서도 가
장 비중 있는 의무감축국으로 명시되어 있다. 그러나 1997년 교토의정서
체결에 앞서 미국 상원은 '버드-헤겔 결의안(Byrd-Hagel Resolution)'을
통해 개도국의 의무적 참여가 없이는 미국이 어떠한 의무적 협약을 채택
해서는 안된다고 결의하였고, 그 이후 2005년 교토의정서가 국제적으로
발효되기 이전까지 온실가스 감축과 관련된 의미 있는 입법적 시도가 이
루어지지 않았다.

2007년 4월 Massachusetts v. EPA 연방대법원 판결[2]은 기후변화대책

---

1) 미국 기후변화대책의 상세내용은 다음을 참조: 정성춘 외, 기후변화협상의 국제
   적 동향과 시사점, 대외경제정책연구원 연구보고서 09-01(2009), pp.71-82; 이재
   협, "기후변화입법의 성공적 요소: 미국의 연방법률안을 중심으로", 한양대 법학
   논총 제26집 제4호 (2009)
2) Massachusetts v. EPA, 549 U.S. 497, available at www.supremecourtus.gov

의 전환점을 제공하였다. 부시 행정부는 당시의 '대기정화법(Clean Air Act)'하에서는 연방정부나 주정부가 온실가스 규제를 할 수 없다고 주장하였으나 연방대법원은 이를 부정하는 판결을 내렸다. 이로써 주정부 차원에서 추진되는 각종 온실가스 규제가 합헌이라고 인정되었고 연방 차원에서도 온실가스 규제를 강화해야 한다는 주장이 대두되었다. 이러한 배경 하에, 2008년 4월 16일 부시 전 행정부는 "2025년까지 온실가스 배출량 증가율을 0으로 한다"고 중기 수치목표를 발표하였다. 이는 4월 17~18일 미국이 주도하는 「에너지 안전보장과 기후변화에 관한 주요국 회의」 제3차 회의 개최를 앞두고, 중국과 인도 등 개도국의 적극적인 기후변화 대책수립을 압박하고 EU와의 국제협상 주도권 경쟁에서 우위를 확보하고자 한 것으로 해석된다.3)

오바마 행정부가 들어선 이후 미국의 기후변화정책은 전환기를 맞이하였다. 부시 행정부와는 달리 온실가스 감축과 관련한 미래세대와 국제사회에 대한 책임에 분명한 의지를 표명하고, 미국의 온실가스 배출을 2020년까지 2005년 대비 17%, 2050년까지 2005년 대비 83%로 감축하겠다는 중기목표를 제시하였다. 녹색성장과 일자리 창출을 위해 2009~2018년 중 청정에너지, 그린카, 그린홈정책에 1,500억 달러 투자, 빌딩에 대한 효율 규제 실시(2030년까지 단계적으로 신규 빌딩의 탄소배출을 zero로 낮추는 정책), 신재생에너지 설비의무화 등의 정책을 적극 추진하고 있다. 또한 온실가스 감축목표를 달성하기 위해 Cap and Trade 방식의 배출권 거래제를 연방정부 차원에서 도입하겠다는 의지도 표명하였다.

2. 배출권거래제 도입 현황

미국은 그간 온실가스에 대한 연방정부의 공식적인 규제가 없이 몇몇

---

3) 미국의 중기 수치목표 발표는 2007년 발리로드맵에서 제시된 수치목표인 "선진국은 2025년까지 1990년 대비 25-40%를 감축한다"는 것에 비하면 지나치게 소극적이라는 비판도 제기되었다.

주정부가 모여서 지역적인 규제를 추진하거나 주정부 단위로 온실가스를 규제하는 방식을 취해 왔다. 먼저 미국에서 최초로 총량 배출권거래제에 기반을 둔 온실가스 규제 프로그램이 가동된 것은 북동부 9개주(코네티컷, 델라웨어, 메인, 뉴햄프셔, 뉴저지, 뉴욕, 버몬트, 로드아일랜드, 메사추세츠)에 의해 주도된 RGGI(Regional Greenhouse Gas Initiative)이다. 2005년 12월 20일 가입주들 간의 MOU가 체결되었고 2006년 8월 15일 모델규칙이 작성됨에 따라 배출권거래제가 시행되었다. RGGI의 규제 대상은 25MW급 이상의 발전소이며, 점진적인 탄소배출 감축을 목표로 하고 있다. 또한 캘리포니아 주의회는 2006년 8월 31일 온실가스 배출 감축을 위한 법안(California Global Warming Solutions Act of 2006)을 통과시켰는데, 동 법안은 캘리포니아의 온실가스 배출수준을 2020년까지 1990년 수준으로 감축하는 것을 목표로 배출허용량을 규정하고, 배출업자의 배출보고 의무화와 배출권거래제 실시를 위한 법적 근거를 마련하였다.4)

2006년 11월 중간선거로 민주당이 다수당의 지위를 점하면서 연방 차원에서의 온실가스에 대한 배출권거래제 입법 논의가 활발해졌다. 미 의회는 기후변화 대응 문제에 적극적인 자세로 전환하였고, 110대 의회에서 195개 이상의 기후변화법안과 결의안이 제출되어 활발한 입법 논의가 전개되었다.5) 또한 2009년 1월 취임한 오바마 대통령은 의료개혁법안과 함께 포괄적인 기후변화법안 제정을 최우선 과제로 추진하면서 111대 의회에서도 다양한 온실가스 규제법안들이 논의되었다.

미 의회에 제출된 주요 기후변화법안으로는, 민주당 소속 Waxman 의

---

4) 이재협(2009), 앞의 논문 참조
5) 미국 110대 의회에 제출된 기후변화법안 중 경쟁력 조항(competitiveness provision)이 포함된 주요 법안으로, 상원의 저탄소경제법안(S.1766), Lieberman-Warner 기후안보법안(S.3036), 하원의 기후구제법안(H.R.2069), 미국에너지안보신탁기금법안(H.R.3416), 기후문제법안(H.R.6316) 등이 있다; Gary C. Hufbauer, Steve Charnovitz and Jisun Kim, Global Warming and the World Trading System (Peterson Institute for International Economics, 2009), pp.22-29 참조

원과 Markey 의원이 제안하여 2009년 6월 하원을 통과한 「미국청정에너
지안보법(일명 'Waxman-Markey 법안')」, Kerry 상원의원과 Boxer 상원
의원이 2009년 9월 공동제안한 「청정에너지고용및미국전력법(일명 'Kerry-
Boxer 법안')」, 그리고 Kerry 상원의원과 Liebermann 상원의원이 공동 제
안한 「미국전력법(일명 'Kerry-Liebermann 법안')」을 들 수 있다.[6] 아래
에서는 이들 3개 법안의 내용을 중심으로 미국 연방 차원의 배출권거래
제 논의 동향을 설명하겠다.

1) 청정에너지안보법(Waxman-Markey 법안)

미국 하원 에너지상업위원회 Henry Waxman 위원장(D-CA)과 동 위원
회 에너지환경소위원회 Edward Markey 위원장(D-MA) 주도로, 온실가스
감축목표, 연방정부 차원의 전국적 연비규정 제정 및 자동차 환경기준 강
화, 배출권거래제 등 온실가스 감축을 위한 목표와 수단을 포괄적으로 규
정한 기후변화법안인 「미국청정에너지안보법(The American Clean Energy
and Security Act of 2009, 일명 'Waxman-Markey 법안')」[7]이 2009년 3월
30일 하원에 제출되었으며, 2009년 6월 26일 219-212의 근소한 표차로
하원을 통과하였다. 그러나 상원을 통과되지 못한 채 폐기되었다.

Waxman-Markey 법안은 1,201페이지에 달하는 방대한 법안으로 총 4
개 부문(청정에너지, 에너지효율, 지구온난화, 배출권할당)으로 구성된다.
온실가스 감축과 관련하여, 2020년까지 2005년 대비 17% 감축, 2050년
까지 2005년 대비 83% 감축목표를 규정하였고[8], 이러한 감축목표를 달
성하기 위해 처음으로 연방 차원의 배출권거래제를 2012년부터 도입하

---

6) 미국 기후변화법안에 대한 국내문헌으로 다음을 참조: 이재협, "기후변화입법의
   성공적 요소: 미국의 연방법률안을 중심으로", 한양대 법학논총 제26집 제4호
   (2009); 류창수, "미국 기후변화 입법상 국경조치의 WTO 협정상 적법성 연구",
   통상법률 통권 제93호 (2010)
7) H.R.2454, available at http://www.thomas.gov
8) H.R.2454, Sec.702. Economy-wide Reduction Goals, p.681

여, 전력회사, 정유회사 등 온실가스 다배출원에 대해 연간 배출총량을 설정하고, 온실가스 배출원들이 1톤의 온실가스 배출을 위해서는 1개의 배출권을 구입하도록 하였다. 배출권거래제 시행 초기에는 청정에너지 경제체제로의 전환을 촉진하기 위해 약 85%의 배출권이 무료로 할당될 예정이며, 이는 2025년부터 점진적으로 축소하여 2031년에는 배출권의 70%가 유상경매로 전환된다.[9] 배출권 의무를 준수하지 않을 경우에는 탄소배출 톤당 배출권 경매가격의 두 배에 상당하는 범칙금을 부과하도록 규정하였다.[10] 배출권 보유자는 탄소시장을 통해 자유롭게 탄소배출권의 양도 및 이전이 가능하다.[11]

2) 청정에너지고용및미국전력법(Kerry-Boxer 법안)

미국 상원 외교위원회 John Kerry 위원장(D-MA)과 환경위원회 Barbara Boxer 위원장(D-CA)은 상원의 기후변화법안인 「청정에너지고용및미국전력법(Clean Energy Jobs and American Power Act, 일명 'Kerry-Boxer 법안')」을 2009년 9월 30일 발의(총 821페이지)하였고 10월 27~29일간 청문회를 거쳐 11월 5일 공화당 소속 의원 전원(7명)이 불참한 가운데 내용수정 없이 11-1로 환경위원회를 통과하였다. 그 과정에서, Boxer 위원장은 10월 23일 Kerry-Boxer 법안에 각 분야별 배출권 분배(emission allocations) 조항을 추가(총 923페이지)하였다. 동 법안은 환경위를 통과되었으나, 재무위, 상업위, 농업위, 에너지위, 외교위 등 5개 위원회도 부분적으로 관할권을 가지고 있어 각 위원회별 심의결과와 수정안을 취합하여 하나의 법안으로 만든 후 상원 본회의에 상정될 예정이었으나, 5개 관련 위원회에 동 법안 처리 구체 일정이 잡혀있지 않고 처리시한도 정해지지 않아 본회의에 상정되지 못하였다.

---

9) H.R.2454, Sec.721. Emission Allowances & Sec.722. Prohibition of Excess Emission, pp.723-750
10) H.R.2454, Sec 723. Penalty for Noncompliance, pp.750-752
11) H.R.2454, Sec.724. Trading, pp.752-753

Kerry-Boxer 법안은 하원의 기후변화법안과 마찬가지로 온실가스 감축목표 설정과 배출권거래제 도입을 골자로 하고 있으나 내용에 있어 다소 차이가 있다. 구체적으로 보면, 2020년 감축목표가 2005년 대비 20%로 다소 강화되었고,[12] 배출권거래제를 2012년부터 도입하며,[13] 국경조정은 포함되지 않은 점이 특징이다.

3) 미국전력법안(Kerry-Lieberman 법안)

2009년 하반기 들어 John Kerry 상원외교위원장(D-MA), Max Baucus 상원재무위원장(D-MT), Linsey Graham 상원의원(R-SC), Joe Lieberman 상원의원(I-CT) 등이 초당적 타협안을 추진하게 되었고, 2010년 5월 John Kerry 상원외교위원장과 Joe Lieberman 상원의원은 기존의 Kerry-Boxer 법안을 수정한 「미국전력법안(American Power Act, 일명 'Kerry-Lieberman 법안')」[14]을 공개하였다.

동 법안의 내용을 살펴보면, 우선 온실가스 감축 목표 관련, 2005년 대비 2012년까지 17%, 2050년까지 83% 감축으로 설정하였다.[15] 동 감축목표는 하원의 Waxman-Markey 법안에서의 목표치와 동일한 수치이다. 다음으로 배출권거래제 적용대상 관련, 연간 25,000톤 이상의 온실가스를 배출하는 약 7,500여 개 발전소와 공장 등을 규제대상으로 한다. 다만 발전소에 대해서는 2012년부터 조기 적용되며, 철강, 시멘트 등의 제조업에 대해서는 2016년부터 적용된다.[16] 마지막으로 국경조정으로서, 온실가스 배출감축 관련 국제적 합의가 없을 경우 배출규제를 도입하지 않는 국가로부터 수입되는 상품에 대해 국경조치를 시행하도록 규정하고 있다.[17]

---

12) S.1733, Sec.702. Economy-wide Reduction Goals, pp.1258-1259
13) S.1733, Sec.721. Emission Allowances, pp.1305-1315
14) Kerry-Lieberman 법안 전문과 섹션별 요약내용은 kerry.senate.gov에서 다운로드 가능함.
15) Kerry-Lieberman draft bill, Sec.702. Economy-wide Reduction Goals, pp.265-266
16) Kerry-Lieberman draft bill, Sec.721. Emission Allowances, pp.310-324

3. 탄소배출권 국경조정 관련 동향

앞에서 소개한 3개 법안 중 미국 하원의 Waxman-Markey 법안과 상원
의 Kerry-Lieberman 법안에 배출권거래제와 함께 국경조정 조치가 포함
되어 있다.

1) 법안에 포함된 조치

Waxman-Markery 법안을 살펴보면, Sec.401은 온실가스 감축을 위한
국제적인 노력을 촉진하고 탄소누출을 방지하기 위해 「청정대기법(Clean
Air Act)」에 "산업배출의 실질감축 보장"이라는 제목 하에 Sec.761-769
의 9개 조문을 신설하는 것을 내용으로 한다. 탄소배출권 국경조정과 관
련해서는 배출권리베이트와 배출권국제보전제도가 포함되어 있는바, 아
래 조문 내용을 소개해 보겠다.

(1) 배출권리베이트

Sec.763. Eligible Industrial Sectors.
  (a) List
    (1) Initial list. Not later than June 30, 2011, the Administrator shall publish
        in the Federal Register a list of eligible industrial sectors pursuant to
        subsection (b). ···
    (2) Subsequent lists. Not later than February 1, 2013, and every 4 years
        thereafter, the Administrator shall publish in the Federal Register an
        updated version of the list published under paragraph (1).
  (b) Eligible Industrial Sectors.
    (2) Presumptively Eligible Industrial Sectors
      (A) Eligibility Criteria
        (i) In general. An owner or operator of an entity shall be eligible
              to receive emission allowance rebates under this subpart if such

---

17) Kerry-Lieberman draft bill, Sec.777. International Reserve Allowance Program,
    pp.819-822

entity is in an industrial sector that is included in a six-digit classification of the NAICS that meets the criteria in both clauses (ii) and (iii), or the criteria in clause (iv).

(ii) Energy or greenhouse gas intensity. As determined by the Administrator, the industrial had:

(I) an energy intensity of at least 5 percent, calculated by dividing the cost of purchased electricity and fuel costs of the sector by the value of the shipments of the sector, based on data described in subparagraph (D); or

(II) a greenhouse gas intensity of at least 5 percent, calculated by dividing:

(aa) the number 20 multiplied by the number of tons of carbon dioxide equivalent greenhouse gas emissions (including direct emissions from fuel combustion, process emissions, and indirect emissions from the generation of electricity used to produce the output of the sector) of the sector based on data described in subparagraph (D); by

(bb) the value of the shipments of the sector, based on data described in subparagraph (D).

(iii) Trade intensity. As determined by the Administrator, the industrial sector had a trade intensity of at least 15 percent, calculated by dividing the value of the total imports and exports of such sector by the value of the shipments plus the value of imports of such sector, based on data described in subparagraph (D).

(iv) Very high energy or greenhouse gas intensity. As determined by the Administrator, the industrial sector had an energy or greenhouse gas intensity, as calculated under clause (ii)(I) or (II), of at least 20 percent.

Sec. 764. Distribution of Emission Allowance Rebates

(a) Distribution Schedule

(1) In general. For each vintage year, the Administrator shall distribute pursuant to this section emission allowances made available under section 782(e), no later than October 31 of the preceding calendar year. The

Administrator shall make such annual distributions to the owners and operators of each entity in an eligible industrial sector in the amount of emission allowances calculated under subsection (b) ⋯

법안의 subpart 1 "배출권리베이트제도(emission allowance rebate program)"는 Sec.763(적격 산업부문)과 Sec.764(배출권리베이트 배분)로 구성된다. 구체적으로 살펴보면, 우선 환경당국은 관보에 리베이트 대상 산업 리스트를 발표하고, 2013년부터 4년마다 동 리스트를 갱신한다. 적격요건은 에너지/온실가스 집중도와 무역집중도를 기준으로 판단한다. 대상산업에 대해서는 직접 또는 간접의 탄소 요소들을 통해 계산된 할당량을 기초로, 2014년에 배출권의 15%가 할당되고, 매년 배출목표 감축분에 기초하여 점차적으로 배출권 할당을 축소하되 대통령이 동 프로그램이 계속 필요하다고 결정하지 않는 한 2025년에 배출권 할당을 폐지한다.

(2) 배출권국제보전제도

Sec.767. Presidental Reports and Determinations

(a) Report. Not later than January 1, 2017 and every 2 years thereafter, the President shall submit a report to Congress on the effectiveness of the distribution of emission allowance rebates under subpart 1 in mitigating carbon leakage in eligible industrial sectors. ⋯

(b) Presidential Determination

(1) In general. If, by January 1, 2018, a multilateral agreement consistent with the negotiating objectives set forth in section 766 has not entered into force with respect to the United States, the President shall establish an international reserve allowance program for each eligible industrial sector to the extent provided under section 768 unless [...]

(c) Determinations With Respect to Eligible Industrial Sectors. If the President establishes an international reserve allowance program pursuant to subsection (b), then not later than June 30, 2018, and every 4 years thereafter, the President, in consultation with the Administrator and other appropriate agencies, shall determine, for each eligible industrial sector, whether or not more than 85 percent of United States imports of covered goods with respect to that sector are produced or manufactured in countries that have met at least one of the following criteria:

(1) The country is a party to an international agreement to which the United States is a party that includes a nationally enforceable and economy-wide greenhouse gas emissions reduction commitment for that country that is at least as stringent as that of the United States.

(2) The country is a party to a multilateral or bilateral emission reduction agreement for that sector to the which the United States is a party.

(3) The country has an annual energy or greenhouse gas intensity, as described in section 763(b)(2)(A)(ii), for the sector that is equal to or less than the energy or greenhouse gas intensity for such industrial sector in the United States in the most recent calendar year for which data are available.

Sec.768. International Reserve Allowance Program

(a) Establishment

(1) In general. The Administrator, with the concurrence of Commissioner responsible for U.S. Customs and Border Protection, shall issue regulations

(A) establishing an international reserve allowance program for the sale, exchange, purchase, transfer, and banking of international reserve allowances for covered goods with respect to the eligible industrial sector;

(B) ensuring that the price for purchasing the international reserve allowances from the United States on a particular day is equivalent to the auction clearing price for emission allowances under section 722 for the most recent emission allowance auction;

(C) establishing a general methodology for calculating the quantity of international reserve allowances that a United States importer of any covered good must submit;

(D) requiring the submission of appropriate amounts of such allowances for covered goods with respect to the eligible industrial sector that enter the customs territory of the United States; ⋯

법안의 subpart 2 "산업 배출의 국제적인 감축 촉진(Promoting International Reductions in Industrial Emissions)은 Sec.765(국제협상), Sec.766

(다자환경협상 관련 미국의 협상목표), Sec.767(대통령 보고 및 결정), Sec.768(배출권국제보전제도), Sec.769(철 및 철강 부문)로 구성된다. 구체적으로 살펴보면, 우선 미국 대통령은 2017년 1월 1일 이전에 동 국경조치가 에너지집중/무역민감산업의 탄소누출(carbon leakage) 감소에 얼마나 효과적이었는지에 대한 보고서를 의회에 제출해야 하고, 동 보고서는 제출 이후 2년마다 갱신된다. 또한 2018년 1월 1일까지 Sec.766에 명시된 협상목표에 부합하는 다자간 협상이 발효되지 못할 경우 대통령은 배출권국제보전제도(International Reserve Allowance Program)를 시행해야 하고 제도의 적용대상은 해당 부문에서 미국 수입의 85% 이상이 온실가스 통제국으로부터 이루어지는지 여부를 기준으로 판단한다. 배출권국제보전제도 운영과 관련, 법안은 동 제도에 포함될 핵심적인 요소만을 규정하고 세부적인 사항은 관세청(CBP)에 위임하였다.

2) 평 가 및 전 망

미국 의회에서 기후변화입법에 대한 논의가 아직 진행 중에 있어, 최종적으로 어떠한 형태의 국경조정 조치가 포함될지는 현재로서는 예측하기 어려운 상황이며, 설령 탄소배출권 국경조정 조항이 포함된다고 하더라도 발효 즉시 시행하는 것은 아니고 일정한 유예기간과 대통령 재량권한을 인정하는 형태가 될 것으로 예상된다.

각계 입장을 소개해 보면, 오바마 대통령은 2009년 6월 26일 언론 인터뷰에서 기후변화법안의 의회통과를 지지하지만 국제적으로 공정한 경쟁을 확보할 수 있는 다른 방안이 있을 것으로 생각한다고 밝혔다. John Kerry(D-MA), Max Baucus(D-MT), Barbara Boxer(D-CA) 등 자유무역 성향의 상원의원들도 법안의 보호주의 색채를 완화시키려고 노력하고 있다. 반면, 국경조치 도입이 반드시 필요하다는 목소리도 상당하다. 민주당의원 25명과 공화당의원 3명은 2009년 9월 9일 오바마 대통령 앞 서한을 통해 미국 제조업의 보호를 위해 강력한 국경조치 조항이 필요하며 이러한 조치가 없다면 온실가스 감축정책이 미국의 일자리를 감소시키고 소비자들이 온실가스 다배출국가로부터 수입된 제품을 구입하도록 유인하게 된다고 주장하였다. 상원에서는 Serrod Brown(D-OH), Debbie Stabenow(D-MI)를 비롯한 10명의 반무역성향 상원의원(Gang of 10)[18]들이 2009년 8월 6일 오바마 대통령 앞 서한을 통해 동 국경조치가 미국의 경쟁력 유지를 위해 기후변화법안에 반드시 포함되어야 한다고 주장하였다. 2009년 11월 10일 상원 재무위원회가 개최한 청문회에서 Max Baucus 위원장은 기후변화법안이 통과되려면 탄소누출 우려에 대한 해결책이 있어야 하며 국경조치가 반드시 포함되어야 한다고 하였다. ACCF-NAM의 공동연구는 배출권거래제가 시행될 경우 2020년까지 최대 180만 명, 2030년까지 최대 400만 명의 실업자가 증가할 것이며, 동 실업자의 59~66%가 제조업 분야에서 발생될 것이며, 이로 인한 GDP 감소는 2020년까지 2,100억불, 2030년까지 6,690억불에 이르는 것으로 전망하였다.[19]

지난 2010년 11월 미국 중간선거에서 민주당의 패배로 인해 연방의회 차원에서의 기후변화 입법은 현실적으로 쉽지 않은 것으로 보이는바, 결국 기존의 청정대기법(Clean Air Act)의 테두리 내에서의 온실가스 규제가 이루어질 것으로 전망된다. 앞에서 살펴본 Massachusetts v. EPA 연방대법원 판결[20]은 그러한 연방정부의 규제 도입이 가능함을 법적으로 확인하여 주었기 때문이다. 다만 연방정부의 규제가 cap-and-trade의 형태로 설계될 것인지 여부는 아직 불투명하고, 미국 캘리포니아 AB-32 등 주정부 차원에서 시행되는 온실가스 배출권거래제의 성패가 그 바로미

---

18) "Gang of 10": Sherrod Brown(D-OH), Debbie Stanenow(D-MI), Kent Conrad (D-ND), Saxby Chambliss(R-GA), John Thune(R-SD), Ben Nelson(D-Neb), Linsey Graham(R-SC), Blanche Lincoln(D-ARK), Mary Landrieu(D-LA), Johnny Isakson (R-GA), Bob Corker(R-Tenn), Mark Pryor(D-Ark)

19) ACCF and NAM, "Analysis of the Waxman-Markey Bill ("The American Clean Energy and Security Act of 2009, H.R.2454) Using the National Energy Modeling System (NEMS/ACCF-NAM)" (2009), available at http://www.accf.org

20) *supra* note

터가 될 것으로 전망된다.

II. EU

1. 기후변화대책 개관[21]

유럽연합(EU)은 환경보호 및 지속가능 발전에 있어 가장 주도적인 역할을 해왔다. 기후변화가 야기할 심각한 결과를 경고하면서 기후변화에 대응하기 위한 다양한 역내정책을 만들고, 기후변화 관련 국제협약에서 여타 국가들의 적극적인 동참을 호소하여 왔다.

EU는 교토의정서에 따라 2012년까지 1990년 대비 8%를 감축해야 할 의무가 있으며, EU 차원의 온실가스 배출권거래제(EU ETS)와 국가별 할당계획을 통해 이러한 교토의정서상의 의무를 착실히 이행 중에 있다. EU ETS는 2003년 채택된 온실가스 배출권거래제 지침[22]에 근거, 동 지침 부속서 1에 규정된 배출시설은 강제적으로 EU ETS에 편입되며 의무 감축량을 준수하도록 하였다. 현재 EU ETS에는 10,800개의 배출시설이 포함되어 있으며, 회원국별로는 독일(1,866개, 17.3%), 스페인(1,021개, 9.5%), 프랑스(1,019개, 9.4%), 이탈리아(1,005개, 9.3%) 순이다.[23]

---

21) EU 기후변화대책의 상세내용은 다음을 참조: 정성춘 외, 기후변화협상의 국제적 동향과 시사점, 대외경제정책연구원 연구보고서 09-01(2009), pp.104-119; 오태현, EU의 기후변화 대응정책과 시사점, 대외경제정책연구원 지역연구시리즈 08-01 (2008)

22) European Union, Directive 2003/87/EC of the European Parliament and of the Council of 13 October 2003 establishing a scheme for greenhouse gas emission allowance trading within the Community and amending Council Directive 96/61/EC (2003)

23) EU ETS는 정해진 기간 동안 절대 목표량을 감축하고 그 한도 내에서 배출권을 거래하는 총량거래제(Cap and Trade) 방식으로 운영된다. 회원국들은 ETS 지침에 따라 국가별 할당계획안(NAP: National Allocation Plan)을 EU 집행위에 제출

또한, 2007년에는 EU는 2020년까지 에너지 소비효율성 20% 제고, 온실가스 배출량 20% 감축, 재생에너지 비중 20% 증가라는 소위 'Triple 20'를 목표에 합의하였으며, 동 목표 달성을 위해 2008년 1월 EU 집행위는 '기후행동 및 재생에너지 패키지(Climate Action and Renewable Energy Package)'를 제안[24]하였다. 패키지에는 EU 온실가스 배출권거래제 지침 개정안[25], 회원국별 EU ETS 제외부문의 감축부담방안 제안[26], 재생에너지 사용촉진 지침[27] 등이 포함되어 있다.

2. 배출권거래제 도입 현황

EU의 배출권거래제 도입 관련 지침(Directive 2003/87/EC)[28]이 2003년

하고, 집행위는 부속서 Ⅲ의 11개 기준과 2004년 기준에 따라 이를 평가 후 채택을 결정한다.

24) European Commission, COM (2008) 30 final

25) European Union, Directive amending Directive 2003/87/EC so as to improve and extend the greenhouse gas emission allowance trading scheme of the Community (2009): 동 지침은 ETS 적용대상 배출설비 및 대상가스의 확대, EU-wide cap으로 국가별 할당방식 전환, 유상화(auctioning) 비율 제고 등을 주요내용으로 한다.

26) European Union, Decision on the effort of Member States to reduce their greenhouse gas emissions to meet the Community's greenhouse gas emission reduction commitments up to 2020 (2009): 동 지침은 EU ETS에 포함되지 않은 부문(non-EU ETS)인 수송, 건물, 농업 및 폐기물처리 등의 산업부문에 온실가스 배출을 줄이는 것을 주요내용으로 한다.

27) European Union, Directive on the promotion of the use of energy from renewable sources amending and subsequently repealing Directive 2001/77/EC and 2003/30/EC(2009): 동 지침은 2020년까지 재생에너지 사용비중을 20%로 한다는 공동목표와 개별 회원국의 상황을 반영한 회원국별 목표를 설정하는 것을 내용으로 한다. 재생에너지 사용확대 정책수단으로는 발전차액지원제도, 재생에너지 의무할당제(RPS: Renewable Portfolio Standard), 재생에너지 인증서(guarantee of origin) 거래제 등이 있다.

28) European Union, Directive 2003/87/EC of the European Parliament and the Council of 13 October 2003 establishing a scheme for greenhouse gas emission

10월 13일 유럽의회 및 이사회를 통과하여, 2005년 1월 1일부터 시행되었다. EU ETS는 에너지, 철강, 광물, 펄프제지 등 분야의 11,908개의 사업장을 대상으로 하고 있으며, 1단계 이행기(Phase 1: 2005~2007년), 2단계 이행기(Phase 2: 2008~2012년), 3단계 이행기(Phase 3: 2013~2020년)로 나누어 시행되고 있다. 그간 몇 차례의 개정이 있었는데, 2004년 10월 19일 개정지침(Directive 2004/101/EC)[29]은 교토의정서의 유연성 체제(JI, CDM)를 EU ETS와 연계하는 규정을 두었고, 2008년 11월 19일 개정지침(Directive 2008/101/EC)[30]에서는 항공산업(aviation)을 참여대상으로 포함시켰다. 가장 중요한 개정은 2009년 4월 23일 개정지침(Directive 2009/29/EC)[31]이다. ETS 제3기(2013년부터)에서는 기존 배출권 할당방식을 유상화(auctioning)하는 개정사항이 포함되어 있다.[32] 2013년부터 일부 예외를 제외하고 모든 배출권을 유상화하기로 하고, 2010년 12월 31일까지 EU 집행위는 유상화하는 배출권의 양을 결정하고 발표하도록 하였다.

---

allowance trading within the Community and amending Council Directive 96/61/EC (2003)

29) European Union, Directive 2004/101/EC of the European Parliament and the Council of 27 October 2004 establishing a scheme for greenhouse gas emission allowance trading within the Community, in respect of the Kyoto Protocol's project mechanism (2004)

30) European Union, Directive 2008/101/EC of the European Parliament and the Council of 19 November 2008 amending Directive 2003/87/EC so as to include aviation activities in the scheme for greenhouse gas emission allowance trading within the Community (2008)

31) European Union, Directive 2009/29/EC of the European Parliament and the Council of 23 April 2009 amending Directive 2003/87/EC so as to improve and extend the greenhouse gas emission allowance trading scheme of the Community (2009)

32) EU Directive 2009/29/EC, *supra* note 149, Article 10(Auctioning of allowance): 1. From 2013 onwards, Member States shall auction all allowances which are not allocated free of charge in accordance with Article 10a and 10c. By 31 December 2010, the Commission shall determine and publish the estimated amount of allowances to be auctioned.

3. 탄소배출권 국경조정 관련 동향

EU ETS는 도입 초기인 제1기(2005~2007년)와 제2기(2008~2012년)에 배출권의 95%, 90%를 무상으로 배분하였고 유상경매 비중은 5%, 10%에 불과하였다.[33] 자국 기업이 배출권을 구매하기 위해 비용을 지불하는 것이 아니었기 때문에 경쟁력 저하 또는 탄소누출의 문제는 극히 미미하였다. 더구나, ETS 지침은 제도에 강제 편입되는 배출시설이라고 하더라도 옵트아웃(Opt out) 조항을 통해 한시적으로 ETS 적용으로부터 배제되는 것을 허용하였다.[34] 즉 경쟁력 및 탄소누출의 우려가 있는 산업부문의 경우 이러한 예외조항을 통해 배출권거래제 도입으로 인한 부정적 영향을 피할 수 있었다. 그러나 EU ETS를 2013년부터 점진적으로 유상화할 것을 EU 집행위가 제안[35]하면서, 경쟁력 저하 및 탄소누출 우려 해소 방안에 대한 논의는 가열되었으며, 2009년 ETS 개정 지침에는 이에 대한 구체적인 방안이 포함되었다.

1) 법안에 포함된 조치

2009년 ETS 개정 지침[36]에는 제10a조와 제10b조에 탄소누출 우려 해

---

33) EU Directive 2003/87/EC, *supra* note 146, Article 10 (Method of allocation): For the three-year period beginning 1 January 2005 Member States shall allocate at least 95% of the allowances free of charge. For the five-year period beginning 1 January 2008, Member States at least 90% of the allowance free of charge.

34) EU Directive 2003/87/EC, *supra* note 146, Article 27 (Temporary exclusion of certain installation): 1. Member States may apply to the Commission for installations to be temporarily excluded until 31 December 2007 at the least from the Community scheme. Any such application shall list each such installation and shall be published.

35) European Commission, Proposal for a Directive of the European Parliament and of the Council amending Directive 2003/87/EC so as to Improve and Extend the Greenhouse Gas Emission Allowance Trading System of the Community, Brussels 23 January 2008, COM(2008) 16 final (2008)

소를 위한 다음 두 가지 방안이 규정되어 있다.

(1) 탄소배출권 무상할당

Article 10a(Transitional Community-wide rules for harmonized free allocation)

12. Subject to Article 10b, in 2013 and in each subsequent year up to 2020, installations in sectors or subsectors which are exposed to a significant risk of carbon leakage shall be allocated, pursuant to paragraph 1, allowances free of charge at 100% of the quantity determined in accordance with the measures referred to in paragraph 1.

13. By 31 December 2009 and every five years thereafter, after discussion in the European Council, the Commission shall determine a list of the sectors or subsectors referred to in paragraph 12 on the basis of the criteria referred to in paragraphs 14 to 17. ⋯

15. A sector or subsector shall be deemed to be exposed to a significant risk of carbon leakage if:
    (a) the sum of direct and indirect additional costs induced by the imple-mentation of this Directive would lead to a substantial increase of production costs, calculated as a proportion of the gross value added, of at least 5%; and
    (b) the intensity of trade with third countries, defied as the ratio between the total value of exports to third countries plus the value of imports from third countries and the total market size for the Community (annual turnover plus total imports from third countries), is above 10%.

16. Notwithstanding paragraph 15, a sector or subsector is also deemed to be exposed to a significant risk of carbon leakage if:
    (a) the sum of direct and indirect additional costs induced by the implementation of this Directive would lead to a particularly high increase of production costs, calculated as a proportion of the gross value added, of at least 30%; or
    (b) the intensity of trade with third countries, defined as the ratio between the total value of exports to third countries plus the value of imports from third countries and the total market size for the Community (annual turnover plus total imports from third countries), is above 30%.

---

36) EU Directive 2009/29/EC, *supra* note

먼저 제10a조는 예외 조치로서 탄소배출권 무상할당을 규정한다. 2013
년부터 2020년까지 탄소누출의 상당한 위험(significant risk of carbon
leakage)에 노출된 분야의 시설에 대해서는 측정된 배출량에 대해 100%
무상으로 배출권을 할당하도록 하였다. EU 집행위는 2009년 12월 31일
까지 그리고 그 이후에는 매 5년마다 정해진 기준에 따라 무상할당 대상
분야 리스트를 이사회와의 논의를 거쳐 작성해야 한다. 무상할당 적격기
준으로는 지침 이행에 따른 생산비용 증가 정도와 해당 분야의 교역집중
도가 사용된다. 동 지침에 따라, 2009년 12월 EU 집행위는 집행위 결
정37)으로 2013~2014년간 ETS의 적용을 받지 않을 '탄소 누출의 상당한
위험에 노출된 분야' 리스트로 164개 분야를 선정하였다.

(2) 적절한 제안에 대한 검토

Article 10b(Measures to support certain energy-intensive industries in the event of
carbon leakage)

　　1. By 30 June 2010, the Commission shall, in the light of the outcome of the
international negotiations and the extent to which these lead to global
greenhouse gas emission reductions, and after consulting with all relevant social
partners, submit to the European Parliament and to the Council an intensive
sectors or subsectors that have been determined to be exposed to significant
risks of carbon leakage. This shall be accompanied by any appropriate proposals,
which may include:

　　　(a) adjustment of the proportion of allowances received free of charge by those
sectors or subsectors under Article 10a;

　　　(b) inclusion in the Community scheme of importers of products which are
produced by the sectors or subsectors determined in accordance with
Article 10a;

　　　(c) assessment of the impact of carbon leakage on Member States' energy
security, in particular where the electricity connections with the rest of the

---

37) European Commission, Commission Decision of 24 December 2009 determining,
pursuant Directive 2003/87/EC of the European Parliament and of the Council,
a list of sectors and subsectors which are deemed to be exposed to a significant
risk of carbon leakage (2010)

Union are insufficient and where there are electricity connections with third countries, and appropriate measures in this regard.

Any binding sectoral agreements which lead to global greenhouse gas emissions reductions of the magnitude required to effectively address climate change, and which are monitorable, verifiable and subject to mandatory enforcement arrangements shall also be taken into account when considering what measures are appropriate.

2. The Commission shall assess, by 31 March 2011, whether the decisions made regarding the proportion of allowances received free of charge by sectors or subsectors in accordance with paragraph 1, including the effect of setting ex-ante benchmarks in accordance with Article 10a(2), are likely to significantly affect the quantity of allowance to be auctioned by Member States in accordance with Article 10(2)(b), compared to a scenario with full auctioning for all sectors in 2020. It shall, if appropriate, submit adequate proposals to the European Parliament and to the Council, taking into account the possible distributional effects of such proposals.

다음으로, 제10b조는 적절한 제안에 대한 검토이다. EU 집행위가 2010년 6월 30일까지 국제협상의 결과에 비추어 탄소누출의 심각한 위험에 노출된 분야와 이에 대한 적절한 제안(appropriate proposals)에 대해 이해단체들과의 협의 후, EU 의회 및 이사회에 보고할 것을 규정하였다. 동 제안에는 ① 탄소누출 위험분야에의 배출권 무상할당 비율의 조정, ② 해당 분야 수입업자를 EU ETS 제도에 편입하는 방안, ③ 탄소누출이 회원국의 에너지안보에 미치는 영향 평가를 포함할 수 있다고 하였다. 동 지침에 따라, EU 집행위는 2010년 5월 26일 온실가스 감축목표를 분석하고 탄소누출의 위험을 평가한 보고서[38]를 EU 의회 및 이사회에 제출하였다. 동 보고서는 탄소누출 우려를 해소하는 방안에 대한 집행위

---

38) European Commission, Communication from the Commission to the European Parliament, the Council, the European Economic and Social Committee and the Committee of the Regions: Analysis of options to move beyond 20% greenhouse gas emission reductions and assessing the risk of carbon leakage, COM(2010) 265 final (2010)

의견을 기술하고 있다. 우선 배출권의 무상할당(free allocation)에 대해서는 공정한 경쟁여건 조성을 제공하기 위한 가장 명백한 방법이라고 하였다. 다음으로, 수입업자를 ETS에 편입(including imports into the ETS)시키는 방안에 대해서는, 국제항공운송을 ETS에 포함시킨 것과 마찬가지로 일정한 수입상품에 대해 배출권을 시장에서 구매하도록 하는 제안들이 있음을 소개하면서, 두 가지 우려사항을 제기하였다. 첫째 이러한 시도는 EU의 무역정책과 개방무역체제 전반에 쟁점이 될 것이다. 상당수의 개도국들이 이러한 문제에 대해 우려를 표명하였고 선진국과 개도국 간 감축노력이 동일한 수준으로 이루어지지 않을 것임을 인식해야 한다. 또한 이러한 조치로 EU 제조업체의 중간재 수입비용이 증가하는 부작용과 제3국을 거쳐 우회수입이 발생할 가능성도 감안해야 한다. 둘째 '수입'을 ETS에 편입시키려면 WTO 요건에 충분히 합치되도록 매우 신중하게 설계해야 한다는 점이다. WTO 요건과 관련하여, 상품 각각의 탄소량을 구체적으로 정의하는 시스템을 갖출 것이 요구되는데 이는 결국 철강, 시멘트 등 표준화된 극히 일부 상품에서만 가능하다는 점, 개별 상품에 대해 EU 평균 탄소함량이 정의되어야 하는데 이는 행정적인 부담이 되고 평균에 대한 합의과정은 오랜 시간과 많은 노력이 요구된다는 점, 정교한 감시체계가 없는 상태에서 제3국의 개별시설의 이행을 검증하는 것은 어렵다는 점을 문제로 지적하였다. 이에 대한 대안으로, ETS 내에서 국제 크레딧 인정요건을 강화하거나 기술이전을 통해 상대국이 EU 수준의 기후변화조치를 취할 수 있도록 지원하는 방안 등을 제시하였다.[39]

2) 평 가 및 전 망

EU는 배출권거래제에 따른 경쟁력 및 탄소누출 우려에 대해 기본적으로 탄소배출권의 무상할당(free allocation) 방식으로 대응하고 있으며, 수입업자에게 배출권 구매를 의무화하자는 제안에 대해 EU 집행위는 교역

---

39) European Commission(2010), *supra* note 157, p.12

국과의 통상마찰 가능성, WTO 합치의 어려움 등을 들어 부정적인 입장을 견지하고 있는 것으로 평가된다. 그러나 탄소배출 규제의 국경조정 도입 필요성에 대한 EU 내부의 정치적 압박의 수위가 여전히 높다는 점을 감안해야 한다. 일례로, Nicolas Sarkozy 프랑스 대통령은 탄소배출에 엄격한 조치를 취하지 않는 역외국가에서 수입되는 상품에 대해 EU 역내산업의 경쟁력 유지와 생산기지 이전을 방지하기 위해 탄소조정관세를 부과해야 한다는 주장을 지속적으로 제기하고 있다.[40] EU 정상들은 2010년 9월 발표문을 통해 최빈국을 제외한 모든 국가가 기후변화에 대처하기 위해 재정적인 부담을 져야 한다고 주장하면서 세계 최대 탄소배출국이자 막대한 외환 보유국인 중국을 포함한 개도국에 압력을 가하였다.[41] 또한 프랑스와 독일 정상은 UN 사무총장에게 서한을 보내, 기후변화 대응을 위해 노력하는 국가들이 이러한 협약을 지키지 않는 국가들에게 적절한 조치를 취할 수 있어야 한다고 주장하기도 하였다.[42]

---

40) "We need to acknowledge the legitimacy of a carbon tax border adjustment mechanism so that nobody can profit from environmental dumping ⋯ We cannot let the law of trade be the only law ⋯ Between international trade law, health law, labor law and environment law, we need to set up a system for preliminary proceedings that gives all of these standards equal weight", Nicolas Sarkozy, President of France, address in the general debate of the sixth-forth session of the General Assembly at United Nations headquarters in New York, 4 October 2009

41) Informal Meeting of EU Heads of State or Government, Brussels, 17 September 2009, Agreed Language for the Pittsburgh G20 Summit

42) AFP, "Sarkozy, Merkel want carbon tax imports" (18 September 2009)

Ⅲ. 일본

1. 기후변화대책 개관[43]

일본에서 기후변화정책이 본격적으로 추진된 것은 1997년 교토의정서가 채택된 이후이다. 일본이 감축의무(기준년 대비 6% 감축)를 부담하면서 이를 이행하기 위한 국내대책들을 마련하였다. 1998년에는 '지구온난화대책 추진대강'을 마련하여 2010년까지 긴급하게 추진해야 할 대책을 제시하고, '지구온난화대책의 추진에 관한 법률(지구온난화대책법)'을 제정하였다. 2005년 교토의정서가 발효되자 지구온난화대책법에 근거, 지구온난화대책추진본부를 중심으로 '교토의정서 목표달성계획'을 수립하고 구체적인 대책들을 추진하고 있다. 일본 지구온난화대책추진본부가 작성한 계획[44]에 따르면, 일본은 교토의정서상의 감축목표를 달성하기 위해 국내감축, 흡수원, 교토메커니즘이라는 3가지 수단을 활용한다. 첫째 국내 배출량을 기준년 배출량 대비 -1.8%~-0.8% 수준으로 감축한다는 목표를 설정하였다. 둘째 온실가스 흡수원으로 기준년 배출량의 3.8%를 확보하는 것을 목표로 하였다. 마지막으로 실제 배출량이 제1차 공약기간 중 약속된 배출량을 초과하는 경우 교토메커니즘을 활용하여 목표를 달성하고자 하였다. 일본 감축대책의 가장 큰 특징은 에너지 효율이 높은 건물, 설비, 기기를 보급하여 기술적으로 배출량을 감축하려 하며, 이를 위한 정책수단으로 정부의 강제력 보다 인센티브 제공을 선호한다는 점이다.

최근 들어 일본은 보다 적극적인 움직임을 보이고 있다. 2008년 6월 후쿠다 총리가 '저탄소사회 일본을 지향하며'라는 후쿠다 비전을 발표하

---

43) 일본 기후변화대책의 상세내용은 다음을 참조: 정성춘 외, 기후변화협상의 국제적 동향과 시사점, KIEP 연구보고서 09-01 (2009), pp.135-149; 정성춘·김양희·김규판·이형근·김은지, 일본의 저탄소사회전략에 관한 연구, KIEP 협동연구총서 09-06-09 (2009)

44) 地球溫暖化對策推進本部, 京都議定書目標達成計劃 3月, 5月, 12月 2008

고, 2008년 8월에는 '저탄소사회 구축을 위한 행동계획'이 발표되었다. 저탄소사회구축 행동계획은 2050년까지 가스배출량을 현재보다 60~80% 감축하는 목표를 제시하고, 태양광발전, CCS, 연료전지 등 혁신적 기술 개발에 향후 5년간 300억 달러를 투입한다고 되어 있다. 태양광발전 도입량을 2020년 10배, 2030년 40배로 증대시키고, 2020년까지 신차 중 50%를 차세대자동차로 전환하고, 상품 및 서비스에 대한 탄소배출량 표시를 2009년 시범 실시하기로 하였다. 조세정책에서도 세제의 그린화를 추진하고 있다. 에너지 절약주택 보수공사 비용 세액공제(2010년까지), 에너지 수급 구조개혁 설비투자 및 자원생산성 설비투자 즉시상각(2011년 3월까지), 일정 배기가스 성능을 갖춘 경우 자동차세 50~100% 감면(2012년 4월까지) 등이 포함된다.

2. 배출권거래제 도입 현황

일본은 2005년부터 환경성 주관 "자주참가형 국내배출권거래제도(JVETS)"를 처음으로 실시한 이래, 2008년 1월에는 국내배출량거래제도 검토회를 설치하여 일본을 실정에 기초한 바람직한 제도 설계를 검토하고, 2008년 10월에는 지구온난화대책추진본부 주관으로 JVETS를 포함한 "배출량 거래 국내통합시장"의 시범적으로 실시하였다. 하지만 이러한 제도들은 어디까지나 자발적인 것이므로 ICAP의 정식멤버가 되지 못하고 있다. 아직 일본에서는 동경도의 경우를 제외하고는 국가적 차원의 본격적인 배출권거래제는 확정되지 못하고 있는 상황이다.[45]

3. 탄소배출권 국경조정 관련 동향

일본 배출권거래제의 경우 제도 참여와 감축목표 설정이 자발적이기

---

45) 문상덕, "일본의 온실가스 배출권거래제도의 현황과 전망", 조홍식·이재협·허성욱(편), 기후변화와 법의지배 (박영사, 2010), p.209 참조

때문에 국경조정이 논의되지 않고 있다. 탄소세 도입 논의 당시 경쟁력 우려 해소방안으로 탄소세 국경조정이 논의된 적은 있지만 대부분의 전문가들은 국경조정에는 부정적이었으며 경쟁력 우려는 다른 방안으로 해결되어야 한다는 입장을 보였다. 특히, WTO 규범에의 저촉 문제, 이행의 기술적인 어려움, 일본 기업의 중간재 수입부담 상승 등이 문제점으로 지적되었다. 일본 내 전문가들은 미국, EU가 국경조정 조치를 취하지 않을 것이라고 생각하고 있으며, 설령 이들이 그러한 조치를 도입한다고 하더라도 일본은 보호주의와 무역마찰을 우려하여 조치 도입에 소극적일 것으로 전망한다. 다자협상에서 다루어지는 것이 가장 바람직하다는 점을 강조한다.[46]

IV. 우리나라의 경우

1. 기후변화대책 개관

이명박 대통령이 2008년 8월 15일 경축사에서 향후 60년 국가비전으로 '저탄소 녹색성장'을 천명하고 이어 G8 확대정상회의에서 전지구적인 기후변화 대응 노력에 적극 동참할 의지를 강조하면서, 기후변화정책이 국가의 핵심 어젠다로 부상하게 되었다. 이어, 2009년 1월 대통령 직속으로 정부의 녹색성장 정책을 조율하는 「녹색성장위원회」를 발족시키고, 2009년 7월 기후변화 적응 및 에너지자립, 녹색기술·산업의 신성장 동력 창출, 삶의 질 개선과 국가위상 강화라는 3대 전략과 이를 달성하기 위한 10대 정책과제를 내용으로 하는 「녹색성장 5개년계획(2009~2013)」을 발표하고 총 107조원을 투입할 계획임을 밝혔다.[47] 2009년 11월에는

---

46) Yukari Takamura and Yasuko Kameyama, "Border Adjustments in Japanese Climate Policy: Policy Discussion and Perception of Stakeholders", Climate Strategies Working Paper (2009)

코펜하겐 기후변화 당사국총회를 앞두고 2020년까지 온실가스를 배출전
망치(BAU: Business As Usual) 대비 30% 감축한다는 국가적 중기감축목
표를 자발적으로 설정·공표하였다. BAU 30% 감축목표는 IPCC가 개도
국에 권고한 감축범위(BAU 15~30%)의 최고수준이다.

녹색성장 및 기후변화정책을 법·제도적으로 뒷받침하기 위해 「저탄소
녹색성장 기본법(법률 제9931호, 2010년 1월 13일 제정)」을 마련하여 4
월 14일부터 시행 중에 있다. 저탄소 녹색성장 기본법은 ① 저탄소 및
녹색성장의 의미를 정의하여 개념상의 혼란을 해소하고 에너지·지속가
능발전기본법 등 관련법에 대한 '상위 기본법'으로서의 법적 성격을 명
확화하였고, ② 온실가스 배출이 많고 에너지 이용효율이 낮은 재화와
서비스에 대해서는 조세부담을 강화하여 친환경 제품의 생산 및 소비를
유도하는 환경친화적인 세제운영의 근거를 마련하였으며, ③ 세계적으
로 급팽창하는 엄청난 규모의 탄소시장에 대응하여 총량제한 배출권 거
래제의 도입 근거를 마련하였다. 특히, 법 제38조는 기후변화 대응정책
의 기본원칙으로, 온실가스 감축의 비용과 편익을 경제적으로 분석하고
국내 여건 등을 감안하여 중장기 감축 목표를 설정하고, 가격기능과 시
장원리에 기반을 둔 비용효과적 방식의 합리적 규제체제를 도입함으로
써 온실가스 감축을 효율적·체계적으로 추진할 것을 명시하고 있다.

〈표 2-3〉 저탄소 녹색성장 기본법 요지

지원 부문	규제 부문
녹색경영 촉진 (25조)	녹색 경영성과 공개 (25조)
녹색기술 연구개발 촉진 (26조)	에너지목표 관리제 (42조)
정보통신 기술의 보급·활용 (27조)	온실가스 배출량 등의 보고 (44조)
금융의 지원 및 활성화 (28조)	총량제도 배출권거래제 도입 (46조)
녹색산업투자회사 설립과 지원 (29조)	교통부문 온실가스 감소 (47조)
녹색기술·녹색산업 지원·특례 (31조)	
중소기업의 지원(33조)	
온실가스 감축 조기행동 촉진 (43조)	

47) 녹색성장위원회 발간, 「녹색성장 국가전략」 및 「녹색성장 5개년 계획(2009~2013)」
참조

2. 배출권거래제 도입 현황

저탄소녹색성장기본법 제46조(총량제한배출권 거래제도의 도입)[48]는 정부는 시장기능을 활용하여 효율적으로 국가의 온실가스 감축목표를 달성하기 위하여 온실가스 배출허용총량을 설정하고 배출권을 거래하는 제도를 운영할 수 있다고 규정하여 배출권거래제 실시의 법적 근거를 마련하고, 구체적인 제도 실시를 위한 배출허용량의 할당방법, 등록·관리방법 및 거래소의 설치·운영 등은 따로 법률로 정하도록 하였다. 이에 따라 현재 배출권거래법 제정 작업이 진행 중이다.

탄소배출권 규제방식에 대해 환경부와 지식경제부간 시각의 차이가 있다. 환경부는 총량제한방식(cap and trade)의 배출권거래제 도입이 필요하다는 입장으로, 환경친화기업, 지자체, 공공기관 등을 대상으로 2010~2012년에 배출권거래제 시범사업을 도입한 상황이다. 반면, 지식경제부는 배출권거래제는 산업계의 부담이 크므로 자발적 방식으로 도입하여야 한다는 입장으로, 2007년부터 자발적인 '기업 온실가스 감축실적 등록제도(KCER)'를 실시하고 있고 2010년부터 '에너지 절약 목표관리제(NA)'[49]를 도입하였다.[50]

---

48) 저탄소녹색성장기본법 제46조(총량제한배출권 거래제도의 도입):
  ① 정부는 시장기능을 활용하여 효율적으로 국가의 온실가스 감축목표를 달성하기 위하여 온실가스 배출권을 거래하는 제도를 운영할 수 있다.
  ② 제1항의 제도에는 온실가스 배출허용총량을 설정하고 배출권을 거래하는 제도 및 기타 국제적으로 인정되는 거래 제도를 포함한다.
  ③ 정부는 제2항에 따른 제도를 실시할 경우 기후변화 관련 국제협상을 고려하여야 하고, 국제경쟁력이 현저하게 약화될 우려가 있는 제42조제5항의 관리업체에 대하여는 필요한 조치를 강구할 수 있다.
  ④ 제2항에 따른 제도의 실시를 위한 배출허용량의 할당방법, 등록·관리방법 및 거래소 설치·운영 등은 따로 법률로 정한다.
49) '온실가스 및 에너지 목표관리제'는 온실가스 기준 연간 이산화탄소 25000t 이상을 배출하는 사업장을 합쳐 125000t 이상 배출하는 관리업체를 지정해 목표를 설정하고 관리하는 제도이다. 전국 600여 개 사업장, 국가 온실가스 배출량의 약 70%가 관리될 수 있을 것으로 예상된다.

이러한 상황에서, 정부는 2010년 11월 17일 「온실가스 배출권 거래제
도에 관한 법률안」을 입법예고[51]하였고, 각종 이해단체와의 의견수렴을
통해 수정작업을 거친 후 2011년 4월 12일 국무회의에서 2015년부터 온
실가스 배출권거래제를 도입하는 내용의 법안을 최종 의결하여, 4월 15
일 국회에 「온실가스 배출권의 할당 및 거래에 관한 법률안(의안번호
1811514, 이하 "배출권거래제법안")」을 제출하였다.

배출권거래제법안의 주요내용을 살펴보면 다음과 같다. 우선 대상업
체 지정이다. 정부는 온실가스 감축목표 달성을 위한 5년 단위의 배출권
거래제 계획기간에 대한 국가 배출권 할당계획을 수립하고 매 계획기간
의 시작 전까지 배출권 할당 대상업체를 지정한다. 할당 대상업체는 에
너지목표관리업체로 지정된 업체 중 6대 온실가스 배출량이 대통령령으
로 정하는 기준량 이상인 업체 및 배출권거래제에 자발적으로 참여하고
자 하는 업체이다.[52] 다음으로 할당방식이다. 정부는 할당 대상업체로부
터 배출권 신청을 받아 이를 심사한 후 계획기간의 총 배출권 및 계획기
간 내 각 이행연도별 배출권을 할당한다.[53] 1차 계획기간은 2015년부터

---

50) 윤종수(2010), "국내 온실가스 배출권거래제도 구축 방향", 조홍식·이재협·허성
    욱(편), 기후변화와 법의지배 (박영사, 2010), p.288
51) 국무총리실 공고 제2010-60호 (2010.11.17.)
52) 온실가스 배출권의 할당 및 거래에 관한 법률안 제8조(할당 대상업체의 지정).
    ① 대통령령으로 정하는 중앙행정기관의 장(이하 "주무관청"이라 한다)은 매 계
      획기간 시작 5개월 전까지 제5조제1항제3호에 따라 할당계획에서 정하는 부
      문 및 업종에 속하는 온실가스 배출업체 중에서 다음 각 호의 어느 하나에
      해당하는 업체를 배출권 할당 대상업체(이하 "할당대상업체"라 한다)로 지
      정·고시한다.
      1. 기본법 제42조제5항에 따른 관리업체(이하 "관리업체"라 한다) 중 온실가
        스 배출량이 국가온실가스감축목표 및 그 이행실적 등을 고려하여 대통령
        령으로 정하는 기준량 이상인 업체
      2. 제1호에 해당하지 아니하는 관리업체로서 할당대상업체로 지정받기 위하
        여 신청한 업체
53) 온실가스 배출권의 할당 및 거래에 관한 법률안 제12조(배출권의 할당).
    ① 주무관청은 계획기간마다 할당계획에 따라 할당대상업체에 해당 계획기간의

시작하여 대통령령으로 정하는 기간까지로 하며, 1차 계획기간 중에는 전체 할당량 중 95% 이상을 무상으로 할당할 예정이다.[54] 할당 대상업체는 이행연도별로 온실가스 배출량에 해당하는 배출권을 정부에 제출하여야 한다. 만일 할당 대상업체가 이행연도별 할당 배출권을 초과하여 온실가스를 배출한 경우 배출권 거래소를 통하여 다른 개인 및 법인으로부터 배출권을 구입한 후 이를 정부에 제출하여야 한다. 온실가스 배출량에 비하여 배출권을 초과 보유하고 있는 경우 이를 다른 개인 및 법인에 판매할 수도 있다. 기후변화협약 및 교토의정서에 의한 의무감축국의 배출권 시장 또는 대한민국과 합의서가 작성된 국가의 배출권 시장에서

총배출권과 이행연도별 배출권을 할당한다. 다만, 신규진입자에 대해서는 해당 업체가 할당대상업체로 지정·고시된 다음 이행연도부터 남은 계획기간에 대하여 배출권을 할당한다.

② 제1항에 따른 배출권 할당의 기준은 다음 각 호의 사항을 고려하여 대통령령으로 정한다.

1. 할당대상업체의 이행연도별 배출권 수요
2. 제15조에 따른 온실가스 조기감축실적
3. 제27조에 따른 할당대상업체의 배출권 제출 실적
4. 할당대상업체의 무역집약도 및 탄소집약도
5. 할당대상업체 간 배출권 할당량의 형평성
6. 부문별 및 업종별 온실가스 감축 기술 수준 및 국제경쟁력
7. 할당대상업체의 시설투자 등이 국가온실가스감축목표 달성에 기여하는 정도
8. 기본법 제42조제6항에 따른 관리업체의 목표 준수 실적

③ 제1항에 따른 배출권의 할당은 유상 또는 무상으로 하되, 무상으로 할당하는 배출권의 비율은 국내 산업의 국제경쟁력에 미치는 영향, 국제적 동향, 물가 등 국민경제에 미치는 영향 및 직전 계획기간에 대한 평가 등을 고려하여 대통령령으로 정한다.

54) 온실가스 배출권의 할당 및 거래에 관한 법률안 부칙 제2조(1차 계획기간의 기간 및 무상할당비율에 관한 특례)

① 제2조제4호에도 불구하고 이 법 시행 후 최초의 계획기간(이하 "1차 계획기간"이라 한다)은 2015년 1월 1일부터 대통령령으로 정하는 날까지로 한다.

② 제12조제3항에 따라 대통령령으로 무상할당의 비율을 정하는 경우 1차 계획기간의 무상할당비율은 1차 계획기간에 할당되는 배출권 총수의 100분의 95 이상으로 하여야 한다.

도 역시 거래가 가능하다. 한편, 배출권을 초과 보유하고 있는 업체의 경우 그 초과분을 계획기간 내의 다음 이행연도에 사용하도록 승인 받을 수 있고(배출권의 이월), 이행연도 말에 배출량에 상응하는 배출권을 제출할 수 없을 것으로 예상되는 경우 계획기간 내의 다른 이행연도의 배출권을 당해 이행연도에 대한 배출권을 제출할 수 없을 것으로 예상되는 경우 계획기간 내의 다른 이행연도의 배출권을 당해 이행연도에 대한 배출권의 제출을 위해 차입하는 것을 승인 받을 수 있다(배출권의 차입). 할당 대상업체가 배출권거래제가 적용되지 않는 국내외 부분에서 자발적으로 온실가스 감축을 시행할 경우, 정부는 이를 배출권의 제출로 인정할 수 있고(배출권의 상쇄), 배출권거래제가 시행되기 이전에 실시한 온실가스 배출감축량에 대해서는 조기 감축실적으로 인정하여 배출권 할당시에 이를 고려할 수 있다(조기 감축실적의 인정). 또한, 할당 대상업체가 제출한 배출권이 온실가스 배출량 보다 부족한 경우 그 부족분에 대해 탄소배출 1톤당 100만원의 범위 내에서 당해 배출권 평균 시장가격의 5배 이하의 과징금이 부과되고, 배출권을 제출하지 않은 사업자에게는 5천만 원 이하의 과태료가 부과된다.

3. 탄소배출권 국경조정 관련 동향

국내에서는 탄소배출권 국경조정이 활발히 논의되지 않고 있다. 그러나 이는 배출권거래제법안이 아직 국회 심의 초기 단계에 있으며 배출권거래제를 지금 당장이 아니라 2015년부터 단계적으로 도입하도록 목표하고 있기 때문이지, 탄소배출권 국경조정 문제가 우리와 전혀 무관해서라고 보기는 어렵다. 우리나라가 배출권거래제를 의무적 참여방식으로 할지 자발적 참여방식으로 할지, 그리고 탄소배출권 할당을 무상으로 할지 유상으로 할지 등에 따라 탄소배출권 국경조정에 대한 논의방식이 달라진다. 일본의 경우처럼 자발적인 참여에 기초한 배출권거래제로 설계하거나, EU의 1단계 및 2단계처럼 초기 탄소배출권의 대부분을 무상으로 할당하는 경우에는 탄소배출권 국경조정이 반드시 필요한 상황은 아닐 것이다. 따라서 정부가 국회에 제출한 법안에서처럼 배출권의 95% 이상을 무상으로 할당하는 시나리오(1차 계획기간)에서는 탄소배출권 국경조정 문제가 심각하게 제기되지 않을 수 있다. 그러나 환경부가 계획하는 대로 장기적으로 탄소배출권의 100% 유상할당 도입을 목표로 하는 경우에는, 중국 등에서 수입되는 상품에 대해서도 국내에서 생산되는 상품과 동등한 배출권 부담을 부과해야 한다는 목소리가 높아질 수밖에 없을 것이다.

WTO 규범상 허용 여부 관련 각계 의견

지금까지 탄소배출권 국경조정에 대한 다양한 논의를 살펴보았다. 조치의 정책적 타당성은 별론으로 하고, 법적 측면에서 가장 핵심적인 쟁점은 그러한 조치가 WTO 규범상 허용될 수 있는지 여부일 것이다. 이에 대해 아직 분명한 해석이 없으며, 전문가들간 의견대립이 있는 상황이다.

I. 허용되지 않는다는 견해

한쪽에서는 기후변화라는 미명하에 탄소배출권 국경조정과 같이 일방적인 무역제한조치를 취하는 것은 허용될 수 없다는 입장을 취한다.[1] 수입상품에 대한 탄소배출권 국경조정은 탄소배출을 이유로 수입상품에게 국내상품과의 경쟁에 있어 상대적 불이익을 주는 것이므로 GATT 제3조 내국민대우 원칙 위반이며, 자국의 기후변화 규제를 상대국도 따르도록 강제하기 위한 일방적인 무역제한조치이므로 제20조 예외로도 정당화될 수 없다는 해석이다. 특히 1992년 국제사회가 합의한 기후변화협약의 기본적인 원칙이 '공동의 차별화된 책임'이며 각국이 어느 정도의 탄소배출 감축의무를 부담하는지는 그러한 국제협상에 따라 결정되는 문제임을 강조한다.[2]

---

1) *See* Trevor Houser, Rob Bradley, Britt Childs, Jacob Werksman, and Robert Heilmayr, *Levelling the Carbon Playing Field: International Competition and US Climate Policy Design* (Peterson Institute for International Economics and World Resources Institute: Washington DC, 2008)

2) WTO CTE, Report of the Meeting held on 10 July 2009, Note by the Secretariat, WT/CTE/M/47, 31 August 2009, paras.75~76 참조

II. 제한적으로 허용된다는 견해

다른 한쪽에서는 현 WTO 규범상으로도 기후변화정책을 효과적으로
이행하기 위한 국경조정 조치가 일정부분 허용된다는 입장을 제시한다.[3]
현 WTO 규범은 각국의 정당한 규제권한의 행사는 보장하고 있으며, 직
간접적으로 환경보호와 관련되는 조항들을 찾아볼 수 있다는 것이다. 특
히 GATT 제20조[4]는 환경보호와 관련되는 예외사유로 (b)호 "인간, 동물
또는 식물의 생명이나 건강을 보호하기 위하여 필요한 조치"와 (g)호 "고
갈될 수 있는 천연자원의 보존과 관련된 조치로서 국내 생산 또는 소비
에 대한 제한과 결부되어 유효하게 된 경우"를 인정하고 있기 때문에 그
러한 예외조항을 원용할 수 있다는 것이다. 또한 WTO 협정 전문[5]에서

---

3) *See* Joost Pauwelyn, "U.S. Federal Climate Policy and Competitiveness Concerns:
   The Limits and Options of International Trade Law", Nicholas Institute for
   Environmental Policy Solutions Working Paper 07-02(2007); Javier De Cendra,
   "Can Emissions Trading Schemes be Coupled with Border Tax Adjustments? An
   Analysis vis-a-vis WTO Law", *RECIEL* 15(2):131-145(2006); Roland Ismer and
   Karsten Neuhoff, "Border Tax Adjustments: A Feasible Way to Address
   Nonparticipation in Emission Trading", Cambridge Working Papers in Economics
   0409(The Cambridge MIT Institute, 2004); Steve Charnovitz, "Trade and Climate:
   Potential Conflicts and Synergies", in *Beyond Kyoto-Advancing the International
   Effort against Climate change* (Pew Center for Global Climate Change, 2003)
4) GATT 제20조 (b)와 (g) 원문은 다음과 같다:
   Subject to the requirement that such measures are not applied in a manner which
   would constitute a means of arbitrary or unjustifiable discrimination between
   countries where the same conditions prevails, or a disguised restriction on interna-
   tional trade, nothing in this Agreement shall be construed to prevent the adoption
   or enforcement by any contracting party of measures:
   (b) necessary to protect human, animal or plant life or health
   (g) relating to the conservation of exhaustible natural resources if such measures
       are made effective in conjunction with restrictions on domestic production or
       consumption

도 "상이한 경제발전단계에서 각각의 필요와 관심에 부합하는 방식으로 환경을 보호하고 보존하며 이를 위한 수단의 강화를 모색하면서, 지속가능한 개발이라는 목적에 일치하는 세계자원의 최적 이용을 고려해야 한다"고 선언하고 있다.[6] 조약법에 관한 비엔나 협약(VCLT) 제31조1항을 근거로, 이러한 WTO 협정 서문의 내용이 협정문 해석에 있어 '문맥'으로서 충분히 고려되어야 함을 강조한다.[7]

III. 평가 및 시사점

WTO 규범에는 탄소배출권 국경조정의 문제를 직접적으로 다루는 조항이 없으며 분쟁사례도 존재하지 않는다. 이러한 규범적 공백으로 인한 법적 불확실성은 조치의 허용기준에 대한 다양한 해석을 야기하여 국제무역체제의 안정성과 예측가능성을 저해하는 요인이 되고 있다. 분명한 것은 WTO 규범은 각국의 일방적인 무역제한조치를 금지시키고 있지만 정당한 목적의 국내규제권한의 행사는 보장하고 있다는 점이다. 탄소배

---

5) Marrakesh Agreement Establishing the World Trade Organization, the Preamble: ··· while allowing for the optimal use of the world's resources in accordance with the objective of sustainable development, seeking both to protect and preserve the environment and to enhance the means for doing so in a manner consistent with their respective needs and concerns at different levels of economic development ···

6) "지속가능한 개발"의 개념과 관련, Brundtland 위원회(1987)는 "미래 세대에게 그들 자신의 요구에 대처할 능력을 약속함이 없이 현재의 요구에 대처하는" 경제성장이라고 정의하였고 이는 동 개념을 이해하는데 유용한 출발점으로 널리 수용되고 있다. Stephan Schmidheiny(1992)는 기업에 대한 지속가능개발을 '환경효율성'의 개념으로 해석하였는데, 이는 폐기물의 발생과 자원의 소비를 최적의 상태로 감소시키는 것을 의미한다.

7) Mitsuo Matsushita, Thomas J. Schoenbaum and Petros C. Mavroidis, *The World Trade Organization: Law, Practice, and Policy* (Oxford, 2006), pp.787-788

출권 국경조정이 WTO 규범상 허용된다거나 허용되지 않는다거나 하는 단편적인 접근은 타당하지 않으며, 현재의 협정상 규정과 관련 분쟁사례를 바탕으로 탄소배출권 국경조정 문제에 구체적으로 어떠한 법적 기준이 적용될 수 있는지에 대해 체계적으로 분석하는 것이 필요하다.

제4장

WTO 규범 관련 법적 분석틀

앞에서 살펴보았듯이, 탄소배출권 국경조정은 내용상으로는 기후변화
대응을 위해 배출권거래제를 수입되는 상품에도 적용하는 것이지만, 그
방식에 있어 WTO 규율대상인 무역조치의 형태를 취하고 있기 때문에
WTO 규범 위반 여부가 문제될 수 있다. 다시 말해서, 탄소배출권 국경
조정의 도입 여부를 검토함에 있어, 그러한 조치가 WTO 규범에 위반되
지 않도록 하기 위한 법적 접근이 반드시 요구된다. 그렇다면, 탄소배출
권 국경조정에 대한 WTO 규범 관련 법적 분석은 어떻게 접근해야 하는
가? 여기에서는 본고의 법적 분석이 어떤 조치를 대상으로 하는지, WTO
협정상 어떤 조항이 적용되는지, 규범 분석에 있어 어떠한 해석원칙에
기초하고 있는지를 설명하겠다.

분석대상 조치

본고 분석대상 조치는 수입상품에 대한 탄소배출권 국경조정이다. 이는 기본적으로 국내에 배출권거래제를 도입하면서 국경에서 수입상품에 대해 그에 상응하는 조치를 취하는 것을 의미하며, 앞 장에서 소개한 미국 Waxman-Markey 법안의 배출권 국제보전제도가 가장 대표적인 사례라고 할 수 있다.

Ⅰ. 조치 시나리오

탄소배출권 국경조정의 개념이 학문적으로나 실무적으로 확정된 것이 아니기 때문에 조치의 개념적 범위에는 매우 다양한 유형의 조치들이 포함될 수 있으며, 어떠한 조치를 분석대상으로 하느냐에 따라 WTO 규범 적용법리가 달라질 수 있다는 점에 유의할 필요가 있다. 다시 말해서, 무엇(what)을, 누구(who)에게, 어떻게(how) 부과하는지에 대한 정책적으로 다양한 선택지가 존재하며 어떠한 선택을 하는지에 따라 WTO 규범적 분석의 결론이 달라질 수 있다.

따라서 본고에서는 분석의 편의상 가상적인 시나리오를 상정하여 접근하기로 한다. 제3장에서 배출권거래제의 구성요소로서 배출규제 적용대상 범위, 배출권 할당방식, 배출량 산정·보고·검증, 배출권 거래규칙, 위반시 벌칙의 5가지를 든 바 있다. 이러한 구성요소를 수입상품에 대한 탄소배출권 국경조정의 경우로 적용해보면, 조치의 대상범위와 부담수준 산정방식의 2가지 사항에서 다소 변형이 있을 수 있음을 알 수 있다. 먼저 조치의 적용대상은 기본적으로 '수입상품'이지만 그 범위 설정에 있어 탄소규제 미도입국으로부터의 상품만을 대상으로 하는 경우와 모든 수입상품에 대해 적용하는 경우로 나누어 볼 수 있다. 다음으로, 배출량 산정에 있어서는 원산지국의 평균적인 탄소배출치를 기준으로 하는 경우와 각 상품별 탄소배출량을 측정한 개별기준치에 따라 배출량 제출의무를 부과하는 경우로 나누어 볼 수 있다. 다만 개별기준치를 산정기준으로 하는 경우에도, 외국에서 생산되는 상품에 대해 탄소배출량 측정 및 검증이 현실적으로 곤란한 경우가 많을 것이라는 점을 감안할 때, 개별기준치만으로는 제도의 집행이 어려우며 보완적인 산정방식으로 법정 기준치 도입을 고려하지 않을 수 없을 것이다. 이를 단순화하여 도식해 보면 다음 네 가지 시나리오를 생각해 볼 수 있고, 분석대상으로 양 극단의 조합인 두 가지 시나리오를 추출해 볼 수 있다.[1]

〈표 4-1〉 분석대상 시나리오

	국별 탄소배출치	개별&법정 기준치
탄소규제 미도입국 상품	시나리오 1	-
모든 수입상품	-	시나리오 2

(시나리오 1)
탄소규제 미도입국 상품 대상, 국별 탄소배출치 기준

국내의 배출권거래제와 동등한 수준의 탄소규제를 도입하지 않은 국가로부터 수입되는 상품에 대해 원산지국의 탄소배출치를 기준으로 탄소배출권 보유의무를 부과하는 경우이다.

우선 조치의 대상범위가 모든 동종의 수입상품이 아니라 국내의 배출권거래제와 동등한 수준의 탄소배출규제를 도입하지 않은 국가로부터 수입되는 상품으로 제한된다. 이러한 시나리오에 유사한 사례로는 미국의 Waxman-Markey 법안이 있다. 동 법안 Section 766은 배출권 국제보전 적용에 있어 당해 상품 수입의 85% 이상이 미국과 동등한 수준으로

---

1) 다른 절충적인 조합의 경우에는 상기 두 가지 시나리오 분석과정에서의 쟁점들과 거의 대부분 중복되므로 별도로 분석하지 않겠다.

엄격한 온실가스 감축조치를 도입하거나 이를 내용으로 하는 협정의 당사국이 아닌 국가로부터 이루어지는 경우를 대상으로 한다고 규정하고 있다.[2)]

다음으로 배출권 의무 산정은 상품 원산지의 탄소규제 수준 또는 평균적인 탄소배출량에 기초하여 미리 정한 '국가별 탄소배출계수'를 사용하는 것으로 가정한다. 이러한 정책을 선택하는 이유로는, 상품의 원산지별

---

2) H.R.2454 중 발췌, p.1116:

Sec.767. Presidential Reports and Determinations

  (b) Presidential Determination

    (1) In general. If, by January 1, 2018, a multilateral agreement consistent with the negotiating objectives set forth in section 766 has not entered into force with respect to the United States, the President shall establish an international reserve allowance program for each eligible industrial sector to the extent provided under section 768 unless …

  (c) Determinations With Respect to Eligible Industrial Sectors. If the President establishes an international reserve allowance program pursuant to subsection (b), then not later than June 30, 2018, and every 4 years thereafter, the President, in consultation with the Administrator and other appropriate agencies, shall determine, for each eligible industrial sector, whether or not more than 85 percent of United States imports of covered goods with respect to that sector are produced or manufactured in countries that have met at least one of the following criteria:

    (1) The country is a party to an international agreement to which the United States is a party that includes a nationally enforceable and economy-wide greenhouse gas emissions reduction commitment for that country that is at least as stringent as that of the United States.

    (2) The country is a party to a multilateral or bilateral emission reduction agreement for that sector to the which the United States is a party.

    (3) The country has an annual energy or greenhouse gas intensity, as described in section 763(b)(2)(A)(ii), for the sector that is equal to or less than the energy or greenhouse gas intensity for such industrial sector in the United States in the most recent calendar year for which data are available.

로 단순화한 법정기준치를 도입하는 것이 탄소배출권 국경조정의 집행에 있어 용이하고, 원산지국의 평균적인 탄소배출량을 그러한 기준으로 하게 되면 해당 국가가 정책적으로 탄소규제를 도입하거나 국제적인 감축의무에 동참할 유인이 크다는 점을 들 수 있다.

그 외의 사항은 일반적인 탄소배출권 국경조정과 동일한 것으로 가정한다. 즉 의무부담 형태는 탄소배출권 보유의무이며 그 부담수준은 국내의 배출권거래제 하에서와 동일하게 적용된다. 또한 배출권 보유의무 위반시에는 국내 벌칙금과 동등한 수준의 톤당 벌칙금이 부과된다.

(시나리오 2)
모든 수입상품 대상, 2단계 기준치(개별, 법정) 적용

두 번째 시나리오는 상품의 원산지에 따른 구분 없이 모든 수입상품에 대해 동종 국내상품에 적용되는 기준치를 동일하게 적용하여 산정한 탄소배출권 제출의무를 부과하는 경우이다.

우선 조치 대상범위에는 모든 수입상품이 포함된다. 상품의 원산지 국가가 동등한 수준의 탄소배출 규제를 도입하였다고 하더라도 탄소배출권 국경조정의 대상에서 제외되지 않는다.

다음으로 배출권 의무의 산정기준은 기본적으로 상품별 '탄소배출량'이며, 구체적인 운영방식은 개별기준치와 법정기준치의 2단계로 구성된다. 2단계 기준치는 탄소배출량 측정에 있어 우선 생산자가 제출하는 자료를 기초로 개별상품별 기준치 산정을 시도하되, 생산자가 자료를 제대로 제출하지 않거나 제출된 자료가 부정확하고 검증이 불가능하여 개별기준치 산정이 곤란할 경우에는 법정기준치를 적용하는 방법이다. 미국-슈퍼펀드 사건, 미국-휘발유 사건에서처럼, 법정기준치 산정에 있어 자국의 주된생산방식(predominant method of production)을 기준으로 탄소배출량을 추정하는 방법을 가정한다.3)

---

3) Appellate Body Report on *US-Gasoline*, WT/DS2/AB/R, 20 May 1996; 미국-휘

II. 조치의 법적 특성

수입상품에 대한 탄소배출권 국경조정은 법적으로 어떠한 특성을 가지는가? 조치의 법적 특성으로는 '수입상품'에 대한 조치라는 점, '탄소배출권 보유의무'을 부과한다는 점, '국경조정'이라는 점의 세 가지 사항을 생각해 볼 수 있다.

1. '수입상품'에 대한 조치

첫째 조치가 적용되는 대상은 그 내용상 '사업자'가 아니라 '수입상품'이다. 조치가 형식적으로는 외국상품을 국내로 반입하려는 '사업자'에게 부과되는 형태를 취하겠지만 내용적으로는 '상품'에 대한 조치이다. 왜냐하면 탄소배출권이 해당 사업자의 배출행위 자체가 아니라 수입되는 상품을 생산하는 과정에서 발생한 탄소배출량을 계산하여 부과되기 때문이다. 이 때 조치의 적용대상을 탄소규제 미도입국으로부터 수입되는 상품만으로 할지(시나리오 1), 아니면 모든 국가로부터의 수입상품으로 할지(시나리오 2)는 정책판단에 따라 달라질 수 있다.

발유 사건에서 상소기구는 휘발유의 질(quality) 관련 미국이 자국 정유업체에게는 업체별 개별적 기준(individual baseline)을 사용하도록 허용하면서 외국 정유업체에게는 일률적인 법정기준(statutory baseline)을 사용하도록 한 것은 수입휘발유에 대해 차별적 조치이며 GATT 내국민대우 위반이라고 판정하였다. 미국은 외국 정유업체로부터 정확한 자료를 제공받아 검증하는 것이 비현실적이라는 주장을 하였으나, 이는 상소기구로부터 배척되었다. 다만, 관련 자료가 아예 없어서 기준 수립이 불가능하거나 수입 휘발유의 원산지를 모를 경우 법정기준을 사용할 수밖에 없다는 점은 인정하였다.

2. '탄소배출권 보유의무' 부과

둘째 수입상품에 대해 상품 생산과정에서의 탄소배출치에 상응하는 탄소배출권(emission allowance)을 보유하도록 하는 조치이다. WTO 규범 측면에서 볼 때, 탄소배출권을 보유하고 있지 않으면 탄소배출 행위를 할 수 없다는 법적 제약을 부과하는 것이므로 '제한(restriction)' 또는 '요건(requirement)'이라고 볼 수 있을 것이다.[4] 시나리오 1과 시나리오 2 모두 이 점에 있어서는 차이가 없다.

한편, 이러한 '탄소배출권 보유의무'가 '과징금(charge)'에 해당되는지 여부가 논란이 될 수 있다. 이에 대해서는 아직 명확한 견해나 해석은 없지만, 다음 세 가지 특성을 감안할 때 과징금으로 볼 여지가 크다고 판단된다. 첫째 '탄소배출권'은 탄소를 배출할 수 있는 자유권적 성격의 '권리'라기 보다는 법령에 의해 생성된 재산적 가치를 가진 '권한'이라고 보는 것이 타당하다.[5] 둘째, '탄소배출권'을 탄소시장에서 사고 팔 수 있도록 허용하였기 때문에 사업자가 그러한 권리를 자신이 보유하고 있지 않다고 하더라도 탄소시장에서 시장가격에 따라 일정 금액을 지불하고 배출권을 구매할 수 있다. 셋째, 적정 수준의 탄소배출권을 보유할 의무를 위반하였다고 하더라도 그에 대한 제재는 상품 생산 및 유통의 금지가 아니라 사업자가 보유해야 하는 탄소배출권에 비례하여 일정 금액을 지불하는 범칙금의 형태가 보통이다. 이러한 구조를 가진 배출권거래제 하에서는 '탄소배출권 보유의무'도 '과징금'으로 보아야 한다.

---

4) OECD, "Competitiveness, Leakage, and Border Adjustment: Climate Policy Distractions?", by John Stephenson and Simon Upton, Round Table on Sustainable Development, 22-23 July 2009, SG/SD/RT(2009)3, Box 3 'overview of trade law and border adjustment issue', p.24

5) '탄소배출권'의 법적 성격에 대한 논의는 제3장 제2절 참조

3. '국경조정' 조치

셋째 국내적으로 적용되는 배출권거래제를 수입상품에도 동등하게 적용되도록 하는 '국경조정' 조치이다. '국경'이라는 표현은 수출입과 관련되는 의미이며, '조정'은 국내상품과 수입상품 간 동등한 경쟁여건을 확보하기 위한 조치라는 의미이다.[6] 다시 말해서 '국경'을 넘어 수입되는 상품을 대상으로 '국내' 조치를 적용하는 경우가 포함된다. WTO 규범 측면에서 볼 때, 탄소배출권 국경조정은 기본적인 성격상 배출권거래제라는 '국내조치(internal measure)'를 수입상품에 적용하는 것이지만, 제도 운영에 있어 이러한 조치가 수입되는 시점에서 부과되는 경우가 대부분이기 때문에 '국경조치(border measure)'로 간주될 가능성을 배제할 수 없다.

---

6) '국경조정'의 개념에 대한 논의는 제3장 제3절 참조

WTO 협정상 적용 법규

수입상품에 대한 탄소배출권 국경조정과 관련되는 WTO 규범을 살펴보자. 이는 제소국이 WTO 규범상 어떠한 조항을 근거로 동 조치에 대해 분쟁을 제기할 수 있을 것인가의 문제라고 할 수 있다. 문제된 조치의 법적 성격을 보면, '수입상품'을 대상으로 하여 '탄소배출권 보유의무'이라는 법적 의무를 '국경'에서 국내상품과 동등한 수준으로 '조정'하는 조치이다. 이를 WTO 규범에 비추어 살펴보면, '수입상품'에 대해 부과되는 조치이므로 기본적으로 상품 관련 협정들이 적용되며 그 중에서도 수입상품에 대한 관세 및 비관세장벽을 금지하는 GATT 제2조와 제11조, 그리고 상품간의 비차별대우 의무를 규정하는 GATT 제3조와 제1조가 주로 관련된다. 또한 이들 의무에 위반되더라도 GATT 제20조 일반예외에 해당되는 경우 조치가 정당화될 수 있을 것이다.

Ⅰ. GATT 협정상 세 가지 의무

GATT 협정은 기본적으로 '무역장벽의 실질적인 감축'과 국제교역에서 '비차별대우의 철폐'이라는 두 가지 사항을 그 목적으로 한다.[1] 이러한 두 가지 목적은 GATT 조문들을 통해 구체화되어 있다. 무역장벽의 실질적인 감축에 관련하여, 관세장벽은 제2조에서 다루고 그 이외의 무역장벽은 제11조에서 다루고 있다. 비차별대우와 관련해서는, 수입상품과 국

---

1) GATT 협정 서문: Being desirous of contributing to these objectives by entering into reciprocal and mutually advantageous arrangements directed to the substantial reduction of tariffs and other barriers to trade and to the elimination of discriminatory treatment in international commerce.

내상품간의 관계는 제3조에서 다루고 수입상품과 수입상품간의 관계는
제1조에서 다루고 있다. 이 중 제2조와 제11조는 국경에서 부과되는 무
역제한조치를 대상으로 하므로 일반적으로 '국경조치(border measures)'
또는 '시장접근(market access)'과 관련된 규율이라고 분류된다.[2] 따라서
GATT 협정상 의무는 크게 ① 국경조치 관련 규율, ② 내국민대우 의무,
③ 최혜국대우 의무로 구분된다. 아래에서는 세 가지 의무에 대해 구체
적으로 살펴보겠다.

1. 국경조치에 대한 일반적 금지

국경에서 수입상품에 대해 부과하는 관세 및 비관세 무역장벽에는
GATT 제2조 또는 제11조가 적용되며, 양허된 관세 이외의 무역장벽을
부과하는 조치는 일반적으로 금지(*per se* prohibition)된다.

1) 제2조 : 관세 및 과징금

수입상품에 부과되는 관세[3] 및 기타과징금[4]에는 제2조가 적용된다.

---

2) John H. Jackson, William J. Davey and Alan O. Sykes, Jr., *Legal Problems of International Economic Relations: Cases, Materials and Text, Fourth Edition* (West Group, 2002); Mitsuo Matsushita, Thomas J. Schoenbaum and Petros C. Mavroidis, *The World Trade Organization: Law, Practice, and Policy*(Oxford, 2006); Peter Van den Bossche, *The Law and Policy of the World Trade Organization: Text, Cases and Materials* (Cambridge, 2005)

3) 관세(tariffs)는 수입되는 물품에 부과되는 조세이다. 관세는 종가세(ad valorem), 특별관세(specific), 혼합관세(mixed)의 3종류가 있는데, 종가세는 수입물품 가액에 일정 퍼센트(percentage of the value)를 관세로 부과하는 형태이고, 특별관세는 수입물품 개당 정해진 금액(flat tax per item)을 부과하는 것을 말한다. 이외에, 관세할당제(tariff-rate quota: TRQ)가 있는데, 이는 일정 수량까지만 낮은 관세율을 적용하는 방식이다.

4) 기타 과징금은 관세 이외에 물품 수입시 부과되는 재정적 부과금을 의미한다. GATT에는 명확한 정의규정은 없으나, 수입수수료, 수입보증금, 통관수수료 등

관세인하는 GATT 협상의 핵심목표였으며, 협상을 통해 타결된 관세양
허 수준을 보호하기 위해 GATT 제2조 규정을 두었다. GATT 제2조는
통상적인 관세를 다룬 GATT 제2조1항(a) 및 제2조1항(b) 전단과 그 밖의
관세 또는 모든 종류의 과징금을 다룬 GATT 제2조1항(b) 후단으로 구분
된다.

GATT 제2조1항(a)[5]는 "체약당사국은 협정에 부속된 양허표 해당부분
에 기재된 내용보다 불리한 대우를 해서는 안 된다"고 하여 각국의 관세
장벽이 양허된 수준보다 높아지지 않도록 보호규정을 두고 있다. GATT
제2조1항(b) 전단[6]에서는 타 당사국의 상품이 양허표에 기재된 수준 이
상의 관세(ordinary customs duties)로부터 면제(exempt)됨을 규정하고 있
는데, WTO 상소기구는 동 조항을 제2조1항(a)의 일반적 금지를 보다 구
체화하여 적시한 것으로 해석하고 있다. 따라서 양허표에 기재된 수준보
다 높은 관세를 부과할 경우 해당 조치는 제2조 위반이다.

GATT 제2조1항(b) 후단[7]에서는 동 협정 당시(the date of this Agreement)
부과되던 수준 이상의 그 밖의 관세 또는 모든 종류의 과징금(all other
duties or charges of any kind)으로부터 면제된다고 하였다. GATT 제2조1

을 포함될 수 있을 것이다.

5) GATT Article II:1(a): Each contracting party shall accord to the commerce of
   the other contracting parties treatment no less favourable than that provided for
   in the appropriate Part of the appropriate Schedule annexed to this Agreement.
6) GATT Article II:1(b) first para.: The products described in Part I of the Schedule
   relating to any contracting party, which are the products of territories of other
   contracting party, shall, on their importation into the territory to which the
   Schedule relates, and subject to the terms, conditions or qualifications set forth
   in that Schedule, be exempt from ordinary customs duties in excess of those set
   forth and provided therein.
7) GATT Article II:1(b) second para.: Such products shall also be exempt from all
   other duties or charges of any kind imposed on or in connection with the
   importation in excess of those imposed on the date of this Agreement or those
   directly and mandatorily required to be imposed thereafter by legislation in force
   in the importing territory on that date.

항(b)의 해석에 대한 양해사항[8]은 이러한 기타과징금 관련 2가지 사항을 포함하고 있는데, 첫째는 과징금의 내용과 요율이 양허표에 반드시 기재되어야 하며, 둘째로는 제2조1항(b) "협정당시"의 기준일은 1994년 4월 15일로 한다는 것이다. 따라서 과징금이 양허표에 기재되어 있지 않거나 기준일 당시의 수준보다 높은 요율로 부과될 경우 GATT 제2조 위반이 된다.

2) 제11조 : 그 외 모든 형태의 제한 또는 금지

관세 및 기타과징금 이외의 모든 형태의 제한 또는 금지조치(prohibitions or restrictions)[9]에는 제11조가 적용된다. GATT 제11조1항[10]은 물품의 수입 또는 수출시 관세 및 기타과징금을 제외한 모든 형태의 제한 또는 금지조치를 일반적으로 금지하고 있다. 관세는 양허된 수준 이상의 부과만 금지되지만, 수량제한은 일반적으로 금지된다.

GATT 제11조1항 적용범위와 관련, 인도-자동차 사건[11]에서 패널이 2가지 사항, 제11조1항의 조치(measure)에 해당되는지와 "수입에 대한 제

---

8) Understanding on the Interpretation of Article II:1(b) of the General Agreement on Tariffs and Trade 1994

9) 수량제한(QR)에는 수입금지(import ban), 수량할당(quota), 수입허가(import licensing), 국영기업을 통한 실질적 수량제한 등 여러 가지 종류가 있다. See Council for Trade in Goods, Decision on Notification Procedures for Quantitative Restrictions, G/L/59, dated 10 January 1996, Annex

10) GATT Article XI :1: No prohibitions or restrictions other than duties, taxes or other charges, whether made effective through quotas, import or export licences or other measures, shall be instituted or maintained by any contracting party on the importation of any product of the territory of any other contracting party or on the exportation or sale for export of any product destined for the territory of any other contracting party.

11) Panel Report, *Indonesia-Certain Measures Affecting the Automobile Industry*, WT/DS54/R, WT/DS55/R, WT/DS59/R, WT/DS64/R and Corr.1, 2, 3, and 4, adopted 23 July 1998, DSR1998:VI, 2201

한(restriction on importation)"인지 여부가 검토되어야 함을 지적한 바 있다. 즉, 제11조1항이 적용되려면 해당 조치가 명시적으로 수입 또는 수출에 대해 제한하고 있어야 한다. 경우에 따라서는 실효적으로 수입을 제한(effectively limit importation)하는 경우도 포함된다. 적용사례로는, 미국-새우수입금지 사건[12])에서 새우 수입금지조치, EEC-최저수입가격 사건[13])에서 최저수입가격제, 일본-농업제품 사건[14])에서 국영기업에 의한 수입독점, 인도-수량제한 사건[15])에서 수입허가, 일본-반도체 사건[16])에서 비구속적 행정지도 등을 들 수 있다.

3) 제 2 조 와 제 11 조 의 관 계

제2조와 제11조는 그 적용대상을 달리하므로 중복 적용되지 않는다. 제2조는 '관세(duties)' 또는 '과징금(charges)'을 적용대상으로 하는 반면, 제11조는 "관세, 조세, 그 밖의 과징금(duties, taxes or other charges)"을 그 적용대상으로부터 명시적으로 제외하고 있기 때문이다. 따라서 구체적 사안에 있어 제2조 사항인지 제11조 사항인지에 대한 구분이 필요하다.[17])

---

12) Appellate Body Report, *United States-Import Prohibition of Certain Shrimp and Shrimp Products*, WT/DS58/AB/R, adopted 6 November 1998, DSR1998:VII, 2755

13) GATT Panel Report, *EEC-Programme of Minimum Import Prices, Licences and Surety Deposits for Certain Processed Fruits and Vegetables*, L/4687, adopted 18 Oct 1978, BISD 25S/68

14) GATT Panel Report, *Japan-Restrictions on Imports of Certain Agricultural Products*, L/6253, adopted 2 march 1988, BISD 35S/163

15) Appellate Body Report, *India-Quantitative Restrictions on Imports of Agricultural, Textile and Industrial Products*, WT/DS90/AB/R, adopted 22 September 1999, DSR1999:IV, 1763

16) GATT Panel Report, *Japan-Trade in Semi-Conductors*, L/6309, adopted 4 May 1988, BISD 35S/116

17) 일례로, *US-Certain EC Products* 사건에서 예치금 요건(bonding requirement)이 제2조 사항인지 제11조 사항인지 문제된 바 있다. Panel Report on *US-Certain EC Products*, para.6.61

2. 내국민대우 의무

GATT 제3조는 수입상품과 국내상품에 대해 동등한 경쟁조건을 부여해야 한다는 내국민대우 의무를 규정하고 있다. 제3조는 크게 내국세 또는 기타 내국과징금 부과에서의 내국민대우를 규정한 제3조2항과 국내 법규, 규제 또는 요건에서의 내국민대우를 규정한 제3조4항으로 구분해 볼 수 있다.

1) 제3조 2항: 내국세 또는 기타 내국과징금

내국세 또는 기타 내국과징금(internal taxes or other internal charges)에는 GATT 제3조2항이 적용된다. 제3조2항은 다시 동종상품과 관련된 1문과 직접경쟁 또는 대체상품과 관련된 2문으로 구분된다.

제3조2항1문[18]의 경우, "다른 회원국의 영역 내에 수입된 회원국의 상품에 대하여 동종의 국내상품(like domestic product)에 직접 또는 간접으로 부과되는 내국세 또는 기타 모든 종류의 내국과징금을 초과하는(in excess of) 내국세 또는 기타 모든 종류의 내국과징금을 직접 또는 간접으로 부과하여서는 아니된다"고 하여, 수입상품과 동종 국내상품간의 비차별대우 의무를 규정하고 있다.

제3조2항2문[19]에서는 내국세 또는 기타 내국과징금 부과에 있어 제3조1항에 규정된 원칙[20]에 배치되지 않도록, 즉 국내생산을 보호하는 방

---

18) GATT Article III:2 first para.: The products of the territory of any contracting party imported into the territory of any other contracting party shall not be subject, directly or indirectly, to internal taxes or other internal charges of any kind in excess of those applied, directly or indirectly, to like domestic products.
19) GATT Article III:2 second para.: Moreover, no contracting party shall otherwise apply internal taxes or other internal charges to imported or domestic products in a manner contrary to the principles set forth in paragraph 1.
20) GATT Article III:1: The contracting parties recognize that internal taxes and other internal charges, and laws, regulations and requirements affecting the internal sale,

식으로(so as to afford protection) 운영되어서는 안 된다고 규정하고 있다. 이와 관련, 제3조 주해(Ad Article III)[21]는 제3조2항2문은 직접경쟁 또는 대체관계 상품(directly competitive or substitutable product)이 유사하게 과세되지 않을 경우(not similarly taxed) 적용된다고 부연하고 있다. 따라서 제3조2항2문은 수입상품과 국내상품이 동종상품 관계는 아니지만 직접경쟁 또는 대체관계에 있는 경우에 적용되는 비차별대우 의무를 규정하는 것으로 해석된다.

2) 제 3조 4항 : 국 내 법 규, 규 제 및 요 건

"물품의 국내 판매, 구매, 운송, 분배 또는 사용에 영향을 미치는(affecting internal sale, offering for sale, purchase, transportation, distribution or use of products)" 모든 "국내 법규, 규제 및 요건(laws, regulations and requirements)"에 대해서는 제3조4항이 적용된다. 제3조4항[22]은 국내 법규 및 요건이 국내 동종물품(like product) 보다 수입물품에 불리하게 대

---

offering for sale, purchase, transportation, distribution or use of products, and internal quantitative regulations requiring the mixture, processing or use of products in specified amounts or proportions, should not be applied to imported or domestic products so as to afford protection to domestic production.

21) GATT Annex I, Ad Article III, paragraph 2: A tax conforming to the requirements of the first sentence of paragraph 2 would be considered to be inconsistent with the provisions of the second sentence only in cases where competition was involved between, on the one hand, the taxed product and, on the other hand, a directly competitive or substitutable product which was not similarly taxed.

22) GATT Article III:4: The products of the territory of any contracting party imported into the territory of any other contracting party shall be accorded treatment no less favourable than that accorded to like products of national origin in respect of all laws, regulations and requirements affecting their internal sale, offering for sale, purchase, transportation, distribution or use. The provisions of this paragraph shall not prevent the application of differential internal transportation charges which are based exclusively on the economic operation of the means of transport and not on the nationality of the product

우(less favourable treatment)하지 않아야 한다고 규정하고 있다.

3) 제3조 2항과 제3조 4항간의 관계

제3조의 전체적인 구조상 제3조2항은 '내국세 또는 내국과징금'을 대상으로 하고 제3조4항은 '법규, 규제 및 요건'을 대상으로 하는 것으로 구분하고 있다. 하지만, 두 조항간의 적용대상을 달리하도록 하는 별도의 문구가 존재하지 않기 때문에 하나의 조치에 두 조항이 모두 적용될 가능성이 존재한다. 일례로 문제된 조치가 '과징금'이면서 '요건'에 해당된다면 제3조2항과 제3조4항이 모두 적용될 수 있을 것이다.

3. 최혜국대우 의무

GATT 제1조는 서로 다른 국가로부터 수입되는 상품간에 동등한 경쟁조건을 보장해야 한다는 최혜국대우 의무를 규정하고 있다. 제1조1항[23]은 "수출입시의 관세 및 부과금, 수출입대금의 국제이체에 대한 관세 및 부과금, 이러한 관세 및 부과금의 징수방법, 수출입과 관련한 각종 규정 및 절차, 수입품에 대한 직간접의 내국세 및 부과금, 수입품의 국내 판매·판매제의·구매·운송·유통·사용에 관한 국내 법규나 요건과 관련하여, WTO 회원국이 다른 나라에서 오는 수입품 또는 다른 나라로 향하는

---

23) GATT Article I:1: With respect to customs duties and charges of any kind imposed on or in connection with importation or exportation or imposed on the international transfer of payments for imports or exports, and with respect to the method of levying such duties and charges, and with respect to all rules and formalities in connection with importation and exportation, and with respect to all matters referred to in paragraphs 2 and 4 of Article III, and advantage, favour, privilege or immunity granted by any contracting party to any product originating in or destined for any other country shall be accorded immediately and unconditionally to the like product originating in or destined for the territories of all other contracting parties.

수출품에 대해 부여한 이익, 특혜, 특권 및 면제는 즉각적이고 무조건적으로 모든 다른 WTO 회원국으로부터 수입되어 오거나 다른 WTO 회원국으로 수출되는 동종상품에 대해 부여되어야 한다"라고 규정하고 있다. 따라서 제1조의 적용대상에는 수출입시에 부과되는 관세 및 각종 과징금뿐만 아니라 수출입과 관련한 각종 규정 및 절차가 모두 포함된다.

4. 국경에서 부과되는 국내조치의 문제

탄소배출권 국경조정은 국경에서 부과되는 국내조치이다. 이러한 조치의 경우에 국경에서 부과되는 과징금 또는 제한이기 때문에 제2조 또는 제11조의 대상으로 보아야 하는지, 국내조치와 관련되는 사항이므로 제3조의 대상으로 보아야 하는지, 아니면 이들 조항 모두가 적용되는 것으로 보아야 하는지의 문제가 제기된다.

1) 국경조치와 국내조치의 구분

국경조치(border measure)인지 국내조치(internal measure)인지에 따라 적용규범과 정책적 자율성의 정도가 달라진다.[24] 국경조치는 일방 당사국 상품의 타 회원국 국내시장 진입을 제한하는 조치라고 할 수 있고, GATT 제정 당시 회원국들은 이러한 시장접근 제한조치를 일반적으로 금지(per se prohibition)하였다. 다시 말해서 국경조치는 GATT 제2조 또는 제11조가 적용되며 그 자체로 협정 위반이 된다. 국내조치의 경우 국경조치와는 달리 회원국의 자율적인 권한을 인정하면서, 무역에 부정적인 영향을 미치지 않도록 비차별대우 의무를 부과하는 조건부 허용(conditional

---

24) 국경조치와 국내조치간 구분에 대해서는 다음을 참조: Joost Pauwelyn, *Rien ne Va Plus? Distinguishing Domestic Regulation from Market Access in GATT and GATS*, 4(2) World Trade Review 131(2005); 김호철, "통상법에서 시장접근과 국내규제 규범간 구분: 한미 FTA 제13장과 금융규제 자율성", 통상법률 제85호 (2009.2)

permission)의 방식으로 접근하였다. 다시 말해서 국내조치는 비차별대우 원칙을 준수하는 조건만 지키면 허용될 수 있다. 이러한 국경조치와 국내조치의 구분은 기본적으로 시장접근 보장과 규제권한 존중간의 균형을 도모하기 위한 것이며, 문제된 조치가 국경조치인지 국내조치인지 여부는 GATT 규범에의 합치성 판단에 중요한 요소가 된다.

2) 적용규범의 판단기준

그렇다면, 국내조치가 국경에서 부과되는 경우에 어떠한 규정을 적용해야 하는가? 단순히 국경에서 부과된다는 이유만으로 국내조치가 일반적으로 금지되는 것은 적절치 않을 것이다. 제2조와 제3조간의 관계 문제와 제11조와 제3조간의 관계 문제로 나누어서 살펴보자.

우선, 수입통관 과정에서 내국과징금(internal charge)을 부과했을 경우, 국경에서 부과되는 관세 이외의 기타 과징금이므로 제2조1항 적용대상에 해당됨과 동시에, 내국과징금이므로 제3조2항 적용대상에도 적용된다. 이러한 경우에, 제2조1항과 제3조2항이 중복 적용되는지에 대한 물음이 제기된다. 답은 중복 적용되지 않는다는 것이다. GATT 제2조2항[25]은 제3조2항에 합치되게 부과하는 내국세에 상당하는 부과금을 허용하고 있기 때문이다. 동 조항은 체약당사국이 수입상품에 대해 부과할 수 있는 국경조치의 하나로서, "(a) 동종의 국내상품에 대하여 또는 당해 수입상품의 제조 또는 생산에 전부 또는 일부 기여한 물품에 대하여 제3조2항의 규정에 합치되게 부과하는 내국세에 상당하는 과징금"을 명시하고 있다. 또한, 상기 국경세조정 관련 조항이 아니더라도, GATT 제3조

---

25) GATT Article II:2: Nothing in this Article shall prevent any contracting party from imposing at any time on the importation of any product:

(a) a charge equivalent to an internal tax imposed consistently with the provisions of paragraph 2 of Article III in respect of the like domestic product or in respect of an article from which the imported product has been manufactured or produced in whole or in part;

주해26)는 제3조의 내국세 또는 기타부과금이 수입시점에(at the point of importation) 부과되는 경우에도 수입물품과 국내 동종물품에 같이 적용되는 조치라면 제3조의 적용대상으로 간주한다고 규정하고 있다. 내국세 및 내국과징금이 국경에서 징수되더라도 이는 GATT 제2조가 아니라 제3조2항 합치 여부가 쟁점이라고 할 것이다.

다음으로, 수입상품에 대해 국내 법규, 규정 또는 요건이 국경에서 시행되는 경우에도 마찬가지이다. GATT 제11조1항의 적용범위는 "모든 형태의 제한 또는 금지"이며 이는 국내법, 규정, 행정지도 등을 광범위하게 포함하는 것으로 해석27)되므로 국경에서 시행되는 국내 법규, 규정 또는 요건은 원칙적으로 제11조 적용대상이라고 할 것이다. 이 경우 제11조1항이 적용되는지, 제3조4항이 적용되는지의 문제가 제기된다. GATT 제3조에 대한 주해는 제3조의 국내 법규, 규정 또는 요건이 수입시점에 부과되더라도 수입물품과 국내 동종물품에 동일하게 적용될 경우에는 제3조의 국내 법규, 규정 또는 요건으로 간주한다고 명시하고 있다. 따라서 수입상품과 국내 동종상품에 동일하게 적용되는 조치인 경우 제11조가 아니라 제3조4항 합치 여부가 쟁점이 된다.

---

26) GATT Annex Ⅰ, Ad Article Ⅲ: Any internal tax or other internal charge, or any law, regulation or requirement of the kind referred to in paragraph 1 which applies to an imported product and to the like domestic product and is collected or enforced in the case of the imported product at the time or point of importation, is nevertheless to be regarded as an internal tax or other internal charge, or a law, regulation or requirement of the kind referred to in paragraph 1, and is accordingly subject to the provisions of Article Ⅲ.

27) GATT Panel Report, *Japan-Trade in Semi-Conductors*, L/6309, adopted 4 May 1988, BISD 35S/116, paras. 104-117

〈그림 4-1〉 국경에서 부과되는 국내조치에의 적용규범

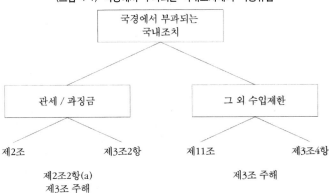

II. GATT 제20조 일반예외

상기 GATT 의무에 위반되는 조치라고 하더라도 GATT 제20조 예외를 통해 정당화될 수 있다.[28] 특정 조치가 제20조 예외로 정당화 되려면, ① 제20조에 열거된 10개 예외사유 중 적어도 하나에 해당되어야 하고, ② 제20조 chapeau 요건을 충족해야 하는 "2단계 테스트"를 통과해야 한다.

우선, 제20조는 10가지 예외사유를 포함하고 있으며 탄소배출권 국경조정의 경우에는 (b)호와 (g)가 특히 관련된다. (b)호는 "인간, 동물 또는

---

28) GATT 제20조 관련 부분은 다음과 같다: Subject to the requirement that such measures are not applied in a manner which would constitute a means of arbitrary or unjustifiable discrimination between countries where the same conditions prevails, or a disguised restriction on international trade, nothing in this Agreement shall be construed to prevent the adoption or enforcement by any contracting party of measures:

(b) necessary to protect human, animal or plant life or health;

(g) relating to the conservation of exhaustible natural resources if such measures are made effective in conjunction with restrictions on domestic production or consumption;

식물의 생명이나 건강을 보호하기 위하여 필요한 조치", (g)호는 "고갈될 수 있는 천연자원의 보존과 관련된 조치로서 국내 생산 또는 소비에 대한 제한과 결부되어 유효하게 된 경우"를 협정상 의무에 위반되는 조치가 정당화될 수 있는 예외사유로 적시하고 있다.

다음으로, chapeau에서는 "동일한 여건이 지배적인 국가간에 자의적이거나 정당화할 수 없는 차별의 수단을 구성하거나 국제무역에 대한 위장된 제한을 구성하는 방식으로 적용되지 아니한다는 요건"을 예외사유 인정의 조건으로 두었다.

WTO 규범 해석에의 접근방법

본고 연구대상은 수입상품에 대한 배출권거래제 적용이 WTO 규범상 허용될 가능성이 있는지 여부이다. 다시 말해서, 현재의 WTO 규범을 해석적으로 분석하는 것을 목적으로 한다. 그렇다면 WTO 규범 해석에 있어 어떠한 원칙으로 접근해야 하는지, 그리고 탄소배출권 국경조정과 같이 WTO 규범이 불확정적인 상황에서 분쟁해결기구의 사법재량의 범위와 한계는 어떠한지를 검토해보도록 하겠다.

Ⅰ. 해석원칙:
국제공법의 해석에 관한 관례적인 규칙

분쟁해결기구의 WTO 규범 해석 및 적용에 있어 근거가 되는 규정은 분쟁해결규칙 및 절차에 관한 양해(DSU) 제3.2조이다. 그 내용은 다음과 같다.

세계무역기구의 분쟁해결제도는 다자간무역체제에 안전과 예견가능성을 부여하는 데 있어서 중심적인 요소이다. 세계무역기구의 회원국은 이 제도가 대상협정에 따른 회원국의 권리와 의무를 보호하고 국제공법의 해석에 관한 관례적인 규칙에 따라 대상협정의 현존 조항을 명확히 하는 데 기여함을 인정한다. 분쟁해결기구의 권고와 판정은 대상협정에 규정된 권리와 의무를 증가시키거나 축소시킬 수 없다.

The dispute settlement system of the WTO is a central element in providing security and predictability to the multilateral trading system. The Members recognize that it serves to preserve the rights and obligations of Members under the covered agreements, and to clarify the existing provisions of those agreements in accordance with customary rules of interpretation of public international law.

Recommendations and rulings by DSB cannot add to or diminish the rights and obligations provided in the covered agreements.

DSU 제3.2조는 "국제공법의 해석에 관한 관례적인 규칙(customary rules of interpretation)"에 따라 대상협정의 현존 조항을 명확히 하도록 규정하고 있다. 상소기구는 미국-휘발유 사건과 그 이후의 결정들을 통해 "국제공법의 해석에 관한 관례적인 규칙"은 조약법에 관한 비엔나협약(VCLT: Vienna Convention on the Law of Treaties) 제31조 및 제32조를 의미한다고 확인하여 왔다. 조약법협약(VCLT) 제31조 및 제32조는 다음과 같다.

제31조(해석의 일반규칙)
1. 조약은 조약문의 문맥 및 조약의 대상과 목적으로 보아 그 조약의 문언에 부여되는 통상적 의미에 따라 성실하게 해석되어야 한다.
2. 조약의 해석 목적상 문맥은 조약문에 추가하여 조약의 전문 및 부속서와 함께 다음의 것을 포함한다.
   (a) 조약의 체결에 관련하여 모든 당사국간 이루어진 그 조약에 관한 협의
   (b) 조약의 체결에 관련하여 또는 그 이상의 당사국이 작성하고 또한 다른 당사국이 그 조약이 관련되는 문서로서 수락한 문서
3. 문맥과 함께 다음의 것이 참작되어야 한다.
   (a) 조약의 해석 또는 그 조약규정의 적용에 관한 당사국간의 추후의 합의
   (b) 조약의 해석에 관한 당사국의 합의를 확정하는 그 조약 적용에 있어서의 추후의 관행
   (c) 당사국간의 관계에 적용될 수 있는 국제법의 관계규칙
4. 당사국의 특별한 의미를 특정용어에 부여하기로 의도하였음이 확정되는 경우에는 그러한 의미가 부여된다.

제32조(해석의 보충수단)
제31조의 적용으로부터 나오는 의미를 확인하기 위하여 또는 제31조에 따라 해석하면 다음과 같이 되는 경우에 그 의미를 결정하기 위하여 조약의 교섭기록 및 그 체결시의 사정을 포함한 해석의 보충적 수단에 의존할 수 있다.
   (a) 의미가 모호해지거나 또는 애매하게 되는 경우 또는
   (b) 명백히 불합리하거나 비합리적인 결과를 초래하는 경우

동 협약 제31조1항은 조약의 문언에 부여되는 통상적 의미(ordinary meaning)에 따라 성실하게 해석되어야 한다고 규정하였고, 그러한 조약문 해석에 있어 '문언(text)', '문맥(context)', '대상과 목적(object and purpose)' 의 세 가지 사항을 모두 고려하도록 하였다. 즉 조약해석은 기본적으로 조약의 문언에 표현된 당사국들의 의도를 충실하게 확인하는 작업이고, 문언의 통상적 의미에 대한 판단은 추상적으로 이루어지는 것이 아니라 조약의 문맥 및 조약의 대상과 목적에 비추어 이루어져야 한다는 것이 다.29) 따라서 WTO 규범상 조문 해석의 출발점은 문구의 통상적 의미를 파악하는 것이지만, 동일한 조약상 문구라고 하더라도 그 법적 의미는 그것이 쓰인 문맥 및 그 조문의 대상과 목적에 따라 달리 해석된다.30)

일반적인 법해석 방법론에 비추어 생각해보자. 법해석 방법론으로는 문언주의 해석론, 의도주의 해석론, 목적주의 해석론을 든다.31) 문언주의 해석론은 법이 언어적 표현으로 이루어져 있다는 점을 중시하며 법해석 은 그러한 언어의 불명확한 의미를 확인하는 작업으로 이해한다. 의도주 의 해석론은 법은 입법자에 의해 제정되었다는 사실을 중시하면서, 법의 의미는 문언상 표현에 내재된 것이 아니라 입법자가 말하려고 의도이며, 언어적 표현으로부터 그러한 의도를 직접 파악하기 어렵기 때문에 현실 의 변화에 맞게 입법의도를 적절히 재구성하여 해석해야 한다는 접근방 식이다. 목적주의 해석론은 법이 어떠한 목표나 결과를 합리적으로 지향 한다는 점을 강조하면서, 구체적 사안에서 그러한 목적이 합리적으로 추 구될 수 있도록 해석하는 접근방식이다. 목적주의에서는 고정된 법 문언 이나 입법 의도보다 법을 실제 적용하는 법관의 목적과 수단에 대한 평

---

29) Anthony Aust, *Mordern Treaty Law and Practice*, 2nd edition (Cambridge, 2007), pp.230-255 참조

30) Isabelle Van Damme, *Treaty Interpretation by the WTO Appellate Body* (Oxford University Press, 2009), pp.213-274 참조

31) 법해석 방법론에 대한 일반적인 논의는 다음을 참조: 심헌섭, 분석과 비판의 법철 학 (법문사, 2001), p.216; 김영환, 법철학의 근본문제 (홍문사, 2008), p.276; 김혁 기, "법해석에 의한 모호성 제거의 불가능성", 서울대 법학 제50권 제1호 (2009)

가적 가치 판단이 중시된다. 문언주의 해석론, 의도주의 해석론, 목적주의 해석론 순으로 적용되는 것이 바람직하다는 견해가 제기되기도 하지만, 조약법협약(VCLT)이나 국제관습법상 이러한 해석론간에 어떠한 정해진 우선순위는 없다는 점에 주의해야 할 것이다.

WTO 상소기구는 그간 WTO 협정문 해석에 있어 '문언주의 해석론(textual approach)'을 강조해 왔다. 그러한 해석관행의 배경에 대해 초대 상소기구 재판관이었던 Claus-Dieter Ehlermann은 새롭게 만들어진 WTO 상소기구의 신뢰성을 정립하기 위해 문언적인 접근을 고수하였다고 설명하고 있다.[32] 그러나 상소기구의 이러한 접근방식은 WTO 규범의 해석에 시대적인 발전상황이 충분히 반영되기 어렵게 하는 단점을 안고 있다. 이에 따라 일부에서는 국제법 분야의 가장 선진적인 구조를 갖춘 WTO 분쟁해결기구가 전통적인 문언주의 해석론을 지나치게 고수하기보다는 '진화론적 해석론(evolutionary approach)'을 채택하여 WTO 협정을 시대적 상황의 변화에 따라 진화하는 살아있는 문서로 해석할 것을 제안한다.[33] 이러한 해석이 조약법협약과 반드시 배치되는 것은 아니다. 협약 제31조3항(c)는 "당사국간의 관계에 적용될 수 있는 국제법의 관계규칙"을 문맥과 함께 고려하도록 하였으며, 제32조에서는 제31조에 따른 해석이 명백히 불합리하거나 비합리적인 결과를 초래하는 경우 그 의미를 결정하기 위하여 조약의 교섭 기록 및 그 체결시의 사정을 포함한 해석의 보충적 수단에 의존할 수 있도록 하였음을 참고할 필요가 있다. 미국-새우수입금지 사건의 상소기구는 이러한 견해를 일부 수용하여 제20조 (g)호 "고갈될 수 있는 천연자원" 문구를 해석함에 있어 현 시대의 상황에 비추어 그 의미를 부여한 바 있다.[34]

---

32) Claus-Dieter Ehlermann, "Reflections on the Appellate Body of the World Trade Organization", American Society of International Law Proceedings 97 (2003), p.77

33) John H. Jackson, *Sovereignty, the WTO, and Changing Fundamentals of International Law* (Cambridge, 2006)

34) Appellate Body Report on *US-Shrimp*, para.130: From the perspective embodied in the preamble of the WTO Agreement, we note that the generic term "natural

WTO 규범에 대해 어떠한 법해석 방법론으로 접근하는 것이 타당한
지, 법해석 방법론간의 우선순위가 있는 것인지 등의 법철학적 질문들에
대해서는 본고에서 답을 내릴 수 있는 사안이 아니다. 다만, 한 가지 분
명한 것은 조약법협약(VCLT)상 해석원칙과 WTO 상소기구의 해석관행
으로 볼 때, 조항에 표현된 문언의 통상적인 의미를 판단함에 있어 단순
히 용어의 사전적 정의만을 보는 것이 아니라 조항의 '문맥' 및 조항의
'대상과 목적'이 고려한다는 것이다. 이는 분쟁해결기구가 WTO 규범을
해석함에 있어 현시대적 상황에 따른 WTO 규범의 역할을 고려할 여지
를 제공한다고 보는 것이 타당하다.

II. WTO 규범의 불확정성과 사법재량의 범위

1947년 제정된 GATT 협정은 여전히 WTO 규범의 근간이 되고 있다.
그러나 GATT는 '기후변화'와 관련된 이슈를 전혀 예상할 수 없는 1940
년대의 역사적 배경에서 논의되었고 최근 제기되는 '탄소배출권 국경조
정'의 WTO 규범상 허용 여부에 대해 명확하고 합리적인 법적 지침을
제공하지 못하고 있다. 결국 국제사회의 변화에 따라 새롭게 제기된 '기
후변화' 이슈에 대해 WTO 분쟁해결기구가 낡고 오래된 GATT 및 WTO
규범을 가지고 어떻게 대응할 수 있는지의 문제가 발생한다.

법의 불확정성과 사법재량에 대한 일반적인 논의를 살펴보자.[35] 법이
'불확정적'이라는 말은 법적 물음에 대해 유일한 정답이 존재하지 않음
을 뜻한다. 불확정성의 연원으로는 ① 법이 불확실한 목소리로 말할 때

---

resources" in Article XX(g) is not "static" in its content or reference but is rather
"by definition, evolutionary". It is, therefore, pertinent to note that modern
international conventions and declarations make frequent references to natural
resources as embracing both living and non-living resources ….

35) 법의 불확정성과 사법재량에 대한 일반적인 논의는 다음을 참조: 김혁기, "법해
석에 의한 모호성 제거의 불가능성", 서울대 법학 제50권 제1호 (2009), p.128

(법의 모호성), ② 법이 여러 목소리로 말할 때(법의 충돌), ③ 법이 침묵할 때(법의 공백)의 세 가지로 구분해 볼 수 있는데, 법이 불확정적이어서 그 법으로부터 결론을 구할 수 없거나 둘 이상의 결론이 가능한 사안인 경우, 법관은 법적 판단을 거부하기 보다는 사법재량을 행사하여 다른 근거에 의존한 최종적인 판단을 내리게 된다. 그런데 이러한 사법재량은 법의 중립성과 자율성을 훼손하고 국민이 아닌 법관에 의한 통치를 유발할 우려가 있기 때문에, 명시적으로 위임된 범위를 넘어서는 사법재량은 가능한 축소되는 것이 바람직하다는 것이 사회적인 통념이다.

이러한 일반적인 논의는 WTO 규범 해석에 있어서도 마찬가지로 적용된다. WTO 분쟁해결제도는 국제무역체제의 법적안정성과 예측가능성(security and predictability)을 부여하는 데 있어서 중심적인 역할을 한다. 탄소배출권 국경조정이라는 일방적인 무역제한조치로 인해 국제무역체제에서 국가 간 분쟁이 제기되는 경우, 분쟁해결기구는 WTO 규범이 불확정적이라는 이유로 법적 판단을 회피해서는 안 되며 기존의 규범을 재조명하여 국제사회가 납득할만한 해석가이드라인을 구체적으로 제시해 나갈 필요가 있다. 다만 WTO 분쟁해결기구의 이러한 사법재량의 행사에는 일정한 한계가 있어야 할 것이다. 즉 분쟁해결기구의 규범 해석에 있어, 협정상 문구와 협상기록을 통해 입안자들의 의도를 파악하는 작업을 우선해야 하며, 그러한 작업을 통해 해답을 찾기 어렵거나 불합리한 결과가 초래되는 경우에 한하여 협정이 추구하는 목적과 국제법의 일반원칙에 비추어 바람직한 해석방향을 찾는 것이 허용된다고 봄이 타당하다. 또한 DSU 제3조2항에서 명시되어 있듯이, 분쟁해결기구의 권고나 결정은 회원국의 권리와 의무를 실질적으로 변경하는 것이어서는 안 된다는 분명한 한계가 있다.

국제무역규범이 회원국 주도 규율체계(member-driven governance)에서 다자적 사법통제 규율체계(multilevel judicial governance)로 진화하고 있으며 WTO 분쟁해결기구는 정의의 원칙(principles of justice)에 기초하여 이러한 법의 지배(rule of law)를 보다 확대해 나가야 한다는 견해가 있다.36) 이러한 주장에 대해 완전히 동조하는 것은 아니지만, 최소한 WTO 규범의 해석과정에서 이를 단순히 '국가간 타협의 산물'로 보아 이해관계의 균형 차원으로만 접근해서는 안 되고 WTO 규범도 국제공동체의 한 분야를 규율하는 국제규범이라는 시각에서 국제사회의 '정의'에 기초하여 접근하는 것이 바람직할 것으로 생각한다. 따라서 본고에서는 기본적으로 WTO 규범에 대한 기존의 상소기구 결정례를 토대로 탄소배출권 국경조정 문제와 관련된 법적 쟁점들을 분석하되, 국제사회의 '정의'에 기초한 비판적 평가를 일정부분 가미하도록 하겠다.

---

36) Ernst-Ulrich Petersmann, "Multilevel Judicial Governance of International Trade Requires a Common Conception of Rule of Law and Justice", in William J Davey and John Jackson(eds), *The Future of International Economic Law* (2008), pp.91-113

제5장

국경조치 금지 규율 위반 여부

수입상품에 대해 국경에서 부과되는 약속된 수준 이상의 관세부과나 여타 형태의 제한조치는 GATT 제2조1항과 제11조1항에 위반된다. 제2조1항(a)은 수입상품에 대해 국경에서 "양허표 해당부분에 기재된 내용보다 불리한 대우"를 금지하고 있고, 제11조1항은 물품의 수입 또는 수출시 관세 및 기타부과금을 제외한 모든 형태의 "금지 또는 제한"을 금지하고 있기 때문이다. 제2조와 제11조의 규율은 조치 자체를 금지하고 있고, 수입상품에 대한 탄소배출권 국경조정은 양허표에 기재된 내용보다 불리한 제한조치라는 점을 감안할 때, 제소국이 그러한 조치가 있다는 것을 증명하면 그 자체로 위반이 성립한다.

이러한 제2조 또는 제11조 위반 주장에 대해, 피소국 입장에서 두 가지 반박이 가능하다. 첫째는 GATT 제2조2항(a)이다. 제2조2항(a)는 "동종의 국내상품에 대하여 또는 당해 수입상품의 제조 또는 생산의 전부 또는 일부 기여한 물품에 대하여 제3조2항의 규정에 합치되게 부과하는 내국세에 상당하는 과징금"에는 제2조가 적용되지 않는다고 하고 있다. 수입상품에 대한 국경탄소조정이 제2조2항(a)의 국경세조정에 해당한다고 주장하는 것이다. 둘째는 GATT 제3조 주해이다. "수입상품에 대하여 그리고 동종 국내상품에 대하여 적용"되는 경우에는 제3조의 규정 대상이라고 하고 있다. 이를 들어 국경탄소조정은 수입상품과 국내상품에 함께 적용되는 조치이므로 제2조 또는 제11조의 국경조치 규범이 아니라 제3조의 내국민대우가 적용되어야 한다고 주장할 수 있다. 피소국의 입장에서는 제2조2항(a) 또는 제3조 주해를 통해 제2조 또는 제11조의 금지 규율을 피하고 제3조의 내국민대우 규율에서 다투는 것이 유리하다고 판단할 것이다.

제소국의 입장에서는 제2조 또는 제11조가 일반적 금지의 형태로 규정되어 있어 동 조항 위반을 제기하는 것이 소송전략상 유리하기 때문에 가장 우선적으로 검토하게 될 것이다. 여기에서는 앞에서 제시한 분석대상 시나리오가 제2조 또는 제11조에 위반되는지 여부를 중심으로 분석해 보겠다.

GATT 제2조1항 또는 제11조1항의 적용

탄소배출권 국경조정은 수입과 관련하여 부과되는 제한조치이기 때문에 제2조1항과 제11조1항 중 적어도 어느 하나의 적용대상에 포함될 것이다. 다만 제11조1항은 제2조1항이 적용되는 관세, 조세 또는 그 밖의 과징금을 그 적용대상에서 제외하여 두 조항이 중복 적용되지 않도록 하였다. 문제는 어떠한 경우에 제2조1항에 저촉되고 어떠한 경우에는 제11조1항에 저촉되는지 여부이다. 구분실익으로는, 탄소배출권 국경조정이 제2조1항과 제11조1항 중 어디에 위반되는지 여부에 따라 반박논리에 다소 차이가 있다는 점을 들 수 있다. 제2조1항 위반인 경우 반박근거로는 제2조2항(a)와 제3조 주해 규정이 원용될 수 있는 반면, 제11조1항 위반인 경우 제2조2항(a)는 원용될 수 없으며 제3조 주해를 통해서만 제11조 위반 주장을 효과적으로 반박할 수 있을 것이다.

I. 제2조1항: '과징금'에 해당되는 경우

제2조1항의 적용대상은 "수입에 대하여 또는 수입과 관련하여 부과되는 모든 그 밖의 관세 및 모든 종류의 과징금(all other duties or charges of any kind imposed on or in connection with the importation)"이다. 분석대상 시나리오 1과 2의 탄소배출권 국경조정이 '과징금(charges)'에 해당되는지 여부가 관건이다.

수입상품에 대해 국경에서 '배출권' 또는 '배출크레딧'을 보유 또는 구매하도록 하는 조치가 제2조의 '과징금'에 해당하는지에 대해서는 다소 논란이 있다. 한쪽에서는 배출권 또는 배출크레딧은 그 자체로는 금전이 아니고 탄소배출에 대한 권리라는 견해를 취하고 있으며,[1] 다른 쪽에서

는 배출권 또는 배출크레딧은 배출권거래시장에서 매매가 가능하고 언
제든지 금전으로 전환할 수 있다는 점을 감안할 때 이를 보유하거나 구
매하도록 하는 조치는 재정적 부담을 지우는 것이므로 과징금에 해당된
다는 견해를 보이고 있다.[2] 현재로서는 이에 대한 GATT 및 WTO 판정
이 아직 없어 분명한 해석관행이나 지침은 없는 상태이다.

생각건대, 제2조1항의 '과징금(charge)'에는 탄소배출권 국경조정 시나
리오 1과 2의 경우가 포함되는 것으로 넓게 해석할 수 있다고 본다.
GATT 협정상 '과징금'에 대한 명확한 정의규정을 두고 있지 않으나, '과
징금'은 사전적으로 상품이나 서비스 제공에 대해 지불되어야 할 값으로
정의되고[3], 대표적인 사례로는 수입수수료, 수입보증금, 통관수수료 등
을 생각해 볼 수 있다. WTO 패널은 이를 재정적 부담(pecuniary burden)
이나 금전적 지불의무(liability to pay money)를 의미하는 것으로 해석해
왔다.[4] 그런데 이러한 과징금의 사전적인 의미는 반드시 금전적인 형태
로 지불되는 것을 요구하는 것은 아니므로 일정량의 채권을 구매하도록
의무를 부과되는 조치도 포함될 수 있다고 본다. 제2조1항 문맥상으로
볼 때, 과징금이 "관세(duty)"와 병렬적으로 포현되어 있으며 "모든 종류
의(of all kind)"라는 수식어가 붙어있다. 국경에서 상품에 부과되는 금전

---

1) OECD, "Competitiveness, Leakage, and Border Adjustment: Climate Policy Dis-
   tractions?", by John Stephenson and Simon Upton, Round Table on Sustainable
   Development, 22-23 July 2009, SG/SD/RT(2009)3, Box 3 'overview of trade
   law and border adjustment issue', p.24
2) Joost Pauwelyn, "U.S. Federal Climate Policy and Competitiveness Concerns:
   The Limits and Options of International Trade Law", Nicholas Institute for
   Environmental Policy Solutions Working Paper 07-02(2007), p.21; R. Ismer and
   K. Neuhoff, "Border Tax Adjustment: A Feasible Way to Support Stringent
   Emission Trading", *European Journal of Law and Economic* 24 (2007), p.11
3) Webster's Dictionary of the English Language(1995 edition), 'charge': "the price
   to be paid for goods or services"
4) Panel Report on *Argentina-Hides and Leather*, para.11.143: The term 'charge'
   denotes, inter alia, a 'pecuniary burden' and a 'liability to pay money laid on
   a person …'.

적인 의무가 관세 이외에도 여러 형태로 이루어질 수 있음을 감안하여 '모든 종류의 과징금'이라는 표현을 추가한 것이므로, 그 범위에는 국경에서 부과되는 금전적인 의무가 모두 포함된다고 보는 것이 옳다. 또한 그간 분쟁사례에서 과징금으로 문제된 경우는 대부분 수입통관상의 수수료이지만, 그렇다고 과징금이 반드시 수수료에 국한되는 것은 아니다. 제2조2항에서는 "내국세에 상당하는 과징금"((a)호)과 "제공된 용역의 비용에 상응하는 수수료 및 그 밖의 과징금"((c)호)을 모두 예정하고 있으므로, 제2조1항 '과징금'의 범위에 그러한 조치들이 모두 포함되도록 해석하는 것이 논리적으로 타당하다. 제2조와 제11조간의 관계에 볼 때에도, GATT 협정은 국경에서의 수입제한조치를 관세 또는 과징금과 그 밖의 제한조치의 두 가지 유형으로 구분하고 있으며 일정한 금전적인 의무를 부과하는 방식인 전자의 경우에는 정책권한을 제한적으로나마 허용하는 형태로 규정하고 있으므로, 제2조1항의 '과징금'을 지나치게 좁게 해석하여 금전적인 의무부과조치를 제11조로 미루는 것은 이러한 구분의 취지에도 맞지 않다. 결국 '배출권'이나 '배출크레딧'의 본질적인 성격이 금전적인 의무인지 여부가 판단기준이 되어야 할 것이다. 배출권은 엄격한 의미에서 사업자가 탄소를 배출할 수 있는 권리를 지칭하는 것은 사실이지만, 앞에서 설명하였듯이 배출권거래제 하에서 그러한 권리를 탄소시장에서 사고 팔 수 있도록 허용하였기 때문에 사업자가 그러한 권리를 자신이 보유하고 있지 않다고 하더라도 탄소시장에서 시장가격에 따라 일정 금액을 지불하고 배출권을 구매할 수 있으며, 적정 수준의 탄소배출권을 보유할 의무를 위반하였다고 하더라도 그에 대한 제재는 상품 수입 및 유통의 금지가 아니라 사업자가 보유해야 하는 탄소배출권에 비례하여 일정 금액을 지불하도록 하는 범칙금이 부과된다. 따라서 앞의 탄소배출권 국경조정 시나리오에서 가정한 방식으로 부과되는 '탄소배출권' 제출의무는 정부가 금전적인 의무를 부과하는 '과징금'의 성격을 가지는 것으로 판단된다.

II. 제11조1항: '제한'에 해당되는 경우

제11조1항의 적용대상은 물품의 수출 또는 수입시 부과되는 "관세, 조세 또는 그 밖의 과징금 이외의 어떠한 금지 또는 제한(prohibitions or restrictions other than duties, taxes or other charges)"이다. 이때 "제한 (restriction)"은 사전적으로 제한적인 조건이나 조치를 의미하는 상당히 광범위한 개념으로 해석되므로5), 제11조1항의 적용대상은 제2조의 적용을 받는 조치를 제외한 다른 모든 유형의 수출입 제한조치를 포괄적으로 포함한다고 볼 수 있다.

탄소배출권 국경조정이 제2조의 '과징금'에 해당되는지 여부에 대해 견해가 일치되어 있지 않다. 본고에서는 분석대상 시나리오에 대해 제2조의 '과징금'이라고 판단하였지만, 그렇지 않다고 보는 견해에 따를 경우에는 탄소배출권 국경조정은 제11조의 '제한'에 해당된다고 할 수 있다. 또한 분석대상인 탄소배출권 국경조정 시나리오에 대해 제2조의 '과징금'이라고 판단하는 견해에 따르더라도, 그러한 조치가 어떠한 형태로 설계되고 운영되는지에 따라 제2조의 '과징금'이라고 할 수 없는 경우도 있다는 점에 유의해야 한다. 분석대상인 두 가지 시나리오에서는 상정하지 않았지만, 배출권 제출의무 위반시 벌칙으로 톤당 범칙금이 아니라 수입통관 제한이나 국내유통 금지를 명령하는 경우를 생각해 볼 수 있다. 이러한 시나리오 하에서, 국제적으로 거래 가능한 배출권이 고갈되어 구매할 수 없는 상황이거나 수입국이 특정 유형의 배출권만을 인정하게 된다면, 수입업체는 수입의 전제조건인 배출권 의무를 충족하기가 어렵게 된다. 이 경우에는 수입시 부과되는 제한이 단순히 금전적인 의무인 '과징금'에 그치지 않고 수입상품의 반입이나 국내유통에 대한 '제한'에 해당되어 제11조1항 위반이 될 수 있다.

---

5) Oxford Dictionary of English(2003 second edition), 'restriction': a limiting condition or measure, especially a legal one

본고는 분석대상 탄소배출권 국경조정 시나리오에 대해 제2조 '과징금'의 문제라고 판단하였지만, 이에 대해서는 아직 의견일치가 되지 않은 상황이고 경우에 따라서는 제11조의 '제한'에 해당될 수도 있다는 점을 감안하여, 제2조 위반의 문제와 함께 제11조 위반의 경우도 가정하여 분석하겠다.

항변① : GATT 제2조2항(a) 국경세조정

2. "이 조의 어떠한 규정도 체약당사자가 상품의 수입에 대하여 언제든지 다음
   을 부과하는 것을 방해하지 아니한다.
   (a) 동종의 국내상품에 대하여 또는 당해 수입상품의 제조 또는 생산에 전부
       또는 일부를 기여한 물품에 대하여 제3조제2항의 규정에 합치되게 부과
       하는 내국세에 상당하는 과징금"

"Nothing in this Article shall prevent any contracting party from imposing at
any time on the importation of any product:

(a) a charge equivalent to an internal tax imposed consistently with the provisions
    of paragraph 2 of Article III in respect of the like domestic product or in
    respect of an article from which the imported product has been manufactured
    or produced in whole or in part;

　　각국의 국내적인 조세정책은 원칙적으로 회원국의 권한이고 WTO 협
정이 이를 포기할 것을 요구하는 것은 아니다. 이러한 내국세는 국내상
품 뿐만 아니라 회원국 관할권 내에 반입되는 외국상품에도 부과될 수
있어야 한다. 국경을 통해 반입되는 외국상품에 대한 과세조치는 통상적
인 관세 또는 기타부과금에 추가하여 일정률의 과징금을 징수하는 방식
을 취하게 된다.[1] 그런데 이러한 유형의 조치는 협정상 양허된 수준 이
상의 관세 또는 과징금으로 간주되어 GATT 제2조에 위반될 수 있다는
문제가 있다. 이에 따라 GATT 협정은 수입상품에 대해 국내 동종상품과

---

1) 국내적으로 부과되는 내국세가 소매단계에서 이루어지는 것일 경우에는 조세당
   국은 행정적인 어려움 없이 제품 판매 시점에서 수입되는 상품에도 그러한 조세
   를 부과할 수 있을 것이다. 그러나 일국의 조세 시스템이 생산의 초기단계에서
   제품에 대한 조세를 가지고 있는 경우(예: 유럽의 거래세) 조세당국은 수입상품
   에 대해서는 수입되는 시점에 동일한 조세를 부과하는 것이 행정적으로 용이하
   다. Jackson, John(1969), p.296

동등한 수준의 내국세를 부과하는 조치에 대한 별도의 규정을 두어, 각 국의 정당한 조세권한의 행사가 국제무역규범에 의해 방해되지 않도록 법적 근거를 마련하였는데, 이것이 GATT 제2조2항(a)이며 일반적으로 '국경세조정(border tax adjustment)'으로 불린다.[2]

구체적으로 살펴보면, 제2조2항(a)는 "동종의 국내상품에 대하여 또는 당해 수입상품의 제조 또는 생산에 전부 또는 일부 기여한 물품에 대하여 제3조2항의 규정에 합치되게 부과하는 내국세에 상당하는" 과징금을 수입상품에 대해 부과할 수 있는 국경조치로서 명시하였다. 따라서 동 조항이 원용되려면, 첫째 동종의 국내상품 또는 당해 수입상품의 제조 또는 생산에 기여한 물품에 대하여 부과되는 '내국세'이어야 하고, 둘째 그에 상당하는 것이어야 하며, 셋째 제3조2항의 규정에 합치되게 부과되어야 한다. 제2조1항 위반이 성립하려면 조치가 '과징금'이어야 하며, 제2조2항(a) '과징금'은 제2조1항의 '과징금'과 동일한 범위를 가지는 것으로 해석되므로, 여기에서는 과징금에 대한 분석은 생략하겠다.[3]

Ⅰ. 탄소배출권 보유의무가 '내국세'인지 여부

조치가 '내국세(internal tax)'에 상당하는 과징금이어야 한다는 것이다.

---

2) 국경세조정에는 수입상품에 대한 조정과 수출상품에 대한 조정이 모두 포함되며, GATT 협정상 관련 조항으로는 제2조2항(a), 제3조2항, 제6조4항, 제16조, 제20조, 그리고 제2조, 제3조 및 제16조에 대한 주해 등을 들 수 있다. 여기에서는 수입상품에 대한 조정에 한정하여 검토한다.

3) 배출권거래제의 국경세조정 문제를 분석한 문헌으로는 다음을 참조: Joost Pauwelyn, "U.S. Federal Climate Policy and Competitiveness Concerns: The Limits and Options of International Trade Law", Nicholas Institute for Environmental Policy Solutions Working Paper 07-02 (2007); R. Ismer and K. Neuhoff, "Border Tax Adjustment: A Feasible Way to Support Stringent Emission Trading", European Journal of Law and Economic 24 (2007), pp.137-164; 이재형, "기후변화협약과 환경세의 국경조정", 통상법률 (2005)

탄소배출권 국경조정이 '과징금'에 해당한다는 점은 이미 주지한 바와
같다. 문제는 그러한 조치와 비교대상이 되는 '내국세'가 존재하여야 한
다는 점이다. 다시 말해서, 국내에서 시행되는 탄소배출권 규제가 제2조2
항(a)의 '내국세'에 해당되어야 한다.

1. '내국세' 판단기준

통상적으로 '내국세'라고 하면 '~세'라고 명명된 국가 및 지방정부의
재정적 조치를 지칭하며, 조세법률주의 원칙상 국내적으로 부과하는 조
세의 종목을 각국이 미리 법령으로 명확하게 정하는 것이 일반적이다.
우리나라의 경우 국세기본법 제2조에서 국세의 종목으로 소득세, 법인
세, 상속·증여세, 부가가치세, 개별소비세, 주세, 인지세, 증권거래세, 교
육세, 농어촌특별세, 종합부동산세를 적시하고 있다. 이러한 통상적인 인
식과 조세정책상 분류에 따를 경우, 배출권거래제가 '내국세'라고 주장
하는 것은 전혀 납득이 되지 않을 수 있다. 그러나 제2조2항(a)의 '내국
세'에 대한 법적 해석은 다소 다른 차원의 접근을 필요로 한다. 즉, 조약
법협약(VCLT)의 해석원칙상, 제2조2항(a)의 문맥 및 그 대상과 목적으로
보아 문언에 부여되는 통상적인 의미에 따라 성실하게 해석되어야 한다.
이러한 분석에 따를 경우, 제2조2항(a)의 '내국세'에 배출권거래제가 포
함되는 것으로 확장 해석될 여지가 있다.

제2조2항(a) '내국세'의 범위를 살펴보자. 우선 문언적으로 볼 때, WTO
협정상 '내국세'에 대한 정의조항은 없다. 사전적 정의를 살펴보면, '조
세(tax)'는 납세자에 대한 아무런 반대급부 없이 정부에 의해 강제적으로
부과되는 금전적인 기여를 의미한다.[4][5] WTO 용어사전은 '내국세'를 "세

---

4) Webster's Dictionary of the English Language(1995 edition), 'tax': a charge on
   a person's income or property (direct tax) or on the price goods sold (indirect
   tax) made by a government to collect revenue
5) Oxford Dictionary of English(2003 second edition), 'tax': compulsory contribu-
   tion to state revenue, levied by the government on workers' income and business

관영역 내에서 상품 또는 서비스의 판매에 적용되는 과징금"6)이라고 하였다. 따라서 넓은 의미의 내국세에는 과징금(charge)도 포함될 수 있으며, 반드시 금전으로 지불할 것을 요건으로 하지는 않는다.7) 그러면 제2조2항(a)의 취지와 문맥을 살펴보자. 제2조2항(a)의 기본적인 취지는 제3조2항의 조치가 제2조1항에 의해 일반적으로 금지되지 않도록 하기 위함이다. 그런데 규정을 비교해보면, 제3조2항은 적용대상으로 '내국세'와 '내국과징금'을 모두 기재하고 있는 반면, 제2조2항(a)은 '내국세'만 기재하고 있다. 이에 대해서는 두 가지 해석이 가능하다. 하나는 제2조2항(a)에 내국과징금을 포함하지 않은 것은 내국세에만 국경세 조정만을 허용하고 내국과징금에는 허용하지 않는다는 취지이므로 제2조2항(a)의 국경세조정 허용범위는 제3조2항 적용범위 보다 좁다는 해석이다. 하지만 협상가들이 이러한 결과를 의도한 것으로 해석할만한 증거는 찾기 어렵다. 다른 하나는 제2조2항(a)의 내국세는 제3조2항의 내국세와 내국과징금을 모두 포함하는 넓은 개념이라는 해석이다. 즉 동일한 표현이라고 하더라도 조항의 문맥과 취지에 따라 다른 의미를 가질 수 있다는 것이다. 아직 이에 대한 학계나 판례상 분명한 해답은 없다. 생각건대, 제3조2항이 내국세와 내국과징금을 구분되는 개념으로 사용하지 않고 있으며, 제2조2항(a)의 취지가 제3조2항의 적용대상이 되는 조치를 일정한 요건 하에 제2조 적용대상에서 제외하려는 목적을 가지고 있는 점을 감안할 때, 제2조2항(a)의 내국세는 제3조2항의 내국세와 내국과징금을 모두 포함하는 넓은 개념으로 해석하는 것이 입법취지에 부합하는 것으로 판단된다.

---

profits, or added to the cost of some goods, services and transactions.

6) W. Goode, *Dictionary of Trade Policy Terms*(WTO, 2003), p.184: government charges applied to sale of goods and services inside a customs territory.

7) Black's Law Dictionary: A monetary charge imposed by the government on persons, entities, or property to yield public revenue. Most broadly, the term embraces all governmental impositions on the persons, property, privileges, occupations, and enjoyment of the people, and includes duties, imposts, and excises. Although a tax is often thought of as being pecuniary in nature, it is not necessarily payable in money.

2. 분석대상 조치에의 적용

배출권거래제 하에서 탄소배출권 보유의무의 경우, 정부가 국내 사업자에게 탄소배출권을 할당하고 정해진 수준을 초과하여 배출하는 경우에는 배출권거래시장에서 배출권을 구매하도록 하고 정해진 수준 이하로 탄소배출량을 감축한 경우에는 그 여분을 배출권 형태로 판매할 수 있도록 허용하고 있다. 따라서 좁은 의미의 '내국세'는 아니라고 하더라도, 금전적인 의무의 성격을 가진 '과징금'에는 해당된다고 할 것이다. 그런데 앞에서 설명한 바와 같이 제2조2항(a) '내국세'의 범위는 제3조2항의 내국세와 내국과징금을 모두 포함하는 것으로 넓게 해석할 수 있다고 전제할 경우, 탄소배출권 보유의무도 이에 포함된다고 볼 수 있다고 생각한다.[8]

II. 국경세조정 허용되는 내국세인지 여부

제2조2항(a)의 내국세에 해당된다고 해서 모두 국경세조정이 허용되는 것은 아니다. 제2조2항(a)은 "동종의 국내상품 또는 당해 수입상품의 제조 또는 생산에 전부 또는 일부 기여한 물품"에 대하여 부과되는 내국세를 국경세조정 대상으로 명시하고 있다. 또한 국경세조정이 제3조2항 내국세 또는 내국과징금의 범위 내에서만 가능하도록 규정하고 있기 때문에 제3조2항 적용범위도 함께 고려해야 하는데, 제3조2항은 "동종의 국내상품에 직접 또는 간접으로 부과되는 내국세 또는 기타의 모든 과징

---

8) Joost Pauwelyn, "U.S. Federal Climate Policy and Competitiveness Concerns: The Limits and Options of International Trade Law", Nicholas Institute for Environmental Policy Solutions Working Paper 07-02 (2007), p.21; R. Ismer and K. Neuhoff, "Border Tax Adjustment: A Feasible Way to Support Stringent Emission Trading", *European Journal of Law and Economic* 24 (2007), p.11

금"을 대상으로 한다. 국경세조정이 허용되려면 이 두 가지 조항에서 말하는 내국세 또는 내국과징금이어야 한다.

그렇다면, 제2조2항(a) 및 제3조2항의 해석상 국경세조정이 허용되는 내국세 또는 내국과징금의 범위는 어디까지인가?[9] 탄소배출권 규제와 같이 최종재가 아니라 생산과정에서 소비된 에너지에 대한 조치도 국경세조정이 가능한가? 탄소배출권 국경조정을 연구한 기존 문헌들도 WTO 합치성 분석의 중요한 쟁점 중 하나로 이를 비중 있게 다루고 있는바, 여기에서도 상세하게 소개하도록 하겠다.

1. GATT 작업반 보고서

국경세조정 논의와 관련하여 자주 인용되는 두 개의 작업반 보고서가 있다. 본격적인 논의에 앞서 동 보고서 내용을 살펴볼 필요가 있다.

우선 1955년 GATT 관세양허 및 통관절차 검토작업반 보고서[10]이다. 동 작업반은 제3조2항 '내국세 또는 기타 내국과징금'의 해석상 생산의 각 단계에서 부과되는 조세도 수입상품에 대한 국경세조정이 허용되는지, 아니면 최종단계에 부과되는 조세만 허용되는지를 논의하였다. 다수 회원국이 생산단계에서 부과되는 조세도 허용된다는 입장이었으나, 미국은 내국세에는 수입되는 물품과 경쟁관계에 있는 최종제품에 부과되는 조세만 포함된다고 주장하였다. 또한 일부 국가들은 최종제품과 그 투입요소에 대한 조세의 동등화는 허용되지만, 생산과정에서 소비된 전력에

---

9) 국경세조정 허용범위가 논란이 되는 근본적인 이유는 각국별로 상이한 조세체계를 가지고 있기 때문이다. EU 등은 부가가치세에 의존하였고 이는 국경세조정의 허용대상이었던 반면, 미국은 주로 법인세에 의존하였고 이는 국경세조정의 허용대상이 아니었다. 따라서 EU는 국경세조정을 통해 수입가격을 인상시키고 수출가격을 인하시킬 수 있었지만, 미국은 이러한 국경세조정을 할 수가 없었다. 또한 국제무역규범이 회원국들에게 자국의 정치·경제·사회 정책을 어느 정도까지 양보하도록 요구하는가라는 근본적인 물음과도 관련된다.

10) GATT, Report of Review Working Party II on Schedules and Customs Administration adopted on 26 February 1955, GATT Doc. L/329, BISD 3S/205, 210-11

대한 조세는 허용되지 않는다는 의견을 보였다. 동 작업반 회의에서 서독은 다음과 같은 내용의 제3조2항에 대한 해석문서를 추가할 것을 제안하였다: "제2항1문에 사용되고 있는 '동종의 국내상품에 직접적 또는 간접적으로 적용되는 내국세 또는 그 밖의 모든 종류의 내국과징금' 문구는, 생산의 다양한 단계에서의 내국세 또는 기타 내국과징금의 방식으로 동종의 국내상품에 부과되는 과징금을 포함하는, 전반적인 과징금(overall charge)을 의미하는 것으로 해석되어야 한다." 만약 이러한 해석기준이 채택되었더라면 최종단계뿐만 아니라 생산의 각 단계에서 부과되는 조세도 국경세조정이 합법적인 것으로 간주될 수 있었을 것이다. 그러나 검토회의에서 회원국들은 이러한 해석기준에 대해 의견의 일치를 보지 못하였고 대신 이 문제가 분쟁으로 제기되는 경우 "공평한 대우의 원칙(principle of equality of treatment)이 지지되어야 한다"라는 다소 애매한 선언만 남겼다.[11]

다음으로 1970년 국경세조정 작업반 보고서[12]이다. GATT 체약국단은 국경세조정에 관련된 GATT 규정, 체약국들의 관행 그리고 국경세조정이 국제무역에 미칠 수 있는 영향을 검토하기 위하여 1969년 「국경세조정 작업반(Working Party on Border Tax Adjustment)」을 설치하였고 총 12차례의 회의를 거쳐 1970년 국경세조정 작업반 보고서를 채택하였다. 우선 작업반은 국경세조정 개념에 대해 OECD의 정의를 사용하여, "전체 또는 부분적으로 도착지과세원칙(destination principle)의 효력을 가져오는 재정적 조치"라고 하였다.[13] 이때 소비지 과세원칙은 상품에 대한 과세가 상품생산지에서 이루어지는 원산지과세원칙(origin principle)과 대별된다. 즉 도착지과세원칙의 효력을 가져오는 조세만이 국경세조정의 대상이 되며, 원산지과세원칙이 적용되는 조세에는 국경세조정이 적용될 필요가 없다고 할 것이다.[14] 작업반은 국경세조정 문제와 관련된 GATT 주요 규

---

11) John H. Jackson, *World Trade and the Law of GATT*(1969), p.297
12) GATT, *Border Tax Adjustments*, Report of the Working Party adopted on 2 December 1970, GATT Doc. L/3464, BISD 18S/97
13) *Ibid.*, para.4

정으로 수입 측면에서는 제2조와 제3조, 수출 측면에서는 제16조가 있으며, 그 외 제1조, 제6조 및 제7조를 주목하고, 이러한 GATT 주요 규정들이 협상 당시의 관행을 조문화한 것이라는데 일반적으로 인식을 같이 하였다. 하지만 그 타당성에 대해서는 이견이 있었다. 미국 등 일부 회원국들은 협상 당시에 기초했던 관행과 추정이 그 이후에는 보편적으로 수용되지 않고 있으며 특히 직접세의 완전 전가 추정은 경제적 현실을 반영하지 못하고 있음을 지적하였다. 이로 인해 현 GATT 규정이 간접세에 주로 의존하는 국가에 유리하고 직접세에 주로 의존하는 국가에는 차별이 된다는 것이다. 이에 반해, EU를 포함한 대다수 회원국은 비록 다수 조항에 걸쳐 있지만 GATT 관련 규정들이 무역중립성(trade neutrality) 확보라는 기본철학에 맞추어 일관성 있게 작성되었으며 내용상 불일치는 없다고 주장하였다. 직접세에 주로 의존하는 국가들도 GATT 규정에 합의하였으며, GATT 규정들이 오래 전부터 발효되어 왔고 상당한 적정성과 운영상 용이성을 가지고 있고, 현 규정들이 국경세조정의 무역중립성 확보에 적절하게 기여하고 있으므로 굳이 이를 개정할 유인이 없다고 주장하였다.15) 국경세조정 적격대상(eligibility) 판단과 관련, 작업반은 "상품에 직접적으로 부과되는 조세"(간접세를 의미)가 국경세조정의 대상이 된다는데 의견의 일치가 있었다. 이러한 조세의 예로 특별소비세(specific excise duties), 판매세(sales taxes), 누적세(cascade taxes), 부가가치세(tax on value added)가 해당된다. 부가가치세의 경우 기술적인 과세방법이 어떻든지 상품에 직접 부과되는 판매세와 동등하다고 하였다. 또한, 작업반은 "상품에 직접 부과되지 않는 조세"(직접세를 의미)가 국경세조정의 대상이 되지 않는다는 점에도 의견의 일치가 있었다. 이러한 조세의 예로 사용자 또는 피용자에 대한 사회보장부담금과 소득세 등이 해당된다.16) 다만, 두 가지 유형의 조세에 대해서는 국경세조정 적격대상 여부

---

14) WTO, Taxes and Charges for Environmental Purpose-Border Tax Adjustment, WT/CTE/W/47, 2 May 1997, para.28

15) GATT, Border Tax Adjustments (1970), supra note, paras.7-9

16) *Ibid.*, para.14

에 대해 회원국 간 이견이 노출되었다. 하나는 "은폐된 조세(taxes occults)"
로, OECD의 정의에 의하면 "과세대상이 되는 제품의 운송과 생산에 사
용되는 자본설비, 보조 재료 및 서비스에 부과되는 소비세"라고 정의되
며, "광고, 에너지, 기계와 수송에 대한 조세"가 포함된다. 누적세(cascade
tax)를 가진 국가를 제외하고는 이러한 조세의 조정은 흔하지 않다.[17) 다
른 하나는 일반적으로는 국경세조정이 허용되지 않는 소득세나 사회보
장부담금에 대해 일부 국가에서 조정을 하는 경우이다.[18)

　조정 또는 보상의 정도(degree)와 관련, 작업반은 상기 규정들이 조정
의 최대한도(maxima limits)를 설정하는 것이며 그 범위 내에서 회원국이
적용할 보상의 정도를 달리하는 것은 자유롭다는데 인식을 같이 하였
다.[19) 일부 회원국은 각국이 보상의 정도를 인위적으로 조작하는 것은
GATT 합치 여부와 관계없이 무역에 사실적 또는 잠재적 영향을 미치는
사항임을 제기하였으나 다른 회원국들은 국경세조정 규정은 보호수단이
아니라 수입상품과 자국상품간 형평성 확보 차원이며, 각국마다 재정적
이유에서 다양한 보상 수준을 적용하고 있고, 특정 상품에 대한 인위적
인 조작 사례가 제기된 바 없다고 반박하였다.[20) 한편 보고서는 보상금
액을 정확하게 산정하는데 있어 어려움이 있다는 점을 주목하였다. 누적
세의 경우가 대표적인데, 조세당국은 통상적으로 특정한 상품에 부과되
는 실제 세액을 산정하는 방식 보다는 상품군에 대한 평균적인 환급비율
을 산정하는 방식을 사용해 왔다는 것이다. 다만, 대부분의 누적세 시스
템이 부가가치세 시스템으로 전환하였기 때문에 문제의 소지가 줄어든
것으로 평가하였다.[21)

---

17) *Ibid.*, para.15(a)
18) *Ibid.*, para.15(b)
19) *Ibid.*, para.11
20) *Ibid.*, paras.12-13
21) *Ibid.*, para.16

2. 적격대상 판단기준

그렇다면 구체적인 사안에 있어 수입상품에 대한 국경세조정 허용 여부는 어떻게 판단해야 하는가? 상기 GATT 작업반 보고서상의 논의에 기초해 볼 때, 이에 대해서는 세 가지 쟁점으로 구분하여 접근하는 것으로 보인다.

1) 간접세와 직접세의 구별

첫 번째 단계는 간접세와 직접세의 구분이다. 조세는 크게 '상품' 또는 '물품'에 대해 부과되는 간접세(indirect tax)와 '생산자'에게 부과되는 직접세(direct tax)로 구분되는데, 제2조2항(a)과 제3조2항은 '상품' 또는 '물품'에 부과되는 내국세를 국경세조정 대상으로 명시하고 있기 때문에 간접세만 국경세조정이 허용되는 것으로 해석된다. 그간의 국경세조정 관련 GATT 규율 논의에 있어서도 이러한 구분이 기초가 되어 왔다.22) 법정책적 측면에서도, 간접세의 경우 납세자에 의하여 완전하게 전방으로 (forward) 전가되고 결국은 상품의 최종가격에 반영되므로 소비자에 의해 지불된다고 추정되는 반면, 직접세의 경우는 후방으로(backward) 전가되어 상품의 생산자에 의해 부담되고 상품의 최종가격에 반영되지 않는다고 추정되므로, 간접세만을 국경세조정 적격대상으로 인정하는 것이 타당하다고 본다. 다시 말해서, 국경세조정 규정은 간접세에 대해서는 도착지과세원칙에 따르고 직접세에 대해서는 원산지과세원칙에 따르는 것으로 설계되었다는 것이다.23)

그러나 간접세와 직접세의 구분, 그리고 이론적 추정의 타당성에 대해서는 이견이 존재하며 정치적으로 민감한 문제라는 점을 유의해야 한다. GATT 체결 당시에는 간접세는 소비자에게로 완전하게 전방 전가되고

---

22) WTO, Taxes and Charges for Environmental Purpose-Border Tax Adjustment, WT/CTE/W/47, 2 May 1997, para.31 참조

23) *Ibid.*, para.36

직접세는 생산자에게로 후방 전가된다는 관점이 지배적이었지만, 지금의
대부분 경제학자들은 간접세만 소비자에게 전가된다는 가정에 동의하지
않으며 직접세와 간접세의 전가 정도와 범위는 시장의 구조, 경기변동의
단계, 경제적 상황 등에 따라 다르다는 입장이라는 것이다.24) 또한 GATT
규칙은 간접세에 주로 의존하는 국가들에게 우호적이고 직접세에 주로
의존하는 국가들을 차별한다는 주장이 제기된다.25) 재정수입을 주로 소
득세에 의존하는 국가들은 수입상품에 대해 국내상품과 동등한 조세를
부과할 수 없는데 비해, 부가가치세제를 가진 국가들은 부가가치세가
'상품' 또는 '물품'에 대한 조세이므로 제3조2항에 합치하는 것으로 주장
할 수 있기 때문이다.26) 이는 국가 간의 상이한 조세구조로 인하여 일부
국가를 다른 국가들에 비해 경쟁상 우위를 제공하게 되는 결과를 가져온
다는 문제를 안고 있다.27)

이를 종합해보면, 제2조2항(a) 및 제3조2항에서 '상품' 또는 '물품'에
부과되는 조치를 대상으로 하고 있다는 점을 감안하여 간접세와 직접세
의 구분을 국경세조정 허용여부에 대한 유용한 판단기제로 수용하되, 특
정 조치가 '상품' 또는 '물품'에 부과되는 조치인지 여부를 구체적으로
판단함에 있어서는 이러한 구분형식에 지나치게 의존하기 보다는 제2조2

---

24) George Bustin, "Fiscal Measures Affecting International Trade", in Paul Demaret
    (ed.), *Aides et Mesures de Sauvegarde en Droit International Economique* (1980),
    p.246
25) GATT, *Border Tax Adjustments* (1970), *supra* note, para.8
26) 부가가치세가 국경세조정의 허용대상이 되는 '간접세'가 해당될 수 없다는 반론도
    있다. 즉 부가가치세란 어떤 생산물의 총판매액에서 제품의 제조에 소요된 재료
    매입액을 공제한 부분에 대해 부과되는 조세이기 때문에 이는 소득에 대한 조세
    이지 상품에 대한 조세가 될 수 없다는 주장이다. 특히 부가가치세가 기업의 간
    접비, 이윤, 관리비 등을 대상으로 부과되는 경우 이는 GATT가 규정하는 "상품
    (products)"에 대한 조세로 볼 수 없다는 논리이다. Stanley S. Surrey, Implications
    of Tax Harmonization in the European Common Market, remarks before the
    National Industrial Conference Board, 15 Feb 1968, U.S. Treasury Department
    Press Release
27) John H. Jackson, *World Trade and the Law of GATT*(1969), p.298

항(a)의 취지를 감안하여 다소 유연하게 접근하는 것이 바람직하다. 실무적인 측면에서, 조치가 형식적으로는 생산자를 대상으로 부과되는 직접세의 방식을 취하지만 실질적으로 내용상 상품과 연계되어 부과되는 경우에 국경세조정을 허용할지 여부가 가장 문제가 될 것이다. 조치가 '생산자'에게 부과되는 형태를 취하고 있다는 이유만으로 국경세조정 허용대상에서 원천적으로 배제되어서는 안되며 조치의 실질적인 내용을 감안하여 판단해야 할 것으로 생각된다.

2) 투입요소에 대한 과세의 국경세조정

두 번째 단계로 간접세의 유형을 '최종제품'에 부과되는 조치와 '투입요소'에 부과되는 조치로 구분해야 한다. 제2조2항(a) 및 제3조2항의 '상품'은 일반적으로 최종제품을 의미하는 것이므로 최종제품에 부과되는 조치는 국경세조정 적격대상으로 인정될 수 있다는데 큰 이견이 없다. 그런데 그러한 제품을 생산하는 과정에서 투입된 요소에 부과되는 조치의 경우에도 국경세조정이 허용되는지가 문제된다. 문언적으로 볼 때, 제2조2항(a)호는 최종제품에 부과하는 내국세뿐만 아니라 제품의 제조 및 생산에 전부 또는 일부 기여한 "물품(article)"에 부과되는 조세도 국경세조정 대상으로 포함하고 있다.[28] 하바나헌장의 협상당사자들이 향수에 포함된 알코올 성분에 따른 과징금을 적용사례로 언급한바 있다는 점도 근거가 된다.[29] 또한 제3조2항의 경우 생산단계에서의 투입요소라고 하더라도 내국세의 "직접적인" 부과대상이 될 수 있으며, 최종제품에 과세하면서 투입요소를 부과대상으로 하는 조치라고 하더라도 제3조2항의 "간접적으로" 표현의 해석 여하에 따라 적용대상에 포함될 수 있다. 정

---

28) 미국은 1970년 국경세조정 작업반 회의에서 이러한 해석에 대해 반론을 제기한 바 있으나, 1986년 미국-수퍼펀드 사건에서는 수입상품에 투입된 특정 화학약품에 대해 물품세를 부과하는 자국 조치가 국경세조정 허용대상에 해당된다고 주장하였고 패널도 이러한 주장을 수용하였다.

29) EPCT/TAC/PV/26

리해보면, 최종제품에 부과되는 조치의 경우 일반적으로 국경세조정 대
상에 포함되는 것으로 판단되는 반면, 투입요소에 부과되는 조치의 경우
에는 구체적인 사안에 따라 제2조2항(a) 및 제3조2항의 문언에 비추어
국경세조정 허용대상에의 포함여부를 분석해야 할 것이다.

이와 관련, 미국-석유·수입물질에 대한 조세 사건(일명 '미국-수퍼펀
드 사건')30) 패널 결정이 참고가 될 수 있다. 동 사건의 경우, 수입물질에
대한 물품세가 GATT 협정상 국경세조정 허용대상인지 여부가 특히 쟁
점이 되었는데, 미국은 이러한 과세조치는 수입물질에 투입된 특정 화학
약품에 대한 내국세 부과와 동일한 효과를 가진 국경세 조정이며 GATT
제2조2항(a) 및 제3조2항에 합치된다고 주장하였다. EEC는 특정 화학약
품에 대한 물품세는 미국 내에서 발생한 오염활동에 비용을 부과하고 미
국 생산업자들에게 혜택을 주는 환경프로그램의 재원을 확충하기 위해
고안된 것이기 때문에 국경세조정 적격대상이 아니라고 반박하였으나,
패널은 GATT의 국경세조정 규칙은 상품에 부과되는 조세인지 아닌지
여부를 구분하는 것이지 그러한 조세가 어떤 정책목적을 가지고 있는지
에 따라 달리 적용되는 것은 아니라고 하면서, 판매세가 일반적인 조세
목적으로 부과되는지 또는 환경자원의 합리적 사용을 촉진하기 위해 부
과되는지는 국경세조정 적격대상 판단에 있어 무관하며, 특정 화학약품
에 대한 물품세가 상품에 직접적으로 부과되는 조세인 이상 국경세조정
적격대상이라고 하였다.31)

---

30) US-Taxes on Petroleum and Certain Imported Substances ('US-Superfund'),
    GATT Panel Report, adopted 17 June 1987, BISD 34S/136
31) Panel Report on US-Superfund, para.5.2.4: ··· Whether a sales tax levied on a
    product for general revenue purposes or to encourage the rational use of
    environmental resources, is therefore not relevant for the determination of the
    eligibility of a tax for border tax adjustment. For these reasons the Panel
    concluded that the tax on certain chemicals, being a tax directly imposed on
    products, was eligible for border tax adjustment independent of the purpose it
    served. The Panel therefore did not examine whether the tax on chemicals served
    environmental purposes and, if so, whether a border tax adjustment would be

미국-수퍼펀드 사건 개요

미국은 수퍼펀드법(US Superfund Amendments and Reauthorization Act of 1986)
을 제정하여, 특정 화학약품이 제조과정에서 발생시키는 폐기물의 정화에 드는 비
용을 충당하기 위해 두 가지 유형의 물품세를 포함하였다. 첫째, 특정한 화학약품
에 대해 물품세(tax on certain chemicals)를 부과하였다. 과세대상 화학약품(taxable
chemicals)을 미리 지정하고 그 판매 또는 사용에 일정 비율의 세금을 부과하였다.
이러한 과세는 제조업자뿐만 아니라 수입업자에게도 동일하게 징수되었다. 다만
수출되는 화학약품에는 세금을 부과하지 않거나 기 징수된 세금을 환급해 주었다.
둘째, 수입업자에 의해 판매되거나 사용된 특정한 수입물질에 대해 물품세(tax on
certain imported substances)를 신설하였다. 과세대상 물질(taxable substances)은 과
세대상 화학약품의 파생물이며, 해당 물질의 제조에 사용된 원재료 중량의 50퍼센
트 이상이 과세대상 화학약품인 경우에 그러한 물질을 과세대상 물질로 지정한다.
과세대상 수입물질에 부과되는 과세금액은 원칙적으로 해당 물질의 제조에 사용
된 화학약품이 미국에서 판매된 경우와 동일한 수준에서 결정되도록 하였다. 과세
대상 수입물질에 대한 과세금액 결정은 2단계로 되어 있다. 1단계는 조세당국이
과세금액을 결정할 수 있도록 수입업자가 과세대상 물질에 투입된 화학약품에 대
해 충분한 정보를 제공하도록 하였다. 조세당국은 이를 기초로 세액을 책정한다.
2단계는 수입업자가 관련 정보를 제공하지 못할 경우, 물질에 대해서는 수입상품
가격의 5퍼센트에 해당하는 세금을 부과하도록 하였다. 다만 미국 재무부 규정을
통해 상기 5퍼센트에 대신하여 미국내 해당 물질의 지배적생산방법(predominant
method of production)을 기초로 세액을 산정할 수 있도록 하였다.

3) 생산과정에 소비된 에너지에 대한 과세에의 적용 여부

세 번째 단계로서, 투입요소가 최종제품에 체화되어 있는 경우와 생산
과정에서 소비되어 최종제품에 남아있지 않은 경우로 구분한다. 제2조2항
(a)의 물품에는 투입요소가 포함되지만, 이는 상품의 제조 또는 생산에 전
부 또는 일부 "기여한(from)"[32) 물품만을 대상으로 한다. 이 때 "from"이라

---

consistent with these purposes.
32) 외교통상부 공식번역본은 "from"을 "기여한"으로 번역하고 있으나, 한글번역은
    영문 표현을 정확하게 반영하지 못하고 있다는 지적이 타당하다. 예를 들어 노동
    력은 상품생산에 "기여한" 것이지만 "from"이라고는 할 수 없다.

는 영문 표현은 단순히 상품생산에 기여한 것을 의미하는 것이 아니라 상
품이 그러한 물품으로부터 생산될 것을 요구하는 것으로 해석된다. 이러
한 시각으로 보면, 투입요소가 최종제품에 체화되어 있는 경우는 제2조2
항(a)의 상품의 제조 또는 생산에 전부 또는 일부 "기여한(from)" 물품이라
고 판단할 여지가 크지만, 투입요소가 최종제품에 체화되어 있지 않은 경
우에는 과연 그러한 투입요소로부터 상품의 제조 또는 생산이 이루어졌
는지 여부가 불분명하다. 또한 제3조2항의 경우 "간접적으로(indirectly)"
라도 상품에 부과되는 조치를 대상으로 하므로 상품과 조치간의 일정한
연계를 요구하고 있다. 최종제품에 체화되어 있는 투입요소에 대한 조치
의 경우에는 그러한 연계에 대한 설명이 용이하지만, 최종제품에 체화되
어 있지 않은 투입요소에 대한 조치의 경우에는 상품과 조치간의 연계를
설명이 쉽지 않다는 측면이 있다. 탄소배출권 규제와 같이 생산과정에
소비된 에너지에 대한 조치의 경우 최종제품에 체화되어 있지 않은 투입
요소에 대한 과세라는 점에서 특히 문제가 된다.

　생산에 소비된 에너지에 대한 과세가 국경세조정 대상이 될 수 있는지
에 대해서는 견해 대립이 있다. 먼저 부정설이다. 일반적인 투입요소에
대한 과세와 생산과정에서 소비된 에너지에 대한 과세를 구분하여, 서로
다른 국경세조정 규칙을 적용해야 한다는 견해이다. 생산과정에서 사용
되는 물질은 최종제품에 물리적으로 체화될 수 있지만, 에너지의 경우
최종제품에 물리적으로 체화된다고 보기 어렵다. 또한 에너지는 모든 제
품의 생산에 사용되는 반면 환경침해적인 투입물질에 대하여 세금을 부
과하는 경우는 해당 물질이 투입되는 제품에 대해서만 관련이 있다는 점
에서 차이가 있다는 것이다.[33] 다음으로 긍정설이다. WTO 보조금협정
부속서 I (수출보조금 예시목록)을 근거로 생산에 소비된 에너지에 대한
과세도 국경세조정의 대상이 되어야 한다는 주장이다. 보조금협정 부속
서 I 의 (g)항은 간접세의 면제 또는 경감을 허용하고 있는데 물리적으

---

33) Ole Kristian Fauchald, *Environmental Taxes and Trade Discrimination* (London: Kluwer Law International, 1998)

로 체화되었는지 여부에 대한 제한을 두지 않았다. 즉, 부가가치세 하에서는 모든 투입요소에 대한 세금이 부과될 수 있고 이는 최종 제품의 과세소득세액을 평가함에 있어서 자동적으로 상쇄되므로, 투입요소에 부과된 모든 부가가치세의 조정이 허용되는 것으로 볼 수 있다. 또한 (h)항은 전단계누적간접세를 규정하고 있는데, WTO 보조금협정은 종전의 1979년 보조금코드와는 달리 최종제품에 물리적으로 체화된 투입요소 뿐만 아니라 에너지, 연료, 유류, 촉매제에 대하여 부과되는 전단계누적간접세로 허용범위가 확대되었다는 것이다.34) 1970년 국경세조정 대한 작업반은 국경세조정의 대상이 되는 세금의 종류에 대해 논의하였고 대부분의 세금에 대해서 조정의 적격성 또는 비적격성에 대하여 합의를 이루었지만, 에너지세와 같이 '은폐된 조세(taxes occultes)'에 대해서는 회원국간에 이견이 있다고만 기술하고 있다.35)

생각건대, 생산과정에서 소비된 에너지에 대한 과세가 국경세조정 적격대상인지 여부에 대한 판단은 있어, 최종제품에 체화되어 있는지 여부에 따라 구분하는 것이 유용한 접근이지만 그러한 구분 자체가 협정문에 명시되어 있지도 않고 반드시 준수해야 할 해석지침이 될 수는 없다. 또한 제3조2항의 경우도 최종제품에 체화되어 있는지 여부를 구분하지 않는다. 따라서 기본적으로 제2조2항(a)의 "물품(article)"과 "기여한(from)" 그리고 제3조2항의 "간접적으로(indirectly)" 해석에 기초하는 것이 바람직한 접근일 것이다.

그렇다면 제2조2항(a) '물품'과 '기여한', 그리고 제3조2항의 '간접적으로'는 어떻게 해석하는 것이 바람직한 접근인가? 우선 "물품(article)"의 경우 사전적으로 특정 유형의 물체를 의미한다.36) '물품'에는 생산의 어

---

34) J. Andrew Hoerner and Frank Muller, "Carbon Taxes for Climate Protection in a Competitive World", A Paper Prepared for the Swiss Federal Office for Foreign Economic Affairs by the Environmental Tax Program of the Center for Global Change, University of Maryland College Park (1996)

35) GATT, *Border Tax Adjustment*(1970), *supra* note, para.15

36) Webster's Dictionary of the English Language(1995 edition), 'article': a particular

느 단계에 있는지와 무관하게 모든 물체가 포함될 수 있으며, 석탄과 같은 화석연료도 이러한 물체에 해당될 수 있다. 다음으로 "기여한(from)"의 경우 문법적으로 보면 상품생산에 투입된 원재료를 지칭하는 것으로 보이지만 제2조2항(a)의 취지상 최종제품의 전단계에 부과되는 간접세가 최종제품에 남아있는 경우를 포함하기 위한 것으로 사용되었다는 점을 해석상 감안할 필요가 있다. 이와 관련, 국경세조정의 도착지과세원칙은 수입과 수출에 동일하게 적용되므로[37] 수출상품 국경세조정 규정이 동 조항 해석상 참고가 될 수 있을 것이다. WTO 보조금협정(SCM)은 전단계 누적간접세(prior-stage cumulative indirect taxes)의 개념에 대해, "전단계"는 "상품생산에 직접적 또는 간접적으로 사용된 상품과 서비스에 부과된 조세"를, "누적"은 "어떤 생산단계에서 과세된 상품 및 서비스가 다음 생산단계에서 사용되는 경우, 기 과세분에 대한 공제제도가 없는 다단계 조세"를 의미하는 것이라고 정의하고[38], 부속서 1(수출보조금 예시목록) (h)항[39]에서 수출상품 생산에 소비된 투입요소에 부과되는 전단

---

thing of distinct class;
Oxford Dictionary of English(2003 second edition), 'article': a particular item or object

37) GATT, *Border Tax Adjustment* (1970), *supra* note, para.10: The Working Party also noted that there were differences in the terms used in these articles, in particular with respect to the provisions regarding importation and exportation: for instance, the terms "borne by" and "levied on". It was established that these differences in wording had not led by any differences in interpretation of the provisions. It was agreed that GATT provisions on tax adjustment applied the principle of destination identically to imports and exports.

38) SCM Agreement, Annex I (Illustrative List of Export Subsidies), footnote 58: "Prior-stage" indirect taxes are those levied on goods or services used directly or indirectly in making the product; "Cumulative" indirect taxes are multi-stage taxes levied where there is no mechanism for subsequent crediting of the tax if the goods or services subject to tax at one stage of production are used in a succeeding stage of production;

39) SCM Agreement, Annex I (Illustrative List of Export Subsidies): (h) The exemption, remission or deferral of prior-stage cumulative indirect taxes (fn 58)

계 누적간접세의 면제, 경감 또는 유예를 명시적으로 허용하였고, 부속서
2의 각주61[40)]은 "생산과정에서 소비된 투입요소"를 "생산과정에서 사용
된 물리적으로 포함된 투입요소, 에너지, 연료와 유류 그리고 수출품을
얻기 위해 이들이 사용되는 과정에서 소비된 촉매제"라고 정의하였다.
수출상품에 물리적으로 체화된 투입요소 외에 에너지, 연료, 유류, 촉매
제도 국경세조정 적격대상으로 포함한 것이다.[41)] 물론 수출상품 국경세
조정 관련 접근이 수입상품 국경세조정 논의에도 그대로 적용되는 것은
아니지만 해석상 문맥으로 참고할 수 있을 것이다. 이러한 관점에서 볼
때 생산과정에서 소비된 에너지에 대한 과세는 최종제품의 전단계에 부
과되는 간접세로서 최종상품에 누적되므로 제2조2항(a)의 국경세조정 적
격대상에 포함된다고 보는 것이 바람직하다. 마지막으로 제3조2항 "간접

---

on goods or services used in the production of exported products in excess of
the exemption, remission or deferral of like prior-stage cumulative indirect taxes
on goods or services used in the production of like products when sold for
domestic consumption; provided, however, that prior-stage cumulative indirect
taxes may be exempted, remitted or deferred on exported products even when
not exempted, remitted or deferred on like products when sold for domestic
consumption, if the prior-stage cumulative indirect taxes are levied on inputs that
are consumed in the production of the exported product (making normal allowance
for waste). (fn 60) This item shall be interpreted in accordance with the guidelines
on consumption of inputs in the production process contained in Annex II.

40) SCM Agreement, Annex II (Guidelines on Consumption of Inputs in the Production
Process), footnote 61: Inputs consumed in the production process are inputs
physically incorporated, energy, fuels and oil used in the production process and
catalysts which are consumed in the course of their use to obtain the exported
product.

41) 1979년 보조금협약은 국경세조정 대상을 수출상품에 "물리적으로 체화된(physi-
cally incorporated)" 투입요소에 부과된 내국간접세 또는 수입과징금으로 제한하
였으나, UR 협상과정에서 인도, 스위스 등의 제안으로 현재의 WTO 보조금협정
은 수출상품 생산에 사용된 "에너지, 연료와 유류 그리고 수출품을 얻기 위해 이
들이 사용되는 과정에서 소비된 촉매제"에 부과된 내국간접세 또는 수입과징금
으로 그 범위가 확대되었다.

적으로(indirectly)" 요건에 대한 분석도 함께 고려되어야 할 것이다. '간접적으로'의 판단기준은 문제된 조치와 상품간의 실질적인 연계가 있는지 여부가 될 것이다. 즉, 생산과정에서 투입된 에너지가 최종제품에 체화되어 있지 않다고 하더라도 구체적 사안에 따라 상품과 과세조치간 실질적인 연계가 있다면 요건을 충족하는 판단될 수 있다고 보아야 한다. 캐나다-정기간행물 사건과 멕시코-청량음료세 사건에서의 패널 및 상소기구 결정이 참고가 될 수 있다.[42)

결론적으로, 본고는 생산과정에서 소비된 에너지에 대한 과세를 제2조 2항(a) 국경세조정 적격대상으로 볼지 여부에 대한 판단은 기존의 견해들이 제시하는 최종제품에 체화된 투입요소인지 여부를 기준으로 하여 생산과정에서 소비된 에너지에 대한 과세는 국경세조정이 허용되지 않는 것으로 보는 것은 적절치 않으며, 위에서 구체적으로 적시한대로 제2조2항(a) '물품'과 '기여한', 그리고 제3조2항 '간접적으로'에 대한 해석을 통해 개별사안별로 그 허용여부를 판단해야 한다는 의견이다.

3. 분석대상 조치에의 적용

그렇다면 배출권거래제 하에서의 탄소배출권 보유의무의 경우 수입상품에 대한 국경세조정이 허용되는 것인가? 배출권거래제 관련 법령상 탄소배출권 보유의무가 '사업자'에게 부과되는 직접세의 형태를 가지며, 최종제품에 체화되지 않은 투입요소에 대해서는 국경세조정이 허용되어서는 안 된다는 두 가지 주장이 제기될 수 있을 것이다.

첫 번째 사항과 관련, 배출권거래제 관련 법령상 규제대상은 '사업자'이며 탄소배출량 산정도 '사업자'를 기준으로 하는 것이 사실이지만, 배출권거래제는 기본적으로 상품의 생산과정에서 발생한 사회적 비용을 상품가격으로 내부화한다는 이론적인 취지에서 고안된 제도이며, 사업자

---

42) '간접적으로'의 해석과 관련한 상세한 논의는 후술하는 제3조2항 분석에서 상세히 다루도록 하겠다.

에 대한 탄소배출권 보유의무 부과수준이 상품 생산물량과 상품별 탄소
배출량에 비례하여 조정된다는 점을 감안할 때, 형식적으로 '사업자'를
대상으로 하는 조치라는 이유로 국경세조정 허용대상에서 배제하는 것
은 타당한 접근이 아니다. 더구나 제2조2항(a)에는 '상품'에 부과되는 과
징금을 그 대상으로 한다고 규정되어 있지, 그 의무가 '사업자'에게 부과
된다는 이유로 조문 적용이 배제하는 어떠한 문언적 근거도 없다.

두 번째 사항과 관련, 탄소배출권 보유의무는 상기 3단계 분석의 마지막
인 생산과정에서 소비된 에너지에 대한 조치에 해당한다. 이러한 유형의
조치가 국경세조정 적격대상인지 여부에 대해 아직까지 GATT/WTO 규범
상 확립된 원칙이 없다는 것이 정확한 설명이다. GATT 1947의 초안자들은
생산과정에서 발생하는 오염배출에 부과되는 내국세를 고려하지 않았고,
1955년 검토회의나 1970년 국경세조정 작업반에서도 논의를 찾아보기 어
렵다.43) 이는 제2조2항(a)의 "물품"과 "기여한" 그리고 제3조2항의 "간접적
으로"에 대한 해석을 통해 탄소배출권 보유의무의 국경세조정이 허용되는
지 여부를 판단해야 할 것이다. 그러나 앞에서 설명한 바와 같이, 제2조2
항(a)의 "물품(article)"에 생산과정에서 소비된 화석연료도 포함되고, 탄소
배출권 보유의무가 최종제품의 전단계에서 부과되고 최종단계에 누적되는
조치이므로 제품의 생산에 "기여한(from)" 물품에 대한 조치로 보는 것이
타당하다. 또한 제3조2항의 "간접적으로(indirectly)"와 관련해서도 상품 생
산과정에서의 화석연료 소비에 대한 탄소배출권 보유의무 부과가 탄소다
배출 상품의 가격인상을 가져온다는 점에서 조치와 상품간의 일정한 연계
가 인정될 수 있다.44) 따라서, 배출권거래제 하에서의 탄소배출권 보유

---

43) 하바나 헌장 초안 마련 당시 진행되었던 논의내용과 준비위원회의 제1회기와 제
    2회기에서 다루어졌던 내용들을 보면 이러한 배출세가 '생산과정에 부과되는 세
    금(taxes on production processes)'에 해당되고 국경세조정의 대상이 되어야 한다
    는 일부 견해도 발견된다.
44) Joost Pauwelyn, "U.S. Federal Climate Policy and Competitiveness Concerns:
    The Limits and Options of International Trade Law", Nicholas Institute for
    Environmental Policy Solutions Working Paper 07-02(2007), p.21

의무의 경우 국경세조정 적격대상에 해당된다고 보는 것이 타당하다.[45)]

III. 내국세에 '상당하는' 과징금인지 여부

제2조2항(a)에 합치하려면 내국세 또는 내국과징금에 "상당하는(equi-valent)" 과징금이어야 한다.

1. '상당하는' 판단기준

'상당하는'이라는 표현은 사전적으로 두 비교대상간 동등한 가치를 가지는 상태를 의미하며, 이는 수입상품에 부과되는 국경조정 과징금이 국내상품에 부과되는 내국세와 동등한 수준으로 부과되어야 한다는 의미로 해석된다. 이때 비교대상은 생산과정에서 소비된 화석연료에 부과되는 내국세 또는 내국과징금이다. GATT 협정 제정 당시 검토회의에서 '상당하는' 판단기준에 대해 "향수가 알콜성분을 포함하기 때문에 과징금이 부과된다면, 그러한 과징금은 향수의 가치가 아니라 알콜성분의 가치를 고려해야 한다"고 설명한 바 있다.[46)]

---

45) 일부에서는 탄소세 또는 배출권거래제와 같이 오염물질의 배출에 대한 과세는 생산과정에 투입되는 물질에 대한 과세에 비해 일반적으로 최종제품의 특성과의 관련성이 덜하며, 이를 감안할 때 제3조2항의 '간접적으로' 부과되는 세금으로 보기 어렵다는 견해도 있다.

46) 원문은 다음과 같다: "a charge equivalent to an internal tax imposed consistently with the provisions of paragraph 2 of Article III in respect to the like domestic product or in respect of an article from which the imported product has been manufactured or produced in whole or in part." EPCT/TAC/PV/26, p.21; see also reference to this passage in the Panel Report on US-Superfund, para.5.2.7

2. 분석대상 조치에의 적용

탄소배출권 국경조정 시나리오에 적용해보자. 시나리오 1의 경우 수입상품별로 실제 탄소배출량을 측정하여 의무를 산정하는 것이 아니라 원산지국의 평균 탄소배출량을 조치국이 임의로 추정하고 이를 기준으로 부담수준을 결정하는 방식이다. 이는 국내에서 부과되는 배출권거래제에서와는 전혀 다른 기준이고 동등한 수준으로 부과되는 것이 아니므로 '상당하는' 요건에 합치되지 않는 것으로 판단된다.

반면, 시나리오 2의 경우에는 수입상품과 국내상품에 대해 동일한 2단계 산정기준을 적용하는 것이므로 원칙적으로 '상당하는' 요건에 합치할 수 있는 것으로 판단된다. 일례로 미국-휘발유 사건에서 미국이 휘발유 오염물질 배출 관련 2단계 기준치를 국내산과 수입산에 동일하게 적용하여 휘발유 판매를 규제한 조치가 제3조4항 위반 문제로 다루어진바 있다. 다만 2단계 산정기준이 그 운영상 국내상품에는 대부분 개별기준치를 적용하고 수입상품에는 대부분 법정기준치를 적용하는 결과를 초래한다면 이는 '상당하는' 요건을 충족하지 못할 수 있으므로, 시나리오 2의 경우에는 2단계 산정기준이 구체적으로 운영되는 양태에 따라 분석결과가 달라질 수 있다고 보는 것이 보다 정확한 설명일 것이다.

IV. 제3조2항의 규정에 합치되는 방식으로 적용

제2조2항(a)의 국경세조정은 제3조2항의 규정에 합치되는 방식으로 적용되어야 한다고 규정되어 있다. 다시 말해서, 국경세조정 허용대상에 포함된다는 것은 협정상 의무에 합치된다는 의미가 아니라, 단순히 GATT 제2조의 per se 규율 적용이 면제된다는 의미이며 해당 조치가 제3조2항 내국민대우 의무에 합치되는지 여부가 별개로 검토되어야 한다. 상세내용은 제3조 분석에서 다루도록 하겠다.

일부에서는 미국-수퍼펀드 패널 결정을 근거로 제2조2항(a) '상당하는' 분석의 비교기준을 제3조2항 동종상품 분석기준으로 고려할 수 있다는 의견이 있다.[47] 미국-수퍼펀드 사건 패널 결정을 살펴보면 다음과 같다. 패널은 수입물질에 대한 물품세가 제3조2항1문 요건을 충족하였는지 여부를 검토하면서, 제2조2항(a)의 "상당하는(equivalent)"에 대해 GATT 초안자들이 "만일 향수가 알콜을 포함하였기 때문에 과징금이 부과되는 것이라면 그러한 과징금은 향수의 가치가 아니라 알콜의 가치를 기초로 부과되어야 한다"고 해설하였다고 상기하고, 수입물질에 대한 조세가 동종의 국내물질이 부담하는 조세와 동등한 범위 내에서는 제3조2항1문의 내국민대우 요건을 충족한다고 하였다.[48] 패널은 수퍼펀드법이 수입업자로부터 자료제출이 충분치 않을 경우 5퍼센트의 물품세를 부과하도록 되어 있는 것은 국내물질이 부담하는 2퍼센트에 비해 과도하고 내국민대우 위배 소지가 있다고 보았으나, 동 법에서 재무성 규정을 통해 5퍼센트 대신 미국내 주된생산방법을 적용하도록 하였고, 미국 규제당국이 5퍼센트 벌과금 조항은 절대로 적용되지 않을 것이라고 한 미국의 발언을 회원국들이 주지할 것을 권고하였다.[49] 여기서 주목되는 부분은 패널이 제2조2항(a)의 '상당하는' 요건 분석과 제3조2항 분석을 연계하였다는 점이다.

그러나 이러한 접근은 타당한 해석이 아니라고 생각한다. 제2조2항(a)는 '제3조2항 규정에 합치되는'과 '상당하는'을 서로 다른 맥락에서 포함하고 있다. 제3조2항 합치 요건과 제2조2항(a) '상당하는' 요건의 구성요소와 판단기준도 동일하지 않다. 미국-수퍼펀드 사건에서는 5퍼센트의 벌과금이 주로 문제되었고 화학물질에 대한 2퍼센트의 과세가 제3조2항에 합치되는 방식으로 적용되었는지 여부는 구체적으로 다투어지지 않았다는 점을 감안해야 한다.

---

47) Joost Pauwelyn, "U.S. Federal Climate Policy and Competitiveness Concerns: The Limits and Options of International Trade Law", Nicholas Institute for Environmental Policy Solutions Working Paper 07-02 (2007), p.28

48) GATT Panel Report on *US-Superfund*, para.5.2.8

49) *Id.*, para.5.2.10 Panel Report on *US-Superfund*, para.5.2.10

"내국세 또는 그 밖의 내국과징금, 또는 제1항에 언급된 종류의 법률, 규정 또는 요건으로서 수입상품에 대하여 그리고 동종 국내상품에 대하여 적용되고 수입상품의 경우에는 수입 시점 또는 지점에서 징수되거나 시행되는 것은, 그럼에도 불구하고 내국세 또는 그 밖의 내국과징금, 또는 제1항에 언급된 종류의 법률, 규정 또는 요건으로 간주되어야 하며, 이에 따라 제3조의 규정의 대상이 된다."

"Any internal tax or other internal charge, or any law, regulation or requirement of the kind referred to in paragraph 1 which applies to an imported product and to the like domestic product and is collected or enforced in the case of the imported product at the time or point of importation, is nevertheless to be regarded as an internal tax or other internal charge, or a law, regulation or requirement of the kind referred to in paragraph 1, and is accordingly subject to the provisions of Article III."

국내적인 규제권한 행사가 단지 국경에서 이루어진다는 이유만으로 원천적으로 금지되어서는 안 될 것이다. 이러한 인식 하에, 제3조 주해는 내국세 및 기타 내국과징금 또는 법률, 규정 및 요건이 수입상품과 동종 국내상품에 함께 적용되는 경우 국경에서 시행되더라도 제3조 규정의 대상이 된다고 규정하고 있다. 두 가지 구성요건에 대한 검토가 필요하다. 첫째 내국세 및 기타 내국과징금 또는 법률, 규정 및 요건이어야 한다. 즉 제3조 적용대상에 해당되어야 한다는 의미이다. 둘째 수입상품에 대하여 그리고 동종 국내상품에 대하여 적용되어야 한다.

Ⅰ. 내국세 및 기타 내국과징금 또는 법률, 규정 및 요건

제3조 주해의 적용대상은 "내국세 또는 그 밖의 내국과징금, 또는 제1항에 언급된 종류의 법률, 규정 또는 요건"으로서, 제3조 적용대상을 모두 포함하며 정부에 의한 대부분 유형의 조치가 광범위하게 해당되는 것으로 해석된다. 그렇다면 탄소배출권 국경조정도 이러한 조치의 범위에 포함되는 것인가?

우선 탄소배출권 규제의 경우 '과징금'으로 보는 것이 가능할 것이다. 앞에서 설명한 바와 같이 과징금이라는 표현은 재정적 부담(pecuniary burden)이나 금전적 지불의무(liability to pay money)를 의미하는 것으로 넓게 해석될 수 있으며, 탄소배출권이 엄격한 의미에서 사업자가 탄소를 배출할 수 있는 권리를 지칭하는 것이라고는 하지만 배출권거래제 하에서 그러한 권리를 탄소시장에서 거래하는 것이 가능하므로 충분한 유동성을 갖추고 있으며 탄소배출권 보유의무를 위반하였다고 하더라도 그에 대한 제재는 탄소배출량에 따른 금전적 지불을 명하는 범칙금이라는 점을 감안할 때 '과징금'의 성격을 가진다고 판단된다. 따라서 제3조 주해의 적용대상에 포함된다.

다음으로, '과징금'이라고 할 수 없는 경우라고 하더라도, 제3조1항에 언급된 종류의 '법규, 규정 및 요건'이라고 보는데 어려움이 없을 것이다. 협정상 이에 대한 정의는 없으나, '법규'는 국회에서 제정한 법률을 의미하고, '규정'은 법률 이외의 법적 구속력을 가진 하위법령을 지칭하며, '요건'은 그 법적 형태를 불문하고 어떠한 이익을 얻기 위해 충족해야 하는 조건을 의미한다고 할 수 있다. 탄소배출권 국경조정의 경우 배출권거래제 관련 법령에 근거하여 부과되므로 '법규'나 '규정'에 해당될 수 있고, 탄소배출량에 근거하여 부과된 배출권 보유의무를 준수하지 않을 경우 법적 제재가 따르게 되므로 '요건'에도 해당될 수 있다. 더구나, 실제 사안에서는 법규, 규정 및 요건은 광범위한 영역에서의 정부 조치를 모두 포괄하는 것으로 해석되기 때문에 이에 포함된다고 보는데 별다른 어려움이 없을 것이다. '법규, 규정 및 요건'의 해석에 대한 상세논의는 제3조4항 분석에서 다시 살펴보겠다.

II. 수입상품에 대하여 그리고 동종 국내상품에 대하여 적용

제3조 주해가 적용되려면 수입상품과 동종 국내상품에 함께 적용되는 조치이어야 한다. 두 가지 사항에 대한 고려가 필요하다.

첫 번째 쟁점은 제3조 주해는 "상품(product)"에 "적용되는(applied to)" 조치를 대상으로 한다는 점이다. 따라서 앞의 국경세조정 논의에서와 마찬가지로, 탄소배출권 규제가 상품에 적용되는 조치인지 여부에 대한 검토가 필요하다. 수입상품에 부과되는 탄소배출권 국경조정은 사업자의 탄소배출량이 아니라 수입되는 상품의 탄소배출량을 기초로 그 상품에 부과되므로 제3조 주해상 상품에 적용되는 조치로 보는 것이 타당하다. 국내 배출권거래제가 동종 국내상품에 적용되는 조치인지 여부에 대해서는 다소 논란이 있을 것이다. 배출권거래제 관련 법령상 탄소배출권 의무주체가 '사업자'이기 때문이다. 그러나 배출권거래제는 기본적으로 상품의 생산과정에서 발생한 사회적 비용을 상품가격으로 내부화한다는 이론적인 취지에서 고안된 제도이며, 사업자에 대한 탄소배출권 부과수준이 상품 생산물량과 상품별 탄소배출량에 비례하여 조정된다. 또한 제3조 주해의 취지는 제3조의 적용대상인 국내조치가 국경에서 부과되더라도 제3조의 적용을 받도록 하는데 있으며, 제3조2항은 동종 국내상품에 "간접적으로" 부과되는 내국세 또는 내국과징금도 그 대상으로 하고 있다. 따라서 제3조 주해상 동종 국내상품에 적용되는 조치로 해석하는 것이 가능하다고 생각된다.

한편, 탄소배출권 규제는 상품에 대한 조치가 아니라 '공정 및 생산방법(PPM: process and production methods)' 관련 정책 및 관행(policy or practice)이므로 제3조가 아니라 제11조가 적용된다는 반박이 있을 수 있다. 참치-돌고래 사건[1]에서 미국이 돌고래를 살상하는 방법으로 포획된 참치의 수입을 금지한 조치(import ban)가 문제되었는데, 패널은 미국의 돌고래포획규제가 참치(Tuna) 상품 자체를 규율하거나 그러한 상품의 판매를 규율하는 것이 아니기 때문에 제3조 주해의 수입상품과 국내상품에 "적용되는(applied to)" 조치라고 보기 어려움을 지적하였다.[2] 참치-돌고래(II) 사건 패널도 제3조는 수입 및 국내 상품에 부여된 대우간의 비교를 요구하는 것이지 원산지국과 수입국의 정책 또는 관행간의 비교를 의미하는 것이 아니라고 지적하면서, 제3조 주해는 상품으로 간주되는 수입상품과 국내상품에 영향을 주거나 적용되는 법규, 규제 및 요건을 수입 시점에 이행하는 경우만을 허용하는 것이라고 하였다.[3]

---

1) GATT Panel Report, United States-Restrictions on Imports of Tuna ("*Tuna/Dophin I*"), DS21/R, DS21/R, 3 September 1991, unadopted, BISD 39S/155

2) GATT Panel Report on *Tuna/Dophin I*, para.5.10: The MMPA did not regulate tuna products as such, and in particular did not regulate the sale of tuna or tuna products. Nor did it prescribe fishing techniques that could have an effect on tuna as a product.

3) GATT Panel Report on *Tuna/Dolphin II*, para.5.8: The Panel noted that Article III calls for a comparison between the treatment accorded to domestic and imported products, not for a comparison of the policies or practices of the country of origin with those of the country of importation. The Panel found therefore that the Note ad Article III could only permit the enforcement, at the time or point of importation, of those laws, regulations and requirements that affected or were applied to the imported and domestic products considered as products. The Note therefore could not apply to the enforcement at the time or point of importation of laws, regulations or requirements that related to policies or practices that could not affect the product as such, and that accorded less favourable treatment to like products not produced in conformity with the domestic policies of the importing country.

그러나 탄소배출권 국경조정은 미국의 돌고래포획규제의 사례와는 구
별되어야 한다. 미국의 돌고래포획규제의 경우 참치 어획방식에 대한 규
제이며 교역상대국이 그러한 정책 또는 관행을 도입하였는지 여부에 따
라 조치를 취한 반면, 탄소배출권 국경조정은 생산과정에서의 어떠한 행
위를 금지하는 것이 아니라 그 과정에서 탄소배출로 대기를 오염시킨 행
위에 대해 일정한 재정적인 의무를 부담하라는 것이다. 따라서 탄소배출
권 국경조정을 '공정 및 생산방식(PPMs)'의 범주로 포함시키는 것은 논
리적으로 타당하지 않다.

두 번째 쟁점은 "그리고(and)"의 해석상, 수입상품과 동종 국내상품에
조치의 규율이 함께 적용되어야 한다는 점이다. 탄소배출권 국경조정의
개념상 국내의 배출권거래제를 수입상품에도 적용하는 것이며, 실무적으
로도 국내의 배출권거래제 관련 법령에 수입상품에 대한 국경조정조치
도 포함하는 것이 일반적이다. 일례로 미국 Waxman-Markey 법안은 「청
정대기법(Clean Air Act)」에 배출권거래제와 함께 배출권 국경조정조치
관련 조항을 신설하는 방식으로 되어 있다. 우리나라의 경우도 탄소배출
권 국경조정을 도입한다면 이는 대외무역법이나 관세법이 아니라 배출
권거래제 관련 법률에 포함시키는 것이 제도 취지 및 운영상 타당할 것
이다. 따라서 동 조치가 수입상품과 동종 국내상품에 함께 적용된다는
점은 관련 법령을 통해 입증하는데 어려움이 없을 것으로 판단된다.

이와 관련하여 EC-석면 사건[4]에서 제기된 두 가지 주장에 대해 살펴
볼 필요가 있다. 하나는 조치가 수입상품과 동종 국내상품을 모두 대상
으로 하지만 동종 국내상품 생산이 전혀 없는 경우 이는 실질적으로 수
입상품에만 적용되는 조치라는 주장이다. EC-석면 사건에서 유해물질을
함유한 석면제품에 대한 프랑스의 수입금지조치가 제소되었는데, 캐나다
는 프랑스가 국내적으로 동일 석면제품을 생산하고 있지 않으며 국내상

---

4) European Communities-Measures Affecting Asbestos and Asbestos-Containing
   Products ("*EC-Asbestos*"), Panel Report, WT/DS135/R and Add.1, adopted 5 April
   2001, modified by Appellate Body Report, WT/DS135/AB/R, DSR2001:Ⅷ, 3305

품은 수입되지 않기 때문에 수입금지조치가 국내상품에도 적용되는 것으로 볼 수 없다고 주장하였고, EC는 수입금지조치는 국내적으로 시행 중인 석면 및 석면함유제품의 일반적인 사용금지 조치의 연장선상이므로 수입상품과 국내상품에 모두 적용되는 조치라고 반박하였던 것이다. 패널은 프랑스가 석면 또는 석면함유제품을 더 이상 생산하지 않는 것은 국내적으로 그 생산 및 가공을 금지하였기 때문이므로 국내생산이 없다는 사실로는 제3조 주해가 적용되지 않는다고 할 수는 없고,5) 사안의 경우에서 프랑스 법령에 의해 국내상품과 수입상품에 가져오는 결과가 동일하다는 점을 들어 제3조 적용대상이라고 판단하였다.6) 따라서 국내생산이 없다는 사실은 제3조 주해의 적용여부 판단에 있어 결정적인 영향을 미치는 것은 아니며 구체적 사안에서의 다른 정황들과 함께 고려되어야 한다. 다른 하나는 제3조 주해가 적용되려면 수입된 상품과 동종 국내상품에 동일한(identical) 규율체제가 적용되어야 한다는 주장이다. 캐나다는 국내상품은 수입된 것이 아니기 때문에 수입금지조치의 대상이 되지 않는다며 이는 수입상품과 국내 동종상품에 동일하게 적용되는 것이 아니라고 주장하였다. 패널은 제3조 주해의 "그리고(and)"는 그 문언적 의미상 수입상품과 동종 국내상품에 동일한 조치를 적용하라는 의미로 해석되지 않으며,7) 이러한 해석적 접근은 그간의 GATT 해석관행과도 일치한다고 하였다.8) 따라서 제3조 주해 '그리고' 요건의 충족을 위해 수입상품과 동종 국내상품에 반드시 동일한 조치가 적용되어야 하는 것은 아니며, 탄소배출권 국경조정의 시나리오 1과 2에서처럼 수입상품과 동

---

5) Panel Report on *EC-Asbestos*, para.8.91
6) *Ibid.*, para.8.92
7) *Ibid.*, para.8.94: The word "and" does not have the same meaning as "in the same way as", which can be another meaning for the word "comme" in the French text. We therefore consider that the word "comme" cannot be interpreted as requiring an identical measure to be applied to imported products and domestic products ….
8) *Ibid.*, para.8.95

종 국내상품에 함께 배출권거래제가 적용되는 것만으로도 제3조 주해 요건을 충족할 수 있는 것으로 해석된다. 여기에서 "동종상품" 여부도 쟁점이 될 수 있으나, 이는 제3조와 동일한 맥락에서 해석되는 것이므로 후술하는 제3조 분석에서 살펴보겠다.

분석 결과

　수입상품에 대한 탄소배출권 국경조정은 수입과 관련하여 부과되는 제한조치이므로 제2조1항의 '과징금' 또는 제11조1항의 '제한'에 해당되어 원칙적으로 금지된다. 어떠한 조항에 위반되는지는 배출권거래제의 구체적 형태에 따라 달라질 수 있다. 즉, 탄소배출권을 탄소시장에서 거래할 수 있고 의무 위반시에도 탄소배출량에 비례한 금전적 부담만 부과하도록 하는 경우에는 제2조1항에서 금지하는 '과징금'에 해당되는 반면, 제도상 의무 위반시 제재가 범칙금에 그치지 않고 상품의 수입이나 국내유통까지 제한하는 경우에는 제2조1항 위반이 아니라 제11조1항 위반의 문제가 될 수 있다. 이에 비추어 볼 때, 탄소배출권 국경조정 시나리오 1과 2의 경우에는 모두 제2조1항 위반의 문제인 것으로 판단된다.

　제2조1항 위반에 근거로 제소해 올 경우 피소국의 입장에서는 제2조2항(a)를 원용하여 제2조 적용대상이 아니라고 반박하는 것이 가능할 것이다. 제2조2항(a)의 국경세조정이 허용되려면 "상품(product)" 또는 상품의 생산에 "기여한 물품(article from)"에 부과되는 내국세이어야 한다. 배출권거래제의 경우 법령상 '사업자'를 규제대상으로 하며 최종제품이 아니라 생산과정에서 소비된 화석연료에 대해 재정적인 의무를 부과되는 것이기 때문에 제2조2항(a)상 국경세조정이 허용되는 내국세로 해석될 수 있는지 여부에 대해 상당한 논란이 있고 아직 명확한 해답이 없는 상황이다. 그러나 제2조2항(a)의 "물품(article)"에 생산과정에서 소비된 화석연료도 포함되고, 탄소배출권 제출의무가 최종제품의 전단계에서 부과되고 최종단계로 누적되는 조치이므로 상품의 생산에 "기여한(from)" 물품에 대한 조치로 보는 것이 타당하다. 또한 제3조2항의 "간접적으로(indirectly)"와 관련해서도 상품 생산과정에서의 화석연료 소비에 대한 탄소배출권 제출의무 부과가 탄소다배출 상품의 가격인상을 가져온다는

점에서 조치와 상품간의 일정한 연계가 인정될 수 있다고 판단된다. 미국-수퍼펀드 사건, 멕시코-청량음료세 사건의 패널에서도 투입요소에 부과되는 조치에 대해 국경세조정을 허용한 사례가 있다. 다만 국경세조정은 내국세에 상당하는 수준에서만 인정되는 것이므로, 분석대상 시나리오 1에서처럼 수입상품에 대해 동종 국내상품과 동등하지 않은 방식으로 산정기준을 적용하는 경우에는 제2조2항(a) 요건을 충족하기 어렵다.

한편, 탄소배출권 국경조정의 WTO 합치성 판단에 있어 상기 제2조2항(a) 국경세조정 분석은 그 복잡성에 비해 실질적인 의미는 크지 않은 것으로 평가된다. 탄소배출권 국경조정이 제2조2항(a)의 적용요건을 충족하더라도, 조치가 협정상 의무에 합치되는 것이 아니라, 단순히 제2조의 일반적 금지(per se prohibition) 적용이 면제된다는 의미이며 제3조 내국민대우 의무에 합치되는지 여부가 반드시 검토되어야 한다. 또한, 국경세조정과 관련한 복잡한 분석을 거치지 않고도, 제3조 주해를 통해 동일한 결과를 얻을 수 있다. 제3조 주해에서 "수입상품에 대하여 그리고 동종 국내상품에 대하여 적용되는" 조치는 제3조의 적용대상으로 간주한다고 되어 있으므로, 탄소배출권 규제가 수입상품과 동종 국내상품에 같이 적용된다는 사실만으로도 제2조 또는 제11조 위반 주장에 효과적으로 반박할 수 있다. 더구나, 제2조2항(a)와는 달리 제3조 주해의 경우 두 상품간 동등한 수준의 대우까지 요구하는 것이 아니기 때문에 시나리오 2 뿐만 아니라 시나리오 1의 경우에도 원용이 가능할 것이다. 결국 쟁점은 제3조 내국민대우 합치 여부라고 할 것이다.

본고 분석대상 시나리오로는 상정되지 않았지만, 탄소배출권 국경조정이 제2조 또는 제11조 위반으로 판단되는 경우도 있다는 점을 주지할 필요가 있다. 두 가지 경우를 생각해볼 수 있는데, 하나는 제2조1항에 저촉되면서 제2조2항(a) 또는 제3조 주해 요건을 충족하지 못하는 경우이고, 다른 하나는 제11조1항에 저촉되면서 제3조 주해 요건을 충족하지 못하는 경우이다. 전자의 사례로는 국내 동종상품에 대해서는 탄소배출권을 무상할당하면서 수입상품에 대해서는 탄소배출권을 유상으로 구입하도록 의무화하는 조치를 들 수 있다. 이는 수입상품에는 재정적인 의무를 부과하면서 국내 동종상품에는 그러한 재정적인 의무를 면제해 주는 것이기 때문에 제2조2항(a) 또는 제3조 주해 요건을 충족할 수 없다. 후자의 사례로는 수입상품에 대해 탄소배출권 제출의무 위반을 이유로 수입절차를 보류하거나 국내유통을 금지시키는 경우를 들 수 있다. 이 경우에는 제2조의 '과징금'이 아니라 제11조의 '금지' 또는 '제한'에 해당되며, 수입 또는 국내유통 금지가 수입상품에만 적용되는 것이므로 제3조 주해 요건을 충족할 수 없을 것이다. 이와 같이 제2조 또는 제11조 위반으로 판단되는 경우에는 제3조 위반 여부를 검토할 실익이 없으며 바로 제20조 예외를 통한 정당화 여부를 다투게 되는 수순을 밟게 된다.

제6장

GATT 비차별대우 원칙 위반 여부

'비차별대우의 철폐'는 '무역장벽의 감축'과 함께 GATT의 핵심적인 목적 중 하나이며, GATT 협정은 구체적인 의무로서 제3조 내국민대우와 제1조 최혜국대우를 두었다. '비차별대우 원칙'은 기본적으로 동종상품(like products)에 대해 경쟁조건의 동등성(equality of competitive conditions)을 보장하라는 것이며, 수입상품과 동종 국내상품간의 관계는 제3조 내국민대우에서, 그리고 수입상품과 제3국 동종 수입상품간의 관계는 제1조 최혜국대우에서 규율한다. 앞에서 제시한 분석대상 시나리오를 중심으로 제3조 또는 제1조 위반 여부를 분석하겠다.

GATT 제3조 내국민대우

　　탄소배출권 국경조정이 제2조 또는 제11조에 위반된다는 주장에 실패하는 경우, 제소국은 그 다음 수순으로 GATT 제3조 내국민대우원칙 위반을 제기할 것이다. 앞 장에서 살펴보았듯이 시나리오 1과 시나리오 2 모두 제2조 또는 제11조 위반이 아닌 것으로 판단되는바, 실제 분쟁이 발생할 경우 제3조 위반 여부가 탄소배출권 국경조정의 WTO 합치성 분석의 핵심적인 쟁점이 될 것으로 예상된다.

　　유의할 사항은 제3조의 규율은 회원국의 국내적인 규제권한을 원칙적으로 인정하는 전제하에, 그러한 정당한 규제권한의 행사가 수입제한적인 방식으로 운영되지 않도록 일정한 조건을 부과하는 것이다. 실제로 각국은 국내적으로 다양한 정책목적에 따라 각종 규제조치들을 도입하고 있으며 국가관할권이 미치는 범위 내에서 수입된 상품에도 동일하게 적용된다. 제3조의 역할은 이러한 국내조치 도입 자체를 금지하는 것이 아니라, 수입상품과 국내 동종상품간의 동등한 경쟁여건을 제공하는 방향으로 운영하도록 제한하는 것이다. 이를 탄소배출권 국경조정의 사안에 적용하여 생각해보면, 국내 배출권거래제를 수입상품에도 적용하는 것이 원칙적으로 허용되지만 그러한 조치의 운영에 있어 수입상품과 국내 동종상품간의 경쟁여건이 부당하게 저해되어서는 안 된다는 것이다. 이러한 인식이 제3조 합치성 분석에 있어 출발점이 되어야 할 것이다.

　　제3조의 전체적인 구성을 살펴보면, 내국세 및 기타 내국과징금에 대한 규율인 제3조2항과 국내 법규, 규정 또는 요건에 대한 규율인 제3조4항으로 크게 구분되고, 제3조2항은 다시 동종상품에 대한 1문과 직접경쟁대체상품에 대한 2문으로 나누어진다. 또한 제3조1항의 일반원칙이 제3조 해석시 문맥으로서의 기능을 한다. 특정 조치가 제3조에 위반되는지 여부를 살펴보려면 이처럼 복잡하게 얽혀진 각 조항별 구성요건을 구체

적인 사실관계에 따라 분석하는 작업을 거쳐야 한다.

Ⅰ. 제3조 해석에 대한 접근시각

본격적인 분석에 앞서, 어떤 경우에 제3조 위반이라고 할 것인가에 대해 생각해보자. 제3조는 기본적으로 국내조치를 취함에 있어 수입상품과 동종 국내상품간 경쟁조건의 동등성(equality of competitive conditions)을 보장하도록 의무화한 것이다.[1] 그러나 제3조는 일반적이고 추상적인 위법성 요건만을 제시하고 있고 구체적으로 어떤 경우에 제3조 위반이 되는지에 대해서는 언급하고 있지 않다. 이로 인해 제3조 분석과 관련하여 다양한 접근시각이 존재한다. 내국민대우 원칙을 단순화 해보면 '같은 것'을 '다르게 대우'하지 말라는 것이다. 조항별 요건의 내용상 다소 차

---

1) Appellate Body Report of *Japan-Taxes on Alcoholic Beverages*, pp.15-16: The broad and fundamental purpose of Article Ⅲ is to avoid protectionism in the application of internal tax and regulatory measures. More specifically, the purpose of Article Ⅲ "is to ensure that internal measures 'not be applied to imported or domestic products so as to afford protection to domestic production'". Toward this end, Article Ⅲ obliges Members of the WTO to provide equality of competitive conditions for imported products in relation to domestic products. "[T]he intention of the drafters of the Agreement was clearly to treat the imported products in the same way as the like domestic products once they had been cleared through customs. Otherwise indirect protection could be given". Moreover, it is irrelevant that "the trade effects" of the tax differential between imported and domestic products, as reflected in the volumes of imports, are insignificant or even non-existent; Article Ⅲ protects expectations not of any particular trade volume but rather of the equal competitive relationship between imported and domestic products. Members of the WTO are free to pursue their own domestic goals through internal taxation or regulation so long as they do not do so in a way that violates Article Ⅲ or any of the other commitments they have made in the WTO Agreement.

이는 있지만, 대체적으로 무슨 상품(which product)이 동종 상품인지 그리고 어떤 행위(what conduct)가 경쟁관계를 왜곡하는 것인지의 두 가지 구성요건으로 구분된다. Henrik Horn & J.H.H. Weiler 논문(2002)[2]에서 제시된 세 가지 해석적 접근방식을 기초로 하여, 상기 두 가지 구성요건이 어떻게 변화하는지를 재구성해보면 다음과 같다.

1. 방법론① : 객관적 동등성 접근방식

객관적 동등성 접근방식(objective approach)은 제3조1항의 일반원칙을 근거로, 국내조치가 국내생산을 보호하는 결과(result)를 가져오는 방식으로 적용되어서는 안 된다는 것으로 해석하는 방식이다. 제3조1항의 국내생산을 "보호하도록(so as to afford protection)"이라는 표현은 문제된 조치가 수입상품과 동종 국내상품간의 경쟁관계에 미치는 영향(effect)을 의미하는 것이며, 조치의 의도나 목적과는 무관하다는 시각이다.

상품 요건과 관련, 두 상품간 동종성(likeness) 여부는 시장(marketplace)에서의 경쟁관계(competitive relationship)가 존재하는지를 객관적으로 분석한다. 일반적으로 두 상품간 상당한 수준의 기능적 대체성이 있다면 시장에서 경쟁관계가 있는 것으로 판단될 수 있다. 1970년 국경세조정 보고서는 상품의 물리적 특성이나 성질, 상품의 최종용도, 소비자의 선호나 습관 등을 고려하여 '동종성' 여부를 판단할 것을 제시한바 있고,[3] WTO 패널 및 상소기구는 동 보고서상의 고려요소를 동종성 분석시 판단기준으로 언급해오고 있다.

행위 요건인 차별대우(less favourable treatment) 해석과 관련하여, 조치

---

2) Henrik Horn and J.H.H. Weiler, "Asbestos" (2002), in J.H.H. Weiler, S. Cho and Isabel Feichtner(eds), *International and Regional Trade Law: The Law of the World Trade Organization, Unit VI: The Central Legal Discipline of the WTO: National Treatment(Taxation and Regulation)*(2007), pp.121-148 참조

3) GATT, Report of Working Party on Border Tax Adjustments, BISD 18S/97, para.18

의 효과(effect)로 그러한 차별대우가 객관적으로 존재하는지 여부만을
분석대상으로 한다. 그러한 조치가 어떠한 정책적 이유로 취해졌는지 등
은 분석에서 고려하지 않는다. 조치의 효과로서 차별대우가 존재한다면
제3조1항 국내생산을 "보호하도록(so as to afford protection)" 요건도 충
족하는 것으로 파악한다.[4]

2. 방법론② : 조치 효과목적 접근방식

조치 효과목적 접근방식(effect and purpose approach)은 제3조 위반 여
부 판단에 있어 원산지중립적(origin-neutral) 국내조치의 경우에는 조치의
효과뿐만 아니라 그 목적(purpose)도 함께 고려함으로써, 조치가 의도하지
않은 차별적 효과를 야기한 경우에는 위법하지 않은 것으로 판단하려는
방식이다. 제3조1항의 국내 생산을 "보호하도록(so as to afford protection)"
이라는 표현은 제3조 해석시 조치의 의도 또는 목적이 국내 생산을 보호
하도록 하는데 있는지 여부를 고려하라는 일반원칙을 선언한 것이라고
주장한다.

방법론①의 객관적 동등성 접근방식과 비교해 볼 때, 상품 요건인 동종
성 판단에서는 동일하지만, 행위 요건 분석에 있어서는 조치의 차별적인
효과뿐만 아니라 조치국이 차별을 의도한 것인지 여부라는 주관적 요건
(subjective requirement)을 위법성 구성요건으로 추가한다는 점에서 차이가
있다. 위법성 인정에 요구되는 주관적인 의도나 목적의 정도에 있어서는,
국내법에서의 고의요건 테스트(mens rea test)에 준하는 수준을 주장하는
강한 입장에서부터 조치의 차별적 효과에서 악의를 추정(pre-sumption)
하자는 상대적으로 완화된 입장까지 다양한 스펙트럼이 있을 것이다.[5]

---

4) Henrik Horn and J.H.H. Weiler, *supra* note 325, pp.5-10
5) Henrik Horn and J.H.H. Weiler, *supra* note 325, pp.10-12 참조

3. 방법론③ : 선택적 비교척도 접근방식

선택적 비교척도 접근방식(alternative comparator approach)은 두 상품의 동종성 판단에 있어 각국 규제당국에게 '환경생태적 효율성' 등을 선택적 비교척도(alternative comparator)로 추가할 수 있도록 함으로써, 두 상품간 시장에서 객관적인 경쟁조건이 있더라도 환경생태적으로 효율적인 상품에는 국내정책상 유리하게 대우할 수 있도록 하는 방식이다.

방법론①의 객관적 동등성 접근방식과 비교해 볼 때, 상품 요건인 동종성 판단시 고려하는 비교척도에 있어 차이가 있다. 두 상품이 같은 것인지에 대한 판단은 무엇을 비교척도(comparator)로 설정했는지에 따라 달라질 수 있다. 일례로 남녀차별 금지의 경우를 들어보자. 남자와 여자는 '성별'을 비교척도로 하게 되면 같지 않다. 그러나 정책적 차원에서 '성별'이 아닌 '인간의 존엄성'을 비교척도로 하기로 결정하였기 때문에, 남자와 여자는 같으며 동등한 기회가 부여되어야 한다는 명제가 성립하는 것이다. 제3조의 동등성 판단에 적용해보자. 방법론①에서는 상품의 대체성, 경쟁, 소비자 선호 등의 개념을 포함한 '시장 기능(market functionality)'을 비교척도로 하고 있으며, 일단 객관적으로 차별행위가 존재하면 제3조 위반으로 판단하고 그러한 조치에 정당한 사유가 있는지 여부는 제20조 예외에서 다투도록 한다. 반면, 방법론③은 규제당국에게 두 상품간의 선택적 비교척도로서 '환경생태적 효율성(ecological efficiency)'을 설정할 수 있는 권한을 인정함으로써, 두 상품이 시장에서 경쟁관계에 있다고 하더라도 환경생태적 효율성의 차이가 있다면 동종상품이 아니라고 보자는 것이다.[6]

4. 제3조 해석에의 함의

첫 번째 방법론과 나머지 두 가지 방법론간의 차이는 제3조 해석에 있

---

6) Henrik Horn and J.H.H. Weiler, *supra* note 325, pp.12-15 참조

어 국내조치 중 어느 정도까지를 제3조 위반으로 볼 것인지에 있다. 첫 번째 방법론에서는 객관적으로 동종의 상품에 차별적인 효과를 주는 조치는 모두 제3조 위반이고 정당한 목적을 가진 국내조치의 경우에는 제20조 예외를 통해 정당화 여부를 판단해야 한다는 시각인 반면, 나머지 두 가지 방법론은 첫 번째 방법론에 따른 제3조 위반조치의 범위가 지나치게 넓고 제20조 예외를 통한 정당화에는 상당한 어려움이 따름을 감안하여 정당한 정책목적을 추구하는 국내조치가 제3조 위반이 되지 않도록 구성요건을 달리 접근해야 한다는 시각이다. 국가의 정책자율성(policy room)을 제3조에서 반영하느냐 아니면 제20조 예외를 통해 해결하느냐의 차이가 있고, 실무적으로 보면 제3조에 반영할 경우 조치국 측면에서 정책사유가 제한되지 않고 입증책임도 전환되지 않는다는 장점이 있다.[7]

〈표 3-2〉 제3조 해석의 세 가지 방법론 비교

	방법론 1	방법론 2	방법론 3
동종성	시장에서의 경쟁관계	시장에서의 경쟁관계	시장에서의 경쟁관계 + 선택적 비교척도
차별대우	차별적 효과	차별적 효과 + 의도 또는 목적	차별적 효과

WTO 패널 및 상소기구는 그동안 제3조 해석과 관련하여 대체적으로 방법론①(객관적 동등성 접근방식)을 취해 온 것으로 평가된다. 방법론②(조치 효과목적 접근방식)은 학술논문과 일부 패널 결정에서 발견되나 WTO 상소기구는 이러한 접근을 명시적으로 거부한 바 있다. 방법론③(선택적 비교척도 접근방식)에 대해서는 아직까지 학계나 판례상 진지한 고려는 없었던 것으로 보인다. 상기 세 가지 방법론 중 어떠한 방법론이 옳은지에 대해서는 법철학적 판단에 기초한 관념론적 논쟁이 될 것이므로 논외로 하고, 여기에서는 그간의 법해석 관행에 비추어 볼 때 탄소배출권 국경조정의 제3조 위반 여부에 대해 WTO 분쟁해결기구가 어떠한

---

7) Henrik Horn and J.H.H. Weiler, *supra* note 325, pp.15-19 참조

판단을 내리게 될 지를 검토하도록 하겠다. 다만 상기 세 가지 방법론은 제3조 해석에 대한 다양한 주장의 배경과 함의를 이해하는데 있어 이론적 기초가 될 수 있을 것이다.

II. 제3조1항 일반원칙

1. 체약국은 내국세, 기타 내국과징금과 산품의 국내판매, 판매를 위한 제공, 구매, 수송, 분배 또는 사용에 영향을 주는 법률, 규칙 및 요건, 그리고 특정한 수량 또는 비율의 산품의 혼합, 가공 또는 사용을 요구하는 내국의 수량적 규칙은 국내생산을 보호하기 위하여 수입산품 또는 국내산품에 대하여 적용하여서는 아니된다는 것을 인정한다.

"The contracting parties recognize that internal tax and other internal charges, and law, regulations and requirements affecting the internal sale, offering for sale, purchase, transportation, distribution or use of products, and internal quantitative regulations requiring the mixture, processing or use of products in specified amounts or proportions, should not be applied to imported or domestic products so as to afford protection to domestic production."

제3조1항은 국내조치가 국내 생산을 "보호하도록(so as to afford protection)" 적용되어서는 안 된다는 내국민대우의 일반원칙을 천명하고 있다. 제3조1항은 일반원칙을 규정하고 제3조2항과 제3조4항은 그에 따른 구체적 의무를 규정한 것이므로, 제3조1항은 제3조 여타 조항 해석에 있어 해당 조항의 문언적 의미를 훼손하지 않는 범위 내에서 일정한 지침을 제공하는 것이며, 조약 해석상 유효성의 원칙(principle of effectiveness)에 따라 제3조2항 및 제3조4항의 해석과정에서 제3조1항의 일반원칙이 무용화되도록 해서는 안 된다.8)

---

8) Appellate Body Report on *Japan-Alcoholic Beverages II*, Part G: Article III:1 articulates a general principle that internal measures should not be applied so as to afford protection to domestic production. This general principle informs the

Ⅲ. 제3조2항 분석

"다른 체약당사자의 영토내로 수입되는 체약당사자 영토의 상품은 동종의 국내상품에 직접적 또는 간접적으로 적용되는 내국세 또는 그 밖의 모든 종류의 내국과징금을 초과하는 내국세 또는 그 밖의 모든 종류의 내국과징금의 부과대상이 직접적으로든 간접적으로든 되지 아니한다. 또한 어떠한 체약당사자도 제1항에 명시된 원칙에 반하는 방식으로 수입 또는 국내 상품에 내국세 또는 그 밖의 내국과징금을 달리 적용하지 아니한다."

"The products of the territory of any contracting party imported into the territory of any other contracting party shall not be subject, directly or indirectly, to internal taxes or other internal charges of any kind in excess of those applied, directly or indirectly, to like domestic products. Moreover, no contracting party shall otherwise apply internal taxes or other internal charges to imported or domestic products in a manner contrary to the principles set forth in paragraph 1."

수입상품에 대한 탄소배출권 국경조정이 GATT 제3조2항에 합치되는지 여부를 살펴보자. 제3조2항은 내국세 및 기타 내국과징금을 부과하는데 있어 수입상품에 불리하지 않은 대우를 부여할 의무를 규정하고 있다. 제3조2항은 내국세 및 기타 내국과징금을 그 적용대상으로 하며, 동

---

rest of Article Ⅲ. The purpose of Article Ⅲ:1 is to establish this general principle as a guide to understanding and interpreting the specific obligations contained in Article Ⅲ:2 and in the other paragraphs of Article Ⅲ, while respecting, and not diminishing in any way, the meaning of the words actually used in the texts of those other paragraphs. In short, Article Ⅲ:1 constitutes part of the context of Article Ⅲ:2, in the same way that it constitutes part of the context of each of the other paragraphs in Article Ⅲ. Any other reading of Article Ⅲ would have the effect of rendering the words of Article Ⅲ:1 meaningless, thereby violating the fundamental principle of effectiveness in treaty interpretation. Consistent with this principle of effectiveness, and with the textual differences in the two sentences, we believe that Article Ⅲ:1 informs the first sentence and the second sentence of Article Ⅲ:2 in different ways.

종상품(like product)에 대한 초과과세 금지를 규정한 1문과 직접경쟁상품 (directly competitive or substitutable product)에 대한 유사과세를 규정한 2문의 두 가지 사항으로 구성되어 있다. 실제 분쟁시 제소국은 1문 동종 상품에의 초과과세를 주장하면서 예비적 청구로 2문 직접경쟁대체상품 에의 유사하지 않은 과세를 함께 주장하는 것이 일반적이다.

1. 제3조2항 적용 여부: 내국세 또는 내국과징금

제3조2항의 적용대상은 상품에 대하여 "직접 또는 간접으로" 부과되 는 "내국세 또는 기타 모든 종류의 내국과징금"이다. 수입상품에 대한 탄소배출권 국경조정이 이러한 적용범위에 포함되는가? 두 가지 쟁점에 대한 분석이 필요하다.

첫 번째 쟁점은 수입상품에 대한 탄소배출권 국경조정이 제3조2항의 "내국세 또는 기타 내국과징금"인지 아니면 제2조의 "통상적인 관세 또 는 기타 과징금"인지의 문제이다. 탄소배출권은 엄격한 의미에서 사업자 가 탄소를 배출할 수 있는 권리를 지칭하는 것은 사실이지만, 앞에서 설 명하였듯이 본고가 시나리오로 가정한 배출권거래제 하에서는 그러한 권리를 탄소시장에서 사고 팔 수 있도록 허용하였기 때문에 사업자가 그 러한 권리를 자신이 보유하고 있지 않다고 하더라도 탄소시장에서 시장 가격에 따라 일정 금액을 지불하고 배출권을 구매할 수 있으며, 적정 수 준의 탄소배출권을 보유할 의무를 위반하였다고 하더라도 그에 대한 제 재는 상품 생산 및 유통의 금지가 아니라 사업자가 보유해야 하는 탄소 배출권에 비례하여 일정 금액을 지불하도록 하는 범칙금이 부과된다는 점에 비추어 볼 때, '탄소배출권' 제출의무는 정부가 금전적인 의무를 부 과하는 '과징금'으로 해석하는 것이 가능하다. 그런데 제3조2항의 '과징 금'에는 제2조와는 달리 "내국(internal)"이라는 표현이 부가되어 있으며, "수입된(imported)" 상품에 부과되는 것이라고 되어 있다. 중국-자동차부 품 사건9) 상소기구에 따르면, 이는 내국세 또는 내국과징금은 기본적으

로 관세영역 내에서 발생하는 내부적인 요인에 의해 재정적 의무가 촉발
되어야 하며 이미 수입된 상품에 부과되는 것임을 의미한다.[10] 이 때 내
국세 또는 내국과징금이 징수되는 형식적인 시점 문제에 대해서는, 제3
조 주해가 내국세 또는 내국과징금이 수입되는 시점에 징수되더라도 제3
조 적용대상으로 간주한다고 규정함으로써 유연성을 두었다.[11] 따라서
중요한 판단기준은 재정적 의무가 수입된 물품의 유통, 판매, 사용, 운송
등과 같이 국내적인 사안으로 인해 발생하는지 여부라고 할 수 있다.[12]
　탄소배출권 국경조정의 경우, 국내상품과의 공정한 경쟁여건 조성을
위해 수입상품이 탄소를 배출한 행위에 대해 재정적인 의무를 부과하는
것이다. 이 때 수입상품의 탄소배출행위는 원산지국에서 발생하므로 국
내적인 사안이 아니라는 지적이 있을 수 있으나, 수입상품에 대한 재정
적인 의무가 그러한 탄소배출행위로 인해 자동적으로 촉발되는 것이 아
니라 해당 물품이 국내의 관할권 내로 반입되고 유통되어 국내시장에서
국내 동종상품과의 사이에서 경쟁을 유발하기 때문에 그러한 경쟁조건

---

9) China-Measures Affecting Imports of Automobile Parts ("*China-Auto Parts*"), Panel Report, WT/DS339/R, WT/DS340/R, WT/DS342/R, adopted on 18 July 2008, as modified by the Appellate Body Report, WT/DS339/AB/R, WT/DS340/AB/R, WT/DS342/AB/R, adopted on 15 December 2008

10) Appellate Body Report on China-Auto Parts, para.161: Like the Panel, we consider that the adjectives "internal" and "imported" suggest that the charge falling within the scope of Article III are charges that are imposed on goods that have already been "imported", and that the obligation to pay them is triggered by an "internal" factor, something that takes place within the customs territory.

11) 제네바 초안작성 회의에서 한 대표가 "내국세란 상품이 세관을 떠난 후에 징수되는 조세를 의미"하는 것으로 제안하자 프랑스 대표는 "우리는 거래세와 사치세를 세관당국이 부과하고 있지만 이는 내국세이다"라며 반박하였고, 이에 따라 제3조 주해를 통해 세관에서 징수된다고 해서 내국세에서 배제되는 것은 아님을 명시하게 되었다. Jackson, John (1969), p.280

12) Appellate Body Report on *China-Auto Parts*, para.162: What is important, however, is that the obligation to pay a charge must accrue due to an internal event, such as the distribution, sale, use or transportation of the imported product.

을 공정하게 조성하기 위해 동등한 의무를 부과하는 것이므로 탄소배출권 의무가 국내적인 요인에 의해 촉발되는 것이고 제3조2항의 '내국세 또는 내국과징금'에 해당된다고 보는 것이 타당하다.

두 번째 쟁점은 "상품"에 "직접 또는 간접적으로" 부과되는 조치인지 여부이다. 일반적인 간접세와 직접세 구분에 따를 경우, 제3조2항은 상품에 부과되는 방식인 간접세에만 적용되고 사업자에게 부과되는 방식인 직접세에는 적용되지 않는다고 말할 수 있다. 그런데 제3조2항의 문언은 직접 뿐만 아니라 "간접적으로(indirectly)" 상품에 부과되는 경우도 포함된다. 이때 '간접적으로'라는 표현의 해석이 제3조2항 적용대상 여부 판단에 있어 많은 논란을 야기하고 있다. 일반적인 견해는 앞에서 소개한 '국경세조정' 관련 논의에서 보듯이, 투입요소에 대한 과세는 '간접적으로'라는 표현의 해석을 통해 적용대상에 포함될 수 있지만, 최종제품에 물리적으로 체화되지 않은 투입요소에 대한 과세 또는 상품이 아닌 생산 및 공정방식에 대한 과세는 제3조2항의 대상이 되기 어려울 것이라는 입장이다.[13] 그러나 이러한 접근은 타당하지 않다. 제3조2항의 문언상 최종제품에 물리적으로 체화되었는지를 기준으로 삼을 아무런 근거가 없고 그간의 패널 및 상소기구 판정에서도 그러한 구분을 인정한 적이 없다. 조약법협약(VCLT)상 해석원칙에 따른 분석을 시도해보자. 제3조2항은 '간접적으로'라는 표현을 하나는 수입상품에의 과세 적용과 관련하여 그리고 다른 하나는 동종 국내상품에의 과세 적용과 관련하여 사용하고 있다. '간접적으로'는 사전적으로 두 지점간의 우회적인 연결을 의미하며[14], 제3조2항의 문맥상으로 볼 때 문제된 내국세 또는 내국과징금이 수입상품과 우회적이지만 일정한 연계가 있고 동종 국내상품과도 우회적이지만 일정한 연계가 있으면 충족하는 것으로 해석된다.

그간의 분쟁사례를 보면, 캐나다-분리간행물 사건[15]의 경우 캐나다

---

13) 제5장 국경세조정 관련 분석 참조
14) Webster's Dictionary of the English Language(1995 edition), 'indirect': not following the shortest route from one point to another, roundabout
15) Canada-Certain Measures Concerning Periodicals("*Canada-Periodicals*"), Panel

정부가 분리간행물에 실린 광고에 대해 특별소비세를 부과한 것이 문제
되었는데, 캐나다는 제3조2항의 '간접적으로'는 협상기록으로 볼 때 상
품의 생산에 기여한 투입요소에 부과되는 내국세를 포함하기 위한 것이
지 '광고'와 같이 독립된 최종상품에 부과되는 내국세는 포함되지 않는
다고 항변하였으나, 패널은 과세가 분리간행물 각각에 대해 발행부수별
(per issue) 기준으로 부과되고 있으므로 제3조2항 의미상 간행물에 '간접
적으로' 부과되는 과세라고 판단하였다.16) 상소기구도 동 과세조치가 분
명하게 분리간행물에 부과되고 있다면서 패널의 판단을 지지하였다.17)
멕시코-청량음료세 사건18)의 경우 패널은 '간접적으로'는 내국세와 과세
대상 상품간의, 비록 간접적일지라도, 일정한 연계(some connection)를 요
구하는 것으로 해석하고, 스위트너를 사용한 음료에 대한 과세도 결국 세
금 부담이 스위트너로 전가되므로 상품에 대해 간접적으로 적용되는 과
세에 해당된다고 판단하였다.19) 상소기구도 수입상품과 동종 국내상품
간의 경쟁조건에 간접적으로 영향을 미치는 내국세 또는 내국과징금은
제3조2항의 적용대상이 될 수 있다는 입장임을 주지할 필요가 있다.20)

Report, WT/DS31/R and Corr.1, adopted 30 July 1997, as modified by the
Appellate Body Report, WT/DS31/AB/R, DSR 1997: I

16) Panel Report on *Canada-Periodicals*, para.5.29: We note that the excise tax is
not "directly" applied to periodicals in that it is levied on the value of advertise-
ments, not on the value of periodicals per se. However, it is clear that the tax
is applied "indirectly" to periodicals within the ordinary meaning of the terms
of Article III:2.

17) Appellate Body Report on *Canada-Periodicals*, p.20: The measure at issue in this
appeal, Part V.1 of the Excise Tax Act, is a measure which clearly applies to
goods-it is an excise tax on split-run editions of periodicals.

18) Mexico-Tax Measures on Soft Drinks and Other Beverages ("Mexico-Taxes on
Soft Drinks"), Panel Report, WT/DS308/R, 23 March 2006

19) Panel Report on Mexico-Taxes on Soft Drinks, para.8.42: The provision thus
requires some connection, even if indirect, between the respective internal taxes
or other internal charges, on the one hand, and the taxed product, on the other.

20) Appellate Body Report on *Canada-Periodicals*, p.19: Article III:2, first sentence,

탄소배출권 국경조정의 경우로 적용해보면, 투입요소가 최종제품에 물리적으로 체화되어 있는지 여부에 따라 '상품'에 적용되는 조치인지 여부를 판단하는 견해에 따르면 탄소배출권 제출의무는 최종제품에 물리적으로 체화되어 있지 않은 투입요소에 부과되는 조치이므로 상품에 적용되는 조치가 아니라는 결론에 이르게 된다. 그러나 이러한 해석은 위에서 지적하였듯이 제3조2항에 근거한 것이 아니므로 옳지 않다. 제3조2항의 '간접적으로'에 대한 해석의 문제로 보아야 한다. 탄소배출권 제출의무 부과의 경우를 보면, 상품의 생산과정에서 소비된 화석연료에 비례하여 탄소배출량을 산정하고 그에 따른 탄소배출권 제출의무를 부과하게 되면 이러한 비용은 최종단계까지 누적되어 최종제품의 가격에 영향을 미친다. 이러한 점에서 볼 때 탄소배출권 제출의무 부과는 수입상품과 동종 국내상품의 경쟁조건에 영향을 주는 조치라고 볼 수 있으며, 제3조2항의 '간접적으로' 요건을 충족하는 것으로 볼 수 있다. 따라서 제3조2항의 적용대상인 내국세 또는 내국과징금이라고 판단된다.

2. 제3조2항1문: '동종상품'에의 '초과과세'

제3조2항의 첫 번째 청구원인은 '동종상품'과 관련된 1문이다. 내국세 및 기타 내국과징금 부과에 있어 수입상품에 대해 동종 국내상품에 비해 초과과세하지 않을 것을 규정하고 있다. 1문 위반 여부와 관련하여 두 가지 구성요건에 대한 분석이 필요하다: 첫째, 수입상품과 국내상품이 동종상품(like product)이어야 한다. 둘째, 수입상품에 부과되는 내국세 또는 국내과징금이 국내상품에 대한 내국세 또는 국내과징금을 초과(in excess)

---

uses the words "directly or indirectly" in two different contexts: one in relation to the application of a tax to imported products and the other in relation to the application of a tax to like domestic products. Any measure that indirectly affects the conditions of competition between imported and like domestic products would come within the provisions of Article III:2, first sentence, or by implication, second sentence, given the broader application of the latter.

하여야 한다.21)

1) 동 종 상 품

수입상품과 동종인 국내상품의 범위는 어디까지이며 어떠한 기준으로
판단해야 하는가? 동종상품 분석은 제3조2항1문 관련 분쟁에서 핵심적
인 쟁점이다. 동종상품의 범위를 넓게 정의하면 회원국이 부과한 내국세
가 제3조2항 내국민대우원칙을 위반하게 될 가능성이 커지며, 반대로 그
범위를 좁게 정의하면 그러한 내국민대우원칙에 위반될 가능성이 적어
진다.22)

(1) '동 종 상 품' 판 단 기 준

'동종상품(like product)'이란 무엇인가? GATT 협정상 동종상품에 대
한 정의를 명확하게 규정하고 있지 않다. 이로 인해 동종상품 판단기준
은 개별 사안별로 GATT/WTO 패널 및 상소기구의 해석과 적용을 통해
발전되어 왔다.23) 동종상품 표현은 GATT 제1조1항, 제2조2항, 제3조2항,
제3조4항, 제6조1항, 제9조1항, 제11조2항(c), 제13조1항, 제16조4항, 제
19조1항에서 발견되며 이러한 동종상품 각각의 범위는 WTO 협정 내 상
이한 위치에서의 문맥과 상황에 따라 다르게 해석된다.24) 상소기구의 제

---

21) Appellate Body Report in *Canada-Periodicals*, pp.22-23
22) 동종상품에 대한 상세 논의는 다음을 참조: 장승화(1996), "GATT 제3조상의 '동
    종물품'의 개념", 서울대학교 법학 제37권 1호 (1996), pp.252-270; Robert Hudec,
    "GATT/WTO Constraints on National Regulation: Requiem for an "Aim and
    Effects" Test", 32 *International Lawyer* 619(1998); Won-Mog Choi, *Like Products
    in International Trade Law-towards a Consistent GATT/WTO Jurisprudence*
    (Oxford University Press: London, 2003)
23) Appellate Body Report on *Japan-Alcoholic Beverages*, Part H.1(a), para.8
24) Appellate Body Report on *Japan-Alcoholic Beverages*, Part H.1: ⋯ there can
    be no one precise and absolute definition of what is "like". The concept of
    "likeness" is a relative one that evokes the image of an accordion. The accordion
    of "likeness" stretches and squeezes in different places as different provisions of

3조 동종상품 분석을 정리해보면 다음과 같다. 우선 사전적 의미를 보면, '동종(like)'은 사전적으로 "동일한 특성과 품질을 가진", "거의 같은 모양, 크기", "유사한(similar)"으로 풀이된다.[25] 두 개의 상품이 동일한(same) 경우는 이론적으로 있을 수 없다는 점을 감안할 때, 결국 '동종(like)'이라고 하기 위해서는 어떠한 특성과 품질을 어느 정도로 공유해야 하는지의 문제로 귀결되는데, 동종상품에 대한 문언적 해석은 다음과 같은 문제를 야기한다. 첫째, 어떠한 특성과 품질이 중요한지에 대한 지침이 없다. 둘째, 어떠한 정도로 그러한 특성과 품질을 공유해야 하는지가 불분명하다. 셋째, 누구의 관점에서의 '동종'인지에 대한 지침이 없다.[26] 그렇다면 제3조2항1문의 문맥(context)상으로 '동종상품' 범위가 어떻게 해

the WTO Agreement are applied. The width of the accordion in any one of those places must be determined by the particular provision in which the term "like" is encountered as well as by the context and the circumstances that prevail in any given case to which that provision may apply.

25) Appellate Body Report on *EC-Asbestos*, para.90; quoting the New Shorter Oxford English Dictionary, Lesley Brown (ed.) (Clarendon Press, 1993), Vol. I, p.1588

26) Appellate Body Report on *EC-Asbestos*, para.92: However, as we have previously observed, "dictionary meanings leave many interpretive questions open." In particular, this definition does not resolve three issues of interpretation. First, this dictionary definition of "like" does not indicate which characteristics or qualities are important in assessing the "likeness" of products under Article III:4. For instance, most products will have many qualities and characteristics, ranging from physical properties such as composition, size, shape, texture, and possibly taste and smell, to the end-uses and applications of the product. Second, this dictionary definition provides no guidance in determining the degree or extent to which products must share qualities or characteristics in order to be "like products" under Article III:4. Products may share only very few characteristics or qualities, or they may share many. Thus, in the abstract, the term "like" can encompass a spectrum of differing degrees of "likeness" or "similarity". Third, this dictionary definition of "like" does not indicate from whose perspective "likeness" should be judged. For instance, ultimate consumers may have a view about the "likeness" of two products that is very different from that of the inventors or producers of those products.

석되는지를 살펴보자. 제3조의 구성을 보면, 재정적 조치를 규율하는 제3
조2항은 '동종상품'에 대한 1문과 '직접경쟁 또는 대체상품'에 대한 2문
의 규정으로 구성되어 있는 반면, 비재정적 조치를 규율하는 제3조4항은
'동종상품'만을 두고 있다. 따라서 제3조2항과 제3조4항의 적용범위가
같다면 두 조항의 '동종상품'은 다르게 해석되어야 할 것이다. 반대로,
두 조항의 '동종상품'의 범위를 같게 해석한다면 제3조2항과 제3조4항의
적용범위가 달라지는 결과가 초래될 것이다. 따라서 이러한 맥락에서 상
소기구는 제3조2항의 '동종상품'의 범위는 제3조4항의 '동종상품'보다는
상대적으로 좁게(narrowly) 해석되어야 한다고 보았다.[27]

그동안의 GATT 및 WTO 관행은 동종상품 판단시 고려할 기준(criteria)
들을 발전시켜 왔다. 먼저 1970년 국경세조정 작업반 보고서(Report of
the Working Party on Border Tax Adjustment)이다. 작업반은 동종상품 여
부에 대한 판단의 문제는 사안별로(case-by-case) 검토되어야 하고 개별
사안에서 유사상품을 구성하는 서로 다른 요소들을 공정하게 평가해야
한다고 결론내리면서, 판단기준으로 해당 시장에서 상품의 최종용도, 소
비자의 취향과 습관, 제품의 특성·성격·질을 예시하였다.[28] 이에 더하

---

27) Appellate Body Report on Japan-Alcoholic Beverages, pp.19-20: Because the
second sentence of Article Ⅲ:2 provides for a separate and distinctive consideration
of the protective aspect of a measure in examining its application to a broader
category of products that are not "like products" as contemplated by the first
sentence, we agree with the Panel that the first sentence of Article Ⅲ:2 must
be construed narrowly so as not to condemn measures that its strict terms are
not meant to condemn. Consequently, we agree with the Panel also that the
definition of "like products" in Article Ⅲ:2, first sentence, should be construed
narrowly.

28) GATT, Report of Working Party on Border Tax Adjustments, BISD 18S/97, para.18:
The Working Party concluded that problems arising from the interpretation of the
terms should be examined on a case-by-case basis. This would allow a fair
assessment in each case of the different elements that constitute a similar product.
Some criteria were suggested for determining, on a case by case basis, whether
a product is similar: the product's end-users in a given market; consumers tastes

여, GATT 패널들은 상품의 관세분류를 고려할 요소로 추가하였다.29) 따라서, 동종상품 판단시 고려할 요소로는 ① 특정시장에서 물품의 최종용도(product's end-uses in a given market), ② 소비자의 기호 및 습관(consumers' tastes and habits), ③ 물품의 특성과 본질 및 품질(product's properties, nature and quality), 그리고 ④ 통일관세분류(tariff classification)를 들 수 있을 것이다. GATT/WTO 관행상 확인된 상기 4개 요소는 동종상품 판단에 대한 분석틀을 제공하며 관련 증거들을 분류하고 검토하는데 유용한 도구가 된다. 그러나 이러한 판단기준들이 협정상 문언에 근거한 것도 아니며 이들 요소가 closed list 라고 할 수도 없다. 또한 개별 요소들이 제품의 상이한 특성을 다루고 있지만 요소들간 상호관련성도 있음을 주지할 필요가 있다. 중요한 점은 패널이 해당 동종상품 판단과 관련된 모든 증거를 전체적으로 검토해야 한다는 것이다.30)

그간의 사례를 살펴보면, 일본-주세 II 사건31)에서 패널은 수입산 보드카와 국내산 소주가 동종상품인지 여부를 분석하였는데, 두 상품은 대부분 물리적 특성을 공유하고 유사한 원재료로 제조되며 최종용도에 실질적 동일성이 있으며 일본 관세분류상 세 번이 같다는 점을 들어 동종상품이라고 판단하였고 상소기구도 이를 지지하였다.32) 멕시코-청량음료세 사건33)에서 사탕수수당(cane sugar)과 사탕무당(beet sugar)이 동종

---

and habits, which change from country to country; the products properties, nature and quality.

29) *See e.g.*, The Australian Subsidy on Ammonium Sulphate, GATT Panel Report, CP.4/39, B.I.S.D. II/188 (adopted March 31, 1950); EEC-Measures on Animal Feed Proteins, GATT Panel Report, L/4599, B.I.S.D. 25th Supp. 49 (1979) (adopted March 14, 1978); Spain-Tariff Treatment of Unroasted Coffee, GATT Panel Report, L/5135, B.I.S.D. 28th Supp. 102 (1982) (adopted June 11, 1981).

30) Appellate Body Report on *EC-Asbestos*, paras.102-103

31) Japan-Taxes on Alcoholic Beverage("*Japan-Alcoholic Beverage II*"), Panel Report, WT/DS76/R, adopted 1 November 1996, as modified by the Appellate Body Report, WT/DS8/AB/R, WT/DS10/AB/R, WT/DS11/AB/R, DSR 1996: I

32) Appellate Body Report on *Japan-Alcoholic Beverage II*, pp.18-31; Panel Report on *Japan-Alcoholic Beverage II*, paras.6.6-6.35

상품인지 여부가 문제되었는데, 패널은 두 상품이 물리적으로 동일한 입
자구조와 화학성분을 가지며, 최종용도에서 아무런 차이가 없어 상호대
체가능하고, 소비자들이 두 상품간 맛의 차이를 인식하기 어려울 정도로
동일하며, 모두 HS 1701로 분류되므로 동종상품이라고 판단하였다.[34]
이에 반해, 캐나다-정기간행물 사건[35]에서 패널은 수입 분리발행 정기간
행물과 국내 비분리발행 정기간행물간 동종상품인지 여부에 대해 동일
한 사용용도와 유사한 물리적 성격, 특성 및 품질을 가지므로 동종상품
에 해당한다고 판단하였으나 상소기구는 패널의 사실분석 불충분을 이
유로 이를 기각하였다. 한국-주세 사건[36]에서도 수입산 보드카와 국내산
소주의 동종성이 문제되었으나, 패널은 충분한 증거가 없다고 하여 동종
성 판단을 회피하였다. 이러한 사례들에 기초하여 볼 때, 두 상품이 물리
적으로 동일한 구조와 특성을 가지고 있고 최종용도에서 상호대체가능
하고 소비자들의 선호에 있어서도 차이가 없는 경우에 동종상품이라고
판단할 수 있음을 알 수 있다.

(2) '탄소배출량 차이'의 고려 여부

수입상품에 대한 탄소배출권 국경조정의 경우, 제3조2항1문의 '동종상
품' 판단기준으로 '탄소배출량'의 차이가 고려될 수 있는지 여부가 핵심
적인 쟁점이다. 분석의 편의상 두 상품간 '탄소배출량'을 제외하고는 모
든 여건이 차이가 없는 경우를 가정하겠다. 냉연강판[37]을 사례로 들어보
면, 탄소규제가 없는 국가에서 생산되어 수입된 냉연강판과 탄소규제가

---

33) *See supra* note
34) Panel Report on *Mexico-Soft Drinks*, paras.8.27-8.36
35) *See supra* note
36) Korea-Taxes on Alcoholic Beverages (*'Korea-Alcoholic Beverage'*), Panel Report,
   WT/DS75/R, WT/DS84/R, adopted 17 February 1999, as modified by the Appellate
   Body Report, WT/DS75/AB/R, WT/DS84/14, 4 June 1999, DSR 1999:II
37) '냉연강판'은 열연강판을 산으로 세척한 후 상온에서 콜드스트립밀 또는 리버스
   밀로 압연하여 두께가 고르고 표면이 매끈하고 광택이 나게 만든 강판이다. 자동
   차의 차체, 계측기, 전기제품 등 내구소비재에 사용된다.

있는 국내 생산된 냉연강판, 또는 탄소다배출 공정으로 생산된 냉연강판
과 탄소저배출 공정으로 생산된 냉연강판이 동종상품이 아니라고 할 수
있는지가 문제된다.

앞에서 살펴본 전통적인 접근방식은 두 상품간 시장에서 경쟁관계가
있는지 여부를 객관적으로 확인하는데 초점을 맞추고 있으며 이를 위한
고려요소로서 ① 특정시장에서 물품의 최종용도, ② 소비자의 기호 및
습관, ③ 물품의 특성과 본질 및 품질, ④ 통일관세분류를 제시하고 있
다. 이러한 접근방식 하에서, '탄소배출량의 차이'는 어떻게 고려될 수
있는가? 이와 관련하여, EC-석면 사건38)의 상소기구 결정을 참고할 필
요가 있다. 상소기구는 '건강 위험(health risk)'과 관련된 증거가 제3조
동종성 심사와 관련될 수 있다고 전제하고, 동 사안의 경우 기존 네 가지
고려요인 중 상품의 물리적 특성과 소비자 선호 및 습관 내에서 검토될
수 있다고 판시하였다.39) 특히 사안에서 문제된 발암성의 존재는 백석면
섬유의 중요한 물리적 특성을 구성하므로, 동종성 분석에서 이러한 물리
적 차이를 간과해서는 안 된다고 강조하였다.40) 상품의 물리적 특성상

---

38) European Communities-Measures Affecting Asbestos and Asbestos-Containing
Products ("EC-Asbestos"), Panel Report, WT/DS135/R and Add.1, adopted 5
April 2001, as modified by the Appellate Body Report, WT/DS135/AB/R, DSR
2001:Ⅶ and DSR 2001:Ⅷ

39) Appellate Body Report on EC-Asbestos, para.113: We are very much of the view
that evidence relating to the health risks associated with a product may be pertinent
in an examination of "likeness" under Article Ⅲ:4 of the GATT 1994. We do
not, however, consider that the evidence relating to the health risks associated
with chrysotile asbestos fibres need be examined under a separate criterion, because
we believe that this evidence can be evaluated under the existing criteria of
physical properties, and of consumers' tastes and habits, to which we will come
below.

40) Appellate Body Report on EC-Asbestos, para.114: This carcinogenicity, or toxicity,
constitutes, as we see it, a defining aspect of the physical properties of chrysotile
asbestos fibres. The evidence indicates that PCG fibres, in contrast, do not share
these properties, at least to the same extent. We do not see how this highly

이러한 현저한 차이가 있음에도 불구하고 제3조 동종성이 인정되려면 다른 모든 정황을 통해 두 상품간의 경쟁 관계가 있다는 점을 제소국측이 입증해야 한다.[41] 동 상소기구 결정은 상품의 환경적 영향이 동종성 판단시 고려될 가능성이 있으며, 기존 네 가지 고려요인에 이를 포함하여 분석할 수 있음을 시사한다.

그렇다면, 기존 네 가지 고려요인에 기초하여 분석해 볼 때, 생산과정에서의 탄소배출량이 다르다는 이유로 동종상품이 아니라고 할 수 있는가? 상품의 생산과정에서 탄소배출량이 다르다고 해서 상품의 최종용도나 물리적 특성에 변화가 있는 것은 아니지만, 탄소배출량에 대한 정보가 시장에서 충분히 제공될 경우 소비자들은 같은 가격이라면 온실가스를 덜 배출하는 방식으로 생산된 제품을 선호할 것이다. 탄소배출량이 다른 두 상품 간 경쟁관계 판단에 있어 이러한 소비자 선호 및 습관이 고려되어야 할 것이다. EC-석면 사건의 상소기구도 발암성(carcinogenicity)은 백석면의 물리적 특성을 결정하는 중요한 측면이라고 하였고, 동조의 견은 더 나아가 이러한 특성상의 차이에도 불구하고 최종용도나 소비자 선호 등의 고려요인으로 인해 동종상품이라고 볼 여지는 없다는 견해를 표명하였다.[42] 그러나 '탄소배출량 차이'로 인해 단순히 소비자 선호 및

---

significant physical difference cannot be a consideration in examining the physical properties of a product as part of a determination of "likeness" under Article III:4 of the GATT 1994.

41) Appellate Body Report on *EC-Asbestos*, para.118: We consider this to be especially so in cases where the evidence relating to properties establishes that the products at issue are physically quite different. In such cases, in order to overcome this indication that products are not "like", a higher burden is placed on complaining Members to establish that, despite the pronounced physical differences, there is a competitive relationship between the products such that all of the evidence, taken together, demonstrates that the products are "like" under Article III:4 of the GATT 1994.

42) Appellate Body Report on *EC-Asbestos*, para.152 (동조의견): … That definitive characterization, it is further submitted, may and should be made even in the absence of evidence concerning the other two Border Tax Adjustments criteria

습관에 영향을 미치는 경우와 백석면과 같이 치명적인(lethal) 독성으로 인해 상품의 물리적 특성이 달라지는 경우는 구분되어야 할 것이다. 상품이 가진 '치명적인 건강위험'은 소비자의 건강에 직접적인 영향을 미치게 되고 과학적으로 증명이 가능하지만, 상품의 '탄소배출량 차이'가 개별 소비자에게 미치는 영향은 간접적이고 과학적 증명도 어렵다는 문제가 있다. 더구나 동종성 분석은 시장에서의 경쟁관계를 종합적으로 판단하는 것이므로 상품의 최종용도나 물리적 특성이 완전히 동일한 경우에는 소비자 선호 및 습관에서 일부 차이가 있다고 하더라도 동종성을 부인하기는 어렵다. 상소기구도 일부 차이가 있더라도 다른 모든 정황을 통해 두 상품간 경쟁관계가 존재함을 입증할 경우 동종상품으로 판단할 수 있다는 입장이다. 또한 EC-석면 사건의 상소기구 결정은 동 사안에서의 치명적인 위험이 고려된 것으로 제한적으로 해석되어야 하며, 이를 대기오염 등과 같이 일반적인 환경위험으로까지 확대하기는 어려울 것이다.

그렇다면 제3조 동종성 판단시 '탄소배출량 차이'를 별개의 고려요인으로 추가될 수 있는가? '탄소배출량 차이'가 시장에서의 경쟁관계에 유의미한 변화를 가져오는 별개 요인으로 보기는 어렵다고 판단된다. WTO 패널 및 상소기구는 제3조의 동종성 해석을 기본적으로 시장에서 두 상품간의 경쟁관계가 객관적으로 존재하는지를 경제적 관점에서 분석하는 것으로 이해하고 있기 때문에 '기후변화'와 같이 일반적인 환경 관점에 기초한 요인이 반영되기는 곤란할 것이다.

(categories of "potentially shared characteristics") of end-uses and consumers' tastes and habits. It is difficult for me to imagine what evidence relating to economic competitive relationships as reflected in end-uses and consumers' tastes and habits could outweigh and set at naught the undisputed deadly nature of chrysotile asbestos fibres, compared with PCG fibres, when inhaled by humans, and thereby compel a characterization of "likeness" of chrysotile asbestos and PCG fibres.

2) '초과하여(in excess)' 과세

제3조2항1문의 두 번째 요건으로, 수입상품에 대한 탄소배출권 국경조정이 동종 국내상품에 비해 초과하여 과세하는 조치인지 여부를 검토해야 한다. WTO 회원국은 자국이 적절하다고 판단하는 과세율과 과세방식을 선택할 권한이 있지만 제3조2항1문은 수입상품에 대해 동종 국내상품에 비해 초과하여 과세하지 않아야 한다. 이 때 '초과하여(in excess)'라는 표현은 최소한 동일하거나 유리한 조세를 의미하는 것으로 해석된다. 따라서 수입상품에 대한 과세율 또는 과세방식이 상대적으로 높다면 초과과세에 해당하는 것으로, 이는 무역에의 영향을 조건으로 하지도 않으며 초과하는 양이 아무리 미미한 정도라도 허용되지 않는다.43) 수입상품에 대한 탄소배출권 국경조정 관련 두 가지 시나리오를 중심으로 분석해 보겠다.

(1) 시나리오 1: 국별 탄소배출치 기준 배출권 의무 산정

첫 번째 시나리오는 상품 원산지의 탄소규제 수준에 따라 각기 다른 배출권 의무 산정기준을 적용시키는 경우이다. 일례로 중국산 물품에 대해 탄소배출권 의무를 부과하면서 개별 상품별 탄소배출량을 측정하지 않고 국가 전체의 배출량을 기준으로 추정한 법정기준치를 적용하는 것으로, 탄소배출권 의무 산정공식은 "국가별 탄소배출계수 × 수입량"이 될 것이다. 이 경우 두 가지 측면에서 '초과과세'에 해당될 수 있다.

하나는 탄소배출권 산정이 국가별 탄소배출계수에 의존하기 때문에 수입상품에 대한 배출권 의무수준이 동종 국내상품의 배출권 의무수준

---

43) Appellate Body Report on *Japan-Alcoholic Beverages II*, p.23: The only remaining issue under Article III:2, first sentence, is whether the taxes on imported products are 'in excess of' those on like domestic products. If so, then the Member that has imposed the tax is not in compliance with Article III. Even the smallest amount of 'excess' is too much. 'The prohibition of discriminatory taxes in Article III:2, first sentence, is not conditional on a 'trade effects test' nor is it qualified by a de minimis standard.'

보다 높게 부과될 수 있다는 점이다. 이러한 의무수준의 차이는 그간 다수 판례에서 제3조 위반으로 판단되어 왔다. 미국-수퍼펀드 사건44) 패널은 미국의 석유소비세에 대해 수입된 상품에 부과되는 세율이 동종 국내상품에 부과되는 세율에 비해 높다면서 제3조2항 위반이라고 판정한 바 있다.45) 도미니카공화국-담배 사건46)에서는 도미니카공화국의 소비세법이 국산담배 과세표준은 상표별 소매가 평균으로 정하고 수입담배에 대해서는 가장 유사한 국산담배에 적용되는 표준을 이용하도록 한 것에 대해, 온두라스는 이러한 과세표준 차이로 수입담배가 높은 세율을 적용받는다며 제3조2항 위반을 주장하였다. 온두라스가 수출한 Vicerory(소매가 RD\$18, 소비세 RD\$6.54)의 경우 시장소매가는 국산담배인 Lider(소매가 RD\$18, 소비세 RD\$5.34)와 유사함도 불구하고 관세평가 가격이 Kent(소매가 RD\$22, 소비세 RD\$6.54)와 유사한 것으로 취급되어 고율의 소비세가 부과되었다는 것이다. 이에 대해 패널은 도미니카공화국의 국내법이 실제로 적용되는 과정에서 수입담배인 Viceroy에 동종 국내상품인 Lider보다 높은 세율을 부과하였으므로 제3조2항1문 위반이라고 판단하였다.47)

다른 하나는 수입상품과 동종 국내상품에 적용되는 배출권 부과방식이 다르다는 점이다. 국내상품의 경우에는 연도별 탄소배출량을 산정하고 이를 기준으로 배출권 의무를 산정하게 되지만, 수입상품의 경우에는 미리 정해진 법정기준치에 따라 국경에서 배출권 의무를 부담하게 된다. 또한 국내상품의 경우에는 배출권 제출에 있어 다른 사업활동을 통해 획

---

44) United States-Taxes on Petroleum and Certain Imported Substances (*US-Superfund*), Panel Report, adopted 17 June 1987, BISD 34S/136

45) GATT Panel Report on *US-Superfund*, para.5.1.1

46) Dominican Republic-Measures Affecting the Importation and Internal Sale of Cigarettes ("*Dominican Republic-Import and Sale of Cigarettes*"), Appellate Body Report, WT/DS302/AB/R, adopted 19 May 2005, DSR 2005: XV, 7367

47) Panel Report on *Dominican Republic-Import and Sale of Cigarettes*, paras.7.317-7.364

득한 배출권을 활용할 수 있는 반면, 수입상품의 경우에는 자국에서 획
득한 배출권이 수입국 탄소시장에서도 그대로 인정받기 어려울 것이다.
이러한 측면에서 보면 탄소배출권 국경조정이 수입상품에 대해 국내상
품의 경우 보다 불리한 방식으로 운영될 가능성이 크다. 일본-주세 I
사건 패널은 내국세 차별 여부를 판단함에 있어 세율 차이뿐만 아니라
과세방식(예: 다른 유형의 내국세인지, 최종제품에 대한 직접세인지 또는
생산의 각 단계에서 투입된 원재료에 부과되는 간접세인지) 및 부과방식
(예: 산정기준)도 고려되어야 함을 분명히 하였다.48) 이와 관련된 사례를
살펴보면, 미국-수퍼펀드 사건에서 패널은 미국 수퍼펀드법이 수입업자
가 자료를 충분히 제출하지 못하는 경우 수입물질에 대한 물품세로 5퍼
센트를 부과하는 것은 국내물질이 부담하는 2퍼센트에 비해 과도하기 때
문에 내국민대우 위배 소지가 있다고 보았다. 다만 재무성 규정을 통해
5퍼센트 대신 미국 내 주된 생산방법을 적용하도록 규정되어 있고, 미국
규제당국이 5퍼센트 벌과금 조항은 절대로 적용되지 않을 것이라고 한
미국의 약속을 회원국들에게 주지하는 선에서 권고하였다.49)

(2) 시나리오 2: 원산지중립적인 2단계 기준치 적용

두 번째 시나리오는 수입상품에 대해 동종 국내상품과 동일한 탄소배
출권 산정기준(2단계 기준치)50)에 따라 탄소배출권 국경조정이 중립적으

---

48) Panel Report on *Japan-Alcoholic Beverages I*, para.5.8: ··· The Panel further
found that the wording "directly or indirectly" and "internal taxes··· of any kind"
implied that, in assessing whether there is tax discrimination, account is to be
taken not only of the rate of the applicable internal tax but also of the taxation
methods (e.g. different kinds of internal taxes, direct taxation of the finished
product or indirect taxation by taxing the raw materials used in the product during
the various stages of its production) and of the rules for the tax collection (e.g.
basis of assessment).

49) Panel Report on *US-Superfund*, para.5.2.10

50) '2단계 기준치'는 미국-휘발유 사건에서 미국의 휘발유세 산정방식을 모델로 하
여 탄소배출권 국경조정의 시나리오로 가정한 것으로, 탄소배출량 측정에 있어

로 시행되고 각 상품의 탄소배출량에 비례하여 수입상품과 국내상품에 배출권 의무가 부과하는 경우이다. 이 때 수입상품에 기본적으로 적용될 탄소배출권 할당기준은 "생산과정에서 소비한 화석연료의 탄소함유량 (이하 탄소배출량)"이 될 것이다. 시나리오 2는 수입상품과 동종 국내상 품에 동일한 기준을 적용함으로써 시나리오 1에 비해 제3조 위반 소지를 줄였다. 하지만, 여전히 제3조2항1문 초과과세로 판단될 여지가 크다. 명 시적 차별 측면과 사실상 차별 측면으로 구분하여 검토하겠다.

우선 명시적 차별과 관련, 탄소다배출 수입상품에 대한 배출권 의무수 준이 탄소저배출 동종 국내상품의 배출권 의무수준에 비해 높다는 점이 제기될 수 있다. 앞의 동종성 분석 부분에서 설명하였듯이, WTO 패널 및 상소기구의 전통적인 접근방식은 두 상품 간 탄소배출량 차이가 있더 라도 시장에서의 경쟁관계가 충분히 입증되면 동종상품이라고 판단한다. 이에 따르면 탄소다배출 수입상품과 탄소저배출 국내상품은 동종상품이 며 탄소배출량에 따라 배출권 의무수준을 설정하게 되면 탄소다배출 수 입상품과 탄소저배출 국내상품에 대한 과세율은 당연히 달라지므로 제3 조2항1문의 초과과세에 해당하는 것으로 판단될 것이다.

이와 관련, 다음과 같은 반론을 생각해 볼 수 있다. 동종성 분석에서의 비교방식(전통적인 방법론에 따른 경우)과 초과과세 분석에서의 비교방 식은 차이가 있다는 점이다. 일반적으로 과세율은 상품의 '가격' 또는 '물 량'에 일정금액을 곱하는 방식으로 산정된다. 하지만 이 때 과세표준이 반드시 가격 또는 물량으로만 제한되는 것이 아니므로 상품의 '탄소배출 량'을 과세표준으로 하여 의무수준을 산정하는 것도 가능한 것으로 보아 야 한다. 또한 법정책적 측면에서도, 만일 탄소다배출 수입상품과 탄소저 배출 동종 국내상품에 동일한 과세율을 적용하라는 의미로 엄격하게 해

우선 생산자가 제출하는 자료를 기초로 개별상품별 기준치 산정을 시도하되, 생 산자가 자료를 제대로 제출하지 않거나 제출된 자료가 부정확하고 검증이 불가 능하여 개별기준치 산정이 곤란할 경우에는 법정기준치를 적용하는 방법이다. 제4장의 분석대상 시나리오 부분 참조.

석하면 이는 각국이 국내적으로 환경정책적 기준에 따라 차등 과세하는 권한 자체를 부정하게 되는 결과를 초래한다. 따라서 초과과세 분석의 목적상 탄소배출권은 상품 자체가 아니라 탄소배출량에 부과되는 것이며 초과과세 여부도 상품에 최종적으로 산정된 의무수준을 단순히 비교하는 것이 아니라 탄소배출량에 비례하여 초과과세 되는지 여부를 판단해야 한다는 것이다. 일본-주세 II 사건에서 패널도 소주와 보드카에의 과세율을 단순 비교한 것이 아니라 두 상품이 알코올함량 도수에 비례하여 동등하게 과세되는지 여부를 검토하였다. 즉, 보드카에는 알코올 함량 38° 이하인 경우 킬로리터당 377,230엔이 부과되므로 알코올 도수당 과세액이 9,927엔이지만 소주 A에는 알코올 함량 25°~26°인 경우 킬로리터당 155,700엔이 과세되므로 알코올 도수당 과세액이 6,228엔인 점을 지적하면서 일본의 주세제도상 수입 보드카에 대해 국내산 소주에 비해 초과과세 되고 있다고 판단하였다.[51] 또한 앞의 동종성 분석 부분에서 소개하였듯이, EC-석면 사건의 상소기구도 동종상품이라고 하더라도 그러한 동종상품 그룹 내에서 각국이 국내정책상 구분이 가능함을 시사한 바 있다.[52] 그러나 이러한 해석은 법리적으로 수용되기 어려운 것으로 판단된다. 동종성 분석에서 A국 상품과 B국 상품이 동종상품이라고 판단하고 나서 차별대우 분석에서는 상품이 아니라 각국이 정책적으로 설정한 척도에 따라 비교를 수행하게 되면 기존 동종성 분석의 취지가 무의미해질 수 있다는 점이다. 다시 말해서, 탄소다배출 수입상품과 탄소저배출 국내상품이 동종상품이라고 해놓고 두 상품간에 배출권 의무수준을 달리해도 초과과세가 아니라고 판단하는 것은 타당하지 않다. 또한 일본-주세 II 사건의 패널 결정은 알코올 도수의 차이만으로 초과과세 여부를 판단한 것이 아니라 분석과정에서 하나의 근거로 활용한 것에 불과하다.

다음으로 사실상 차별의 문제이다. 제3조는 수입상품을 명시적으로 차별하는 조치뿐만 아니라 원산지중립적(neutral)으로 설계되었더라도 실제

---

51) Panel Report on *Japan-Alcoholic Beverages II*, para.6.24
52) Appellate Body Report on *EC-Asbestos*, para.100

적인 차별적 효과가 있는 사실상 차별(de facto discrimination) 조치도 규율하고 있다. 만일 배출권 산정기준상 수입상품 대부분에는 높은 과세율이 적용되고 동종 국내상품 대부분에는 낮은 과세율이 적용되는 결과를 가져온다면 이는 사실상 차별적인 과세라고 판단할 여지가 충분히 있다. 예를 들어보면, 미국이 모든 상품에 대해 탄소배출량에 따라 3개 구간으로 나누어 5%, 6%, 10%의 탄소세를 부과하고 있으며, 미국 내 생산되는 상품은 대부분 5% 또는 6% 구간에 해당되는 반면 중국에서 수입되는 상품은 대부분 10% 구간에 속하는 상황을 가정해 보자. 두 가지 문제가 있다. 하나는 5% 구간과 10% 구간에서 상품의 탄소배출량을 기준으로 단위당 세율을 비교해볼 때 10% 구간에 초과과세 되고 있다는 점이다. 다른 하나는 중국으로부터 수입되는 대부분 상품이 10% 구간에 속하므로 이는 사실상 차별적인 과세로 판단될 수 있다는 점이다. 멕시코-청량음료세 사건에서 패널은 사탕무당(beet sugar)에 과세하면서 국내에서 주로 생산하는 사탕수수당(cane sugar)은 면제한 것은 사실상(in effect) 수입상품이 동종 국내상품에 비해 초과과세되는 것이라고 판단한 바 있다.[53]

(3) 제3조1항과의 관계 : 조치 효과목적 접근방식 검토

제3조1항은 국내조치가 국내 생산을 "보호하도록(so as to afford protection)" 적용되어서는 안 된다는 내국민대우의 일반원칙을 천명하고 있다. 제3조1항은 일반원칙을 규정하고 제3조2항과 제3조4항은 그에 따른 구체적 의무를 규정한 것이므로, 제3조1항은 제3조 여타 조항 해석에 있어 해당 조항의 문언적 의미를 훼손하지 않는 범위 내에서 일정한 지침을 제공하는 것이며, 조약 해석에 있어 유효성의 원칙(principle of effectiveness)상 제3조2항 및 제3조4항의 해석과정에서 제3조1항의 일반원칙이 무용화되도록 해서는 안 된다.[54] 이러한 관점에서 볼 때, 제3조2항1문의 행위

---

53) Panel Report on *Mexico-Sweetener Tax*, paras.8.56-58
54) Appellate Body Report on *Japan-Alcoholic Beverages II*, Part G: The terms of

요건인 초과과세 여부 분석에 있어 제3조1항의 일반원칙을 고려할 필요
가 있는지가 문제될 수 있다.

앞에서 소개한 방법론②(조치 효과목적설)에서 보듯이, 일부에서는 이
러한 일반원칙을 근거로 제3조 분석시 국내조치로 인한 차별적 효과뿐만
아니라 그러한 의도 또는 목적도 함께 검토하여야 하고 정당한 목적의
국내조치가 차별적 효과를 야기한다는 이유만으로 제3조 위반이 되어서
는 안 된다고 주장한다.55) 이러한 견해에 따를 경우, 수입상품에 대한 탄
소배출권 국경조정은 기후변화 대응이라는 정당한 공공정책상 목적 달
성을 위한 조치이며 국내산업 보호의 목적이 없으므로 설령 그러한 조치

Article III must be given their ordinary meaning-in their context and in the light
of the overall object and purpose of the WTO Agreement. Thus, the words
actually used in the Article provide the basis for an interpretation that must give
meaning and effect to all its terms. The proper interpretation of the Article is,
first of all, a textual interpretation. Consequently, the Panel is correct in seeing
a distinction between Article III:1, which "contains general principles", and
Article III:2, which "provides for specific obligations regarding internal taxes and
internal charges". Article III:1 articulates a general principle that internal
measures should not be applied so as to afford protection to domestic production.
This general principle informs the rest of Article III. The purpose of Article III:1
is to establish this general principle as a guide to understanding and interpreting
the specific obligations contained in Article III:2 and in the other paragraphs of
Article III, while respecting, and not diminishing in any way, the meaning of the
words actually used in the texts of those other paragraphs. In short, Article III:1
constitutes part of the context of Article III:2, in the same way that it constitutes
part of the context of each of the other paragraphs in Article III. Any other
reading of Article III would have the effect of rendering the words of Article
III:1 meaningless, thereby violating the fundamental principle of effectiveness in
treaty interpretation. Consistent with this principle of effectiveness, and with the
textual differences in the two sentences, we believe that Article III:1 informs the
first sentence and the second sentence of Article III:2 in different ways.

55) Robert Hudec, "GATT/WTO Constraints on National Regulation: Requiem for an
"Aim and Effects" Test", 32 *International Lawyer* 619(1998), p.626

로 인해 차별적인 효과가 발생한다고 하더라도 제3조 위반이 되어서는
안 된다는 항변은 가능할 것이다. 실제로 1992년 미국-주류 사건,[56] 1994
년 미국-자동차세 사건[57]에서 GATT 패널은 조치 목적효과 접근법을 채
택한 적이 있다.

그러나 이러한 해석은 일본-주세 II 사건의 상소기구[58]에 의해 거부
되었다. 동 사건에서 제소국측은 수입산 보드카 등과 일본산 소주는 동
종상품이므로 보드카 등에 소주보다 높은 세율을 부과하는 것은 제3조2
항1문 위반이라고 주장하였고, 일본은 주세법상 조세 차별은 국내상품을
보호하려는 의도가 없으며 그러한 효과도 발생하지 않았다고 반박하였
다. 패널 및 상소기구는 제3조1항이 제3조2항의 1문과 2문 해석에 상이
하게 적용된다면서 1문은 2문과 달리 제3조1항을 명시적으로 언급하지
않았음을 지적하고, 1문의 문구에 이미 제3조1항의 일반원칙이 구체화된
것이므로 1문의 문언적 해석에 충실해야 한다면서 조치목적 접근법이 아
닌 전통적인 접근법을 채택하였다.[59] 이후의 WTO 패널 및 상소기구도

---

56) United States-Measures affecting Alcoholic and Malt Beverages, 19 June 1992,
GATT B.I.S.D. 39th Supp. at 206(1993)
57) United States-Taxes on Automobiles, DS31/R, 11 October 1994, reprinted in 33
I.L.M. 1397(1994, unadopted)
58) Panel Report on *Japan-Alcoholic Beverages II*, para.6.25: ⋯ The benchmark in
Article III:2, first sentence, is that internal taxes on foreign products shall not
be imposed in excess of those imposed on like domestic products. Consequently,
in the context of Article III:2, first sentence, it is irrelevant whether "roughly"
the same treatment through, for example, a "roughly constant" tax/price ratio is
afforded to domestic and foreign like products or whether neutrality and horizontal
tax equity is achieved.
59) Appellate Body Report, *Japan-Alcoholic Beverages II*, Part H.1, para.1: Article
III:2, first sentence does not refer specifically to Article III:1. There is no specific
invocation in this first sentence of the general principle in Article III:1 that
admonishes Members of the WTO not to apply measures "so as to afford
protection". This ommission must have some meaning. ⋯ However, this does
not mean that the general principle of Article III:1 does not apply to this
sentence. To the contrary, we believe the first sentence of Article III:2 is, in

일본-주세II 상소기구의 입장을 견지해 오고 있다.[60]

더구나 제3조1항 "보호하도록(so as to afford protection)"의 문언적인 의미상으로도 조치 효과목적설의 주장은 적절한 해석이 아니다. "보호하도록" 표현은 조치의 결과(result)로 보호를 제공하는 것을 의미하는 것이지, 조치가 보호를 의도하거나 목적으로 한다는 의미가 아니기 때문이다. 이와 관련한 해석에 대해서는 제3조2항2문 분석에서 설명하겠다.

3. 제3조2항2문: '직접경쟁대체상품'에 '유사하지 않게 과세'

"다른 체약당사자의 영토내로 수입되는 체약당사자 영토의 상품은 동종의 국내상품에 직접적 또는 간접적으로 적용되는 내국세 또는 그 밖의 모든 종류의 내국과징금을 초과하는 내국세 또는 그 밖의 모든 종류의 내국과징금의 부과대상이 직접적으로든 간접적으로든 되지 아니한다. 또한 어떠한 체약당사자도 제1항에 명시된 원칙에 반하는 방식으로 수입 또는 국내 상품에 내국세 또는 그 밖의 내국과징금을 달리 적용하지 아니한다."

"The products of the territory of any contracting party imported into the territory of any other contracting party shall not be subject, directly or indirectly, to internal taxes or other internal charges of any kind in excess of those applied, directly or indirectly, to like domestic products. Moreover, no contracting party shall otherwise apply internal taxes or other internal charges to imported or domestic products in a manner contrary to the principles set forth in paragraph 1."

제3조2항2문은 내국세 및 기타부과금 부과에 있어 제3조1항의 원칙[61]에 배치되지 않도록, 즉 국내생산을 보호하도록(so as to afford protection)

---

effect, an application of this general principle. The ordinary meaning of the words of Article III:2, first sentence leads inevitably to this conclusion.

60) Hudec(1998) 교수는 상소기구 결정에 대해 지나친 문언적 접근이라고 비판적인 견해를 표명하였다.

61) GATT Article III:1: ··· should not be applied ··· so as to afford protection to domestic production.

운영되어서는 안 된다고 규정하고 있다. 이와 관련, GATT 제3조 주해 (Ad Article III)[62]는 제3조2항2문은 직접경쟁 또는 대체관계 상품(directly competitive or substitutable product)이 유사하게 과세되지 않을 경우(not similarly taxed) 적용된다고 설명하고 있다. 협상기록에 따르면, 제3조2항 2문 및 관련 주해의 목적은 상품에 대한 내국세가 보호주의 수단으로 사용되어서는 안 된다는 의도를 보다 명확하게 하기 위한 것으로 파악된다.[63]

제3조2항2문 위반 여부를 판단하기 위해서는 3가지 요소가 개별적으로 검토되어야 한다. 첫째, 수입상품과 국내상품이 직접경쟁 또는 대체관계에 있어야 한다. 둘째, 수입상품에 대해 국내상품과 유사하지 않게 과세조치를 하였어야 한다. 마지막으로 이러한 조치가 국내생산을 보호하는 것이었어야 한다. 이러한 3가지 요건을 충족하면 수입국에 의하여 부과된 내국세 또는 기타 내국과징금은 내국민대우의무 위반이 된다.[64]

---

62) GATT Annex I, Ad Article III, paragraph 2: A tax conforming to the requirements of the first sentence of paragraph 2 would be considered to be inconsistent with the provisions of the second sentence only in cases where competition was involved between, on the one hand, the taxed product and, on the other hand, a directly competitive or substitutable product which was not similarly taxed.

63) E/CONF.2/C.3/59, p.8: The new form of the Article makes clearer than did the Geneva text the intention that internal taxes on goods should not be used as a means of protection. The details have been relegated to interpretative notes so that it would be easier for Members to ascertain the precise scope of their obligations under the Article.

64) Appellate Body Report on *Japan-Alcoholic Beverages II*, p.25: Giving full meaning to the text and to its context, three separate issues must be addressed to determine whether an internal tax measure is inconsistent with Article III:2, second sentence. These three issues are whether: (1) the imported products and the domestic products are "directly and competitive or substitutable products" which are in competition with each other; (2) the directly competitive or substitutable imported and domestic products are "not similarly taxed"; and (3) the dissimilar taxation of the directly competitive or substitutable imported domestic products is "applied … so as to afford protection to domestic production.

1) 직접경쟁 또는 대체상품

수입상품과 국내상품이 제3조2항1문의 "동종상품"에 해당되지 않더라도 상품의 성격 및 관련 시장에서의 경쟁조건에 따라 그러한 상품이 제3조2항2문의 "직접경쟁 또는 대체상품"이라는 보다 넓은 개념에 해당될 수 있다.

(1) '직접경쟁 또는 대체상품' 판단기준

제3조2항2문의 직접경쟁 또는 대체상품 여부에 대한 판단기준은 무엇인가? GATT 및 WTO 협정상 어디에도 직접경쟁 및 대체상품에 정의조항은 없다. 우선 문언적인 의미를 보면, "경쟁"과 "대체"라는 문구 표현상 두 상품이 경쟁관계(in competition)에 있는 경우를 의미한다고 할 수 있다. 두 상품이 경쟁 또는 대체 관계에 있으려면, 그들이 대체가능(inter-changeable)하거나 특정한 수요 또는 취향을 충족하는 대안적 방법을 제공하는 것이어야 한다. 그리고 "직접"이라는 수식어는 이러한 국내상품과 수입상품간의 경쟁관계에 일정한 정도의 근접성이 요구하는 것으로 해석된다.65) 다음으로 제3조2항의 문맥상으로 볼 때, 특정 상품이 제3조2항1문의 동종상품에 해당되지 않는 경우에도, 그 상품의 성격과 관련시장에서의 경쟁조건상 제3조2항2문의 직접경쟁 또는 대체상품이라는 보다 넓은 개념으로 포함하여 일정한 규율을 적용하기 위한 것으로 해석된

---

65) Appellate Body Report on *Korea-Alcoholic Beverages*, paras.115-116: Thus, according to the ordinary meaning of the term, products are competitive or substitutable when they are interchangeable or if they offer, as the Panel noted, "alternative ways of satisfying a particular need or taste. Particularly in a market where there are regulatory barriers to trade or to competition, there may well be latent demand." "The words "competitive or substitutable" are qualified in the Ad Article by the term "directly". In the context of Article III:2, second sentence, the word "directly" suggests a degree of proximity in the competitive relationship between the domestic and the imported products. The word "directly" does not, however, prevent a panel from considering both latent and extant demand.

다. 그러나 어디까지가 직접경쟁 또는 대체 관계인지 여부는 구체적인
사안에서 패널이 제반 사실관계에 기초하여 결정할 사항이며 사안별(case-
by-case)로 이루어져야 한다.66)

"직접경쟁 또는 대체상품"인지 여부는 구체적으로 어떻게 판단되는
가? GATT 협상 당시의 기록을 보면, 사과와 오렌지, 국내 린시드오일과
수입산 텅오일, 국내산 합성고무와 수입산 천연고무가 직접경쟁 또는 대
체관계의 사례에 해당될 수 있는 반면, 트램과 버스, 석탄과 등유에 대해
서는 이견이 있었다고 한다.67) 모든 상품간에는 일정 정도의 경쟁 또는
대체관계가 있지만, 제3조2항2문의 "직접경쟁 또는 대체상품"에 해당되
려면 그 시장에서 소비자가 두 상품을 특정 욕구를 충족하기 위한 대안
으로 고려한다는 증거가 충분해야 할 것이다. 이러한 증거로는 상품의
성질, 최종용도, 관세분류 등의 사항뿐만 아니라 "시장(market place)"에
서의 경쟁관계가 전반적으로 포함된다.68) 우선, 상품의 물리적 특성이다.

---

66) Appellate Body Report on *Japan-Alcoholic Beverages II*, p.26: If imported and
domestic products are not "like products" for the narrow purposes of Article
III:2, first sentence, then they are not subject to the strictures of that sentence
and there is no inconsistency with the requirements of that sentence. However,
depending on their nature, and depending on the competitive conditions in the
relevant market, those same products may well be among the broader category
of "directly competitive or substitutable products" that fall within the domain of
Article III:2, second sentence. How much broader that category of "directly
competitive or substitutable products" may be in any given case is a matter for
the panel to determine based on all the relevant facts in that case. As with "like
products" under the first sentence, the determination of the appropriate range of
"directly competitive or substitutable products" under the second sentence must
be made on a case-by-case basis.

67) Panel Report on *Korea-Alcoholic Beverages*, para.10.38

68) Appellate Body Report on *Japan-Alcoholic Beverages II*, p.26: In this case, the
Panel emphasized the need to look not only at such matters as physical
characteristics, common end-uses, and tariff classifications, but also at the
"market place". This seems appropriate. The GATT 1994 is a commercial
agreement, and the WTO is concerned, after all, with markets. It does not seem

한국-주세 사건 패널 및 상소기구는 상품의 직접경쟁성을 판단함에 있어 동일한 물리적 특성이 요구되지는 않으나 상품의 물리적 유사성(physical similarities)이 중요한 고려요소인 것으로 보았다.[69] 또한, 두 상품의 최종 용도가 중첩되는지도 검토될 것이다. 수입상품과 국내상품간에 경쟁이 존재한다는 것은 두 상품의 최종용도가 중첩되어 있음을 의미한다. 최종 용도가 다르면 경쟁관계라고 보기 어려우며 경쟁관계에 있다고 하더라 도 간접경쟁관계에 불과할 것이다. 중첩된 최종용도를 가졌는지는 여부 는 시장에서의 대체탄력성(elasticity of substitution)을 통해 살펴볼 수 있 을 것이다.[70][71] 이외에도, 유통채널, 가격 등 경쟁관계를 증명하는 다양 한 증거들이 활용될 수 있다.

그간 분쟁사례를 보면, 일본-주세 II 사건[72]에서 패널 및 상소기구는 국내산 소주와 수입산 보드카는 동종상품으로 판단하고 그 이외에 위스 키, 진, 백색 럼 등에 대해서는 대체탄력성을 측정한 조사자료에 기초하 여 국내산 소주와 직접경쟁과 대체가능한 관계에 있다고 판단하였다. 캐

---

inappropriate to look at competition in the relevant markets as one among a number of means of identifying the broader category of products that might be described as "directly competitive or substitutable".

69) Panel Report on *Korea-Alcoholic Beverages*, para.10.67: We note that for purposes of the analysis under Article III:2, second sentence, products do not need to be identical to be directly competitive or substitutable. However, as discussed above, physical similarities are relevant to the inquiry, particularly with respect to potential competition.

70) Panel Report on *Japan-Alcoholic Beverages II*, para.6.22: In the Panel's view, the decisive criterion in order to determine whether two products are directly competitive or substitutable is whether they have common end-uses, inter alia, as shown by elasticity of substitution.

71) Appellate Body Report on *Japan-Alcoholic Beverages II*, p.26: Nor does it seem inappropriate to examine elasticity of substitution as one means of examining those relevant markets.

72) Japan-Taxes on Alcoholic Beverage("*Japan-Alcoholic Beverages II*"), Panel Report, WT/DS76/R, adopted 1 November 1996, as modified by the Appellate Body Report, WT/DS8/AB/R, WT/DS10/AB/R, WT/DS11/AB/R, DSR 1996: I

나다-정기간행물 사건73)에서 상소기구가 수입 분리발행 정기간행물과 국내 비분리발행 정기간행물간 동종상품인지 여부에 대해서는 패널의 사실분석 불충분을 이유로 기각하였지만 수입 분리발행 정기간행물과 국내 비분리발행 정기간행물은 직접경쟁 및 대체관계에 있는 것으로 판단하고 제3조2항2문 위반 여부를 검토하였다. 한국-주세 사건74)에서 패널 및 상소기구는 소주와 양주간의 잠재적 경쟁 관계의 존재를 인정하고, 물리적 특성, 최종용도, 유통채널, 가격 등의 증거들을 종합적으로 검토하고 나서 양 제품은 직접경쟁 또는 대체상품이라고 판단하였다.75) 칠레-주세 사건76)의 경우 패널은 최종용도, 물리적 특성, 유통경로, 교차가격탄력성, 잠재적 경쟁관계 등을 종합적으로 검토한 후 국내산 Pisco와 수입 증류주는 칠레 시장에서 직접경쟁 또는 대체 관계에 있다고 하였다.77) 종합해 보면, 직접경쟁 또는 대체상품은 서로 조금 다르더라도 그 시장과 상품의 특성상 직접적인 경쟁관계 또는 대체탄력성이 존재하는 상품을 포함하는 개념으로, 국내산 소주와 수입산 양주, 분리발행 정기간행물과 비분리발행 정기간행물 등이 그 예라고 할 것이다.

(2) '탄소배출량 차이'의 고려 여부

탄소배출권 국경조정의 경우에는 어떠한가? 탄소다배출 수입상품과 탄소저배출 동종 국내상품의 경우는 제3조2항1문의 분석에서 이미 다루었으며 전통적인 접근방식에 따를 경우 탄소배출량의 차이가 동종성 분석에서 고려되기 어렵다고 설명한 바 있다. 따라서 그러한 경우는 제3조2항1문 위반이 되므로 2문의 분석대상이 아니다. 제3조2항2문에서는 수

---

73) *See supra* note
74) *See supra* note
75) Appellate Body Report on *Korea-Alcoholic Beverages*, paras.103-154; Panel Report on *Korea-Alcoholic Beverages*, paras.10.34-10.104
76) Chile-Taxes on Alcoholic Beverages ("*Chile-Alcoholic Beverages*"), Panel Report, WT/DS87/R, WT/DS110/R, adopted 12 January 2000, as modified by the Appellate Body Report, WT/DS87/AB/R, WT/DS110/AB/R, DSR 2000: I
77) Appellate Body Report on *Chile-Alcoholic Beverages*, paras.43-76

입산의 탄소다배출 A상품과 국내산의 탄소저배출 B상품간에 직접경쟁 또는 대체관계에 있는지를 판단하는 문제이다.

분석의 편의상, 수입산 냉연강판과 국내산 열연강판간의 관계를 가상 시나리오로 생각해 볼 수 있다. '열연강판'은 쇳물을 가공해 나온 평평한 판재 모양의 슬래브를 고온으로 가열한 뒤 누르고 늘여서 두께를 얇게 만든 강판을 말하며, '냉연강판'은 열연코일을 소재로 냉간압연 등의 공정을 거쳐 재가공한 제품으로 자동차용 강판 등으로 사용된다. 열연강판을 냉연강판으로 가공하는 공정에 상당량의 화석연료가 투입되어 열연강판의 탄소배출량은 1톤이고 냉연강판의 탄소배출량은 2톤이 된다고 가정해보자. 수입산 냉연강판에는 2톤의 탄소배출권이 필요하고 국내산 열연강판에는 1톤의 탄소배출권이 부과되는 결과가 된다. 이 때 냉연강판과 열연강판은 모두 철강제품이고 최종용도에서도 일정 부분 중첩되며 열연강판을 재가공하여 냉연강판을 만들 수 있다는 점 등을 고려할 때, 수입산 냉연강판과 국내산 열연강판이 직접경쟁 또는 대체관계에 있다고 할 수 있다. 그렇다면 이 경우 두 상품간의 탄소배출량의 차이를 근거로 그러한 직접경쟁 또는 대체관계의 존재를 부인할 수 있는가? 전통적인 분석방법에 따를 때 그렇지 않다고 판단된다.

2) 유사하지 않게 과세

두 번째 요건은 수입상품에 부과된 내국세가 직접경쟁 또는 대체관계에 있는 국내상품에 적용되는 내국세에 비하여 유사한 범위를 초과하여야 한다. 유사한 범위가 어느 정도인가에 관한 명문상 정확한 기준은 존재하지 않고 있다. 그러나 제3조2항의 1문과 2문의 문언상 차이로 인해 2문의 "유사하지 않게 과세" 요건은 1문의 초과과세 금지 요건과는 동일한 의미로 해석될 수 없다는 점을 감안할 때, 2문의 "유사하지 않게 과세" 요건은 수입상품과 직접경쟁 또는 대체관계에 있는 국내상품에 부과된 내국세의 차이가 미미한(de minimis) 수준까지는 허용되지만 그 이상이어서는 안된다는 것을 의미한다. 어느 정도까지가 미미한 수준인지 여부는 각 시장에서의 경쟁관계에 기초하여 사안별로 결정되어야 한다.[78] 아래에서는 수입상품에 대한 탄소배출권 국경조정 관련 두 가지 시나리오를 중심으로 분석하겠다. 이와 관련하여 탄소다배출 수입상품과 탄소저배출 동종 국내상품간의 차별과세가 제3조2항1문 위반에 해당되므로 2문에서 다시 검토될 이유는 없다. 제3조2항2문에서는 직접경쟁 또는 대체관계에 있는 수입산 탄소다배출 A상품과 국내산 탄소저배출 B상품간의 탄소배출권 의무수준의 차이가 문제될 것이다. 일례로 수입산 냉연강판과 국내산 열연강판을 생각해 볼 수 있다.

(1) 시나리오 1: 국별 탄소배출치 기준 배출권 의무 산정

첫 번째 시나리오는 앞에서 설명하였듯이 상품 원산지의 탄소규제 수준에 따라 각기 다른 배출권 의무 산정기준을 적용하는 경우이다. 탄소배출권 의무 산정기준으로 상품별로 미리 정해진 "국가별 탄소배출계수"

---

78) Appellate Body Report on *Japan-Alcoholic Beverages II*, p.27: To interpret "in excess of" and "not similarly taxed" identically would deny any distinction between the first and second sentences of Article III:2. Thus, in any given case, there may be some amount of taxation on imported products that may well be "in excess of" the tax on domestic "like products" but may not be so much as to compel a conclusion that "directly competitive or substitutable" imported and domestic products are "not similarly taxed" for the purposes of the Ad Article to Article III:2, second sentence. In other words, there may be an amount of excess taxation that may well be more of a burden on imported products than on domestic "directly competitive or substitutable products" but may nevertheless not be enough to justify a conclusion that such products are "not similarly taxed" for the purposes of Article III:2, second sentence. We agree with the Panel that this amount of differential taxation must be more than de minimis to be ddemed "not similarly taxed" in any given case. And, like the Panel, we believe that whether any particular differential amount of taxation is de minimis or is not de minimis must, here too, be determined on a case-by-case basis. Thus, to be "not similarly taxed", the tax burden on imported products must be heavier than on "directly competitive or substitutable" domestic products, and that burden must be more than *de minimis* in any given case.

가 사용될 것이다.

시나리오 1의 경우에는 탄소배출권 산정이 국가별 탄소배출계수에 의존하기 때문에 특정국에서 생산된 수입상품에 대해 높은 수준의 탄소배출권 의무가 부과될 것이다. 그 의무수준의 차이가 미미한 범위 내에 있지 않는 한, 2문의 '유사하지 않은 과세'에 해당되므로 2문 위반이 된다. 다만 1문의 '초과과세'에서 검토한 배출권 부과방식의 차이에 대해서는 보다 유연한 접근이 필요하다. 예를 들어 보자. 국내상품의 경우에는 연도별 탄소배출량을 산정한 이후에 배출권 의무를 지게 되지만 수입상품의 경우에는 수입되는 시점에서 배출권 의무를 부담하게 된다. 하지만 이러한 배출권 의무 부담시기의 차이는 다소 불리함이 있다고 하더라도 미미한 범위 내인 것으로 판단될 수 있을 것이다.

(2) 시나리오 2: 원산지중립적인 2단계 기준치 적용

두 번째 시나리오는 앞에서 설명하였듯이 수입상품에 대해 동종 국내상품과 동일한 탄소배출권 산정기준(2단계 기준치)에 따라 탄소배출권 국경조정을 중립적으로 시행하는 경우이다. 탄소배출권 의무 산정기준은 상품별 "탄소배출량"이 된다. 이 경우 직접경쟁 또는 대체관계에 있는 수입산 탄소다배출 상품과 국내산 탄소저배출 상품에는 서로 다른 배출권 의무가 부과되므로 제3조2항2문의 유사하지 않은 과세가 부과되었다는 주장이 제기될 것이다.

수입산 탄소다배출 상품과 국내산 탄소저배출 상품간의 배출권 의무수준 차이가 제3조2항2문의 유사하지 않은 과세인지 관련 분석의 관건은 시장에서의 동등한 경쟁조건에 영향을 주는지 여부가 될 것이다. 이와 관련해서도 제3조2항1문의 초과과세 분석 부분에서 살펴보았듯이, 동 요건 분석에서 비교대상은 상품 자체가 아니라 '탄소배출량'이 되어야 한다는 반론이 가능할 것이다. 다만 동일한 배출권 선정기준이 적용되더라도 수입상품에게 실질적으로 경쟁상 불이익을 초래하는 경우에는 유사하지 않은 과세로 판단될 것이다. 이는 사안의 구체적인 사실관계에

따라 달라질 사항이다. 다만 그간의 사례를 통해 어느 경우에 유사하지
않은 과세로 판단되는지를 가늠해 볼 수 있을 것이다. 일본-주세 II 사건
에서 패널은 수입된 양주와 국내산 소주에 유사하게 과세되었는지 여부
를 판단하기 위해 리터당 과세액, 알코올 도수당 과세액, 종량세율, 가격
대비 과세비율을 비교 분석하고 유사하지 않게 과세되었다고 판단하였
다.[79] 상소기구는 이러한 판단을 번복하지는 않았지만 패널이 "유사하지
않게 과세" 요건을 제3조1항의 "국내생산을 보호하도록" 요건과 구분하
여 별개로 분석하지 않은 것은 잘못이라고 지적하였다.[80] 한국-주세 사
건에서 패널은 주세와 교육세가 국내산 희석소주에는 38.5퍼센트인 반
면, 보드카, 진, 럼, 데낄라 등에는 104퍼센트, 위스키, 브랜디, 코냑에는
130퍼센트임을 지적하면서, 수입산 위스키에 대해 국내산 희석소주에 비
해 3배 이상 과세되고 있으므로 미미한 수준을 초과하는 것이 분명하다
고 판단하였다.[81] 칠레-주세 사건에서 모든 주류에 가격에 따른 종가세
를 부과하되 알코올 도수에 따라 세율을 달리하는 새로운 과세제도(New
Chilean System)가 제소되었는데, 패널은 종가세율의 최고세율인 47%와
최저세율인 27%가 미미한 수준 이상일 뿐만 아니라 알코올 도수 구간별
과세율 차이인 4퍼센티지 포인트도 미미한 수준 이상이라고 판단하였
다.[82] 칠레-주류 사건 상소심에서 칠레는 새로운 과세제도가 상품의 원
산지와 무관하게 알코올 함량과 가격이라는 동일한 객관적인 기준에 따
라 수입상품과 국내상품에 적용되므로 유사하지 않은 과세라는 패널 판
단은 잘못이라고 주장하였으나, 상소기구는 국내산의 75%에는 최저 세
율이 적용되고 수입산의 95%에는 최고 세율이 적용되는 점에 주목하면
서 '유사하지 않게 과세' 요건 분석은 특정 알코올 도수의 주류에 대한
세율을 비교하는 것이 아니라 모든 직접경쟁 또는 대체관계의 수입상품
에 대해 동등한 경쟁조건을 부여하는지를 검토하는 것이라고 하면서 패

79) Panel Report on *Japan-Alcoholic Beverages II*, para.6.33
80) Appellate Body Report on *Japan-Alcoholic Beverages II*, p.27
81) Panel Report on *Korea-Alcoholic Beverages*, para.10.100
82) Panel Report on *Chile-Alcoholic Beverages*, para.7.110

널 판단을 지지하였다.[83]

(3) 제3조1항 '국내생산을 보호하도록'

제3조2항2문은 "제1항에 명시된 원칙에 반하는 방식으로"이라는 문구를 포함하고 있기 때문에, 2문 위반이 되려면 내국세 부과가 국내생산을 보호하도록 적용되어서는 안 된다는 원칙에 반하여야 한다. 다시 말해서, 탄소배출권 국경조정이 제3조1항 일반원칙에 반하지 않는다면 제3조2항 2문 위반이 아니라고 할 것이다.

제3조1항의 국내생산을 "보호하도록(so as to afford protection)"이란 무엇을 의미하는가? WTO 상소기구는 국내생산보호의 의미를 내국세의 구조와 적용을 포괄적이고 객관적으로 분석하여 찾아낼 수 있는 보호주의적 적용이라고 해석하고, 보호주의적 적용은 내국세의 구도(design), 구

---

83) Appellate Body Report on *Chile-Alcoholic Beverages*, para.52: It is certainly true that, as Chile claims, if we were to focus the inquiry under the second issue solely on a comparison of the taxation of beverages of a specific alcohol content, we would have to conclude that all distilled alcoholic beverages of a specific alcohol content are taxed similarly. However, as we stated at the outset, in our analysis we must assume that the group of directly competitive or substitutable products in this case is broader than simply the products within each fiscal category. Chile's argument fails to recognize that the Panel has found, and Chile has not appealed, that imported beverages of a specific alcohol content are directly competitive or substitutable with other domestic distilled alcoholic beverages of a different alcohol content. To accept Chile's argument on appeal would, we believe, disregard the objective of Article III, which is to "provide equality of competitive conditions" for all directly competitive or substitutable imported products in relation to domestic products, and not simply for some of these imported products. The examination under the second issue must, therefore, take into account the fact that the group of directly competitive or substitutable domestic and imported products at issue in this case is not limited solely to beverages of a specific alcohol content, falling within a particular fiscal category, but covers all the distilled alcoholic beverages in each and every fiscal category under the New Chilean System.

성(architecture)과 드러난 구조(revealing structure)에 의하여 판단할 수 있다고 하였다.[84] 그러나 구도, 구성 그리고 드러난 구조의 정의 및 그들이 같은 의미를 갖는지 또는 의미가 다르다면 그 차이는 무엇인가를 명확히 하지 않았다. 그간의 사례들을 통해 유추해 보면 다음과 같다. 우선 구도 (design)란 객관적으로 분석된 내국세부과의 정책목적이 보호주의적인지 여부를 파악하는 것이다. 다음으로, 구성(architecture of a tax measure)이란 내국세법이 어떠한 형태로 설계되어 있는지에 대한 분석이다. 비록 합법적 정책목적을 수행하기 위한 내국세법규라도 그 형태가 국내생산을 보호하도록 되어 있는 경우 내국세의 보호주의적 적용으로 내국민대우위반이 된다. 예를 들면 수입상품과 국내상품에 부과된 내국세의 차이가 중대한 경우이다. 마지막으로 내국세의 드러난 구조(revealing structure)는 내국세 부과 결과 나타나는 보호주의적 적용이라고 할 수 있다. 일본-주세 사건에서 패널과 상소기구는 내국세율의 중대한 차이를 근거로 하여 내국세 부과가 국내생산 보호를 위한 것으로 판단하였다. 한국-주세 사건 상소기구는 저율의 내국세가 적용되는 그룹이 대부분 국내주류만을 포함하고 있고 고율의 내국세가 적용되는 부류는 거의 수입주류를 포함하는 국내 주세법의 구조를 내국세의 부과가 국내생산 보호하는 것으로 판단하였다. 칠레-주세 사건 패널은 국내생산보호 의도가 없더라도

---

84) Appellate Body Report on *Japan-Alcoholic Beverages II*, p.29: ⋯ we believe that an examination in any case of whether dissimilar taxation has been applied so as to afford protection requires a comprehensive and objective analysis of the structure and application of the measure in question on domestic as compared to imported products. We believe it is possible to examine objectively the underlying criteria used in a particular tax measure, its structure, and its overall application to ascertain whether it is applied in a way that affords protection to domestic products. Although it is true that the aim of a measure may not be easily ascertained, nevertheless its protective application can most often be discerned from the design, the architecture, and the revealing structure of a measure. The very magnitude of the dissimilar taxation in a particular case may be evidence of such a protective application, ⋯

그 적용방식이 국내생산을 보호하는 결과를 초래하면 국내생산 보호 목적을 인정할 수 있다고 하였다.

탄소배출권 국경조정의 경우를 살펴보자. 먼저 교역상대국의 평균적인 탄소배출량을 기준으로 탄소배출권 제출의무를 부과하는 시나리오 1의 경우, 조치의 구조상 탄소다배출 국가로부터 수입되는 상품에 동종 국내상품에 비해 상대적으로 높은 수준의 비용부담을 부과하여 국내시장으로 진입하는 것을 어렵게 하고 경쟁조건을 불리하게 변경시키는 것이므로 보호주의적으로 적용된다고 볼 수 있다. 다음으로 수입상품과 국내상품에 탄소배출량을 기초로 동일한 산정기준에 따른 탄소배출권 제출의무를 부과하는 시나리오 2의 경우, 수입상품에 대해 국내상품과 동등한 탄소배출권 의무를 부과하는 것이므로 그러한 조치가 보호주의적인 적용인지 여부는 구체 사안에서의 사실관계에 따라 판단되어야 할 것으로 보인다. 다만, 조치의 정책목적이 국내상품의 경쟁력을 유지하는데 있고, 탄소다배출 수입상품에 대해서는 상대적으로 높은 비용부담을 부과하여 국내시장에서의 경쟁조건을 불리하게 변경시키는 것이므로 국내생산을 보호하는 방식으로 적용된다고 볼 여지가 크다고 판단된다. 이때 탄소배출권 국경조정이 궁극적으로 기후변화 대응을 목적으로 하는 것이며 국내생산을 보호하려는 목적이 아니라는 항변을 생각해 볼 수 있으나, 제3조1항의 "보호하도록(so as to)"은 국내생산을 보호하는 의도나 목적을 가질 것을 요구하는 것이 아니기 때문에 그러한 항변은 받아들여지기 어려울 것이다.

IV. 제3조4항 분석

"다른 체약당사자의 영토내로 수입되는 체약당사자 영토의 상품은 그 국내판매, 판매를 위한 제공, 구매, 운송, 유통 또는 사용에 영향을 주는 모든 법률, 규정, 요건에 관하여 국내원산의 동종 상품에 부여되는 대우보다 불리하지 않은 대우를 부여받아야 한다. 이 항의 규정은 상품의 국적에 기초하지 아니하고

전적으로 운송수단의 경제적 운영에 기초한 차등적 국내운임의 적용을 방해하지 아니한다."

"The products of the territory of any contracting party imported into the territory of any other contracting party shall be accorded treatment no less favourable than that accorded to like products of national origin in respect of all laws, regulations and requirements affecting their internal sale, offering for sale, purchase, transportation, distribution or use. The provisions of this paragraph shall not prevent the application of differential internal transportation charges which are based exclusively on the economic operation of the means of transport and not on the nationality of the product"

제3조4항은 국내 법규, 규정 및 요건이 국내 동종물품 보다 수입물품을 불리하게 대우하지 않아야 한다는 규정이다. 동 조항 위반 여부를 판단하기 위해서는 다음 세 가지 요소를 검토해야 한다: i) 상품의 판매, 판매를 위한 제공, 구매, 운송, 유통 또는 사용에 영향을 주는 법규, 규정 또는 요건이어야 하며, ii) 수입상품과 국내상품이 동종상품이어야 하고, iii) 동종 국내상품에 비해 수입상품에 덜 유리한 대우가 있어야 한다.[85]

1. 제3조4항 적용대상: 모든 법규, 규정 및 요건

수입상품에 대한 탄소배출권 국경조정이 제3조4항의 적용대상인 상품의 국내 판매 및 유통에 영향을 미치는 모든 법규, 규정 및 요건에 해당되는가? 두 가지 쟁점사항에 대한 분석이 필요하다.

첫째 "모든 법규, 규정 및 요건(all laws, regulations and requirements)"에 해당되어야 한다. 협정상 이에 대한 정의는 없으나, 문언적으로 보면 '법규(law)'는 의회에서 제정된 법률을 의미하고[86], '규정(regulation)'은 법

---

85) Appellate Body Report on *Korea-Various Measures on Beef*, para.133
86) Webster's Dictionary of the English Language(1995 edition), 'law': a custom or practice recognized as binding by a community, esp. as a result of having been so decreed by the governing authority;

률 이외에 법적 구속력이 있는 하위법령을 지칭하며[87], '요건(requirement)'
은 법률이건 하위법령이건 행정지침이건 그 유형을 불문하고 어떠한 이
익을 얻기 위해 준수해야 하는 조건이라고 할 수 있다[88]. 특히 '요건'이
주로 문제되는데, 구속력 있는 규범을 의미하는 '규정'과 지켜지도록 요
구되는 조건을 의미하는 '요건'은 구별되어야 하며,[89] 그간의 GATT 및
WTO 패널은 '요건'으로 ① 기업이 법적으로 준수하도록 구속되는 의무
와 ② 기업이 정부로부터 이익을 받기 위해 자발적으로 수용하는 조건의
두 가지 경우를 제시하였다.[90] 결국 "모든 법규, 규정 및 요건"은 GATT
제23조1항(b) "조치(measures)"의 범위와 유사하게 넓은 개념으로 해석되
어 광범위한 영역에서의 정부 조치를 모두 포괄하는 것으로 간주되고,[91]
법적으로 강제되는 경우뿐만 아니라 기업이 일정한 혜택을 받기 위해 자
발적으로 준수해야 하는 경우도 포함하는 것으로 본다.[92] 그간의 분쟁사
례를 살펴보면, 캐나다-정기간행물 사건에서 민영화된 법인인 캐나다 우
체국의 요금정책이 제3조4항의 '규정' 또는 '요건'에 해당되는지 여부가
검토되었는데, 패널은 캐나다 우체국이 일반적으로 정부에 의해 정해진
지침에 따라 운영되고 있으며 캐나다 정부는 캐나다 우체국 요금정책이

Oxford Dictionary of English(2003 second edition), 'law': the system of rules
which a particular country or community recognizes as regulating the actions of
its members and which it may enforce by the imposition of penalties

87) Webster's Dictionary of the English Language(1995 edition), 'regulation': a
regulating or being regulated, a rule;
Oxford Dictionary of English(2003 second edition), 'regulation': a rule or directive
made and maintained by an authority

88) Webster's Dictionary of the English Language(1995 edition), 'requirement':
something stipulated or demanded, something needed;
Oxford Dictionary of English(2003 second edition), 'requirement': a thing that
is needed or wanted, a thing that is compulsory, a necessary condition

89) Panel Report on *India-Auto*, para.7.181

90) Panel Report on *India-Auto*, para.7.184

91) Panel Report on *Japan-Film*, para.10.376

92) Panel Report on *Canada-Autos*, para.10.73

부적절하다고 판단할 경우 캐나다 우체국법인법 제22절의 감독권한에
따라 요금 변경을 지시할 수 있음을 들어 캐나다 우체국 요금정책이 '규
정' 또는 '요건'에 해당된다고 판단하였다.[93] 캐나다-자동차 사건에서는
수입관세 면제 조건인 캐나다산 부가가치 요건이 제3조4항의 '요건'에
해당되는지 여부가 문제되었는데, 패널은 민간에 의한 조치라 하더라도
정부의 행위와의 연계가 있어 정부가 그러한 조치에 책임이 있으면 '요
건'에 해당된다고 하였다.[94] 브라질-재생타이어 사건에서 재생타이어 판
매를 금지한 주법과 폐기의무를 규정한 주법이 제3조4항의 법규, 규정
및 요건에 해당된다고 하였다.[95] 따라서 탄소배출권 국경조정의 경우에
도 수입상품에 대해 법령이나 행정지침을 통해 일정한 의무 또는 조건을
부과하는 것이므로 제3조4항의 법규, 규정 또는 요건에 해당된다는데 별
다른 이견이 없을 것이다.

두 번째로 "국내 판매, 판매를 위한 제안, 구매, 운송, 분배 또는 사용에
영향을 미치는(affecting internal sale, offering for sale, purchase, transpor-
tation, distribution or use of products)" 조치이어야 한다. 이때 "영향을 미
치는(affecting)" 요건은 문제된 특정한 정부 조치와 시장에서의 상품 관
련 거래행위가 연계될 것을 요구함으로써 제3조4항의 적용범위를 제한
하는 중요한 역할을 한다.[96] 사전적으로 "affecting"은 영향을 준다는 의

---

93) Panel on *Canada-Periodicals*, paras.5.33-5.36
94) Panel Report on *Canada-Autos*, para.10.107
95) Panel Report on *Brazil-Tyres*, para.7433
96) Appellate Body Report on *US-FSC (Article 21.5)*, para.208: We observe that
the clause in which the word "affecting" appears-"in respect of all laws,
regulations and requirements *affecting* their internal sale, offering for sale,
purchase, transportation, distribution or use"-serves to define the scope of
application of Article Ⅲ:4(emphasis added) Within this phrase, the word
"affecting" operates as a link between identified types of government action
("law, regulations and requirements") and specific transactions, activities and
uses relating to products in the marketplace ("internal sale, offering for sale,
purchase, transportation, distribution or use"). It is, therefore, not *any* "law,
regulations and requirement" which are covered by Article Ⅲ:4, but only those

미로 상당히 넓은 적용범위를 가지며, "regulating"이나 "governing" 보다
넓은 개념이다.97) 제3조4항의 "affecting"은 판매 조건을 직접적으로 규
율하는 조치뿐만 아니라 국내상품과 수입상품간의 경쟁조건을 불리하게
변경시키는 모든 조치를 포함하는 것으로 해석되어 왔다.98) 미국-FSC
(21.5조) 사건99)은 제3조4항의 "affecting" 요건이 폭넓게 해석됨을 잘 보
여준다. 미국의 해외판매법인(FSC)에 대한 조세감면 조치100)가 수출보조
금으로 보조금협정 및 농업협정 위반이라는 패널 및 상소기구 보고서가
채택되자, 2000년 11월 미국은 역외소득면제법(ETI: FSC Repeal and Extra-
territorial Income Exclusion Act)을 제정하여 자국 내국세 규정에 역외수
입(extraterritorial income)101)을 과세표준인 총수입에서 제외하는 규정을
신설하였다. 다만 예외조항을 두어, 총수입에서 제외되기 위해 충족해야

---

which "*affect*" the specific transactions, activities and uses mentioned in that
provision. Thus, the word "affecting" assists in defining the types of measure
that must conform to the obligation not to accord "less favourable treatment"
to like imported products, which is set out in Article III:4.

97) Appellate Body Report on *EC-Bananas*, para.220: The ordinary meaning of the
word "affecting" implies a measure that has "an effect on", which indicates a
broad scope of application. This interpretation is further reinforced by the
conclusions of previous panels that the term "affecting" in the context of Article
III of the GATT is wider in scope than such term as "regulating" or "governing"

98) Panel Report on *Canada-Autos*, paras.10.80-85

99) United States-Tax Treatment for "Foreign Sales Corporations"("*US-FSC
(Article 21.5-EC)*"), Panel Report, WT/DS108/RW, adopted 29 January 2002, as
modified by the Appellate Body Report, WT/DS108/AB/RW, DSR 2002: I

100) '해외판매법인(FSC: Foreign Sales Corporation)'은 해외수출을 위해 미국에서
생산되는 제품의 해외 판매 및 대여 활동을 담당하는 회사를 말한다. 미국은
조세법상 FSC에 관한 특별 규정을 통해 FSC에 대해 조세 혜택을 부여하여 왔
다. 이에 따라 MicroSoft, GM, Boeing사 등 상당수 미국 기업들은 바베이도스
등에 paper company를 설치하여 이를 통해 자사 제품을 수출함으로써 조세를
절감하여 왔다.

101) ETI법은 '역외수입'을 미국내에서 사용되지 않은 해외무역재산의 판매, 대여,
임대 등의 거래로부터 발생하는 총 수입액이라고 정의하였다.

하는 해외무역재산(foreign trade property)[102]의 요건을 두었는데, 이 중에는 미국 외에서 생산된 부품과 투입된 노동비용이 해당 재산의 50%를 넘지 않아야 한다는 요건이 포함되어 있었다.[103] 조치가 동종 수입상품의 국내사용에 영향을 주므로 제3조4항의 적용대상이라는 패널의 판단에 대해, 미국은 상소심에서 ETI 해외무역재산 요건과 수입상품의 국내사용간에는 "affecting"이라고 하기 위해 필요한 관계가 존재하지 않으며 일반적으로 적용되는 조치에 대해서는 "affecting"의 의미가 좁게 해석되어야 한다고 주장하였으나, 상소기구는 "affecting"은 정부 조치와 특정상품 거래간의 연계(link)를 규정하는 것으로 일정한 효과가 있는 조치를 의미하며 광범위한 적용범위를 갖는 것으로 해석되어야 하고, ETI 조치의 경우 수입된 투입요소에 대해서는 명시적인 최대한도를 도입하고 국내산 투입요소에 대해서는 그러한 제한을 두지 않아 생산자의 선택에 영향을 미치게 되므로 제3조4항 적용대상이라고 하였다.[104] 수입상품에 대한 탄소배출권 국경조정의 경우 탄소배출량에 상응하는 탄소배출권 보유의무를 부과하여 생산자에게 부담을 지우는 것이며 이는 수입상품의 판매가격 등 국내판매 및 유통에 영향을 주게 되므로 "affecting" 요건을 충족하는 것으로 판단된다.

2. 동종상품

"동종상품(like product)"의 범위는 WTO 협정 내 상이한 위치에서의 문맥과 상황에 따라 다르게 해석된다.[105] 따라서 제3조2항의 동종상품

---

102) '해외무역재산'은 미국 외에서 사용, 소비, 처분을 목적으로 하며 그 시장가치의 50% 이상이 미국 외에서 제작, 생산, 재배, 추출된 부품과 미국 외에서 이루어진 노동 비용으로 귀속되는 것이라고 규정하였다.

103) 패널은 이를 "foreign article/labor limitation"이라고 지칭하였다. Panel Report on *US-FSC (Article 21.5)*, para.8.123

104) Appellate Body Report on *US-FSC (21.5)*, paras.208-213

105) Appellate Body Report on *Japan-Alcoholic Beverages II*, p.14

분석과는 별개로, 제3조4항의 동종상품에 대한 분석이 요구된다.

1) 제3조 4항 동종상품 판단기준

제3조4항의 문맥을 보면, 제3조2항에서는 제3조1항의 일반원칙이 1문의 동종상품과 2문의 직접경쟁 및 대체상품으로 구분하여 규정되었기 때문에 1문의 동종상품의 범위가 좁게 해석되었지만, 제3조4항에서는 하나의 문장으로 구체화되었으므로 이러한 문언상의 차이는 제3조4항의 동종성이 제3조2항의 동종성과는 다르게 해석되어야 함을 시사한다.106) 또한 제3조4항이 제3조1항의 일반원칙을 명시적으로 원용하지는 않고 있지만 제3조4항의 해석에 있어 동 원칙이 적절하게 고려되어야 할 것이다. 다시 말해서 제3조는 내국세 및 국내규정이 시장에서의 국내상품과 수입상품간 경쟁관계에서 국내생산을 보호하는 방식으로 영향을 미치는 것을 방지하여 경쟁조건의 동등성(equality of competitive conditions)을 보장하는 것임을 감안, 제3조4항의 "동종(like)"이 그러한 경쟁관계(competitive relationships)에 있는 상품에 적용되도록 해석되어야 한다.107)

---

106) Appellate Body Report on *EC-Asbestos*, para.96: In construing Article III:4, the same interpretive considerations do not arise, because the "general principle" articulated in Article III:1 is expressed in Article III:4, not through two distinct obligations, as in the two sentences in Article III:2, but instead through a single obligation that applies solely to "like products". Therefore, the harmony that we have attributed to the two sentences of Article III:2 need not and, indeed, cannot be replicated in interpreting Article III:4. Thus, we conclude that, given the textual difference between Article III:2 and III:4, the "accordion" of "likeness" stretches in a different way in Article III:4.

107) *Ibid.*, para.98: As we have said, although this "general principle" is not explicitly invoked in Article III:4, nevertheless, it "informs" that provision. Therefore, the term "like product" in Article III:4 must be interpreted to give proper scope and meaning to this principle. In short, there must be consonance between the objective pursued by Article III, as enunciated in the "general principle" articulated in Article III:1, and the interpretation of the specific

동종성 여부의 판단은 기본적으로 상품간 경쟁관계의 성격과 정도를 분석하여 결정되지만 시장에서의 상품간 경쟁성과 대체성의 정도는 매우 다양하기 때문에 정확하게 어디에서 제3조4항의 동종성이 결정되는지를 특정할 수는 없다. 다만 제3조의 문맥상 제3조2항에서 금지되는 재정적 조치와 동일한 목적을 제3조4항의 비재정적 조치로 도모하는 것이 허용된다면 이는 제3조1항 일반원칙의 일관된 적용이 아니다. 따라서 제3조4항의 동종성은 제3조2항의 동종성보다 넓은 범위를 가진다. 또한 제3조2항은 동종상품과 직접경쟁 또는 대체상품에까지 확장 적용되지만 제3조4항은 단지 동종상품에만 적용된다. 이러한 문구상의 차이를 감안할 때, 제3조4항의 동종상품의 범위는 제3조2항1문의 동종상품 보다는 넓지만 제3조2항1문과 2문을 합친 것보다는 좁은 것으로 해석되어야 한다.108) 단순하게 도식화하면 "제3조2항1문 동종상품 + 2문 직접경쟁 또

---

expression of this principle in the text of Article III:4. This interpretation must, therefore, reflect that, in endeavouring to ensure "equality of competitive conditions", the "general principle" in Article III seeks to prevent Members from applying internal taxes and regulations in a manner which affects the competitive relationship, in the marketplace, between the domestic and imported products involved, "so as to afford protection to domestic production."

108) *Ibid.*, para.99: As products that are in a competitive relationship in the marketplace could be affected through treatment of imports "less favourable" than the treatment accorded to domestic products, it follows that the word "like" in Article III:4 is to be interpreted to apply to products that are in such a competitive relationship. Thus, a determination of "likeness" under Article III:4 is, fundamentally, a determination about the nature and extent of a competitive relationship between and among products. ··· we recognize that the relationship between these two provisions is important, because there is no sharp distinction between fiscal regulation, covered by Article III:2, and non-fiscal regulation, covered by Article III:4. Both forms of regulation can often be used to achieve the same ends. It would be incongruous if, due to a significant difference in the product scope of these two provisions, Members were prevented from using one form of regulation-for instance, fiscal-to protect domestic production of certain products, but were able to use another form of regulation-for instance,

는 대체상품 > 제3조4항 동종상품 > 제3조2항1문 동종상품"이라고 본다. 제3조4항의 동종성 여부를 판단하는데 있어 적합한 단일의 접근방법은 없다. 제3조2항에서와 마찬가지로, 개별 사안별로 구체적인 상황을 고려하여 패널이 결정해야 하는 문제이다. 일반적으로는, 국경세조정 작업반 보고서가 제시한 네 가지 요소(상품의 특성, 최종용도, 소비자 기호 및 습관, 관세분류)를 분석틀로 하여 패널이 관련 증거들을 종합적으로 검토하고 동종성 여부를 결정한다. 이때 주의할 사항은 동종성 판단에 동일한 분석틀이 사용되더라도 어떠한 증거들이 검토되는지는 조항별로 다를 수 있다는 점이다. 상소기구는 제3조4항의 동종상품은 상품간의 경쟁관계(competitive relationships)와 관련되며, 관련된 상품들이 시장에서의 경쟁관계에 있는지 여부와 그 정도에 대한 증거들을 고려하는 것이 중요하다고 하였다.109)

---

non-fiscal-to achieve those ends. This would frustrate a consistent application of "general principle" in Article III:1. For these reasons, we conclude that the scope of "like" in Article III:4 is broader than the scope of "ike" in Article III:2, first sentence. Nevertheless, we note, once more, that Article III:2 extends not only to "like products", but also to products which are "directly competitive or substitutable", and that Article III:4 extends only to "like products". In view of this different language, and although we need not rule, and do not rule, on the precise product scope of Article III:4, we do conclude that the product scope of Article III:4, we do conclude that the product scope of Article III:4, although broader than the first sentence of Article III:2, is certainly not broader than the combined product scope of the two sentences of Article III:2 of the GATT 1994.

109) Appellate Body Report on *EC-Asbestos*, para.103: The kind of evidence to be examined in assessing the "likeness" of products will, necessarily, depend upon the particular products and the legal provision at issue. When all the relevant evidence has been examined, panels must determine whether that evidence, as a whole, indicates that the products in question are "like" in terms of the legal provision at issue. We have noted that, under, Article III:4 of the GATT 1994, the term "like products" is concerned with competitive relationships between and among products. Accordingly, whether the Border Tax Adjustments framework

그간의 분쟁사례를 통해 제3조4항 동종상품의 범위를 가늠해 볼 수 있다. 우선 상기 국경세조정 작업반 보고서의 네 가지 요소상 완전하게 동일한 상품들 간에는 동종성이 인정된다.(예: 수입산 냉연강판과 국내산 냉연강판) 일례로 미국-휘발유 사건110)에서 미국 대기청정법에 근거, 휘발유로 인한 오염물질 배출기준을 설정한 것이 제소되었는데, 패널은 미국 휘발유와 외국 휘발유는 동일한 물리적 특성, 최종용도, 관세분류, 완전대체관계에 있으므로 제3조4항의 동종상품이라고 판단하였다.111) 다음으로, 완전하게 동일하지 않더라도 수입상품과 국내상품이 경쟁관계에 있는 경우에도 동종성이 인정될 수 있다(예: 수입산 냉연강판과 국내산 열연강판). 이러한 경우에 있어서의 제3조4항 동종성 판단과 관련 EC-석면 사건112) 패널 및 상소기구 결정은 분석기준을 제공한다. 동 사건에서는 수입 백석면113) 및 동 함유제품과 국내산 PCG 섬유 및 동 함유제품 간의 동종성(likeness) 여부가 쟁점이었다. 백석면은 일정 부분 PCG 섬유로 대체하여 사용할 수 있기 때문이다. 패널은 상품의 동종성 판단은 상

---

is adopted or not, it is important under Article III:4 to take account of evidence which indicates whether, and to what extent, the products involved are -or could be- in a competitive relationship in the marketplace.

110) United States-Standards for Reformulated and Conventional Gasoline ("US-Gasoline"), Panel Report, WT/DS2/R, adopted 20 May 1996, as modified by the Appellate Body Report, WT/DS2/AB/R, DSR 1996: I

111) Panel Report on US-Gasoline, para.6.9

112) European Communities-Measures Affecting Asbestos and Asbestos-Containing Products ("EC-Asbestos"), Panel Report, WT/DS135/R and Add.1, adopted 5 April 2001, as modified by the Appellate Body Report, WT/DS135/AB/R, DSR 2001:VII and DSR 2001:VIII

113) '석면'은 마그네슘과 규소를 포함하고 있는 광물질로서 솜과 같이 부드러운 섬유로 되어 있고 내화성이 강하고 마찰에 잘 견딜 수 있으며 화학약품에 대한 저항성이 강하고 전기에 대한 절연성이 있으므로 여러 업종에서 많이 쓰이고 있다. 석면의 종류는 다양하여 30가지가 넘는다고 하나 일반적으로는 사문석 계통인 백석면, 각섬석 계통인 청석면과 갈석면의 3가지가 상업적으로 중요하며 백석면이 전세계 생산량의 95% 이상을 차지한다고 한다. 청석면이 인체에 가장 유해하다고 한다.

품의 특성, 최종용도, 소비자의 선호 및 습관, 관세분류 등을 고려하였다. 우선 상품의 특성과 관련, 상품의 모든 특성이 동일할 필요는 없고 특정 용도에 있어 대체가능한 정도이면 충분하다고 하였다. 다음으로 소비자 선호 및 습관에 대해서는 그 범위와 정도가 매우 다양하여 금번 사건에 적용하기 부적절하다면서 검토하지 않았고 관세분류상의 차이는 동종성 판단의 결정적인 요소가 아니라고 판단하였다. 또한 '발암성'과 같은 상품의 유해성은 제20조(b)호가 별도로 다루고 있으므로 제3조4항의 동종성 판단시 고려대상이 될 수 없다고 보았다. 그러나 상소기구는 백석면과 PCG 섬유간 동종성에 대한 패널 판정을 다음 두 가지 이유에서 번복하였다. 첫째 동종성 판단을 위해서는 네 가지 기준 각각에 대해 분석하고 종합적인 판단을 내려야 하는데 패널은 상품의 특성이라는 첫 번째 요소에 대해 분석한 후 동종상품이라는 판정에 너무 쉽게 도달하였다는 점을 지적하였다. 그리고 석면의 '유해성'은 백석면의 물리적 특성을 결정하는 요소 가운데 하나인데 동종성 판정을 위해 상품의 특성을 검토하면서 이를 제외한 것은 부적절함을 지적하였다. 둘째 제3조4항의 동종성은 시장에서의 경쟁관계 측면에서 살펴보아야 하므로 최종용도와 소비자 선호가 중요한 역할을 하는데 이를 검토하지 않은 것은 잘못이라고 하였다. 단, 상소기구는 패널 판정을 번복한 후 증거불충분을 이유로 동종성 여부는 판단하지 않았다.114)

2) '탄 소 배 출 량 차 이'의 고 려 여 부

수입상품에 대한 탄소배출권 국경조정의 경우, 제3조4항의 '동종상품' 판단기준으로 '탄소배출량 차이'가 고려될 수 있는지 여부가 핵심적인 쟁점이다. 이에 대해서는 앞에서의 제3조2항1문 및 2문 관련 분석과 마찬가지로 '탄소배출량 차이'가 고려되기는 대체적으로 어려울 것이나, 일률적으로 판단하기 보다는 구체적인 사안에 서 두 상품간 경쟁관계의

---

114) Appellate Body Report on *EC-Asbestos*, paras.84-154; Panel Report on *EC-Asbestos*, paras.8.74-8.158

성격과 정도에 따라 달리 접근해야 할 것이다.

두 가지 경우로 나누어보자. 우선 수입산 냉연강판과 국내산 냉연강판의 사례처럼, 두 상품이 네 가지 기준에서 완전한 동일성이 인정되는 경우이다. 탄소배출량의 차이가 고려된다고 하더라도 상품의 물리적 특성이 동일한 두 상품간의 경쟁관계가 부인되기는 어려울 것이다. 다음으로 수입산 냉연강판과 국내산 열연강판의 사례처럼, 두 상품이 완전히 동일하지는 않지만 경쟁관계에 있기 때문에 제3조4항의 동종상품으로 보는 경우이다. 이러한 상황에서는 '탄소배출량의 차이'가 동종성 판단시 고려되는지 여부가 쟁점이 될 수 있다.

이와 관련, EC-석면 사건의 상소기구 결정을 참고할 필요가 있다. 상소기구는 '건강 위험(health risk)'과 관련된 증거가 제3조 동종성 심사와 관련될 수 있다고 전제하고, 동 사안의 경우 기존 네 가지 고려요인 중 상품의 물리적 특성과 소비자 선호 및 습관 내에서 검토될 수 있다고 판시하였다.[115] 특히 사안에서 문제된 발암성의 존재는 백석면 섬유의 중요한 물리적 특성을 구성하므로, 동종성 분석에서 이러한 물리적 특성의 차이를 간과해서는 안 된다고 강조하였다.[116] 이는 '탄소배출권 차이'와

---

115) Appellate Body Report on *EC-Asbestos*, para.113: We are very much of the view that evidence relating to the health risks associated with a product may be pertinent in an examination of "likeness" under Article III:4 of the GATT 1994. We do not, however, consider that the evidence relating to the health risks associated with chrysotile asbestos fibres need be examined under a separate criterion, because we believe that this evidence can be evaluated under the existing criteria of physical properties, and of consumers' tastes and habits, to which we will come below.

116) Appellate Body Report on *EC-Asbestos*, para.114: This carcinogenicity, or toxicity, constitutes, as we see it, a defining aspect of the physical properties of chrysotile asbestos fibres. The evidence indicates that PCG fibres, in contrast, do not share these properties, at least to the same extent. We do not see how this highly significant physical difference cannot be a consideration in examining the physical properties of a product as part of a determination of "likeness" under Article III:4 of the GATT 1994.

같은 환경적 영향이 동종성 판단시 고려될 가능성을 열어 준 것으로 평가된다. 그러나 이러한 차이가 동종성 판단에 미치는 영향은 시장에서의 경쟁관계라는 관점으로 제한되며, 제소국측이 다른 정황을 통해 두 상품 간의 경쟁관계가 있다는 점을 입증하면 극복될 수 있다는 한계가 있다. 따라서 현실적인 측면에서 탄소배출량의 차이만으로 제3조4항의 동종성을 부인하기는 어렵다고 판단된다.

3. 덜 유리한 대우

마지막 요건으로 수입상품에 대해 동종 국내상품에 비해 덜 유리한 대우가 부여되었는지를 검토해야 한다. "덜 유리한 대우(less favourable treatment)"는 해당 조치가 관련 시장에서 수입상품과 동종 국내상품간의 경쟁조건을 수입상품에 불리하게 변경시키는 경우를 의미하며,117) 이는 국내조치가 국내생산을 보호하도록 적용되어서는 안 된다는 제3조1항의 일반원칙이 표현된 것이다.118) 국내 조치가 수입상품에 덜 유리한 대우를 부여하는지 여부는 사안별로 판단되어야 하며 이러한 분석이 단순한 주장에 의존하여서는 안 되고 문제된 조치와 시장에서의 함의에 대한 신중한 분석에 기초하여야 한다.119) 아래에서는 탄소배출권 국경조정 관련

---

117) Appellate Body Report on *Korea-Various Measures on Beef*, para.137: A formal difference in treatment between imported and like domestic products is thus neither necessary, nor sufficient, to show a violation of Article III:4. Whether or not imported products are treated "less favourably" than like domestic products should be assessed instead by examining whether a measure modifies the conditions of competition in the relevant market to the detriment of imported products.

118) Appellate Body Report on *EC-Asbestos*, para.100: The term 'less favourable treatment' expresses the general principle, in Article III:1, that internal regulations 'should not be applied … so as to afford protection to domestic production'. If there is 'less favourable treatment' of the group of 'like' imported products, there is, conversely, 'protection' of the group of 'like' domestic products.

두 가지 시나리오를 중심으로 분석하겠다. 다만 제3조2항1문의 '초과과
세' 분석 및 2문의 '유사하지 않게 과세' 분석에서의 논의가 제3조4항의
'덜 유리한 대우' 분석에서도 유사하게 적용되는바, 여기에서는 중복되
는 내용은 간략하게 언급하겠다.

1) 시나리오 1: 국별 탄소배출치 기준 배출권 의무 산정

첫 번째 시나리오는 상품 원산지의 탄소규제 수준에 따라 각기 다른
배출권 의무 산정기준을 적용하는 경우이다. 탄소배출권 의무 산정기준
으로 상품별로 미리 정해진 "국가별 탄소배출계수"가 사용될 것이다. 이
경우에는 두 가지 측면에서 수입상품에 대한 '덜 유리한 대우'에 해당될
소지가 크다. 하나는 탄소배출권 산정이 국가별 탄소배출계수에 의존하
기 때문에 특정국에서 생산된 수입상품에 대해 동종 국내상품 보다 높은
수준의 탄소배출권 의무가 부과된다는 점이다. 다른 하나는 탄소배출권
부과방식에 있어서도 배출권 의무 부담시기와 제출방식이 수입상품 입
장에서 동종 국내상품에 비해 불리하다는 점이다.

다만 유의할 사항은 수입상품과 동종 국내상품에 대한 탄소배출권 의
무수준이 다르다고 해서 반드시 제3조4항의 덜 유리한 대우가 존재하는
것은 아니므로, 해당 조치가 관련 시장에서 수입상품과 동종 국내상품간
의 경쟁조건을 수입상품에 불리하게 변경시키는지 여부에 대한 분석이
필요하다는 점이다.[120] 미국-Section 337 사건에서의 패널 결정이 참고

---

119) Appellate Body Report on *US-FSC (Article 21.5)*, para.215: The examination
of whether a measure involves 'less favourable treatment' of imported products
within the meaning of Article III:4 of the GATT 1994 must be grounded in
close scrutiny of the 'fundamental thrust and effect of the measure itself'. This
examination cannot rest on simple assertion, but must be founded on a careful
analysis of the contested measure and of its implications in the marketplace. At
the same time, however, the examination need not be based on the actual effects
of the contested measure in the marketplace.

120) Appellate Body Report on *Korea-Various Measures on Beef*, para.137

가 될 수 있다. 미국이 특허 집행절차에 있어 국내상품과 수입상품을 다
르게 취급하는 것이 제소되었는데, 패널은 수입상품에 다른 법적 요건을
적용하더라도 수입상품에 보다 유리한 대우를 부여할 수 있는 반면 수입
상품에 동일한 법적 요건을 적용하더라도 실제적으로 덜 유리한 대우를
부여하는 경우가 있음을 지적하면서, Section 337이 상품의 원산지에 따
라 다른 규정을 적용한다는 사실 자체만으로는 제3조4항 위반 여부 판단
의 결정적인 증거가 될 수 없고 그러한 법령상의 차이가 수입상품에게
덜 유리한 대우를 부여하는지 여부를 검토해야 한다고 하였다.121) 또한
동 패널은 제3조4조의 '덜 유리한 대우' 요건은 수입상품의 개별 사안별
로 적용가능한 것으로 이해되어야 하며, 일부 수입상품에 대한 유리한

---

121) Panel Report on *US-Section 337*, para.5.11: The words "treatment no less
favourable" in paragraph 4 call for effective equality of opportunities for imported
products in respect of the application of laws, regulations and requirements
affecting the internal sale, offering for sale, purchase, transportation, distribution
or use of products. This clearly sets a minimum permissible standard as a basis.
On the one hand, contracting parties may apply to imported products different
formal legal requirements if doing so would accord imported products more
favourable treatment. On the other hand, it also has to be recognised that there
may be cases where application of formally identical legal provisions would in
practice accord less favourable treatment to imported products and a contracting
party might thus have to apply different legal provisions to imported products
and a contracting party might thus have to apply different legal provisions to
imported products to ensure that the treatment accorded them is in fact no less
favourable. For these reasons, the mere fact that imported products are subject
under Section 337 to legal provisions that are different from those applying to
products of national origin is in itself not conclusive in establishing inconsistency
with Article III:4. In such cases, it has to be assessed whether or not such
differences in the legal provisions applicable do or do not accord to imported
products less favourable treatment. Given that the underlying objective is to
guarantee equality of treatment, it is incumbent on the contracting party applying
differential treatment to show that, in spite of such difference, the no less
favourable treatment standard of Article III is met.

대우로 다른 일부 수입상품에 대한 덜 유리한 대우가 상쇄된다는 주장은
제3조의 취지에 반하므로 수용할 수 없다고 하였다.[122]

2) 시나리오 2: 원산지중립적인 2단계 기준치 적용

두 번째 시나리오는 제3조2항 분석에서 설명하였듯이 수입상품에 대
해 동종 국내상품과 동일한 탄소배출권 산정기준(2단계 기준치)에 따라
탄소배출권 국경조정을 중립적으로 시행하는 경우이다. 이 때 탄소배출
권 의무 산정기준은 상품별 "탄소배출량"이 될 것이다.

수입상품과 동종 국내상품에 동일한 규제를 적용하더라도 수입상품에
게 경쟁기회의 감소를 가져오면 제3조4항의 '덜 유리한 대우'에 해당되
는 것이므로, 원산지중립적인 2단계 기준치가 수입상품과 동종 국내상품
간의 경쟁관계에 어떠한 변화를 주는지를 검토해야 한다. 한국-쇠고기
사건[123]의 예를 들어보자. 한국의 수입쇠고기 구분판매제도가 문제되었
다. 한국은 국내외산 쇠고기를 구분하여 수입쇠고기는 판매면허를 받은
특정 판매점에서만 판매될 수 있도록 하였다. 호주, 미국 등 제소국측은

---

122) Id., para.5.14: The Panel further found that the "no less favourable" treatment
requirement of Article III:4 has to be understood as applicable to each individual
case of imported products. The Panel rejected any notion of balancing more
favourable treatment of some imported products against less favourable treatment
of other imported products. If this notion were accepted, it would entitle a
contracting party to derogate from the no less favourable treatment obligation
in one case, or indeed in respect of one contracting party, on the ground that
it accords more favourable treatment in some other case, or to another contracting
party. Such an interpretation would lead to great uncertainty about the conditions
of competition between imported and domestic products and thus defeat the
purposes of Article III.

123) Korea-Measures Affecting Imports of Fresh, Chilled and Frozen Beef ("Korea-
Various Measures on Beef"), Panel Report, WT/DS161/R, WT/DS169/R, adopted
10 January 2001, as modified by the Appellate Body Report, WT/DS161/AB/R,
WT/DS169/AB/R, DSR 2001: I

수입쇠고기 전문판매점은 5,000여 개에 불과한 반면 국내쇠고기 판매점
수는 45,000여 개로 크게 차이가 있음을 들어 동 제도가 공정한 경쟁을
저해하는 것이라고 주장하였고, 한국은 국산쇠고기에 대해서도 동등한
규제를 시행하고 있으므로 내국민대우 위반이 아니라고 반박하였다.124)
상소기구는 수입산 쇠고기와 국내산 쇠고기를 구분하는 형식 자체가 반
드시 덜 유리한 대우가 되는 것은 아니며 경쟁조건에의 영향을 분석해야
한다고 지적하고,125) 한국의 구분판매 제도가 한국의 주장처럼 규제 대
칭성을 가지더라도 구분판매제도의 시행 결과 경쟁기회가 감소되어 수
입산에 차별적인 대우를 주게 된다면 제3조4항 위반이라고 보았다.126)

---

124) Appellate Body Report on *Korea-Various Measures on Beef*, para.131: Korea
argues on appeal that the dual retail system does not accord treatment less
favourable to imported beef than to like domestic beef. For Korea, the dual
retail system does not on its face violate Article III:4, since there is "perfect
regulatory symmetry" in the separation of imported and domestic beef at the
retail level, and there is "no regulatory barrier" which prevents traders from
converting from one type of retail store to another. Nor, Korea argues, does the
dual retail system violate Article III:4 de facto, and the Panel's conclusion to
the contrary was not based on a proper empirical analysis of the Korean beef
market.

125) Appellate Body Report on *Korea-Various Measures on Beef*, para.144: Thus,
the Korean measure formally separates the selling of imported beef and domestic
beef. However, that formal separation, in and of itself, does not necessarily
compel the conclusion that the treatment thus accorded to imported beef is less
favourable than the treatment accorded to domestic beef. To determine whether
the treatment given to imported beef is less favourable than that given to
domestic beef, we must, as earlier indicated, inquire into whether or not the
Korean dual retail system for beef modifies the conditions of competition in the
Korean beef market to the disadvantage of the imported product.

126) Appellate Body Report on *Korea-Various Measures on Beef*, para.147: We also
note that the reduction of competitive opportunity through the restriction of
access to consumers results from the imposition of the dual retail system for
beef, notwithstanding the "perfect regulatory symmetry" of that system, and is
not a function of the limited volume of foreign beef actually imported into

원산지중립적인 2단계 기준치가 현실적으로 어떻게 적용되고 구체적으로 어떤 측면이 분쟁의 소지가 있는지에 대해서는 미국-휘발유 사건[127]이 좋은 참고가 될 것이다. 동 사건에서는 미국 가솔린 규정이 국내 정유업자에게 개별적인 기준을 적용하는 반면 외국 정유업자에게는 보다 엄격한 법정기준을 적용하는 것이 제소되었다. 미국은 방어논리로서 두 가지를 주장하였다. 하나는 미국의 조치는 수입 휘발유에 대해 유사한 상황에 처한(similarly situated) 국내생산자로부터의 국내산 휘발유와 동일하게 대우하는 것이므로 위반이 아니라는 것이다. 패널은 이에 대해 제3조4항의 "덜 유리한 대우"라는 문언 해석상 생산자의 특성이나 그들이 보유한 자료에 근거하여 차별하는 것이 허용되지 않으며 미국의 접근에 따를 경우 수입상품이 외부요인에 따라 극히 주관적이고 다양한 대우에 노출되어 경쟁관계에 심각한 불안정성을 초래할 수 있음을 지적하였다.[128] 미국의 다른 한 가지 방어논리는 법정 기준 하에서 수입 휘발유에 부여되는 대우는 개별 기준 하에서 국내 휘발유에 부여되는 대우와 전반적으로(on the whole) 차별적이지 않다는 주장이었다. 패널은 이에 대해 미국-Section 337 패널 판정[129]을 소개하면서 특정 건에서는 오히려 유리하다는 점이 일부 건에서 덜 유리한 대우를 한다는 것을 상쇄하는 것은 아니라고 판단하였다.[130] 특히 미국 정유업자 중 97%가 상기 엄격한 법정기준을 충족하지 못하고 있음을 지적하였다.[131]

Korea. The fact that the WTO-consistent quota for beef has, save for two years, been fully utilized does not detract from the lack of equality of competitive conditions entailed by the dual retail system.

127) United States-Standards for Reformulated and Conventional Gasoline ("*US-Gasoline*"), Panel Report, WT/DS2/R, adopted 20 May 1996, as modified by the Appellate Body Report, WT/DS2/AB/R, DSR 1996: I

128) Panel Report on *US-Gasoline*, paras.6.11-6.12

129) Panel Report on *US-Section 337*, para.5.14

130) Panel Report on *US-Gasoline*, para.6.14

131) Panel Report on *US-Gasoline*, paras.6.5-6.17

V. 분석 결과

제3조는 내국세 및 기타 내국과징금에 대한 규율인 제3조2항(1문의 동종상품과 2문의 직접경쟁 또는 대체상품)과 국내 법규, 규정 또는 요건에 대한 규율은 제3조4항으로 구성되어 있다. 수입상품에 대한 탄소배출권 국경조정은 내국과징금이면서 국내규정에 해당되므로 제3조2항1문, 제3조2항2문, 그리고 제3조4항 위반을 근거로 제소될 수 있다. 이와 관련, 어떤 경우에 제3조 위반으로 할 것인가에 대해서는 다양한 접근법이 있을 수 있으나, 본고에서는 WTO 분쟁해결기구 결정들을 기초로 전통적인 방법론을 채택하여 분석을 시도하였으며 이에 따를 경우 수입상품에 대한 탄소배출권 국경조정(시나리오 1과 2)은 제3조2항1문, 제3조2항2문, 그리고 제3조4항 위반이라는 결론을 도출하였다.

분석결과를 상품 요건인 동종성 분석과 행위 요건인 차별대우 분석으로 구분하여 설명해보면, 우선 전통적인 방법론에 따른 동종성 분석은 두 상품이 시장에서 경쟁관계에 있는지 여부를 객관적으로 확인하는데 초점을 맞추고 있으며 이를 위한 고려요소로서 ① 물품의 최종용도, ② 소비자의 기호 및 습관, ③ 물품의 특성과 본질 및 품질, ④ 통일관세분류를 주로 이용한다. EC-석면 사건의 상소기구 결정에 비추어 볼 때 '탄소배출량 차이'가 이러한 동종성 분석에서 고려될 여지는 있으나 현 분쟁해결기구의 동종성 분석은 기본적으로 경제적 관점에 기초하고 있기 때문에 탄소배출량 차이를 이유로 물리적 특성이 동일한 두 상품간의 동종성을 부인할 수는 없다고 판단된다. 다음으로 차별대우 분석과 관련하여, 시나리오 1의 경우는 상품 원산지의 탄소규제 수준에 따라 차별적인 배출권 의무를 산정하는 것이므로 이는 대부분의 경우 수입상품에게 경쟁상 불이익을 가져오게 되므로 제3조에 명백하게 위반된다. 시나리오 2의 경우는 수입상품과 동종 국내상품에 동일한 2단계 기준치를 적용하는 것이므로 차별의 소지를 축소한 것으로 평가되지만, 시장여건상 수입

상품에게 실질적으로 경쟁상 불이익을 초래하는 경우라면 제3조 위반이
성립할 수 있다고 판단된다.

GATT 미국-주류 사건 개요

맥주와 포도주에 대한 미국 연방 및 주의 세제가 내국민대우원칙에 위반하여
수입산보다 미국산 맥주 및 포도주에 대하여 저율의 세 및 기타 유리한 대우를
하였음을 이유로 캐나다가 미국을 제소하였다. 패널은 제III조2항1문의 동종상품
결정에 있어 그 제품간의 차별이 "국내생산을 보호하기 위한" 것인지를 고려해야
한다고 하였다. 그러나 미시시피주가 주의 소규모 포도주생산자 보호 목적 이외의
정책목적을 제시하지 못하였으며 결국 제III조2항1문 위반이라고 결정되었다.

GATT 미국-자동차세 사건 개요

미국의 자동차 관련 사치세(luxury tax), 휘발유소모세(gas guzzler tax) 및 연비
관련규제(Corporate Average Fuel Economy Regulation)가 내국민대우원칙에 위반
되었음을 이유로 EC가 미국을 GATT에 제소한 사건이다. 패널은 미국의 자동차
사치세 도입에 있어 국내생산을 보호하려는 "목적"이나 "효과"가 존재하지 않는
다면서 3만불 이상의 외제차와 3만불 이하의 미국 국산차는 제III조2항1문의 동종
상품에 해당되지 않는다고 판단하였다.

미국-휘발유 사건 개요

미국은 1990년 대기청정법(Clean Air Act)을 개정하여 대기오염 방지를 위한
여러 조치들을 도입하였다. 오존 오염이 심한 9개 광역도시권(미국 전체 휘발유
시장의 30% 차지)에서 오염물질을 덜 배출하는 개질유(reformulated gasoline)만을
판매토록 하였고, 개질유 및 전통휘발유로 인한 오염물질 배출이 1990년 기준치
대비 심해지지 않도록 하기 위한 규제를 도입하고 환경보호청으로 하여금 비교를
위한 기준치(baselines)를 설정하도록 하였다. 동 법에 따라 미 환경보호청은 국내
정유업자, 혼합업자, 수입업자 별로 각 회사의 과거 자료에 근거하여 1990년 회사
별 기준치(individual historic baseline)를 설정하고, 1990년에 생산한 휘발유 품질에
대해 적절한 자료를 제출하지 않은 회사에 대해서는 공통 기준(statutory baseline)
을 설정하였다. 개별 회사별 기준치는 3가지 방법을 사용할 수 있도록 되어 있었
다: 1) 1990년 생산되거나 선적된 휘발유의 품질에 관한 자료 이용, 2) 1990년 생
산된 혼합연료의 품질에 관한 자료, 3) 1990년 이후 혼합연료 또는 휘발유의 품질

에 관한 자료. 수입업자나 혼합업자에게는 방법1을 사용할 수 없는 경우 법정 기준을 사용하도록 했다.(방법 2, 3 사용 불가) 브라질과 베네주엘라는 이러한 미국의 가솔린 규정은 미국산 휘발유와 수입 휘발유를 부당하게 차별하는 것으로서 GATT 제1조1항, 제3조4항에 위반된다며 제소하였다.

일본-주세 II 사건 개요

일본 주세법(Liquor Tax Law)은 주류를 소주(A: 증류주, B: 기타소주), 맥주, 와인, 위스키/브랜드 등의 10개 범주로 분류하고 각 범주별로 그리고 알코올 함유량별로 각각 다른 세율을 적용하였다. 세율을 보면, 소주A(5단계)는 108,000-203,400+α엔, 소주B(5단계)는 69,200-135,000+α엔, 위스키(4단계)는 908,620-982,300+α엔, 보드카 등의 Spirits(2단계)은 367,300+α엔, 와인 등의 Liqueurs(2단계)는 98,600+α엔으로 설정하였다. EC, 캐나다 및 미국은 일본 주세법이 일본산 주류와 외국산 주류를 차별하는 조치이므로 제3조 위반이라며 제소하였다.

캐나다-정기간행물 사건 개요

캐나다는 ⅰ) 관세코드 9958를 통해 수입 정기간행물 발행본이 원산지 발행본과 동일하지 않은 특별 인쇄판이면서 캐나다 시장을 주된 목표로 한 광고가 전체 광고의 5% 이상일 경우 수입을 금지하였고, ⅱ) 소비세법(Excise Tax Act)에서는 캐나다에서 배포되는 분리발행 정기간행물(split-run periodical)에 대해 광고가치의 80%를 소비세로 부과하였으며, ⅲ) 캐나다 우편회사가 특정 캐나다 정기간행물에 대해 수입 정기간행물보다 유리한 우편요율을 적용하도록 하였다. 미국은 이러한 세 가지 조치가 제11조 및 제3조 위반이라고 제소하였다.

한국-주세 사건 개요

한국 주세법 및 교육세법은 주류를 8가지 유형으로 구분하고 각기 다른 세율의 종가세를 적용하였다. 세율을 살펴보면, 희석식 소주의 경우 38.5%(주세 35% + 교육세로 주세의 10%), 증류식 소주의 경우 55%(주세 50%+ 교육세로 주세의 10%), 위스키류의 경우 130%(주세 100% + 교육세로 주세의 30%), 보드카, 진, 럼 등 일반증류주의 경우 104%(주세 80% + 교육세로 주세의 30%) 등이었다. EC와 미국은 한국 주세법 및 교육세법이 수입 주류와 국내 주류를 차별하는 것으로 제3조2항 위반이라고 제소하였다. 한국은 수입 주류와 소주에 차등적인 세율을 부과하였다는 것은 인정하지만 제3조2항의 근본적인 목적은 보호주의를 금지하려는

것이지 각국의 조세체계를 조화시키도록 요구하는 것은 아니라고 하면서 제3조2
항의 금지 규정은 이러한 취지에 비추어 좁게 해석되어야 한다고 반박하였다.

한국-쇠고기 사건 개요

한국의 쇠고기 수입 관련 조치들(쇠고기 수입물량 제한, 수입쇠고기 전문판매
점 제도, 수입쇠고기에 부과되는 부담금, 축산업에 대한 국내보조 등)에 대해 호주
와 미국이 GATT 제3조4항, 제11조1항, 제17조, 농업협정 제3조, 제7조, 수입허가
절차협정 제1조, 제3조 등에 위반된다고 제소한 사건이다.

칠레-주세 사건 개요

칠레는 주류를 알코올 함량에 따라 6단계로 구분하여 주세를 차등적으로 부과
하는(27~47%) 주류추가세(Additional Tax on Alcoholic Beverages) 제도를 도입키
로 하였다. EC는 칠레의 주류추가세 제도가 자국 주류인 Pisco에 과세상의 혜택을
주는 것으로 제3조2항 위반이라고 제소하였다.

EC-석면 사건 개요

프랑스 정부는 1996년 행정명령(Decree) 제96-1133호를 제정하여 모든 종류의
석면제품(asbestos), 석면이 포함된 물질의 제작·가공·판매·수입·유통을 전면금지
하였다. 다만 백석면제품(chrysotile asbestos)에 대해 질병유발위험이 낮거나 대체
물질이 없는 경우에 한하여 제한적으로 예외를 인정하였다. 캐나다는 프랑스의 석
면금지법이 GATT 제3조4항과 TBT협정 제2조에 위반된다고 제소하였다.

도미니카공화국-담배 사건 개요

도미니카공화국이 수입상품에 대해 일반적으로 부과하고 있는 통과세와 외환
수수료, 그리고 담배 수입에 대한 조세 관련 일련의 조치들에 대해 온두라스가
제2조1항, 제3조2항, 제3조4항, 제10조3항, 제11조1항 위반을 이유로 제소한 사건
이다.

멕시코-청량음료세 사건 개요

멕시코는 사탕수수당(cane sugar)을 가당제로 사용하지 않는 음료의 수입에 대
해 20%의 음료세(soft drinks tax), 운송·유통 관련 각종 서비스에 대해 20%의 유
통세(distribution tax)를 부과하였다. 음료에 첨가하는 가당제에는 사탕수수당, beet

sugar, HFCS가 있는데 멕시코 국내산 음료는 대부분 사탕수수당을 사용하고 있었고 수입산 음료(미국산)는 beet sugar 또는 HFCS를 사용하고 있었다. 미국은 멕시코가 사탕수수당을 사용하지 않은 음료에 대해서만 음료세와 유통세를 부과하는 것은 내국민대우 위반이라고 제소하였다.

중국-자동차부품 사건 개요

중국이 자동차산업발전정책 및 관련 행정규칙에 따라 완성차조립방식의 자동차부품(CKD and SKD kits) 수입에 대해서는 자동차부품 관세율인 10% 대신 완성차와 동일하게 25%의 관세를 부과한데 대해, 캐나다, EC 및 미국이 제3조 위반으로 제소한 사건이다. 동 사건에서는 제2조1항의 통상적인 관세와 제3조2항의 내국세간의 구분이 쟁점이 되었는데, 패널은 납세의무가 내부적인 요인에 기인하는지를 판단기준으로 제시하면서 중국의 조치는 내국세 또는 내국과징금이라고 판단하였다.

최혜국대우원칙 위반 여부

　수입상품에 대한 탄소배출권 국경조정은 수입상품과 동종의 국내상품 간의 경쟁관계 뿐만 아니라 수입상품과 동종의 제3국 수입상품간의 경쟁 관계에도 영향을 미칠 수 있다. 일례로, 미국 Waxman-Markey 법안의 배출권 국제보전제도에서 볼 수 있듯이, 탄소배출 감축을 위한 적절한 제도를 도입하지 않은 국가로부터 수입되는 물품에 대해서만 국경탄소조정을 부과하자는 제안도 제기된 바 있다. 이러한 조치는 해당 국가의 탄소규제 수준에 따라 수입상품과 수입상품간에 차별적으로 대우하는 것이므로 GATT 제1조1항 최혜국대우 의무 위반 문제가 제기된다. 따라서 이 문제도 탄소배출권 국경조정의 WTO 합치성 분석에 있어 고려해야 한다.

I. GATT 제1조1항 분석

　"수입 또는 수출에 대하여 또는 수입 또는 수출과 관련하여 부과되거나 수입 또는 수출에 대한 지급의 국제적 이전에 대하여 부과되는 관세 또는 모든 종류의 과징금에 관하여, 동 관세 및 과징금의 부과방법에 관하여, 수입 또는 수출과 관련된 모든 규칙 및 절차에 관하여, 그리고 제3조2항 및 제4항에 언급된 모든 사항에 관하여 체약당사자가 타국을 원산지로 하거나 행선지로 하는 상품에 대하여 부여하는 제반 편의, 호의, 특권 또는 면제는 다른 모든 체약당사자의 영토를 원산지로 하거나 행선지로 하는 동종 상품에 대하여 즉시 그리고 무조건적으로 부여되어야 한다."

　"With respect to customs duties and charges of any kind imposed on or in connection with importation or exportation or imposed on the international transfer of payments for imports or exports, and with respect to the method of levying such duties and charges, and with respect to all rules and formalities in connection with importation and exportation, and with respect to all matters referred to in paragraphs 2 and 4 of Article III, and advantage, favour, privilege or immunity granted by any contracting party to any product originating in or destined for any other country shall be accorded immediately and unconditionally to the like product originating in or destined for the territories of all other contracting parties."

GATT 제1조는 다른 국가의 상품에 부여하는 이익, 특혜, 특권 및 면제[1]를 모든 다른 WTO 회원국의 동종상품에도 동일하게 부여하라는 최혜국대우 의무를 규정하고 있다. 이는 내국민대우와 함께 GATT의 핵심적인 원칙이며 WTO 규범체계를 지탱하는 하나의 축이다.[2] 제1조의 목적과 취지는 다른 국가에서 수입되거나 다른 국가로 향하는 동종상품간의 차별을 금지하는 것이며, 이는 상호적으로 협상한 양허를 모든 다른 회원국에 MFN 방식으로 확대하는 유인을 제공한다.[3] 제1조1항 합치 여부를 판단하기 위해서는, ① 우선 제1조 적용대상인 다른 국가의 수출상품 또는 수입상품에 부여한 "이익, 특혜, 특권 및 면제"에 해당되는지 여부를 검토하고, ② 다음으로, 이러한 이익이 i) 모든 다른 회원국의 동종상품(like product)에 대해 ii) 즉각적이고 무조건적으로 부여하는지를 검토해야 한다.[4]

---

1) 외교통상부의 GATT 협정문 공식번역본에는 advantage를 '편의'로, favour를 '호의'로 번역하였으나, 이러한 해석은 법적 용어로는 부적절한 측면이 있는바, 본고에서는 advantage를 '이익'으로, favour를 '특혜'로 번역하기로 한다. privilege와 immunity에 대한 번역은 공식번역본과 동일하다.

2) Appellate Body Report on Canada-Autos, para.69: ··· the "most-favoured-nation" ("MFN") principle that has long been a cornerstone of the GATT and is one of the pillars of the WTO trading system.

3) Appellate Body Report on Canada-Autos, para.84: The object and purpose [of Article I :1] is to prohibit discrimination among like products originating in or destined for different countries. The prohibition of discrimination in Article I :1 also serves as an incentive for concessions, negotiated reciprocally, to be extended to all other Members on an MFN basis.

4) Panel Report on *Indonesia-Autos*, para.14.138

1. 적용대상: 이익, 특혜, 특권 및 면제

제1조1항 해석상 동 조항의 적용대상은 ① 수출입시의 관세 및 부과금, ② 수출입대금의 국제이체에 대한 관세 및 부과금, ③ 이러한 관세 및 부과금의 징수방법, ④ 수출입과 관련한 각종 규정 및 절차, ⑤ 수입품에 대한 직간접의 내국세 및 부과금, ⑥ 수입품의 국내 판매·판매제의·구매·운송·유통·사용에 관한 국내 법규나 요건과 관련하여, 다른 나라에서 오는 수입품 또는 다른 나라로 향하는 수출품에 대해 부여한 "이익, 특혜, 특권 및 면제"이다. 이때 주의할 사항은 이익, 특혜, 특권 및 면제의 수혜국이 WTO 회원국인지 비회원국인지 여부와 관계없이 최혜국대우 의무가 적용된다는 것이다. 1948년 GATT 입안자들의 의도는 비체약당사국들이 GATT에 가입하도록 하기 위함이었다.

수입상품에 대한 국경탄소조정도 제1조1항의 적용범위에 해당된다는 데 별다른 이견이 없을 것이다. 제1조1항의 적용범위에 어떠한 유형의 조치가 포함되는지에 대해서는 그간 논란이 많지 않았다. 패널 및 상소기구는 제1조1항이 상당히 광범위한 영역을 대상으로 하는 것으로 인식하여 왔기 때문이다. EC-바나나 Ⅲ 사건5)에서 EC는 바나나에 대한 수입허가를 할당하는 '활동영역규칙'은 절차적이고 행정적인 요건이므로 제1조1항의 "이익"에 해당되지 않는다고 주장한데 대해, 패널 및 상소기구는 "이익"은 광범위한 정의이며 EC의 활동영역규칙이 제1조1항의 "이익"에 해당된다고 판시하였다.6) 또한 캐나다-자동차 사건7)에서 상소기

---

5) European Communities-Regime for the Importation, Sale and Distribution of Bananas ("*EC-Banana Ⅲ*"), Panel Report, WT/DS27/R/···, adopted 25 September 1997, as modified by the Appellate Body Report, WT/DS27/AB/R, DSR 1997:Ⅱ

6) Appellate Body Report on *EC-Bananas Ⅲ*, para.206: a broad definition has been given to the term 'advantage' in Article Ⅰ:1 of the GATT 1994 by the panel in United States-Non-Rubber Footwear. It may well be that there are considerations of EC competition polity at the basis of the activity function rules. This, however, does not legitimize the activity function rules to the extent that these rules discriminate among like products originating from different Members. For these

구는 제1조1항의 문언 해석상 조항에 나열된 분야와 관련된 일부 이익이
아니라 모든 이익(any advantage)을, 일부 상품이 아니라 모든 상품(any
product)을, 일부 회원국으로부터의 동종상품이 아니라 모든 회원국(all
other Member)으로부터의 동종상품을 그 적용대상으로 함을 강조하였다.[8]

2. 동종상품

동종상품(like product)이라는 표현은 GATT 제1조 외에도 제2조2항,
제3조2항, 제3조4항, 제6조1항, 제11조2항, 제13조1항, 제14조4항, 제19
조1항에서도 발견되나, GATT에는 동종상품에 대한 명확한 개념정의가
없으며 개별 조항별로 문맥에 따라 조금씩 범위가 다르게 해석된다.

---

reasons, we agree with the Panel that the activity function rules are an 'advantage'
granted to bananas imported from traditional ACP States, and not to bananas
imported from other Members, within the meaning of Article I :1. Therefore, we
uphold the Panel's finding that the activity function rules are inconsistent with
Article I :1 of the GATT 1994.

7) Canada-Certain Measures Affecting the Automotive Industry("*Canada-Autos*"),
Panel Report, WT/DS139/R, WT/DS142/R, adopted 19 June 2000, as modified
by the Appellate Body Report, WT/DS139/AB/R, WT/DS142/AB/R, DSR 2000:
VI and DSR 2000:VII

8) Appellate Body Report on *Canada-Autos*, para.79: Article I :1 requires that "any
advantage, favour, privilege or immunity granted by any Member to any product
originating in or destined for any other country shall be accorded immediately
and unconditionally to the like product originating in or destined for the
territories of all other Members." The words of Article I :1 refer not to some
advantages granted "with respect to" the subjects that fall within the defined
scope of the Article, but to "any advantage"; not to some products, but to "any
product"; and not to like products from some other Members, but to like
products originating in or destined for "all other" Members.

1) 제1조1항 동종상품 판단기준

제1조1항 동종상품 판단기준의 경우, 제3조와 달리 그간 GATT 및 WTO 분쟁해결기구에서 많이 다루어지지 않아 해석지침이 분명하지 않지만, 제1조의 문맥과 상황에 따라 해석되어야 한다는 점에서 다음 몇 가지 사항을 생각해 볼 수 있다. 우선 제1조의 취지를 보면 이는 수입상품과 동종 수입상품간의 동등한 경쟁조건을 보장하기 위한 것이라고 할 수 있으므로, 제3조에서와 마찬가지로 동종성 분석은 기본적으로 시장에서 두 상품간 경쟁관계의 성격과 정도에 대한 분석이어야 한다. 다음으로, 제1조 동종성의 범위가 어디까지인지는 특정할 수 없으며 시장에서 두 상품간 경쟁성과 대체성의 정도를 감안하여 개별 사안별로 판단되어야 할 것이다. 다만 제1조와 제3조의 문맥에 비추어 볼 때, 두 조항은 비차별대우 의무라는 하나의 원칙을 수입상품과 동종 수입상품간의 경쟁관계(횡적 측면)와 수입상품과 동종 국내상품간의 경쟁관계(종적 측면)로 구분하여 규율하는 것이라고 할 수 있으므로, 두 조항의 규율범위와 내용에 있어 일정한 수준의 대칭성이 요구된다고 할 수 있다. 제3조2항은 1문의 동종상품과 2문의 직접경쟁 또는 대체상품으로 구성되며 제3조4항은 동종상품만을 두고 있다. 이러한 문맥상 제3조4항의 동종상품은 제3조2항1문의 동종상품 보다는 넓고 제3조2항2문의 직접경쟁 또는 대체상품 보다는 좁은 개념이라고 설명한 바 있다. 제1조와 제3조의 대칭성을 고려할 때, 제1조1항의 동종상품은 제3조4항의 동종상품과 유사한 범위를 가진 것으로 해석하는 것이 타당할 것이다. 이를 단순화하여 도식해보면 "제3조2항1문 동종상품 + 2문 직접경쟁 또는 대체상품 > 제3조4항 동종상품 = 제1조1항 동종상품 > 제3조2항1문 동종상품"이다.

동종성 판단시 구체적인 고려요인으로는 제3조 동종성 분석과 마찬가지로 상품성질과 관련된 네 가지 기준이 주로 사용된다. Spain-Unroastd Coffee 사건 패널도 상품의 특성, 최종용도, 관세분류를 고려요인으로 제시한 바 있다. 동종성 여부는 이러한 네 가지 기준인 상품의 물리적 특성, 최종용도, 소비자 기호, 관세분류를 종합적으로 분석하여 개별 사안별로 판단해야 할 것이다.

2) '탄소배출량 차이'의 고려 여부

탄소배출권 국경조정의 사안에서 핵심적인 쟁점은 제1조1항의 '동종
상품' 판단기준에 '탄소배출량 차이'가 고려될 수 있는지 여부이다. 이에
대해서는 제1조와 제3조간의 대칭성을 감안할 때, 제3조 분석에서와 마
찬가지 결과가 도출되는 것으로 해석함이 상당하다. 즉 WTO 분쟁해결
기구의 전통적인 방법론에 따를 경우, 제1조1항 동종상품 분석에서 '탄
소배출량 차이'가 고려될 여지는 있으나 시장에서의 경쟁관계를 부인할
정도는 아니므로 탄소배출량 차이를 근거로 물리적 특성이 동일한 두 상
품간의 동종성을 부정할 수는 없다고 판단된다.

3. 즉각적이고 무조건적으로 부여

특정 국가의 상품에 대한 특혜를 모든 다른 회원국에 즉각적이고 무조
건적으로(immediately and unconditionally) 부여해야 한다. 일단 특정 국
가의 수입에 특혜를 주는 경우 이를 여타 WTO 회원국에게 부여함에 있
어 반대급부 제공이나 특정한 이행요건을 조건으로 하면 안 된다는 의미
이다. 아래 탄소배출권 국경조정 관련 두 가지 시나리오를 중심으로 설
명하겠다.

1) 시나리오 1: 국별 탄소배출치 기준 배출권 의무 산정

첫 번째 시나리오는 상품 원산지의 탄소규제 수준에 따라 각기 다른
배출권 의무 산정기준을 적용하는 경우이다. 탄소배출권 의무 산정기준
으로는 상품별로 미리 정해진 '국가별 탄소배출계수'가 사용될 것이다.
이 경우 탄소배출권 의무 산정이 국가별 탄소배출계수에 의존하기 때문
에 특정국에서 생산된 수입상품에 대해 높은 수준의 탄소배출권 의무가

부과될 것이다. 이는 탄소저배출 제3국으로부터의 동종 수입상품이 탄소
다배출 국가로부터의 수입상품에 비해 국내시장에서 경쟁조건상 유리한
혜택을 주는 것이고, 이러한 혜택이 탄소다배출 국가로부터의 수입상품
에도 즉각적이고 무조건적으로 부여하는 것이 아니므로 제1조 위반이다.

2) 시나리오 2: 원산지중립적인 2단계 기준치 적용

두 번째 시나리오는 모든 수입상품에 대해 동일한 탄소배출권 산정기
준(2단계 기준치)에 따라 탄소배출권 국경조정을 중립적으로 시행하는
경우이다. 이 때 탄소배출권 의무 산정기준은 상품별 '탄소배출량'이 될
것이다. 명시적 차별의 문제와 사실상 차별의 문제로 구분하여 살펴보자.

우선 명시적 차별의 경우이다. 모든 수입상품에 대해 동일한 탄소배출
권 산정기준을 적용하게 되면 탄소다배출 A국산 수입상품과 탄소저배출
B국산 동종 수입상품간에는 배출권 의무수준에서의 차이가 발생한다.
이러한 상품간 탄소배출권 의무수준의 차이는 상품의 비용을 증가시키
고 시장에서의 경쟁관계에 영향을 미치므로, 논리적으로 탄소저배출 B
국산 동종 수입상품에게 제1조1항의 '특혜'를 부여하는 것이라고 할 수
있으며, 이러한 특혜가 탄소다배출 A국산 수입상품에도 즉각적이고 무
조건적으로 부여되는 것이 아니므로 제1조1항 위반이 된다.

다음으로 사실상 차별(de facto)의 경우이다. A국산 수입상품과 B국산
수입상품에 동일한 탄소규제가 적용된다고 하더라도 특정 수입상품에게
경쟁기회의 감소를 가져올 경우 사실상 차별에 해당될 수 있다. 분쟁사
례로서 캐나다-자동차 사건을 참고할 필요가 있다. 동 사건에서는 캐나
다가 일정한 이행요건을 충족하는 제한된 생산자로부터 수입되는 자동
차에만 수입관세 면제를 부여하는 조치가 제소되었는데, 캐나다는 형식
상 원산지중립적인(origin-neutral) 조치에는 제1조1항이 적용되지 않는다
고 반박하였다. 패널은 캐나다 자동차 산업의 실정상 수입관세 면제 혜
택을 보는 기업의 자동차 수입은 사실상 내부적인 거래이며 실제로 그러
한 혜택을 받는 자동차가 대부분 미국산이라는 통계자료를 근거로, 캐나

다의 수입관세 면제 혜택이 일부 기업에 국한됨으로써 특정 국가산 자동차에 이익을 부여하였고 이러한 이익이 모든 회원국의 동종상품에 즉각적이고 무조건적으로 부여되지 않았으므로 제1조1항에 위반된다고 판단하였다. 상소기구도 이러한 패널 판정을 지지하고 표면적으로 원산지중립적인 조치라고 하더라도 특정 국가의 상품에 유리한 대우를 부여할 수 있다면서, 제1조1항은 법률상 차별뿐만 아니라 사실상 차별도 규율함을 분명히 하였다.[9] 따라서 수입상품에 대한 탄소배출권 국경조정이 원산지 중립적으로 설계되어 있다고 하더라도 특정국 수입상품에게 경쟁조건의 유리함을 가져다주도록 되어 있고 그러한 혜택이 다른 회원국으로부터의 수입상품에도 즉각적이고 무조건적으로 부여되지 않는다면 제1조1항 위반이 될 것이다.

II. 분석 결과

　탄소배출권 국경조정은 수입상품과 동종 국내상품간의 경쟁관계 뿐만 아니라 A국산 수입상품과 B국산 수입상품간의 경쟁관계에도 영향을 미칠 수 있다. 제1조의 최혜국대우 원칙은 WTO 회원국에게 수입상품과 동종의 제3국 수입상품에 대해 동등한 혜택을 부여하도록 규정하고 있는바, 수입상품에 대한 탄소배출권 국경조정의 WTO 합치성 분석시 제1조 의무도 고려되어야 한다.

　제1조1항 규율은 제3조2항 및 4항 규율과 경쟁조건의 동등성이라는 같은 목적을 추구하고 있으므로 그 분석에 있어서도 대칭성과 유사성을 가지고 있다. 그로 인해 위반 여부에 대한 분석결과도 크게 다르지 않다. 우선 시나리오 1의 경우 탄소다배출 국가산 수입상품에 비해 탄소저배출 국가산 동종의 수입상품에 대해 혜택을 부여하는 것이므로 제1조1항 위반에

---

9) Appellate Body Report on *Canada-Autos, paras.64-86; Panel Report on Canada-Autos*, paras. 10.14-10.50

해당된다. 다음으로 시나리오 2의 경우 탄소다배출 국가산 수입상품과 탄소저배출 국가산 동종의 수입상품간의 차별 문제는 없지만 '탄소배출량'에 따른 차등적인 의무부담이 문제될 수 있다. 다시 말해서, 모든 수입상품에 대해 동일한 탄소배출권 산정기준을 적용하더라도 특정국으로부터 수입되는 상품에 실질적인 경쟁상 혜택을 주는 경우에는 제1조1항 위반이다.

EC-바나나 III 사건 개요

EC 이사회 규정 404/92 등에 의거한 바나나 수입, 판매 및 분배에 관한 제도는 바나나 수입 유형을 i) 12개 아프리카, 카리브해 연안 및 태평양 국가(전통적인 ACP 국가)으로부터의 전통적인 수입, ii) 전통적인 ACP 수입물량을 초과하는 물량 및 여타 ACP 국가들로부터의 수입, iii) 제3국로부터의 수입으로 구분하여 각기 다른 관세율 및 관세쿼터 방식을 적용하였다. 또한 바나나를 수입할 때는 수입허가 절차를 반드시 거치도록 하였는데, 특히 전통 ACP 국가 이외의 비전통 ACP 국가 및 제3국으로부터의 수입의 경우 중개업자의 유형을 세 가지로 구분하여 각각의 쿼터를 지정해 주는 등의 제도를 둠으로써 전통 ACP 국가산 바나나와 여타 국가산 바나나를 달리 취급하였다. 이에 대해 에콰도르, 온두라스, 멕시코 및 미국은 EC의 바나나 제도가 ACP 국가 및 EC와의 바나나협정 체결국가(BFA 국가)에 대해 특혜를 주고 있으므로 GATT 제1조, 제2조, 제3조, 제10조, 제11조, 제13조 등에 위반된다며 제소하였다.

캐나다-자동차 사건 개요

캐나다는 1998년 자동차관세명령(MVTO: Motor Vehicle Tariff Order)에 근거하여 일정 조건을 충족하는 자동차 제작사에게 외국 자동차를 무관세로 수입할 수 있도록 수입관세 면제를 부여하였다. 면제 대상자로 선정되기 위해서는, 기준년도 중 4년 연속으로 수입 자동차와 동급의 차량을 국내에서 생산한 실적이 있고, 해당 제조업자의 국내 생산 자동차 판매총액/국내 동급차량 판매총액의 비율이 기준년도의 비율과 같거나 높아야 하며, 국내 자동차 제조에 투입된 국내산 부가가치가 기준년도의 금액보다 같거나 높아야 했다. 또한 캐나다는 특별감면명령(SRO: Special Remission Order)을 통해 자동차 제작사가 각 회사별로 설정된 생산 대비 판매 비율과 부가가치 요건을 충족할 경우 수입관세 면제 혜택 대상기업으로 선정될 있도록 하였다. 일본과 EC는 캐나다의 이러한 조치가 GATT 제1조, 제3조 등에 위반된다면서 제소하였다.

▌제3절▌
동종성 분석에 대한 비판적 검토

　전통적인 방법론에 따라 동종성을 분석하다보면 몇 가지 의문이 든다. 탄소다배출 상품과 탄소저배출 상품이 과연 '같은 것'인가? GATT 비차별대우 의무가 탄소다배출 수입상품과 탄소저배출 국내상품을 동종상품으로 취급하라는 의미인가? 만약 그런 의미라면 각국이 환경정책적인 이유로 탄소다배출 상품과 탄소저배출 상품을 구분하는 규제적 조치 자체가 GATT 비차별대우 원칙상 불가능한 것인가? 기후변화로 인한 사회적 비용을 가격으로 내부화하려는 조치들은 GATT 의무조항이 아닌 제20조 예외조항을 통해 다뤄져야 하는가? 이러한 분석결과는 WTO 규범상 무역자유화와 국내적인 규제권한간의 균형에 비추어 과연 정당한 해석인가? 여기에서는 이러한 의문들을 기초로 기존 방법론의 문제점과 대안을 짚어보고자 한다.

Ⅰ. '동종성의 역설'

〈그림 3-2〉 기존의 동종상품 비교방식

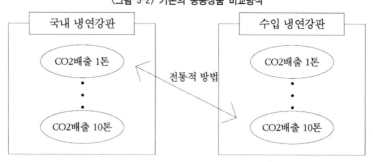

<그림 3-2>에서 보듯이 전통적인 방법론에 따르면 탄소배출량 1톤인 국내 냉연강판과 탄소배출량 10톤인 수입 냉연강판은 동종상품이다. 탄소배출량 1톤당 배출권 시장가격이 3만원 내외에서 거래된다고 가정할 때, 국내강판에는 3만원의 재정적 부담이 부과되고 수입강판에는 30만원의 재정적 부담이 부과되므로 제3조 위반이라는 결론에 도달할 것이다. 이러한 전통적인 방법론의 가장 큰 문제는 '동종성의 역설'이라고 할 수 있다. 두 상품이 '시장'에서 경쟁관계에 있는지 여부만을 분석하다 보니, 시장의 왜곡을 시정하기 위해 정부가 개입하는 조치가 허용되지 못하는 것이다. 기후변화의 사회적 비용을 상품의 가격구조로 내부화하기 위한 배출권거래제가 그 대표적인 예라고 할 것이다.

II. 방법론적 대안의 검토

일부에서는 수입상품에 대한 탄소배출권 국경조정을 부과함에 있어 최선의 가능한 기술(best available technology)을 적용하여 탄소배출량을 산정하자고 제안하기도 있다.[1) 위 그림으로 설명하면 수입상품의 탄소배출량을 1톤으로 계산하자는 것이다. 이 경우 수입상품에 대해서는 실제 탄소배출량과는 관계없이 가장 낮은 수준의 세율이 적용되므로 제3조 위반의 문제가 발생하지 않는다. 그러나 이러한 접근으로는 경쟁력 저하 및 탄소누출 우려를 충분히 해소하지 못하게 되므로 현실적인 대안이 되기는 어렵다. 그렇다면 어떻게 동종성의 역설을 해결할 수 있을까? 이는 기본적으로 GATT 비차별대우 의무상 동종상품 비교의 방법론상 문제라고 생각한다. 즉 제3조와 관련하여 앞에서 소개한 방법론 3(선택적 비교 척도 접근방식)을 부분적으로 수용하여 접근방식을 보완할 필요가 있다.

---

1) R. Ismer and K. Neuhoff, "Border Tax Adjustment: A Feasible Way to Support Stringent Emission Trading", European Journal of Law and Economic 24(2007), p.15

GATT 비차별대우 합치성 판단을 위한 동종성 분석이 단순히 두 상품간 시장에서의 경쟁관계 분석으로 그쳐서는 안 되고, <그림 3-3>에서 보듯이 비차별대우 의무의 목적상 합리적인 비교대상이 무엇인지도 검토되어야 한다는 것이다. 두 가지 방법론적 대안을 생각해 볼 수 있다.

<그림 3-3> 동종상품 비교의 방법론적 대안

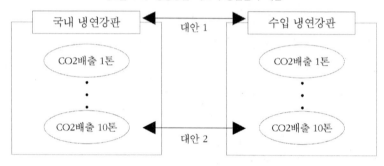

1. 국내상품 그룹과 수입상품 그룹간의 비교

첫 번째 대안은 국내 냉연강판 그룹과 수입 냉연강판 그룹을 제3조의 동종상품 비교대상으로 보는 방법이다. 제3조 분석은 상품그룹간 차별대우가 있는지만 분석하고, 각국이 국내적인 정책판단에 따라 그러한 상품그룹 내에서 탄소배출량 기준을 도입하는 조치에는 관여하지 않는 것이다. 다시 말해서, 제3조는 국내강판과 수입강판에 동일한 탄소배출량별 부담기준을 적용하는지 여부만을 판단하도록 하는 것이다. WTO 상소기구는 제3조를 수입상품과 국내 동종상품간 동등한 경쟁조건을 제공하라는 의무로 이해하고 있다. 그런데 이 때 동등한 경쟁조건은 그 시장에 일반적으로 적용되는 사회정책적 규율에 동일하게 귀속되어야 한다는 의미로 해석되어야 한다. 국내에서 설립된 외국법인이 국내세법에서 정한 동일한 기준에 따라 법인소득에 비례한 법인세를 부담하듯이, 탄소배출권 규제는 제3조 해석상 상품에 적용되는 하나의 사회정책적 규율로 파악하는 것이다. 이와 관련, 비록 제3조4항 관련 사건이지만, EC-석면 사건의 상소기구 결정이 참고가 될 수 있다. 상소기구는 제3조1항 일반 원칙에 근거하여, 수입상품과 국내상품이 동종상품이라고 하더라도 제3조 위반이 되려면 수입상품 그룹에 대해 국내상품 그룹에 비해 덜 유리한 대우가 있어야 한다고 하였고[2], 수입상품 그룹과 국내상품 그룹간의 덜 유리한 대우를 하지 않으면서 회원국이 동종상품 내에서의 구분을 할 수 있음을 시사하였다[3]. 그러나 이는 다음과 같은 문제를 안고 있다. 동 상소기구는 상품그룹간 비교의 가능성을 언급한 것일 뿐이지 이러한 접근이 구체적으로 어떻게 적용될 수 있는지에 대해서는 설명하지 않고 있다. 또한, 이와 유사한 주장이 발견되는 미국-Section 337 사건, 미국-휘발유 사건 등에서 패널은 '덜 유리한 대우'는 수입상품 개별 건에 적용 가능한 것으로 이해되어야 하며 전반적으로 동등하면 된다는 접근은 회원국이 특정 건에서 협정상 의무를 벗어나도 된다는 것으로 해석될 우려

---

2) Appellate Body Report on *EC-Asbestos*, para.100: We recognize that, by interpreting the term "like products" in Article III:4 in this way, we give that provision a relatively broad product scope-although no broader than the product scope of Article III:2. In so doing, we observe that there is a second element that must be established before a measure can be held to be inconsistent with Article III:4. Thus, even if two products are "like", that does not mean that a measure is inconsistent with Article III:4. A complaining Member must still establish that the measure accords to the group of "like" imported products "less favourable treatment" than it accords to the group of "like" domestic products. The term "less favourable treatment" expresses the general principle, in Article III:1, that internal regulations "should not be applied ⋯ so as to afford protection to domestic production". If there is "less favourable treatment" of the group of "like" imported products, there is, conversely, "protection" of the group of "like" domestic products.

3) Id.: However, a Member may draw distinctions between products which have been found to be "like", without, for this reason alone, according to the group of "like" imported products "less favourable treatment" than that accorded to the group of "like" domestic products.

가 있으므로 수입상품과 국내상품간의 경쟁관계에 심각한 불안정성을 초래할 수 있다고 지적하였음을 참고해야 할 것이다.4)

2. 동일한 '탄소배출량'을 가진 상품간의 비교

두 번째 대안으로는 탄소배출량 10톤인 수입 냉연강판과 동등한 수준의 탄소배출량을 가진 국내 냉연강판을 비교하는 방안이다. 즉 두 상품의 "탄소배출량"에 대해 동등하게 과세되도록 제도를 설계하면 제3조2항 합치가 가능하다고 보자는 것이다.5) 미국-수퍼펀드 사건의 패널 결정이 참고가 될 수 있다. 동 사건에서는 과세대상 화학약품을 사용하여 제조된 제품(과세대상 물질)에 대한 국경세조정이 제3조2항 위반인지가 쟁점이 되었는데, 패널은 제조과정에서 미국내 과세대상 화학약품을 사용하였기 때문에 과세되는 것이고 그 세율은 수입된 과세대상 물질의 가치가 아니라 제조과정에서 사용된 과세대상 화학약품의 양에 따라 결정되는 것이므로 국내 동종제품에 부과되는 내국세와 동등한 한도에서 그러한 과세조치는 제3조2항의 요건을 충족할 수 있다고 판단하였다.6) 즉,

---

4) Panel Report on *US-Section 337*, para.5.14: the "no less favourable" treatment requirement of Article III:4 has to be understood as applicable to each individual case of imported products. The Panel rejected any notion of balancing more favourable treatment of some imported products against less favourable treatment of other imported products. If this notion were accepted, it would entitle a contracting party to derogate from the no less favourable treatment obligation in one case, or indeed in respect of one contracting party, on the ground that it accords more favourable treatment in some other case, or to another contracting party. Such an interpretation would lead to great uncertainty about the conditions of competition between imported and domestic products and thus defeat the purposes of Article III.

5) Joost Pauwelyn, "U.S. Federal Climate Policy and Competitiveness Concerns: The Limits and Options of International Trade Law", Nicholas Institute for Environmental Policy Solutions Working Paper 07-02(2007), p.28

6) GATT Panel Report on *US-Superfund*, para.5.2.8: The tax on certain imported

GATT 제3조2항 합치성 테스트 과정에서 패널은 과세대상 화학약품이 사용된 수입상품과 과세대상 화학약품을 사용하지 않은 국내 동종상품 간의 차별 문제가 아니라 수입상품의 제조에 사용된 화학약품과 동종 국내상품의 제조에 사용된 화학약품이 동등한 수준에서 과세되는지 여부를 파악한 것이다. 또한 동등성 확보를 구체적인 과세방식과 관련, 미국-수퍼펀드 사건에서 미국이 특정 화학물질에 적용했던 과세방식을 채택함으로써 제3조2항에 합치할 수 있을 것이다.

III. 평가 및 시사점

기존의 분석방법에 따르면 탄소배출량 10톤인 수입강판과 탄소배출량 1톤인 동종 국내상품이 '시장'에서 '동종상품'에 해당되겠지만, 이 때 시장이 어떤 상태의 시장인지를 재고할 필요가 있다. 상품으로 인한 사회적 비용이 충분히 반영되지 않아 시장이 왜곡된 상황이라면 그러한 상황에서 두 상품간의 경쟁관계에 대한 형식적인 동등성의 부여는 실질적으로 동등하지 않은 대우를 고착하는 결과를 가져올 수 있다. 물론 실질적

---

substances equals in principle the amount of the tax which would have been imposed under the Superfund Act on the chemicals used as materials in the manufacture or production of the imported substance if these chemicals had been sold in the United States for use in the manufacture or production of the imported substance. In the words which the drafters of the General Agreement used in above perfume-alcohol example: The tax is imposed on the imported substances because they are produced from chemicals subject to an exercise tax in the United States and the tax rate is determined in principle in relation to the amount of these chemicals used and not in relation to the value of the imported substance. The Panel therefore concluded that the extent that the tax on certain imported substances was equivalent to the tax borne by like domestic substances as a result of the tax on certain chemicals, the tax met the national treatment requirement of Article III:2, first sentence.

동등성이 어떠한 상황을 의미하는지에 대해 법적으로 특정하기 어렵기 때문에 법규범은 형식적 동등성을 추구하는 선택이 불가피하다는 점은 인정한다. 하지만 그러한 문제를 인식하고 구체적 사안에 있어 이를 반영하는 노력이 반드시 필요하다고 본다. 상품의 생산과정에서 배출하는 온실가스는 '기후변화'라는 사회적 비용을 야기하며, 이러한 비용은 외부성으로 인해 시장에서의 상품가격에 반영되지 못하고 있다. 탄소배출권 규제는 이러한 비용을 가격으로 내부화하는 조치이다. 따라서 이는 시장의 왜곡을 시정하려는 것으로 이해되어야 한다. 경제학에서 말하는 완전경쟁시장은 현실에서는 존재하지 않는다. 그러기 때문에 시장의 공정성 확보를 위한 정부개입이 인정되어 왔다. 제3조의 진정한 취지는 기존 시장에서의 경쟁조건을 무조건 변화시키면 안 된다는 것이 아니라 '부당하게' 변화시키지 말라는 것이다. 이러한 관점에서 탄소배출의 사회적 비용을 탄소배출상품에 부과하는 것은 시장에서의 경쟁조건을 부당하게 변화시키는 것이 아니라고 생각한다.

본고는 GATT 비차별대우 의무를 해석함에 있어 '교정적 동등성'으로의 패러다임 전환이 필요함을 지적하고자 한다. GATT 비차별대우 의무에 대한 WTO 패널 및 상소기구의 해석을 보면 두 상품간 '시장'에서 경쟁조건의 '동등성'을 강조하고 있다. 이때의 동등성이 무엇인지를 생각해 보자. '같은 것을 같게'라는 것은 법철학적으로 '정의'의 한 표현이고 법이 형식적 정의를 추구하느냐 실질적 정의를 추구하느냐에 대한 관념적 사색들을 곱씹어볼 필요가 있다. 특히, 법규범이 '시장'에서의 경쟁관계의 동등성을 추구하면서 그 시장 자체의 왜곡을 시정하는 정부 개입을 허용하지 않는 방식으로 해석되는 것은 분명히 역설이다. 이러한 '동등성의 역설' 문제에 대해서는 제3조 분석에서 설명한바와 같이 기존 분석의 방법론을 '교정적 동등성'이라는 관점에서 새로운 방법론으로 보완할 필요가 있다. 이와 함께, GATT 제3조 및 제1조의 비차별대우 의무와 GATT 제20조 예외간의 적절한 역할부담에 대한 이론적인 분석도 보완되어야 한다. 제3조 및 제1조의 비차별대우 의무는 일반적인 의무이고 제20조는 그러한 의무위반에 대한 예외적인 정당화이다. 제3조 또는 제1조에 위반되지 않는다는 것은 WTO 규범상 합법적인 조치라는 의미이고, 제3조 또는 제1조에 위반되지만 제20조로 정당화된다는 것은 WTO 규범상 불법적인 조치이지만 예외적으로 허용한다는 의미이다. 합리적인 방식의 탄소배출권 국경조정을 과연 이 두 가지 중 어느 범주로 분류해야 하는 것이 옳은 판단인지에 대한 고민이 필요하다. 본고의 견해로는 정당한 목적을 가진 국내조치가 예외적으로 허용되는 조치의 범주로 유형화되는 것은 바람직한 결정이 아닌 것으로 생각된다.

다만, 본고는 수입상품에 대한 탄소배출권 국경조정이 WTO 규범상 허용되는지 여부를 기존 패널 및 상소기구의 방법론에 따라 분석하는 것을 그 목적으로 하고 있으므로, 기존의 방법론을 구체적으로 어떤 방법론으로 대체하는 것이 바람직한지에 대한 문제는 본고가 아닌 후속연구의 과제로 남겨둔다.

제7장
GATT 제20조 예외를 통한 정당화 여부

GATT 의무에 위반되는 조치라고 하더라도 제20조 예외를 통해 정당화될 수 있다. 수입상품에 대한 탄소배출권 국경조정이 WTO 협정상 허용될 수 있다는 견해도 법적근거로 GATT 제20조 예외를 들고 있으며, 실제 분쟁이 발생할 경우에도 피소국은 동 예외를 통한 조치의 정당화를 집중적으로 주장할 것이다. 따라서 탄소배출권 국경조정의 WTO 합치 여부 분석에 있어 제20조 환경 관련 예외 분석은 중요한 쟁점이다. 여기에서는 GATT 비차별대우 의무에 위반되는 탄소배출권 국경조정 조치가 GATT 제20조의 예외를 통해 정당화될 수 있는지, 정당화된다면 어떠한 조건 하에 가능한지에 대해 분석해 보겠다.

GATT 제20조 개관

GATT 제20조는 10가지 예외사유를 포함하고 있으며 탄소배출권 국경조정의 경우에는 (b)호와 (g)가 특히 관련된다. 사안에 따라서는 제20조 (d)호도 관련될 여지가 있으나, 본고 분석에서는 보다 직접적으로 관련되는 (b)호와 (g)호 그 범위를 한정하겠다. 본격적인 분석에 앞서, 제20조 (b)호 및 (g)호 예외는 어떠한 내용을 담고 있으며 그간 분쟁사례로는 무엇이 있고 본고는 어떤 방식으로 분석을 전개할 것인지를 개괄적으로 소개해 보겠다.[1]

Ⅰ. 조문 개요

다음의 조치가 동일한 여건이 지배적인 국가간에 자의적이거나 정당화할 수 없는 차별의 수단을 구성하거나 국제무역에 대한 위장된 제한을 구성하는 방식으로 적용되지 아니한다는 요건을 조건으로, 이 협정의 어떠한 규정도 체약당사자들이 이러한 조치를 채택하거나 시행하는 것을 방해하는 것으로 해석되지 아니한다.

(b) 인간, 동물 또는 식물의 생명이나 건강을 보호하기 위하여 필요한 조치

(g) 고갈될 수 있는 천연자원의 보존과 관련된 조치로서 국내 생산 또는 소비에 대한 제한과 결부되어 유효하게 된 경우

Subject to the requirement that such measures are not applied in a manner whic h would constitute a means of arbitrary or unjustifiable discrimination between countries where the same conditions prevail, or a disguised restriction on international trade, nothing in this Agreement shall be construed to prevent the

---

[1] GATT 제20조의 환경 관련 예외에 대한 일반적인 설명은 다음을 참조: WTO, GATT/WTO Dispute Settlement Practice Relating to Article XX, Paragraphs (b), (d) and (g) of GATT, note by Secretariat, WT/CTE/W/53/Rev.1, 26 October 1998

adoption or enforcement by any contracting party of measures:
(b) necessary to protect human, animal or plant life or health;
(g) relating to the conservation of exhaustible natural resources if such measures are made effective in conjunction with restrictions on domestic production or consumption;

GATT 제20조 (b)호는 "인간, 동물 또는 식물의 생명이나 건강을 보호하기 위하여 필요한 조치", (g)호는 "고갈될 수 있는 천연자원의 보존과 관련된 조치로서 국내 생산 또는 소비에 대한 제한과 결부되어 유효하게 된 경우"를 협정상 의무에 위반되는 조치가 정당화될 수 있는 예외사유로 적시하고 있다. 다만 chapeau에서는 "동일한 여건이 지배적인 국가간에 자의적이거나 정당화할 수 없는 차별의 수단을 구성하거나 국제무역에 대한 위장된 제한을 구성하는 방식으로 적용되지 아니한다는 요건"을 예외사유 인정의 조건으로 두었다.

동 조항은 그 자체로 의무를 발생시키는 것이 아니라 여타 협정상 의무에 대한 예외를 제공한다는 점에서 두 가지 절차적 특징을 가진다. 첫째 실질적 의무규정 위반이 판정되고 분쟁당사국에 의해 그러한 위반을 정당화하기 위해 명시적으로 제20조가 원용된 경우에 한하여 패널이 제20조 문제를 검토한다. 실제 분쟁에서는 피소국은 문제된 조치가 협정상 의무에 합치한다는 주장을 하면서 제20조를 예비적 항변으로 함께 제기하는 경우가 일반적이다. 이때 제소국은 제20조를 원용하였다는 사실을 근거로 피소국이 해당 조치의 협정 위반을 인정하였다고 주장할 수 없다.[2] 둘째 제20조는 예외조항이기 때문에 이를 원용하는 국가(피소국)가 입증책임을 부담한다.[3] 즉, 피소국은 조치가 제20조에 열거된 10개 예외

---

2) Panel Report on US-Gasoline, para.3.37
3) Appellate Body Report on United States-Measures Affecting Imports of Woven Wool Shirts and Blouses From India(US-Wool Shirts and Blouses), WT/DS33/AB/R, adopted on 23 May 1997, p.16: Articles XX and XI :(2)(c)(i) are limited exceptions from obligations under certain other provisions of the GATT 1994, not positive rules establishing obligations in themselves. They are in the nature

사유 중 적어도 하나에 해당되고, chapeau 요건을 충족하고 있음을 증명해야 한다. 미국-휘발유 사건 등의 패널도 "예외를 원용하는 당사국인 미국이 협정 불합치 조치가 그 범위에 해당되는지를 증명할 입증책임을 진다"라는 원칙을 확인한 바 있다.[4]

II. GATT 및 WTO 분쟁사례

GATT 제20조 (b)호 및 (g)호는 그 중요성에 비해 매우 간단한 문구로 구성되어 있다. 다시 말해, 협정문 자체가 충분한 해석기준을 제공하지 않고 있으며, 그간 패널 및 상소기구가 분쟁사례에서의 결정을 통해 제20조 환경 관련 예외의 해석기준을 구체화시켜 왔다. 이러한 패널 및 상소기구 판정들이 선례구속성을 가지는 것은 아니지만 제20조 해석의 중요한 지침을 제공하므로, 수입상품에 대한 탄소배출권 국경조정 시나리오를 분석함에 있어서도 해석적 기초가 된다.

제20조 (b)호 및 (g)호와 관련된 분쟁사례를 살펴보면, GATT 기간 중에는 미국-캐나다산 참치 및 참치제품의 수입금지 사건[5], 캐나다-가공되지 않은 청어 및 연어의 수출제한 사건[6], 태국-담배수입제한 사건[7], 미국-참치수입제한 사건(Ⅰ)[8], 미국-참치수입제한 사건(Ⅱ)[9], 미국-자동

of affirmative defences. It is only reasonable that the burden of establishing such a defence should rest on the party asserting it.

4) Panel Report on *US-Gasoline*, paras.6.20, 6.31, 6.35
5) United States-Prohibition of Imports of Tuna and Tuna Products from Canada ("*US-Canadian Tuna*"), Panel Report, adopted 22 February 1982, BISD 29S/91
6) Canada-Measures Affecting Exports of Unprocessed Herring and Salmon ("*Canada-Herring and Salmon*"), Panel Report, adopted 22 March 1988, BISD 35S/98
7) Thailand-Restrictions on Importation of and Internal Taxes on Cigarettes ("*Thailand-Cigarettes*"), adopted 7 November 1990, BISD 37S/200
8) United States-Restrictions on Imports of Tuna("*US-Tuna (Mexico)*"), Panel Report, 3 September 1991, unadopted, BISD 39S/155

차세 사건10)의 총 6건이 관련된다. 다만, GATT 사건에서는 모두 문제된 조치가 제20조 (b)호 또는 (g)호 요건을 충족하지 못한 것으로 판정되었다. WTO 출범 이후의 분쟁사례로는 미국-휘발유 사건11), EC-호르몬 사건12), 미국-새우수입금지 사건13), 미국-새우수입금지 판정이행 사건14), EC-석면 사건15), 브라질-재생타이어 사건16)의 총 6건이 관련된다.

9) United States-Restrictions on Imports of Tuna (*"US-Tuna (EEC)"*), Panel Report, 16 June 1994, unadopted, DS29/R

10) United States-Taxes on Automobiles (*"US-Taxes on Automobiles"*), Panel Report, 11 October 1994, unadopted, DS31/R

11) United States-Standards for Reformulated and Conventional Gasoline (*"US-Gasoline"*), Panel Report, WT/DS2/R, adopted 20 May 1996, as modified by the Appellate Body Report, WT/DS2/AB/R, DSR 1996: I

12) EC Measures Concerning Meat and Meat Products (Hormones)-Complaint by the United States (*"EC-Hormones (US)"*), Panel Report, WT/DS26/R/USA, adopted 13 February 1998, DSR 1998:III, as modified by the Appellate Body Report, WT/DS26/AB/R, WT/DS48/AB/R, DSR 1998: I

13) United States-Import Prohibition of Certain Shrimp and Shrimp Products (*"US-Shrimp"*), Panel Report, WT/DS58/R and Corr.1, adopted 6 November 1998, as modified by the Appellate Body Report, WT/DS58/AB/R, DSR 1998:VII

14) United States-Import Prohibition of Certain Shrimp and Shrimp Products-Recourse to Article 21.5 of the DSU by Malaysia (*"US-Shrimp(Article 21.5-Malaysia)"*), Panel Report, WT/DS58/RW, adopted 21 November 2001, as upheld by the Appellate Body Report, WT/DS58/AB/RW, DSR 2001:XIII

15) European Communities-Measures Affecting Asbestos and Asbestos-Containing Products (*"EC-Asbestos"*), Panel Report, WT/DS135/R and Add.1, adopted 5 April 2001, as modified by the Appellate Body Report, WT/DS135/AB/R, DSR 2001:VII and DSR 2001:VIII

16) Brazil-Measures Affecting Imports of Retreaded Tyres (*"Brazil-Retreaded Tyres"*), Panel Report, WT/DS332/R, adopted 17 December 2007, as modified by Appellate Body Report, WT/DS/332/AB/R, adopted 17 December 2007, DSR 2007:IV, 1527

III. 분석구조: 2단계 테스트

특정 조치가 제20조 예외로 정당화 되려면 ① 제20조에 열거된 10개 예외사유 중 적어도 하나에 해당되어야 하고, ② 제20조 chapeau 요건을 충족해야 한다. 이를 "2단계 테스트(two-tiered test)"라고 한다.17)

분석순서와 관련, 미국-새우수입금지 사건의 상소기구는 제20조의 2단계 분석순서는 우연한 선택의 결과가 아니라 제20조의 전체적 구조와 논리를 반영한 것이며, chapeau 해석의 목적은 특정한 예외조치의 남용 방지에 있기 때문에 어떠한 예외사유에 해당되는지를 먼저 확인하지 않고는 chapeau 해석 작업이 어렵다고 하였는바, 본고에서도 상소기구의 분석순서에 따라 1단계로 먼저 각호 요건을 분석하고 2단계로 chapeau 요건을 분석하도록 하겠다.18)

---

17) Appellate Body Report on *US-Gasoline*, p.21: In order that the justifying protection of Article XX may be extended to it, the measure at issue must not only come under one or another of the particular exceptions-paragraphs (a) to (j)-listed under Article XX; it must also satisfy the requirements imposed by the opening clauses of Article XX. The analysis is, in other words, two-tiered: first, provisional justification by reason of characterization of the measure under[one of the exceptions]; second, further appraisal of the same measure under the introductory clauses of Article XX.

18) Appellate Body Report on *US-Shrimp*, paragraphs 119-120: The sequence of steps indicated above[reference to the Gasoline case, see paragraph 10] in the analysis of a claim of justification under Article XX reflects, not inadvertence or random choice, but rather the fundamental structure and logic of Article XX. The Panel appears to suggest, albeit indirectly, that following the indicated sequence of steps, or the inverse thereof, does not make any difference. To the Panel, reversing the sequence set out in the United States-Gasoline seems equally appropriate. We do not agree.

1단계 분석 : 각호 요건

수입상품에 대한 탄소배출권 국경조정은 '기후변화'라는 국제적인 환경 문제에 대응하기 위한 탄소배출 규제정책의 일환이라고 할 수 있으므로, 제20조 각호 사유 중 (b)호와 (g)호가 관련되는 것으로 판단된다. 물론 사안에 따라서는 (d)호도 관련될 여지가 있으나, 여기에서는 보다 직접적으로 관련되는 (b)호와 (g)호에 한정하여 분석하겠다.

Ⅰ. (b)호: "인간, 동물 또는 식물의 생명이나 건강을 보호하기 위하여 필요한 조치"

제20조 (b)호는 "인간, 동물 또는 식물의 생명 또는 건강을 보호하기 위하여 필요한(necessary to protect human, animal or plant life or health) 조치"를 규정하고 있다. 2가지 구성요건이 필요하다. ① 첫째, 조치가 인간, 동식물의 생명 또는 건강을 보호하기 위한 것이어야 하고, ② 둘째, 이를 위해 필요한 경우라야 한다.[1]

---

1) Panel Report on *Brazil-Tyres*, para.7.40: Article XX(b) covers measures "necessary to protect human, animal or plant life or health". As outlined by the Panel in US-Gasoline, two elements must exist for a measure to be justified under paragraph (b): (a) the policy in respect of the measures for which the provision is invoked falls within the range of policies designed to protect human, animal or plant life or health; and (b) the inconsistent measure for which the exception is invoked is necessary to fulfill the policy objective.;
동 패널의 분석 중 "관련된 정책", "고안된 정책"이라는 표현은 제20조에 근거하지 않은 기준이고 이에 대한 상소기구의 판단이 아직 없었으므로 본고에서는 수정 인용함.

1. "인간, 동식물의 생명 또는 건강을 보호하기 위하여"

수입상품에 대한 탄소배출권 국경조정이 "인간, 동식물의 생명 또는 건강을 보호하기 위하여(to protect human, animal or plant life or health)" 취해져야 한다. ① 인간, 동식물의 생명 또는 건강에 위험이 있는지 여부와 ② 위반된 조치가 이러한 위험으로부터 보호하기 위한 것인지로 나누어 검토한다.[2]

1) 인간, 동식물의 생명 또는 건강

첫째 탄소배출권 국경조정 부과대상인 수입상품으로 인해 "인간, 동식물의 생명 또는 건강(human, animal or plant life or health)"에 "위험"이 존재하는지 여부이다. 제20조(b)호 요건이 문제된 세 가지 분쟁사례를 통해 어떠한 기준으로 분석되는지 살펴볼 필요가 있다. 미국-휘발유 사건에서 미국은 '대기오염'은 인간 및 동식물의 건강에 위험이 되며 대기오염의 절반은 자동차 배출가스에 의해 초래된다고 주장하였고 패널은 제소국측이 이에 대해 반박하지 않았음을 들어 미국의 주장을 인정하였다.[3] 패널은 다른 이유에서 미국의 조치가 (b)호 요건을 충족하지 못한다

---

2) Panel Report on *Brazil-Tyres*, para.7.43: Therefore, to determine whether Brazil's policy in respect of its import prohibition for which Article XX(b) is invoked falls within the range of policies designed to protect human, animal or plant life or health, the Panel will examine first whether a risk exists to "human" and "animal or plant" life or health respectively and, if so, whether the objective of the import ban, as declared by Brazil, is to reduce such risk ….;
동 패널 분석 중 "위험이 있는지"의 경우 제20조에 근거하지 않은 기준이지만, 논리적으로 볼 때 '위험'이 존재하여야 그러한 위험으로부터 보호하기 위한 조치가 인정될 수 있을 것이고 EC-Asbestos 사건의 상소기구도 패널의 "위험" 관련 분석을 간접적으로 지지하였으므로 이는 본 분석에서 수용하여 검토함. Appellate Body Report on EC-Asbestos, para.162 참조; 다만 "위험을 감소시키는"이라는 표현은 제20조에 근거하지 않은 기준이고 이에 대한 상소기구의 판단이 아직 없었으므로 본고에서는 수정하여 인용함.

고 결정하였고 상소심에서 미국이 (b)호를 제기하지 않음에 따라 자동차 배출가스로 인한 대기오염이 인간 및 동식물의 건강에 위험이 되는지 여부는 상소기구에 의해 확인되지 않았다. 그렇다고 하더라도, 동 패널 결정은 '대기오염'이 인간 및 동식물의 건강에 위험이 된다는 주장이 성립될 수 있는 여지를 주는 것으로 평가된다. 또 다른 사례로, EC-석면 사건의 경우 패널은 과학분야 전문가 자문결과 모두 온석면섬유 및 온석면시멘트제품이 인간의 건강에 유해하다고 하였으며, 1977년 이후 국제암연구원(IARC) 및 세계보건기구(WHO)와 같은 국제기구들이 온석면이 발암물질이라는 사실을 인정해 왔음을 근거로 인간, 동식물의 생명 및 건강에 위험이 된다고 인정하였다.4) 상소심에서 캐나다가 패널이 과학적 증거를 인위적으로 추론하였다고 주장한데 대해, 상소기구는 프랑스의 조치가 제20조(b)호상 인간의 생명 또는 건강의 보호에 해당하는 것인지와 관련하여 패널의 결론은 4인의 전문가가 표명한 견해에 충실한 것이었고, 이러한 상황에 비추어 온석면시멘트가 인간의 생명 또는 건강에 유해하다고 평결을 내리는 과정에서 패널이 재량권의 한계를 넘지 않았다고 판단하였다.5) 동 사례는 패널의 심의과정에서 수입상품의 탄소배출

---

3) Panel Report on *US-Gasoline*, para.6.21: The Panel noted the United States argument that air pollution, in particular ground-level ozone and toxic substances, presented health risks to humans, animals and plants. The United States argued that, since about one-half of such pollution was caused by vehicle emissions, and the Gasoline Rule reduced these, the Gasoline Rule was within the range of policy goals described in Article XX(b). Venezuela and Brazil did not disagree with this view. The Panel agreed with the parties that a policy to reduce air pollution resulting from the consumption of gasoline was a policy withing the range of those concerning the protection of human, animal and plant life or health mentioned in Article XX(b).

4) Panel Report on *EC-Asbestos*, para.8.188

5) Appellate Body Report on *EC-Asbestos*, para.162: ⋯ As we have noted, we will interfere with the Panel's appreciation of the evidence only when we are "satisfied that the panel has exceeded the bounds of its discretion, as the trier of facts, in its appreciation of the evidence."(emphasis added) In this case,

로 인해 인간 및 동식물의 건강에 위험이 존재하는지에 대한 과학적 증거와 전문가 의견이 중요하게 고려된다는 점을 보여준다. 가장 최근 사례인 브라질-재생타이어 사건의 경우, 브라질은 폐타이어의 축적이 뎅기열, 황열, 말라리아 등을 유발하는 모기의 서식지를 제공하여 이러한 모기로 인한 질병을 확산시키고, 이는 또한 타이어 화재로 인한 유해물질 침출의 위험이 있다고 주장하였고, EC는 모기로 인한 질병이나 타이어 화재로 인한 유해물질이 인간의 생명 또는 건강에 위험이 된다는 점은 인정하였으나 폐타이어 축적 문제와 이러한 위험간의 구체적 관련성이 부족하며 폐타이어 축적 보다는 부적절한 관리에 문제가 있다고 반박하였다. 이에 대해 패널은 폐타이어 관리 소홀의 문제가 있는 것은 사실이지만 그렇다고 해서 폐타이어 축적이 위험을 야기한다는 현실이 부정되는 것은 아니므로 브라질은 입증책임을 다했다고 판단하였다.6) 동 사건 결정은 수입상품으로 인한 인간 및 동식물의 건강에의 위험이 있는지 여부가 판단기준이지, 수입상품과 그러한 위험간의 구체적 관련성까지 요구하는 것은 아님을 시사한다.

탄소배출권 국경조정의 대상은 수입상품의 생산과정에서 발생하는 '탄소배출'이다. 여기서 주의할 사항은 수입상품이 '기후변화'에 부정적인 영향을 미친다는 막연한 주장으로는 (b)호의 '위험'을 입증할 수 없으

---

nothing suggests that the Panel exceeded the bounds of its lawful discretion. To the contrary, all four of the scientific experts consulted by the Panel concurred that chrysotile asbestos fibres, and chrysotile-cement products, constitute a risk to human health, and the Panel's conclusions on this point are faithful to the views expressed by the four scientists. In addition, the Panel noted that the carcinogenic nature of chrysotile asbestos fibres has been acknowledged since 1977 by international bodies, such as the International Agency for Research on Cancer and the World Health Organization. In these circumstances, we find that the Panel remained well within the bounds of its discretion in finding that chrysotile-cement products pose a risk to human life or health.

6) Panel Report on *Brazil-Retreaded Tyres*, paras.7.53-83; 상소심에서는 이러한 패널의 판단에 대한 이의제기가 없어 다루어지지 않았다.

며 수입상품이 인간, 동식물의 생명 또는 건강에 실제적으로 위험을 가져왔다고 주장할 근거가 있어야 한다는 점이다. 일례로, 브라질-재생타이어 사건에서 브라질이 "환경(environment)"이라는 일반적 용어를 사용한데 대해, EC는 제20조(b)호가 환경 일반을 보호하기 위한 조치까지 포함하는 조항이 아니라고 하였고, 패널도 브라질이 환경 일반에의 위험을 일반적으로 제시해서는 안되고 인간, 동식물의 생명 또는 건강에의 위험의 존재를 구체적으로 입증해야 한다고 보았다.[7] 따라서 '기후변화'에 대한 영향만으로 '위험'의 존재가 성립되지는 않으며 피소국은 '인간, 동식물의 생명 또는 건강'에 어떠한 영향을 주는지를 구체적으로 입증해야 한다. 제2장에서 소개한 바와 같이 지구가 정말 더워지고 있는지에 대해서는 아직 과학적으로 명쾌하게 증명되지 못한 상태이지만, 조치국의 입장에서 수입상품이 생산과정에서 온실가스를 배출하였다는 사실, 온실가스가 대기를 오염시켜 기후변화를 야기한다는 전문가들의 대체적인 의견, 실제로 지구온도가 상승하고 있다는 IPCC 보고서, 지구온도가 2℃ 상승만으로도 생물종의 15~40%가 멸종할 수 있으며 3~4℃ 상승시에는 해수면 상승 등으로 2억 명이 이주해야 할 것이라는 스턴보고서 등을 제시함으로써 수입상품의 탄소배출이 인간 및 동식물의 건강에의 위험이 된다는 것을 입증하는 것은 가능할 것이라고 생각된다. 특히 EC-호르몬 사건 상소기구는 위험에는 부정적 효과가 현실적으로 가능한 경우(actual potential)까지 포함된다고 하였음을 감안할 때[8], 위험이 반드시 과학적으

---

7) Panel Report on *Brazil-Retreaded Tyres*, para.7.46: ⋯ In our view, therefore, to the extent that Brazil is invoking the existence of a risk to animal or plant life or health within the meaning of Article XX(b), it has to establish the existence not just of risks to "the environment" generally, but specifically of risks to animal or plant life or health.

8) Appellate Body Report on *EC-Hormones*, para.187: ⋯ It is essential to bear in mind that the risk that is to be evaluated in a risk assessment under Article 5.1(of SPS Agreement) is not only risk ascertainable in a science laboratory operating under strictly controlled conditions, but also risk in human societies as they actually exist, in other words, the actual potential for adverse effects on

로 명쾌하게 증명되어야 하는 것은 아니므로, 기후변화가 인류의 생존에 야기할 잠재적인 위험에 대한 전문가들의 소견을 활용할 수 있을 것으로 본다.

2) 보호하기 위하여

둘째 수입상품에 대한 탄소배출권 국경조정이 상기 위험으로부터 인간, 동식물의 생명 또는 건강을 "보호하기 위한(to protect)" 것인지 여부이다. "to"는 사전적으로 다양한 용도로 쓰이나, (b)호의 맥락상 목적이나 의도를 나타내는 전치사로 사용된 것으로 판단된다.9) 따라서 동 분석은 조치가 목적하거나 의도하는 바가 인간, 동식물의 생명 또는 건강의 보호인지 여부가 판단기준이 되어야 할 것이다. 이때 보호수준의 적정성 문제는 검토대상에 포함되지 않는다.10)

탄소배출권 국경조정의 경우, 수입상품의 탄소배출에 대해 재정적인 부담을 지움으로써 생산자가 탄소배출을 감소시키려는 유인을 제공하고, 생산지국과 수입국간의 탄소규제의 차이로 인해 탄소누출 현상이 발생하는 것을 억제함으로써 국내적인 탄소배출 규제의 효율적인 추진을 제고하려는 취지이다. 물론 탄소배출권 국경조정 관련 법령 자체에서 '인간, 동식물의 생명 또는 건강'의 보호를 명시적인 언급을 하지는 않겠지만, '탄소배출'의 감축이 기후변화를 최대한 억제하여 인간, 동식물의 생명 또는 건강을 보호하려는 취지로 해석됨을 감안할 때 '보호하기 위한' 요건을 충족할 수 있다고 판단된다.

한편, 그간의 분쟁사례를 보면, WTO 패널은 "위험을 감소시키기 위해

---

human health in the real world where people live and work and die.

9) Oxford Dictionary of English(2005 second edition), 'to': expressing purpose or intention

10) Appellate Body Report on *EC-Asbestos*, para.168: ··· we note that it is undisputed that WTO Members have the right to determine the level of protection of health that they consider appropriate in a given situation ···.

고안된"이라는 기준을 적용하는 경향을 보이고 있다.[11] 일례로 브라질-재생타이어 사건의 경우, 패널은 브라질이 선언한 재생타이어 수입금지 조치의 목적은 폐타이어 축적으로 인해 야기되는 인간, 동식물의 생명 또는 건강에의 위험을 줄이는데 있음을 들어, (b)호의 범위에 속하는 정책이라고 판단하였다.[12] '위험의 감소'나 '고안된'이라는 표현은 제20조상 근거가 없으며 또 다른 논란을 가져오는 쟁점이 되고 있는바, 동 접근에 대해서는 향후 상소기구의 추가적인 검토가 필요한 것으로 생각된다.

3) 역 외 관 할 권 행 사 의 문 제

수입상품의 경우 탄소가 배출되는 장소는 조치국이 아니라 생산지국이며 탄소배출권 국경조정은 생산지국에서의 탄소배출을 감소시키기 위한 조치가 된다는 점에서 조치의 역외적용 문제가 쟁점이 될 수 있다. (b)호의 인간과 동식물은 자국의 국민과 동식물을 의미하는 것이며, 다른 WTO 회원국의 국민과 동식물을 보호한다는 명분으로 일방적인 무역제한조치를 취하는 경우까지 정당화되는 것은 아니라는 주장이 제기될 수 있다. 다시 말해서, A국에서의 탄소배출에 대해 B국이 인간, 동식물의 생명 또는 건강을 보호하기 위한 조치라는 사유를 제기할 수 있는지에 대한 의문이 제기된다.

그간의 분쟁사례를 살펴보자. 참치/돌고래 Ⅰ 사건에서 미국이 GATT

---

11) Panel Repot on *EC-Asbestos*, para.8.186: in principle, a policy that seeks to reduce exposure to a risk should fall within the range of policies designed to protect human life or health, insofar as a risk exists.;
   Panel Report on *Brazil-Tyres*, para.7.98: Measures specifically designed to avoid the generation of further risk, thereby contributing to the reduction of exposure to the risk, fall, in our view, within that category.
12) Panel Report on *Brazil-Tyres*, para.7.100: In our view, Brazil's declared policy of reducing exposure to the risks to human, animal or plant life or health arising from the accumulation of waste tyres fall within the range of policies covered by Article XX(b).

제20조를 통해 의무위반 조치의 정당화를 주장한데 대해, 멕시코는 제20
조는 체약당사국이 그 영토 내에서 채택하고 적용하는 조치를 대상으로
하는 것이지 역외관할권 행사까지 정당화하는 것은 아니라고 이의를 제
기하였고13), 이에 대해 미국은 조치가 미국내로 수입되는 참치를 대상으
로 하고 있으며 돌고래가 바다를 돌아다니기 때문에 어느 한 당사국의
관할권에 속하지 않는 공동의 자원이라고 반박하였다.14) 패널은 문언상
분명하게 나타나 있지는 않지만, 제20조 (b)호의 협상기록에 비추어 볼
때 협상당사국들의 관심은 수입국 관할권 내의 인간, 동식물의 생명 또
는 건강을 보호하기 위한 조치에 있었다면서, 역외관할권으로의 적용에
는 (b)호가 원용될 수 없는 것으로 판단하였다.15) 참치/돌고래 II 사건에

---

13) GATT Panel Report on *US-Tuna/Dolphin I*, para.3.31: Mexico also asserted
    that nothing in Article XX entitled any contracting party to impose measures in
    the implementation of which the jurisdiction of one contracting party would be
    subordinated to the legislation of another contracting party. It could be deduced
    from the letter and spirit of Article XX that it was confined to measures
    contracting parties could adopt or apply within or from their own territory. To
    accept that one contracting party might impose trade restrictions to conserve the
    resources of another contracting party would have the consequence of introducing
    the concept of extraterritoriality into the GATT, which would be extremely
    dangerous for all contracting parties. In this context, Mexico recalled that, under
    the MMPA, the United States not only arrogated to itself this right of interference,
    but also the right of interference in trade between other contracting parties, by
    providing for an embargo of countries considered to be "intermediary nations"
    simply because they continued to buy products which the United States had
    unilaterally decided should not be imported by itself or by any other country.
14) Id., para.3.32: The United States replied that the MMPA specified the require-
    ments for tuna imported into the United States. It did not subordinate the
    jurisdiction of one contracting party to the legislation of another contracting party.
    The United States also noted that dolphin roamed the seas and were therefore
    common resources within the jurisdiction of no one contracting party.
15) Id., paras5.25-5.26: The Panel noted that the basic question raised by these
    arguments, namely whether Article XX(b) covers measures necessary to protect
    human, animal or plant life or health outside the jurisdiction of the contracting

서도 역외관할권 문제가 제기되었다. EEC와 네덜란드는 제20조 (b)호와 (g)호는 조치국의 관할권 바깥에 위치한 생물체의 생명 또는 건강의 보호나 천연자원의 보존을 위해 원용될 수 없다고 주장하였고,16) 이에 대해 미국은 제20조 (b)호와 (g)호의 문언상 관할권의 범위를 제한하는 문구를 포함하고 있지 않으며 제20조 전체의 문맥으로 보더라도 반드시 국

---

party taking the measure, is not clearly answered by the text of that provision. It refers to life and health protection generally without expressly limiting that protection to the jurisdiction of the contracting party concerned. The Panel therefore decided to analyze this issue in the light of the drafting history of Article XX(b), the purpose of this provision, and the consequences that the interpretations proposed by the parties would have for the operation of the General Agreement as a whole. The Panel noted that the proposal for Article XX (b) dated from the Draft Charter of the International Trade Organization (ITO) proposed by the United States, which stated in Article 32, "Nothing in Chapter IV[on commercial policy] of this Charter shall be construed to prevent the adoption or enforcement by any Member of measure··· (b) necessary to protect human, animal or plant life or health". In the New York Draft of the ITO Charter, the preamble had been revised to read as it does at present, and exception (b) read: "For the purpose of protecting human, animal or plant life or health, if proviso reflected concerns regarding the abuse of sanitary regulations by importing countries. Later, Commission A of the Second Session of the Preparatory Committee in Geneva agreed to drop this proviso as unnecessary. Thus, the record indicates that the concerns of the drafters of Article XX(b) focused on the use of sanitary measures to safeguard life or health of human, animals or plants within the jurisdiction of the importing country."

16) GATT Panel Report on *Tuna/Dolphin II*, para.3.15: The EEC and the Netherlands objected that Article XX(g) or (b) could not be invoked in this case to conserve natural resources or to protect the life or health of living things located outside the jurisdiction of the party taking the measure. Although the text of these paragraphs did not explicitly restrict the location of the resource or living thing to be protected, this did not mean that such a limitation was not contained in the provision. It was necessary to interprets Article XX(b), in its context, in accordance with the rules of treaty interpretation expressed in the Vienna Convention on the Law of Treaties.

내적인 조치만으로 한정되지 않고 다른 국가 영토 내의 행위와 불가피하게 관련되는 경우도 포함되는 것으로 해석된다고 반박하였다.17) 동 사건의 패널은, 앞에서의 참치/돌고래 I 패널 판단과는 달리, 제20조 (b)호 문언상 보호대상 생물체의 위치에 대한 제한이 규정되어 있지 않으며 협정의 다른 조항에서 조치가 원칙적으로 조치국의 영토관할권 바깥에 위치한 물체나 행위에도 취해질 수 있음을 시사하고 있고 국제법상 국가가 영토관할권 이외에서의 행위를 규율하는 것이 원칙적으로 금지되지 않음을 들어 태평양에 사는 돌고래의 생명과 건강을 보호하려는 미국의 조치가 제20조 (b)호에 해당될 수 있다고 판단하였다.18)

---

17) Id., para.3.16: The United States argued that the jurisdictional location of the resource to be conserved or the living things to be protected was not relevant for the purposes of Article XX(g) or (b). The ordinary meaning of the terms of Article XX(g) and (b) contained no territorial or jurisdictional limitation on the location of the resources to be conserved or the living things whose life or health was to be protected. The broader context of the General Agreement confirmed this interpretation. Each paragraph of Article XX dealt with different issues, some of which necessarily related to activities in the territories of other states. Paragraph (a) of Article XX was not relevant to this case, since the dispute did not concern an issue of public morals. Paragraph (e), on measures relating to "products of prison labour", was concerned with measures relating to prison labour outside a country's territorial jurisdiction. Paragraph (c), on measures "relating to the importation or exportation of gold or silver", was clearly not limited to gold or silver within a country's territorial jurisdiction, even though the provision contained no explicit language to that effect. Similarly, Article XX, XX, and XXI were not one context. They each dealt with different issues. Both Article XX and XXI clearly related to measures that are not purely domestic. Article XXI referred, for instance, to "he maintenance of international peace and security", which were not domestic issue.

18) Id., paras.5.31-5.32: It observed that the text of Article XX(b) does not spell out any limitation on the location of the living things to be protected. It noted that the conditions set out in the text of Article XX(b) and the preamble qualify only the trade measure requiring justification("necessary to") or the manner in which the trade measures is applied("arbitrary or unjustifiable discrimination", "disguised

본 사안의 경우, '온실가스 배출'은 A국에서 상품을 생산하는 과정에서 발생하였고 '국경조정'은 그 상품이 B국으로 수입되는 시점에 B국이 부과하는 상황이다. 앞의 분쟁사례에서 보듯이, 그러한 관할권 바깥에서의 행위를 대상으로 제20조 (b)호가 원용될 수 있는지 여부에 대해서는 아직 명확한 결론이 나지 않았다. 하지만, 제20조 (b)호의 문구상 조치가 반드시 관할권 내에서의 행위를 대상으로 해야 한다는 제한은 없으며 제20조 문맥과 그 대상 및 목적을 보더라도 그러한 온실가스 배출행위가 관할권 바깥에서 이루어졌다고 해서 제20조 (b)호 원용이 불가능하다고 말할 수는 없다. 더구나 비록 온실가스 배출행위가 A국에서 발생했다고 하더라도, 그로 인한 지구온난화와 기후변화의 부정적 영향은 A국뿐만 아니라 B국의 인간, 동식물의 생명 또는 건강에도 위험이 될 수 있다. 따라서 탄소배출권 국경조정은 제20조 (b)호의 인간, 동식물의 생명 또는 건강을 보호하려는 조치에 해당된다고 보는 것이 타당하다고 생각된다. 미국-새우수입금지 사건의 상소기구가 돌고래와 같은 이동성 어족(migratory species)의 경우에는 보호대상 천연자원과 조치국간 충분한 연계가 존재하는 것으로 인정된다고 하였음을 참고할 필요가 있다.19)

---

restriction on international trade"). The nature and precise scope of the policy area named in the Article, the protection of living things, is not specified in the text of the Article, in particular with respect to the location of the living things to be protected. The Panel further recalled its observation that elsewhere in the General Agreement measures according different treatment to products of different origins could in principle be taken with respect to things located or actions occurring outside the territorial jurisdiction of the party taking the measure. It could not therefore be said that the General Agreement proscribed in an absolute manner such measure. The Panel further recalled its observation that, under general international law, states are not in principle barred from regulating the conduct of their nationals with respect to persons, animals, plants and natural resources outside of their territory (see paragraph 5.17 above).

19) Appellate Body Report on *US-Shrimp*, para.133: We do not pass upon the question of whether there is an implied jurisdictional limitation in Article XX(g), and if so, the nature or extent of that limitation. We note only that in the specific

2. 필요성 테스트

두 번째 요건은 수입상품에 대한 탄소배출권 국경조정이 인간 및 동식
물의 생명 또는 건강을 보호하기 위하여 "필요한(necessary)" 조치여야
한다.[20] "필요한"은 어떻게 해석되어야 하는가? 비엔나협약 제31조1항에
따라, "조약문의 문맥 및 조약의 대상과 목적으로 보아 그 조약의 문언에
부여되는 통상적 의미에 따라 성실하게 해석"하여야 할 것이다. 우선 사
전적 의미를 살펴보자. "필요한"이라는 단어는 일반적으로 "없어서는 안
되는, 요구되는, 필수적인, 필요로 하는" 무엇인가를 말한다.[21] 법률적으
로는 이 용어는 절대적인 물리적 필요성에서부터 단순한 적절성에 이르
기까지 그것이 사용된 맥락에 따라 다양한 의미를 가진다.[22] 상소기구는
한국-쇠고기 사건에서 제20조 (d)호 "필요한"의 범위와 관련하여 절대적
으로 필수불가결한 조치만으로 제한되지 않고 "필수불가결"과 "기여하

---

circumstances of the case before us, there is a sufficient nexus between the
migratory and endangered marine populations involved and the United States for
purposes of Article XX(g).

20) 제20조의 각호는 각기 다른 표현을 사용하고 있다. (a), (b), (d)는 "necessary",
(j)는 "essential", (c), (e), (g)는 "relating to", (h)는 "relating to", (i)는 "involving"
이라고 되어 있다.

21) Appellate Body Report on *Korea-Beef*, para.160: The word "necessary" normally
denotes something "that cannot be dispensed with or done without, requisite,
essential, needful".
citing The New Sorter Oxford English Dictionary(Clarendon Press, 1993), Vol. II,
p.1895

22) Black's Law Dictionary(West Publishing, 1995), p.1029, quoted in the Appellate
Body Report on *Korea-Beef*, para.160: this word must be considered in the
connection in which it is used, as it is a word susceptible of various meanings.
It may import absolute physical necessity or inevitability, or it may import that
which is only convenient, useful, appropriate, suitable, proper, or conducive to
the end sought. It is an adjective expressing degrees, and may express mere
convenience or that which is indispensable or an absolute physical necessity.

는" 사이의 어딘가에서 범위가 결정되며[23], 그러한 범위를 결정함에 있어 기여도, 가치의 중요성, 무역에의 영향이라는 세 가지 요소들을 비교형량 분석해야 한다고 하였다.[24] 상소기구는 또한 합리적으로 기대 가능하고 협정에 불합치하지 않는 대안 조치가 가능한 경우에는 제20조 (d)호 "필요한" 조치로 정당화될 수 없다고 한 미국-Section 337 패널결정을 인용하면서,[25] 비교형량 분석작업은 이러한 합리적으로 기대가능하고 WTO 합치하는 대안이 이용가능한지 여부에 대한 결정에서 이해되어야

---

23) Appellate Body Report on *Korea-Beef*, para.161: We believe that, as used in the context of Article XX(d), the reach of the word "necessary" is not limited to that which is "indispensable" or "of absolute necessity" or "inevitable". Measures which are indispensable or of absolute necessity or inevitable to secure compliance certainly fulfill the requirements of Article XX(d). But other measures, too, may fall within the ambit of this exception. As used in Article XX(d), the term "necessary" refers, in our view, to a range of degrees of necessity. At one end of this continuum lies "necessary" understood as "indispensable"; at the other end, is "necessary" taken to mean as "making a contribution to". We consider that a "necessary" measure is, in this continuum, located significantly closer to the pole of "indispensable" than the opposite pole of simply "making a contribution to".

24) Appellate Body Report on *Korea-Beef*, para.164: In sum, determination of whether a measure, which is not "indispensable", may nevertheless be "necessary" within the contemplation of Article XX(d), involves in every case a process of weighing and balancing a series of factors which prominently include the contribution made by the compliance measure to the enforcement of the law or regulation at issue, the importance of the common interests or values protected by that law or regulation, and the accompanying impact of the law or regulation on imports or exports.

25) Appellate Body Report on *Korea-Beef*, para.165; quoting Panel Report on US-Section 337, para.5.26: It was clear to the Panel that a contracting party cannot justify a measure inconsistent with another GATT provision as "necessary" in terms of Article XX(d) if an alternative measure which it could reasonably be expected to employ and which is not inconsistent with other GATT provisions is available to it.

한다고 보았다.26) 이러한 필요성 테스트는 제20조 (b)호 "필요한" 분석에
서도 그대로 적용되어 왔다.27) EC-석면사건 상소기구는 비교형량 작업
이 합리적으로 기대가능한 WTO 합치 대안이 이용가능한지의 결정에서
이해되어야 한다는 점과 추구하는 이해 또는 가치의 중요성이 고려되어
야 한다는 점을 강조하였다.28) 도미니카공화국-담배 상소기구도 대안이
합리적으로 이용가능한지를 평가함에 있어 무역에의 영향, 이해의 중요
성, 조치의 기여도 등의 요소를 고려하여야 하고 이러한 세 가지 요소의
비교형량 과정은 합리적으로 기대가능한 WTO 합치 대안이 이용가능한
지 여부의 결정에 참고가 된다고 하였다.29) 브라질-재생타이어 패널 결
정은 제20조 (b)호의 필요성 테스트를 다음과 정리하였다. ⅰ) 우선 여러
요인들에 대한 비교형량 분석(process of weighing and balancing)을 한다.

---

26) Appellate Body Report on *Korea-Beef*, para.166: ··· In our view, the weighing
and balancing process we have outlined is comprehended in the determination
of whether a WTO-consistent alternative measure which the Member concerned
could "reasonably be expected to employ" is available, or whether a less WTO-
inconsistent measure is "reasonably available".

27) 일례로, 태국-담배 사건에서 패널은 제20조 (b)호의 "필요한"은 동일한 정책목적
을 달성하기 위해 합리적으로 기대될 수 있는 협정에 합치하거나 덜 불합치하는
대안이 없는 경우만을 의미한다고 보았다. Panel Report on Thailand-Restrictions
on Importation of and Internal Taxes on Cigarettes, adopted on 7 November
1990, BISD 37S/200, para.74

28) Appellate Body Report on *EC-Asbestos*, para.172

29) Appellate Body Report on *Dominican Republic-Cigarettes*, para.70: The Appellate
Body Reports in Korea-Various Measures on Beef, EC-Asbestos and US-Gambling
indicate that, in the assessment of whether a proposed alternative to the impugned
measure is reasonably available, factors such as the trade impact of the measure,
the importance of the interests protected by the measure, or the contribution of
the measure to the realization of the end pursued, should be taken into account
in the analysis. The weighing and balancing process of these three factors also
informs the determination whether a WTO-consistent alternative measure which
the Member concerned could reasonably be expected to employ is available or
whether a less WTO-inconsistent measure is reasonably available. ···

평가요인으로는 ① 조치가 추구하는 가치의 상대적 중요도, ② 조치의 정책목표 실현에의 기여도, ③ 조치의 무역제한적 효과의 3가지가 포함된다. ii) 비교형량 요인들 분석결과를 기초로, 덜 무역제한적이고 회원국이 합리적으로 기대할 수 있는 실행가능한 다른 대안(alternative measure)이 있었는지를 검토한다.30)

1) 비교형량 분석

우선 비교형량에 포함될 3가지 요인(목적의 상대적 중요성, 기여도, 무역제한적 효과)에 대해 각각 분석해 보자.

(1) 목적의 상대적 중요성

첫째로 수입상품에 대한 탄소배출권 국경조정이 추구하는 "목적의 상대적 중요성(relative importance of the objective pursued)"이다. 탄소배출권 국경조정이 추구하는 정책목적은 '기후 안정화'를 통한 인류 생존에의 위험 감소이다. WTO 회원국은 자국의 상황에 따라 적합한 보호수준

---

30) Panel Report on *Brazil-Retreaded Tyres*, para.7.104: The Panel notes that the term "necessary", as contained in paragraph (b) and (d) of Article XX of GATT 1994 and paragraph (a) of Article XIV of the GATS, has been interpreted in a number of previous cases by the Appellate Body: the necessity of a measure should be determined through "a process of weighing and balancing a series of factors", which usually includes the assessment of the following three factors: the relative importance of the interests or values furthered by the challenged measure, the contribution of the measure to the realization of the ends pursued by it and the restictive impact of the measure on international commerce. Once all those factors have been analyzed, the Appellate Body said a comparison should be undertaken between the challenged measure and possible alternatives. In performing this comparison, the Appellate Body also stated that the weighing and balancing process of the factors informs the determination of whether a WTO-consistent alternative measure, or a less WTO-inconsistent measure, which the Member concerned could reasonably be expected to employ, is available.

을 선택할 권리를 가지고 있으므로[31], 각국이 정책적으로 적정한 보호수준을 선택하였는지의 여부는 문제되지 않는다. 즉 각국은 자국 상황에 따라 탄소배출 감축목표를 설정하고 기후 안정화를 위한 정책을 추진할 수 있다. 정책목적의 상대적 중요성은 조치가 추구하는 정책목적이 중요할수록 필요한 조치로 인정되기가 용이하다는 의미이다.[32]

그렇다면 '기후 안정화'라는 정책목표는 얼마나 중요한가? EC-석면 사건에서 상소기구는 석면으로 인한 건강 위험으로부터 인간의 생명과 건강을 보호하려는 정책목적은 높은 수준의 중요성을 가진다고 한바 있다.[33] 하지만 '기후 안정화'의 경우에는 석면으로 인한 건강 위험만큼 생

---

31) Appellate Body Report on *EC-Asbestos*, para.168: As to Canada's third argument, relating to the level of protection, we note that it is undisputed that WTO Members have the right to determine the level of protection of health that they consider appropriate in a given situation. France has determined, and the Panel accepted, that the chosen level of health protection by France is a "halt" to the spread of asbestos-related health risks. By prohibiting all forms of amphibole asbestos, and by severely restricting the use of chrysotile asbestos, the measure at issue is clearly designed and apt to achieve that level of health protection. Our conclusion is not altered by the fact that PCG fibres might pose a risk to health. The scientific evidence before the Panel indicated that the risk posed by the PCG fibres is, in any case, less than the risk posed by chrysotile asbestos fibres, although that evidence did not indicate that the risk posed by PCG fibres is non-existent. Accordingly, it seems to us perfectly legitimate for a Member to seek to halt the spread of highly risky product while allowing the use of a less risk product in its place.

32) Appellate Body Report on *Korea-Beef*, para.162: ⋯ It seems to use that a treaty interpreter assessing a measure claimed to be necessary to secure compliance of a WTO-consistent law or regulation may, in appropriate cases, take into account the relative importance of the common interests or values that the law or regulation to be enforced is intended to protect. The more vital or important those common interests or values are, the easier it would be to accept as "necessary" a measure designed as an enforcement instrument.

33) Appellate Body Report on *EC-Asbestos*, para.172: ⋯ In this case, the objective pursued by the measure is the preservation of human life and health through the

명에의 직접적인 위협이 되는 사안이라고 보기는 어려울 것이다. 더구나 탄소배출로 인한 기후변화에 대해서는 위험으로 인식하는 정도에 있어서도 시각의 차이가 있다. 한쪽에서는 인류가 공동으로 대응해야 하는 시급한 문제라고 하는 반면, 다른 한쪽에서는 인류 생존을 직접적으로 위협하는 것은 아니며 선진국에 의해 만들어진 위험이라는 시각이다. 따라서 이러한 위험의 특성과 수준이 비교형량 과정에서 고려되어야 할 것이다.

(2) 목적에의 기여도

두 번째로 탄소배출권 국경조정 조치의 앞에서 제시한 '기후 안정화'라는 정책목적에 대한 기여도(contribution of the measure to the objective)이다. 기여도는 정책목적과 채택된 조치간 목적-수단의 진정한 관련성(genuine relationship) 문제이며, 조치가 위험 감소에 실질적으로 기여하는지 여부를 검토한다. 탄소배출권 국경조정은 직접적으로는 탄소다배출 수입상품의 가격을 상승시켜 수입량을 감소시킴으로써 생산자가 탄소배출을 줄이도록 유도할 수 있으며, 간접적으로도 국내 생산업체들이 국내의 배출권거래제 도입에 보다 적극적으로 협조하도록 유도하는 효과를 기대할 수 있다는 점에서 '기후 안정화'라는 정책목표에 실질적으로 기여하는 것으로 판단될 수 있을 것이다. 다만 탄소배출권 국경조정의 대상이 되는 수입상품으로 인한 탄소배출은 인류가 배출하는 온실가스의 극히 일부에 지나지 않으며 실제 탄소배출권 제출의무가 부과된다고 하더라도 기업의 탄소배출 감축노력으로 이어질지 여부는 미지수라는 점을 감안해야 할 것이다.

이와 관련, 탄소배출권 국경조정이 '기후 안정화'라는 정책목표에 어느 정도 기여하는지를 반드시 정량적(quantitative)으로 입증해야 하는 것

---

elimination, or reduction, of the well-known, and life-threatening, health risks posed by asbestos fibres. The value pursed is both vital and important in the highest degree. …

은 아니다. EC-석면 상소심에서 캐나다는 패널이 석면제품으로 인한 위험을 정량화하지 않고 프랑스 정부의 가설에 의존한 것은 잘못이라고 주장한데 대해, 상소기구는 제20조(b)는 위험을 정량화해야 한다는 요건을 부과하고 있지 않으며 패널이 충분한 과학적 증거를 검토하였다고 판단하였다.34) 브라질-재생타이어 상소심에서 EC는 패널이 기여도 분석에 있어 조치가 인간 생명 및 건강 보호에 실제(actual) 기여하는지 여부가 아니라 기여할 수 있는지를 검토하는 오류를 범하였고, 기여도의 정도 (extent)에 대한 평가를 하지 않아 비교형량 작업도 실질적으로 불가능하였다고 주장하였는데, 이에 대해 상소기구는 정책목적과 채택된 조치간 진정한 목적-수단 관련성(genuine relationship of ends and means)이 있으면 기여가 있는 것이며, 패널은 사실심으로서 그 재량범위 하에서 기여도 분석을 위한 적절한 방법을 적용할 수 있다고 하였다.35) 또한, EC-석면

---

34) Appellate Body Report on *EC-Asbestos*, para.167: As for Canada's second argument, relating to "quantification" of the risk, we consider that, as with the SPS Agreement, there is no requirement under Article XX(b) of the GATT 1994 to quantify, as such, the risk to human life or health. A risk may be evaluated either in quantitative or qualitative terms. In this case, contrary to what is suggested by Canada, the Panel assessed the nature and the character of the risk posed by chrysotile-cement products. The Panel found, on the basis of the scientific evidence, that "no minimum threshold of level of exposure or duration of exposure has been identified with regard to the risk of pathologies associated with chrysotile, except for asbestosis." The pathologies which the Panel identified as being associated with chrysotile are of a very serious nature, namely lung cancer and mesothelioma, which is also a form of cancer. Therefor we do not agree with Canada that the Panel merely relied on the French authorities' "hypotheses" of the risk.

35) Appellate Body Report on *Brazil-Retreaded Tyres*, para.145: We turn to the methodology used by the Panel in analyzing the contribution of the Import Ban to the achievement of its objective. Such a contribution exists when there is a genuine relationship of ends and means between the objective pursued and the measure at issue. The selection of a methodology to assess a measure's contribution is a function of the nature of the risk, the objective pursued, and

사건의 상소기구가 제20조(b)상 건강에의 위험을 반드시 수량화(quantify) 해야 할 의무는 없으며 정량적 또는 정성적으로 분석될 수 있다고 하였음을 상기하면서 위험의 수량화와 기여도의 수량화라는 차이는 있지만 동 건에도 같은 논리가 적용되므로 패널의 접근방식에 오류가 없다고 하였다.36) 따라서 조치국이 탄소배출권 국경조정이 기후 안정화에 얼마나 기여하는지를 반드시 계량화해서 제시해야 하는 것은 아니며 정성적으로 기여를 입증하면 될 것이다.

(3) 무역제한 효과

마지막으로 "탄소배출권 국경조정으로 인한 무역제한 효과(trade-restrictiveness of the measure)"이다. 탄소배출권 국경조정으로 인해 수입상품에 부과되는 무역제한효과로는 기본적으로 "탄소배출권 구입비용(상품의 탄소배출량 × 약 3만원/톤)"이 포함될 것이며, 그 이외에 부과방식이나 제출절차상의 불리함이 제기될 수 있을 것이다. 다만 문제된 조치가 수입상품의 국내적인 유통이나 판매를 금지하는 것이 아니기 때문에, 그간 분쟁사례에서 주로 문제되었던 수입금지 조치보다는 상대적으로 무역제한 효과가 덜한 것으로 평가된다.

(4) 3가지 요인간의 비교형량

필요성 테스트 1단계는 원칙적으로 상기 3가지 요인(목적의 중요성,

---

the level of protection sought. It ultimately also depends on the nature, quantity, and quality of evidence existing at the time the analysis is made. Because the Panel, as the trier of the facts, is in a position to evaluate these circumstances, it should enjoy a certain latitude in designing the appropriate methodology to use and deciding how to structure or organize the analysis of the contribution of the measure at issue to the realization of the ends pursued by it. This latitude is not, however, boundless. Indeed, a panel must analyze the contribution of the measure at issue to the realization of the ends pursed by it in accordance with the requirements of Article XX of the GATT 1994 and Article 11 of the DSU.
36) *Id.,* para. 146

조치의 목적달성 기여도, 무역제한 효과)을 비교형량하는 작업이다. 하지만 아직까지 판례상 이러한 어떻게 수행하는지에 대해 명확히 제시되지는 못하였다. 한 가지 분명한 것은 조치의 무역제한 효과의 정도에 따라 그 조치가 추구하는 목적의 중요성이나 조치의 목적달성 기여도의 요구 정도가 달라질 것이라는 점이다.

미국-새우수입금지 사건, EC-석면 사건, 브라질-재생타이어 사건 등 제20조 (b)호가 문제된 사건에서 주로 수입금지 조치가 문제되었는데, 상소기구는 수입금지는 가장 강력한 무역제한조치인 경우에도 이러한 조치가 정책목적에 실질적인 기여(material contribution)를 한다면 필요성 테스트를 통과하는 상황이 있을 수 있다고 하였다.37) 실제로 브라질-재생타이어 사건 상소기구는 브라질의 수입금지 조치가 폐타이어 문제 해결을 위한 포괄적 전략의 핵심요소이며 정책목적 달성에 실질적 기여를 가져올 수 있다고 본 패널 분석결과를 지지하였다.38)

탄소배출권 국경조정을 기존의 분쟁사례에 비추어 평가해 보면, 우선 목적의 중요성 측면에서 '기후 안정화'는 석면이나 황열모기로 인한 건강 위험에서처럼 인간, 동식물의 생명 또는 건강을 직접적으로 위협하는 수준이 아니므로 상대적으로 목적의 중요성이 덜한 것으로 평가되고, 다음으로 조치의 목적달성 기여도 측면에서 탄소배출권 국경조정은 직접적으로 수입상품의 탄소배출량 변화를 초래하여 온실가스 배출감축에

---

37) Appellate Body Report on *Brazil-Retreaded Tyres.*, para.150: As the Panel recognized, an import ban is "by design as trade-restrictive as can be". We agree with the Panel that there may be circumstances where such a measure can nevertheless be necessary, within the meaning of Article XX(b). We also recall that, in *Korea-Various Measures on Beef*, the Appellate Body indicated that "the word 'necessary' is not limited to that which is 'indispensable'". Having said that, when a measure produces restrictive effects on international trade as severe as those resulting from an import ban, it appears to us that it would be difficult for a panel to find that measure necessary unless it is satisfied that the measure is apt to make a material contribution to the achievement of its objective.

38) *Id.*, paras. 150-155

기여하고 간접적으로는 국내적인 배출권거래제가 원만하게 추진될 수 있도록 한다는 점에서 정책목적에 실질적으로 기여한다는 점이 평가되며, 마지막으로 무역제한효과 측면에서는 수입상품의 국내적인 반입이나 유통을 금지시키는 것이 아니고 일정한 비용(탄소배출량 × 약 3만원/톤)을 부담시키는 조치이므로 그간 분쟁사례에서 제기된 수입금지 조치보다 상대적으로 완화된 제한효과를 가지는 것으로 평가된다. '기후 안정화'라는 정책목적으로 추구하면서 탄소다배출 방식으로 생산된 상품의 수입금지와 같은 극단적인 조치를 채택하는 것은 제20조(b)상의 '필요한' 조치로 인정되기 쉽지 않을 것이다.[39] 예를 들어, A국의 담배가 다른 나라에서 제조된 담배에 비해 폐암발생율을 5% 낮출 수 있다고 해서 A국이 외국산 담배에 대해 수입금지 조치를 취하는 것은 필요한 수준을 넘는 과도한 조치이다. 그렇지만 본 사안의 탄소배출권 국경조정은 수입금지가 아니고 수입상품 생산과정에서의 탄소배출에 대해 일정한 비용을 부담시키는 조치이며 그 의무를 준수하지 않는다고 하더라도 그에 대한 벌칙은 일정 금액이 추가된 비용부담에 불과하다. 더구나 국경조정으로 부과되는 금전적 비용부담은 자원의 외부성으로 인해 시장가격에 반영되지 못한 사회적 비용을 내부화한다는 취지이다. 따라서 수입상품에 대한 탄소배출권 국경조정의 경우, '기후 안정화'라는 정책목적을 추구하는데 실질적으로 기여하는 조치이며 그로 인한 무역제한적 효과는 그 목적에 상당한 수준인 것으로 판단된다. 다만 이러한 비교형량 작업으로 필요성 테스트가 종결되는 것은 아니며 다음으로 언급할 WTO 협정상 의무에 덜 위배되는 합리적으로 이용가능한 대안이 존재하는지 여부가 함께 검토되어야 할 것이다.

---

39) WTO 패널 및 상소기구는 EC-석면 사건에서는 프랑스의 공중보건 위험 차단 주장을 수용하였지만 한국-쇠고기 사건에서 한국의 specific high-level enforcement 주장을 기각한바 있다.

2) 합리적으로 이용가능한 대안 분석

다음 단계는 탄소배출권 국경조정의 대안(alternative measures)에 대한 분석이다. WTO 규범에 덜 배치되면서(less WTO-inconsistent) 합리적으로 이용가능(reasonably available)하고 동일한 목적을 달성(achieve the same end)할 수 있는 다른 대안이 존재한다면, '필요성' 요건은 충족하지 못하게 된다. 대안은 제소국이 제시하고, 피소국은 제시된 대안이 왜 이용불가능한지를 반박하는 방식으로 진행된다.40) 분쟁사례를 보면, 미국-휘발유 사건의 경우 패널은 '필요한(necessary)'은 문제된 조치 외에 위배정도가 덜하거나 위배되지 않는 다른 정책 수단이 가용한지의 여부인데, 휘발유 규정의 baseline을 수입업자에게 차별적으로 설정하는 방법 외에 덜 위배되는 다른 이용가능대안의 존재한다고 판단되므로 필요성 요건에 위배된다고 판단하였다. 반면 EC-석면의 경우, 패널 및 상소기구는 캐나다측이 제시한 대안인 "사용규제"의 경우 프랑스 행정명령 제96-1133호가 달성하려는 위험 "차단"이 불가능하여 대체조치를 채택할 것을 합리적으로 기대할 수 없었고, 과학적 증거를 살펴보면 일부의 경우 노출수준이 여전히 높아서 석면과 관련된 질병이 확산될 상당한 위험이 남아 있다고 하면서, "합리적으로 이용가능한 대안"이 존재하지 않는다고 판단하였다.

---

40) Appellate Body Report on *Brazil-Tyres*, para.156: In order to determine whether a measure is "necessary" within the meaning of Article XX(b) of GATT 1994, a panel must assess all the relevant factors, particularly the extent of the contribution to the achievement of a measure's objective and its trade restrictive-ness, in the light of the importance of the interests or values at stake. If this analysis yields a preliminary conclusion that the measure is necessary, this result must be confirmed by comparing the measure with its possible alternatives, which may be less trade restrictive while providing an equivalent contribution to the achievement of the objective pursued. It rests upon the complaining Member to identify possible alternatives to the measure at issue that the responding Member could have take.

탄소배출권 국경조정의 경우 WTO 규범에 덜 위배되면서 합리적으로 기대가능하고 동일한 목적을 달성할 수 있는 대안이 이용가능한지 여부는 미국-휘발유 사건에서 보듯이 조치 자체가 수입상품에 차별적으로 적용되는지 여부와 관련이 된다. 만일 수입상품에 불리한 기준을 적용한다면 그렇지 않게 운영하는 방법도 있으므로 대안이 있는 것이고 만일 수입상품에 동등한 기준을 적용하는 것이라면 다른 대안이 존재하기 어려울 것이다. 다시 말해서, 탄소배출권 국경조정 관련 '시나리오 1'의 경우, WTO 규범에 덜 위배되고 합리적으로 기대가능하고 동일한 목적을 달성할 수 있는 '시나리오 2'라는 대안이 있으므로 필요성 테스트를 통과할 수 없다. '시나리오 2'의 경우에도 그러한 대안이 있는지 여부가 검토되어야 할 것이다. 다만 시나리오에서 가정한 상황에 비추어 볼 때 필요성 테스트의 목적상 다른 대안은 찾기 어렵다고 판단된다.

이와 관련, 대안과 보완적인 조치는 구분되어야 한다. 브라질-재생타이어 상소심에서 EC는 패널이 중고타이어 수입금지를 비롯한 기 시행조치들의 이행 강화방안을 보완적인(complementary) 조치로 보아 대안으로 간주하지 않은 점, "대안"의 범위를 "수입 재생타이어로 인한 폐타이어 무발생 조치(non-generation measures)"로 지나치게 좁게 설정한 점 등을 오류로 지적하였으나, 상소기구는 EC측이 제시한 조치들은 브라질의 폐타이어 종합대책에 이미 포함되어 있는 내용이고 종합대책 내 하나의 정책수단이 다른 정책수단으로 대체될 경우 전체적인 정책효과를 반감시킬 것이므로 패널이 이러한 방안들을 대안으로 포함시키지 않은 것은 오류가 아니며[41], 브라질의 정책목표 및 채택한 보호수준이 "폐타이어 축적으로 인한 인간, 동식물 생명 및 건강에의 위험 감소 최대화"이므로 수입 재생타이어로 인한 폐타이어 무발생 조치만이 이러한 정책목표 달성에 적합한 대안의 범위로 인정된다는 패널 분석을 지지하였다.[42] 탄소배출권 국경조정의 경우에 있어 국제협정을 통한 탄소배출 감축 공조 노

---

41) *Id.*, para.172
42) *Id.*, paras.173-175

력, 탄소배출량 표시와 같은 탄소라벨링 제도 등은 대안이라기보다 보완적인 조치라고 보아야 할 것이다.

II. (g)호: "고갈될 수 있는 천연자원의 보존과 관련된 조치로서 국내 생산 또는 소비에 대한 제한과 결부되어 유효하게 된 경우"

제20조(g)호는 "고갈될 수 있는 천연자원의 보존과 관련된 조치로서 국내 생산 또는 소비에 대한 제한과 결부되어 유효하게 된 경우"를 예외사유의 하나로 적시하고 있다. (g)호에 해당되려면 다음 세 가지 요건이 필요하다: ① 고갈될 수 있는 천연자원을 대상으로 하고, ② 그 보존과 관련된 조치이어야 하며, ③ 국내생산 또는 소비에 대한 제한과 결부되어 유효하게 되어야 한다.[43)]

1. 고갈될 수 있는 천연자원

탄소배출권 국경조정의 보호대상은 '대기'라고 하면, 이 '대기'가 제20조(g)호의 "고갈될 수 있는 천연자원(exhaustible natural resource)"에 해당되는지가 검토되어야 한다.

1) '대기'가 고갈될 수 있는 천연자원인지 여부

탄소배출권 국경조정의 보호대상이 되는 '대기'가 "고갈될 수 있는" "천연자원"인가? 그간의 분쟁사례를 살펴보자. 우선, 미국-휘발유 사건에서 휘발유 규정이 보호하려는 대상인 '대기'가 고갈될 수 있는 천연자원에 해당하는지가 논란이 되었는데, 패널은 대기는 자원이고 천연적이

---

43) Panel Report on *US-Gasoline*, para.6.35

며 고갈될 수 있다고 판단하였다.44) 이 문제가 상소심에서는 다뤄지지 않아 이에 대한 상소기구의 검토는 이루어지지 않았다. 다음으로, 미국-새우수입금지 사건에서는 제소국측이 "고갈될 수 있는(exhaustible)"이라는 의미의 범위는 광물 등 유한한 자원으로 한정하는 것이므로 돌고래와 같은 재생가능(renewable) 생물자원은 포함되지 않는다고 주장하였으나, 상소기구는 이러한 주장을 수용하지 않았다. 문언적으로 제20조(g)호가 적용대상을 광물 또는 비생물 천연자원으로 국한하고 있지 않으며, 생물학적으로 보더라도 원칙적으로 번식을 통한 재생이 가능한 생물종도 경우에 따라서는 인간의 활동에 의해 고갈 또는 멸종의 위험에 처하는 경우도 있다고 하였다. 이를 근거로, 상소기구는 생물자원도 석유, 철강석 등 다른 비생물자원과 마찬가지로 "유한(finite)"할 수 있다면서, (g)호 적용대상 천연자원의 범위를 넓게 해석하였다.45) 이에 더하여, 상소기구는 제20조(g)호의 "고갈될 수 있는 천연자원"은 50여 년 전에 작성된 문구

---

44) Panel Report on *US-Gasoline*, para.6.37: The Panel then examined whether clean air could be considered an exhaustible natural resource. In the view of the Panel, clean air was a resource (it had value) and it was natural. It could be depleted. The fact that the depleted resource was defined with respect to its qualities was not, for the Panel, decisive. Likewise, the fact that a resource was renewable could not be an objection. A past panel had accepted that renewable stocks of salmon could constitute an exhaustible natural resource.

45) Appellate Body Report on *US-Shrimp*, para.128: We are not convinced by these arguments. Textually, Article XX(g) is not limited to the conservation of "mineral" or "non-living" natural resources. The complaints' principal argument is rooted in the notion that "living" natural resources are "renewable" and therefore cannot be "exhaustible" natural resources. We do not believe that "exhaustible" natural resources and "renewable" natural resources are mutually exclusive. One lesson that modern biological sciences teach us is that living species, though in principle, capable of reproduction and, in that sense, "renewable", are in certain circumstances indeed susceptible of depletion, exhaustion and extinction, frequently because of human activities. Living resources are just as "finite" as petroleum, iron ore and other non-living resources.

이고 환경 보호 및 보존에 대한 국가공동체의 현재의 우려에 비추어 해
석되어야 한다는 입장을 취하였다.46) 1995년 WTO 협정은 기존의 GATT
제20조 문구를 수정하지 않았지만, WTO 협정 전문(preamble)에서 지속
가능한 개발(sustainable development)의 목표를 명시적으로 포함함으로
써47) 국가 및 국제정책의 목표로서 환경보호의 중요성과 적법성을 인식
하고 있음을 잘 보여주고 있고, 이러한 인식에 비추어 볼 때 제20조(g)호
"천연자원" 문구의 의미는 정적인 것이 아니라 오히려 개념상 진화적인
(evolutionary) 것으로 보아야 하고,48) 현 시대의 다른 국제협정들이 천연
자원으로서 생물과 비생물을 모두 포함하는 것으로 언급하고 있다는 점
이 고려되어야 한다면서, 일례로 1982년 유엔해양법협약(UNCLOS) 제56
조49)가 EEZ에서의 연안국 관할권을 규정하면서 천연자원에 생물과 비
생물이 모두 포함된다고 한 바 있음을 들었다.50) 또한, 고갈 가능한 상황

---

46) Appellate Body Report on *US-Shrimp*, para.129: The words of Article XX(g),
"exhaustible natural resources", were actually crafted more than 50 years ago.
They must be read by a treaty interpreter in the light of contemporary concerns
of the community of nations about the protection and conservation of the
environment.

47) WTO Agreement, Preamble: ⋯ while allowing for the optimal of sustained
development, seeking both to protect and preserve the environment and to
enhance the means for doing so in a manner consistent with their respective
needs and concerns at different levels of economic development ⋯.

48) Namibia Advisory Opinion (1971) I.C.J. Rep., p.31: where concepts embodied
in a treaty are "by definition, evolutionary", their interpretation cannot remain
instrument has to be interpreted and applied within the framework of the entire
legal system

49) 1982 United Nations Convention on the Law of Sea (UNCLOS), Article 56: 1.
In the exclusive economic zone, the coastal State has: (a) sovereign rights for
the purpose of exploring and exploiting, conserving and managing the natural
resources, whether living or non-living, of the waters superjacent to the sea-bed
and of the sea-bed and its subsoil, ⋯

50) Appellate Body Report on *US-Shrimp*, para131: Given the recent acknowledgement
by the international community of the importance of concerted bilateral or

인지 여부도 검토되어야 하는데, 잠재적으로 고갈 가능하기 위해 반드시 희귀하거나 멸종위기에 처해 있어야 하는 것은 아니다. 미국-새우수입금지 상소기구는 바다거북이 「멸종위기에 처한 야생동식물의 국제거래에 관한 협약(CITES)」 부속서 1에 등재되어 있다는 사실에 비추어 바다거북은 제20조(g)호상 고갈될 수 있는 천연자원에 해당된다고 판정하였다.[51]

'청정대기'의 경우, 종전에는 누구나 자유롭게 이용할 수 있고 무한하게 존재하는 것으로 인식되어 왔으나, IPCC 보고서에서 보듯이 점차 인간의 활동에 의해 소멸될 수 있는 유한한 자원으로 인식이 전환되고 있다. 그간의 분쟁사례에 비추어 볼 때도, WTO 패널 및 상소기구는 제20조 (g)호 적용대상인 "고갈될 수 있는 천연자원"의 범위를 상당히 넓게 해석하고 있으며 미국-휘발유 사건의 패널은 '대기'가 고갈될 수 있는 천연자원에 해당됨을 분명히 인정한바 있다. 따라서 탄소배출권 국경조정의 보호대상인 '청정대기'를 고갈될 수 있는 천연자원이라고 주장하는 것이 가능하다고 생각된다.

---

multilateral action to protec living natural resources, and recalling the explicit recognition by WTO Members of the objective of sustainable development in the preamble of the WTO Agreement, we believe it is too late in the day to suppose that Article XX(g) of the GATT 1994 may be read as referring only to the conservation of exhaustible mineral or other non-living natural resources. Moreover, two adopted GATT 1947 panel reports previously found fish to be an "exhaustible natural resource" within the meaning of Article XX(g). We hold that, in line with the principle of effectiveness in treaty interpretation, measures to conserve exhaustible natural resources, whether living or non-living, may fall within Article XX(g).

51) Appellate Body Report on *US-Shrimp*, para.132: The exhaustibility of sea turtles would in fact have been very difficult to controvert since all of the seven recognized species of sea turtles are today listed in Appendix 1 of the Convention on International Trade in Endangered Species of Wild Fauna and Flora ("CITES"). The list in Appendix 1 includes "all species threatened with extinction which are or may be affected by trade."

2) 역외관할권 행사의 문제

제20조 (b)호에서 마찬가지로, (g)호에서도 역외관할권 행사의 문제가 제기될 수 있다. (g)호의 "고갈될 수 있는 천연자원 보존"이라는 것이 조치국의 천연자원 보존을 의미하는 것이기 때문에, 조치국의 관할권 바깥에 위치한 천연자원 보존을 목적으로 조치에는 (g)호가 원용될 수 없다는 주장이다. 다시 말해서, A국에서 이루어진 온실가스 오염행위에 대해 B국이 (g)호의 고갈될 수 있는 천연자원 보존이라는 사유를 들어 조치를 취할 수 있는지에 대한 의문이 제기된다.

그간의 분쟁사례를 살펴보자. 참치/돌고래 Ⅰ 사건의 경우, 제소국인 멕시코는 제20조 (g)호는 체약당사국이 그 영토 내에 위치한 고갈될 수 있는 천연자원을 보존하기 위해 수출제한을 부과하는 경우를 말하는 것이며 이는 국내 생산 또는 소비에의 제한과 결부되어야 한다는 요건에 분명하게 명시되어 있다고 주장하였고[52], 미국은 조치가 미국의 영토내

---

52) GATT Panel Report on *US-Tuna/Dolphin Ⅰ*, para.3.48: Mexico stated that the average rates of incidental taking and other MMPA provisions for tnua caught in the ETP represented a unilateral imposition by the United States of extraterritorial restrictions on fishing by other contracting parties in their own economic zones, under the pretext of protecting natural resources located abroad. The interference implicit in such action was not provided for in Article XX(g). It was clear from the letter and spirit of Article XX(g) that it referred to imposition of export restrictions by a contracting party to conserve exhaustible natural resources located in its own territory; hence the requirements that the measures be accompanied by restrictions on domestic production or consumption, as elements to restore equity and non-discrimination as between nationals and foreigners. Permitting one contracting party to impose trade restrictions to conserve the resource of others would introduce the concept of extraterritoriality into the GATT. This would threaten all contracting parties, especially when restrictions were established unilaterally and arbitrarily had been taken into account in Article XX (h) which provided that even intergovernmental agreements had to conform "to criteria submitted to the CONTRACTING PARTIES and not disapproved by them."

로 수입되는 상품을 대상으로 하는 것이고 무역조치가 그 성격상 당사국 영토 바깥에 영향을 미칠 수밖에 없는 것이며 돌고래가 이동성 어족 (migratory species)이라서 국내 생산에 대한 제한만으로는 그러한 공동 자원을 효과적으로 보존하기 어려우므로 공동의 대응이 필요하다고 반 박하였다.53) 패널은 역외관할권 행사를 허용하는 방식으로 해석할 경우 한 당사국이 일방적으로 다른 당사국의 협정상 권리를 무력화시킬 우려 가 있다면서 미국의 항변을 거부하였다.54) 다음으로 참치/돌고래 II 사건

---

53) *Id.*, para.3.49: The United States replied that there was nothing in Article XX to support assertions that the United States legislation was extraterritorial. These measures simply specified the products that could be marketed in the territory of the United States. Trade measures by nature had effects outside a contracting party's territory; for example, the Note Ad Article III reflected this point in referring to applying a contracting party's requirements at the time or point of importation (that is, before the goods enter that contracting party's customs territory). The conservation objective of these measures motivated and permeated the United States legislation. Without conservation measures, dolphins, a common natural resource, would be exhausted. Without these measures on imports, the restrictions on domestic production would be ineffective at conserving dolphins. Dolphins were highly migratory species that roamed the high seas. The interpretation urged by Mexico would mean that a country must allow access to its market to serve as an incentive to deplete the populations of species that are vital components of the ecosystem. There was a general recognition that countries should not be required to allow this situation. CITES, for example, required a CITES party to restrict imports of specimens of species found only in the territory of another country, in addition to restrictions on listed species found in the high seas or in several countries' territories.

54) Id., para.5.32: The Panel further noted that Article XX(g) allows each contracting party to adopt its own conservation policies. The conditions set out in Article XX(g) which limit resort to this exception, namely that the measures taken must be related to the conservation of exhaustible natural resources, and that they not "constitute a means of arbitrary or unjustifiable discrimination ⋯ or a disguised restriction on international trade" refer to the trade measure requiring justification under Article XX(g), not however to the conservation policies adopted by the

의 경우, 제소국인 EEC와 네덜란드는 제20조 (b)호와 (g)호는 조치국의
관할권 바깥에 위치한 생물체의 생명 또는 건강의 보호나 천연자원의 보
존을 위해 원용될 수 없다고 주장하였고, 이에 대해 미국은 제20조 (b)호
와 (g)호의 문언상 관할권의 범위를 제한하는 문구를 포함하고 있지 않
으며 제20조 전체의 문맥으로 보더라도 반드시 국내적인 조치만으로 한
정되지 않고 다른 국가 영토 내의 행위와 불가피하게 관련되는 경우도
포함되는 것으로 해석된다고 반박하였다.55) 동 사건의 패널은 앞에서의
참치/돌고래I 패널 판단과는 달리, 태평양에 사는 돌고래를 보존하려는
미국의 조치가 제20조 (g)호에 해당될 수 있는 것으로 판단하였다. 패널
은 그 판단근거로 다음 몇 가지 사항을 들었다. 첫째 제20조 (g)호 문언
상 보존대상인 천연자원의 위치에 대한 제한이 규정되어 있지 않으며 종
전 패널판정에서도 제20조 (g)호가 이동성 어족과 관련된 정책에 적용될
수 있다고 한 적이 있음을 들었다.56) 둘째 조치국의 영토관할권 바깥의

---

contracting party. The Panel considered that if the extrajurisdictional interpretation
of Article XX(g) suggested by the United States were accepted, each contracting
party could unilaterally determine the conservation policies from which other
contracting parties could not deviate without jeopardizing their rights under the
General Agreement. The considerations that led the Panel to reject an extrajuris-
dictional application of Article XX(b) therefore apply also to Article XX(g).

55) 양측 주장 요지는 제20조 (b)호 관련 '역외관할권 행사의 문제' 분석 참조
56) GATT Panel Report on *Tuna/Dolphin II*, para.5.15: The Panel observed, first,
that the text of Article XX(g) does not spell out any limitation on the location
of the exhaustible natural resources to be conserved. It noted that the conditions
set out in the text of Article XX(g) and the preamble qualify only the trade
measure requiring justification ("relating to") or the manner in which the trade
measures is applied ("in conjunction with", "arbitrary or unjustifiable discrimination",
"disguised restriction on international trade"). The nature and precise scope of
the policy area named in the Article, the conservation of exhaustible natural
resources, is not spelled out or specifically conditioned by the text of the Article,
in particular with respect to the location of the exhaustible natural resource to
be conserved. The Panel noted that two previous panels have considered Article
XX(g) to be applicable to policies related to migratory species of fish, and had

사물이나 행위와 관련하여, 원칙적으로 제20조의 여타 항목이나 협정내 다른 조항에 의거하여 원산지가 다른 상품에 다른 대우를 취하는 것이 가능할 수 있음을 주목하였다. 일례로 제20조 (e)호는 교도소에서 생산된 상품과 관련된다.57) 셋째, 일반국제법상 주권국이 자신의 영토 바깥에 위치한 인간, 동식물 및 천연자원과 관련하여 자국 국민의 행동을 규제 하는 것이 금지되지 않는다는 점을 들었다.58)

본 사안의 경우, '온실가스 배출'은 A국에서 상품을 생산하는 과정에서 발생하였고 '국경조정'은 그 상품이 B국으로 수입되는 시점에 B국이 부 과하는 상황이다. 앞의 분쟁사례에서 보듯이, 그러한 관할권 바깥에서의 행위를 대상으로 제20조 (g)호가 원용될 수 있는지 여부에 대해서는 아직 명확한 결론이 나지 않았다. 하지만, 제20조 (g)호의 문구상 조치가 반드 시 관할권 내에서의 행위를 대상으로 해야 한다는 제한은 없으며 제20조 문맥과 그 대상 및 목적을 보더라도 그러한 온실가스 배출행위가 관할권

---

made no distinction between fish caught within or outside the territorial jurisdiction of the contracting party that had invoked this provision.

57) Id., para.5.16: The Panel then observed that measures providing different treatment to products of different origins could in principle be taken under other paragraphs of Article XX and other Articles of the General Agreement with respect to things located, or actions occurring, outside the territorial jurisdiction of the party taking the measure. An example was the provision in Article XX(e) relating to products of prison labour. It could not therefore be said that the General Agreement proscribed in an absolute manner measures that related to things or actions outside the territorial jurisdiction of the party taking the measure.

58) Id., para.5.17: The Panel further observed that, under general international law, states are not in principle barred from regulating the conduct of their nationals with respect to persons, animals, plants and natural resources outside of their territory. Nor are states barred, in principle, from regulating the conduct of vessels having their nationality, or any persons on these vessels, with respect to persons, animals, plants and natural resources outside their territory. A state may in particular regulate the conduct of its fishermen, or of vessels having its nationality or any fishermen on these vessels, with respect to fish located in the high seas.

바깥에서 이루어졌다고 해서 제20조 (g)호 원용이 불가능하다고 말할 수
는 없다. 더구나 비록 온실가스 배출행위가 A국에서 발생했다고 하더라
도, 그로 인한 지구온난화와 기후변화의 부정적 영향은 A국뿐만 아니라
B국의 인간, 동식물의 생명 또는 건강에도 위험이 될 수 있다. 따라서
탄소배출권 국경조정은 제20조 (g)호의 고갈될 수 있는 천연자원을 보존
하려는 조치에 해당된다고 보는 것이 타당하다고 생각된다. 미국-새우수
입금지 사건의 상소기구가 돌고래 등 이동성 어족(migratory species)의
경우에는 보호대상 천연자원과 조치국간 충분한 연계가 존재하는 것으
로 인정된다고 하였음을 참고할 필요가 있다.[59]

2. 관련된 조치

다음으로 탄소배출권 국경조정이 청정대기 보존 또는 기후 안정화라는
정책목적과 관련된(relating to) 조치이어야 한다. 이때 비교대상인 조치는
문제가 된 조치 자체이지 수입상품에 대한 차별대우 등의 협정상 의무위
반을 지칭하는 것이 아니라는 점에 유의해야 한다. 일례로, 미국-휘발유
사건에서 패널은 미국이 기준치 설정에 있어 제3조4항에 위배되는 방식
으로 수입휘발유에 덜 유리한 대우를 부여한 행위는 휘발유 규정을 통해
달성하고자 하는 대기오염 방지라는 목적과 직접적인 연계가 없다고 분
석하였으나,[60] 상소기구는 패널이 기준치 설정 규칙이라는 조치를 제20
조(g)에 따라 분석하지 않고 수입휘발유에 대한 덜 유리한 대우라는 제3
조4항 관련 법적 결론을 분석대상으로 언급한 것은 잘못이라고 지적하였

---

59) Appellate Body Report on *US-Shrimp*, para.133: We do not pass upon the
question of whether there is an implied jurisdictional limitation in Article XX(g),
and if so, the nature or extent of that limitation. We note only that in the specific
circumstances of the case before us, there is a sufficient nexus between the
migratory and endangered marine populations involved and the United States for
purposes of Article XX(g).
60) Panel Report on *US-Gasoline*, para.6.40

다.61) 탄소배출권 국경조정의 경우도 제3조 및 제1조에 위반되는 차별행위가 있었다는 법적 결론이 있다고 하더라도, 제20조 검토대상은 그러한 법적 결론이 아니라 탄소배출권 국경조정이라는 조치 자체가 청정대기 보존 또는 기후변화 대응의 목적과 관련성이 있는지 여부가 될 것이다.

그렇다면, 탄소배출권 국경조정과 '기후 안정화' 목적간 어느 정도의 관계가 있어야 관련된 조치로 판단하는가? 그간 분쟁사례에서 관련성 테스트가 실제로 어떻게 적용되어 왔는지를 살펴보자. 캐나다-청어/연어 사건에서 패널은 제20조(g)의 "relating to"라는 표현은 "necessary"나 "essential" 보다 완화된 요건으로 천연자원 보존에 필요한 조치 이외에도 폭넓게 포함될 수 있으나, 제20조(g)의 목적이 협정상 양허가 천연자원의 보존을 목적으로 하는 정책 추구를 저해하지 않도록 하기 위함이라는 점에서, 관련성 요건을 충족하려면 고갈될 수 있는 천연자원의 보호를 주된 목적으로(primarily aimed at) 해야 한다고 해석하였다.62) WTO 출범

---

61) Appellate Body Report on *US-Gasoline*, p.16: One problem with the reasoning in that paragraph is that the Panel asked itself whether the "less favourable treatment" of imported gasoline was "primarily aimed at" the conservation of natural resources, rather than whether the "measure", i.e. the baseline establishment rules, were "primarily aimed at" conservation of clean air. In our view, the Panel here was in error in referring to its legal conclusion on Article III:4 instead of the measure in issue. The result of this analysis is to turn Article XX on its head. Obviously, there had to be a finding that the measure provided "less favourable treatment" under Article III:4 before the Panel examined the "General Exceptions" contained in Article XX. That, however, is a conclusion of law. The chapeau of Article XX makes it clear that it is the "measures" which are to be examined under Article XX(g), and not the legal finding of "less favourable treatment".

62) Panel Report on Canada-Measures Affecting Exports of Unprocessed Herring and Salmon, BISD 35S/98, para.4.6: The Panel noted that some of the subparagraphs of Article XX state that the measure must be "necessary" or "essential" to the achievement of the policy purpose set out in the provision (cf. subparagraphs (a), (b), (d) and (j)) while subparagraph (g) refers only to measures "relating to" the conservation of exhaustible natural resources. This suggest that Article XX(g) does not only cover measures that are necessary or essential for the conservation

이후 제20조(g)가 처음으로 문제가 되었던 미국-휘발유 사건의 경우, 패널은 이러한 해석기준을 수용하여 분석하고, 기준치 설정상 수입상품에 대한 덜 유리한 대우가 휘발유 규정을 통해 달성하고자 하는 대기오염 방지라는 목적과 직접적인 연계가 없다고 판단하였다.[63] 상소기구는 패널의 "primarily aimed at" 테스트는 협정문상 근거가 없으며 제20조(g) 해당 여부를 판단하는 유일한 기준이 아님을 지적하면서도, 분쟁당사국들이 이에 대해 문제제기를 하지 않았다는 이유로 그러한 테스트의 타당성을 구체적으로 검토하지 않았다.[64] 다만 패널 결정과는 달리, 기준치 설정 방식이 전체적으로 볼 때 정유업자 등의 대기오염 방지 의무 준수 여부를 감독하기 위해 고안된 것이고 이러한 기준치 없이는 대기오염을 방지하려는 휘발유 규정 전체의 목적이 심각하게 손상될 수 있으므로 조치와 목적간 실질적인 관련성(substantial relationship)이 있는 것으로 판단하였다.[65] 미국-새우수입금지 사건의 경우 상소기구는 미국-휘발유

---

of exhaustible natural resources but a wider range of measures. However, as the preamble of Article XX indicates, the purpose of including Article XX(g) in the General Agreement was not to widen the scope for measures serving trade policy purposes but merely to ensure that the commitments under the General Agreement do not hinder the pursuit of policies aimed at the conservation of exhaustive natural resources. The Panel concluded for these reasons that, while a trade measure did not have to be necessary or essential to the conservation of an exhaustible natural resource, it had to be primarily aimed at the conservation of an exhaustible natural resource to be considered as "relating to" conservation within the meaning of Article XX(g).

63) Panel Report on *US-Gasoline*, para.6.40

64) Appellate Body Report on *US-Gasoline*, pp.18-19: All the participants and the third participants in this appeal accept the propriety and applicability of the view of the Herring and Salmon report and the Panel Report that a measure must be "primarily aimed at" the conservation of exhaustible natural resources in order to fall within the scope of Article XX(g). Accordingly, we see no need to examine this point further, save, perhaps, to note that the phrase "primarily aimed at" is not itself treaty language and was not designed as a simple litmus test for inclusion or exclusion from Article XX(g).

사건에서 기준치 설정 규칙과 청정대기 보존간의 실질적인 관련성은 목적-수단간 밀접하고 진정한 관련성(close and genuine relationship of ends and means)이었다고 하고[66], 문제된 조치인 Section 609의 일반적인 구조 및 의도와 그 조치를 통해 달성하고자 하는 바다거북 보존이라는 정책목적간의 관련성을 검토하였다.[67] 상소기구는 미국의 Section 609 및 그 이행규칙은 바다거북에 부정적으로 영향을 주는 상업적 어획기술로 수확된 새우에 대해 수입금지를 부과하는 것으로, 이 규정은 거북탈출장치 (TED) 사용을 요구하는 국내제도를 채택하도록 영향을 주려는 취지이며, 이행계획의 전반적 구조와 형태도 상당히 좁게 한정되어 있으므로 정책목적과 합리적으로 관련되므로, Section 609와 멸종위기에 처한 바다거북의 보존이라는 합법적인 정책목적간 긴밀하고 현실적인 관련성이 있다고 판단하였다.[68] 이러한 사례들에 비추어 볼 때, 탄소배출권 국경조정

---

65) id., p.19: The baseline establishment rules whether individual or statutory, were designed to permit scrutiny and monitoring of the level of compliance of refiners, importers and blenders with the "non-degradation" requirements. Without baselines of some kind, such scrutiny would not be possible and the Gasoline Rule's objective of stabilizing and preventing further deterioration of the level of air pollution prevailing in 1990, would be substantially frustrated. The relationship between the baseline establishment rules and the "non-degradation" requirements of the Gasoline Rule is not negated by the inconsistency, found by the Panel, of the baseline establishment rules with the terms of Article III:4. We consider that, given that substantial relationship, the baseline establishment rules cannot be regarded as merely incidentally or inadvertently aimed at the conservation of clean air in the United States for the purposes of Article XX(g).

66) Appellate Body Report on US-Shrimp, para.136: ··· The substantial relationship we found there between the EPA baseline establishment rules and the conservation of clean air in the United States was a close and genuine relationship of ends and means.

67) Appellate Body Report on US-Shrimp, para.137: In the present case, we must examine the relationship between the general structure and design of the measure here at stake, Section 609, and the policy goal it purports to serve, that is, the conservation of sea turtles.

의 경우 수입상품과 국내상품간의 탄소배출량에 따른 부담을 동등하게
함으로써 탄소배출 감축을 통한 기후 안정화라는 정책목적을 추구하는
것이며 조치의 전반적 구조와 형태도 이러한 목적에 맞추어 설계되어 있
으므로 관련성 테스트를 충족할 것으로 판단된다.

3. 국내 생산 또는 소비의 제한과 결부되어
     유효하게 된 경우

마지막으로 탄소배출권 국경조정이 국내 생산 또는 소비에 대한 제한
과 결부되어 유효하여야 한다. 문언적으로 보면, "유효하게 된(made
effective)"이라는 표현은 국내적인 제한조치가 "운영되는(operative)", "발
효되는(come into effect)"의 의미이며, "결부되어(in conjunction with)"는
"함께(together with)", "공동으로(jointly with)"라는 의미를 가진다. 이를
종합해보면, 수입상품에 대한 조치가 국내 생산 또는 소비에 대한 제한
조치와 함께 운영되어야 한다는 요건으로 해석된다. 다시 말해서 제한조
치가 수입상품뿐만 아니라 국내상품에도 부과되어야 한다는 의미로, 제

---

68) Appellate Body Report on *US-Shrimp*, para.141: In its general design and
structure, therefore, Section 609 is not a simple, blanket prohibition of the
importation of shrimp imposed without regard to the consequences (or lack
thereof) of the mode of harvesting employed upon the incidental capture and
mortality of sea turtles. Focusing on the design of the measure here at stake, it
appears to us that Section 609, cum implementing guidelines, is not dispropor-
tionately wide in its scope and reach in relation to the policy objective of
protection and conservation of sea turtle species. The means are, in principle,
reasonably related to the ends. The means and ends relationship between Section
609 and the legitimate policy of conserving an exhaustible, and, in fact,
endangered species, is observably a close and real one, a relationship that is
every bit as substantial as that which we found in United States-Gasoline
between the EPA baseline establishment rules and the conservation of clean air
in the United States.

한조치 부과의 공평성(even-handedness) 요건이라고 할 수 있다.[69] 이때
의 공평성 요건은 제3조의 비차별 의무와는 구분되어야 한다. 즉 제20조
(g)는 일정 정도의 공평성을 요구하는 것이지 수입상품과 국내상품을 동
일하게 대우할 것을 요구하는 것은 아니다.[70]

한편, GATT 시절의 캐나다-청어/연어 사건 패널은 국내적인 제한조치

---

69) Appellate Body Report on *US-Gasoline*, p.20: The Appellate Body considers that
the basic international law rule of treaty interpretation, discussed earlier, that the
terms of a treaty are to be given their ordinary meaning, in context, so as to
effectuate its object and purpose, is applicable here, too. Viewed in this light,
the ordinary or natural meaning of "made effective" when used in connection
with a measure -a governmental act or regulation- may be seen to refer to such
measure being "operative", as "in force", or as having "come into effect."
Similarly, the phrase "in conjunction with" may be read quite plainly as "together
with" or "jointly with." Taken together, the second clause of Article XX(g)
appears to us to refer to governmental measures like the baseline establishment
rules being promulgated or brought into effect together with restrictions on
domestic production or consumption of natural resources. Put in a slightly
different manner, we believe that the clause "if such measures are made effective
in conjunction with restrictions on domestic product or consumption" is appropriately
read as a requirement that the measures concerned impose restrictions, not just
in respect of imported gasoline but also with respect to domestic gasoline. The
clause is a requirement of even-handedness in the imposition of restrictions, in
the name of conservation, upon the production or consumption of exhaustible
natural resources.

70) id., p.20: There is, of course, no textual basis for requiring identical treatment
of domestic and imported products. Indeed, where there is identity of treatment
-constituting real, not merely formal, equality of treatment- it is difficult to see
how inconsistency with Article III:4 would have arisen in the first place. On the
other hand, if no restrictions on domestically-produced like products are imposed
at all, and all limitations are placed upon imported products alone, the measure
cannot be accepted as primarily or even substantially designed for implementing
conservationist goals. The measure would simply be naked discrimination for
protecting locally-produced goods.

를 "유효하게 만드는(rendering effective)" 것을 주된 목적으로 하는 경우에만 제20조(g)호 후단 요건을 통과하는 것으로 간주된다고 하는 영향테스트(effects test)를 도입하였고[71], 이러한 접근은 미국-참치/돌고래 Ⅰ및 미국-참치/돌고래 Ⅱ 사건의 패널에서도 확인되었다. 그러나 WTO 협정 발효 이후 제20조(g)가 문제된 미국-휘발유 사건의 상소기구는 영향테스트의 경우 인과관계 결정의 문제가 어렵고 환경보호의 경우 조치 이행으로 인한 영향이 나타나기까지는 상당한 시간이 소요될 수 있으며 법적 성격상 그러한 효과를 조건으로 하는 것이 합리적이지 않다고 하면서이를 수용하지 않았다. 다만 이는 영향 분석이 아무런 의미가 없다는 것은 아니며, 환경보존에 아무런 긍정적 효과가 없는 조치가 제20조(g) 하에서 정당화될 수는 없을 것이라고 부연하였다.[72] 이러한 변화는 환경

---

71) Panel Report on *Canada-Herring and Salmon*, para.4.6: The Panel, similarly, considered that the terms "in conjunction with" in Article XX(g) had to be interpreted in a way that ensures that the scope of possible actions under that provision corresponds to the purpose for which it was included in the General Agreement. A trade measure could therefore in the view of the Panel only be considered to be made effective "in conjunction with" production restrictions if it was primarily aimed at rendering effective these restrictions.
See also Tuna/Dolphin Ⅰ, at para.5.31; Tuna/Dolphin Ⅱ, at para.5.23

72) Appellate Body Report on *US-Gasoline*, p.21: We do not believe, finally, that the clause "if made effective in conjunction with restrictions on domestic production or consumption" was intended to establish an empirical "effects test" for the availability of the Article XX(g) exception. In the first place, the problem of determining causation, well-known in both domestic and international law, is always a difficult one. In the second place, in the field of conservation of exhaustible natural resources, a substantial period of time, perhaps years, may have to elapse before the effects attributable to implementation of a given measure may be observable. The legal characterization of such a measure is not reasonably made contingent upon occurrence of subsequent events. We are not, however, suggesting that consideration of the predictable effects of a measure is never relevant. In a particular case, should it become clear that realistically, a specific measure cannot in any possible situation have any positive effect on

관련 무역제한조치가 제20조(g) 후단의 공평성 요건을 보다 용이하게 충족할 수 있도록 한다. 일례로, 미국-휘발유 사건의 경우, 상소기구는 휘발유 기준치 설정 규칙은 국내외 휘발유에 같이 적용되는 것이므로 이를 충족한다고 하였다. 또한 미국-새우수입금지 사건의 경우, 상소기구는 수입새우에 대해 Section 609에 의거 부과되는 제한이 미국 새우 트롤어선에 의해 어획되는 새우에 대해서도 부과되고 있는지의 여부를 검토할 필요가 있음을 지적하면서, 미국의 조치가 자국 새우트롤선박에 대해서도 인가된 TEDs를 사용할 것을 요구하고 있는 점 등에 비추어 Section 609는 "공평한(even-handed)" 조치인 것으로 판단하였다.

탄소배출권 국경조정의 경우에 적용해보면, 조치가 제3조에 위반되는 방식으로 적용되었다는 판단과는 별개로 제20조 (g)호의 공평성 요건을 충족하였는지 여부가 검토되어야 한다. 탄소배출권 국경조정 시나리오 1과 2의 경우 국내에서 배출권거래제를 시행하면서 이를 수입상품에도 적용하는 상황을 가정한 것이다. 이 때 국내상품과 수입상품에 대한 탄소배출권 부담수준이 반드시 동등해야 하는 것은 아니다. 그간의 상소기구 결정들에 비추어 볼 때 공평성 요건이 상당히 느슨한 형태로 적용되고 있기 때문에 국내상품과 수입상품에 모두 탄소배출권 제출의무를 부과한다는 사실만으로 공평성 요건을 충족하는 것이 가능하다. 다시 말해서 탄소배출권 국경조정이 제3조에 위반되는 방식으로 적용되었더라도 제20조 (g)호의 국내 생산 또는 소비에의 제한과 결부되어 유효한 조치로 볼 수 있다.

Ⅲ. 분석 결과

GATT 제20조는 협정상 의무 위반을 정당화할 수 있는 10가지 예외사

---

conservation goals, it would very probably be because that measure was not designed as a conservation regulation to begin with. In other words, it would not have been "primarily aimed at" conservation of natural resources at all.

유를 제한적으로 열거하고 있으며, 수입상품에 대한 탄소배출권 국경조
정의 경우에는 (b)호와 (g)호가 관련된다.

우선 (b)호 "인간, 동물 또는 식물의 생명이나 건강을 보호하기 위하여
필요한 조치" 관련, 수입상품에 대한 탄소배출권 국경조정은 인류에게
돌이킬 수 없는 재앙을 가져올 '기후변화'라는 위험에 대응하기 위해 필
요한 조치라는 점이 인정될 여지가 있다고 판단된다. 다만 시나리오 1에
서처럼 수입상품에 대해 원산지국의 탄소규제 수준에 따라 차별적으로
비용부담을 주는 경우에는 협정에 덜 위배되는 다른 합리적으로 이용가
능한 대안이 존재하므로 (b)호의 '필요성 테스트'를 통과하지 못할 것으
로 판단된다. 또한 시나리오 2의 경우에도 탄소배출권 규제 이외의 다른
탄소규제 대안이 존재하여 (b)호의 필요성 테스트를 통과하지 못할 가능
성이 있는바, 협정에 위배되지 않은 합리적으로 이용가능한 모든 대안들
을 고려하여 조치를 신중하게 설계해야 한다.

다음으로 (g)호 "고갈될 수 있는 천연자원의 보존과 관련된 조치로서
국내 생산 또는 소비에 대한 제한과 결부되어 유효하게 된 경우" 관련,
탄소배출권 국경조정의 보호대상인 '청정대기'는 고갈될 수 있는 천연자
원으로 인정될 여지가 크고, 탄소배출권 국경조정이라는 조치와 기후 안
정화라는 정책목적간 밀접하고 진정한 관련성이 있다고 볼 수 있으며,
이러한 국경조정은 기본적으로 국내의 배출권거래제와 결부되어 시행되
는 것이므로 (g)호 사유를 충족할 수 있는 것으로 판단된다. 즉 탄소배출
권 국경조정 관련 시나리오 1과 2 모두에서 협정상 의무위반 정당화 사
유로 (g)호를 원용할 수 있다고 판단된다. 따라서 조치국 입장에서 (b)호
사유보다는 (g)호 사유를 원용하게 될 가능성이 높을 것으로 생각된다.

2단계 분석 : chapeau 요건

GATT 제20조 chapeau는 "동일한 여건이 지배적인 국가간에 자의적이
거나 정당화할 수 없는 차별의 수단을 구성하거나 또는 국제무역에 있어
서의 위장된 제한을 구성하는 방법으로 적용하지 아니할 것"을 예외조치
의 요건(requirement)으로 규정하고 있다. 상소기구는 제20조가 원용된
다수 판례에서 전문 요건을 충족하지 못하였다고 지적해왔다.[1] 따라서
본건 탄소배출권 국경조정의 경우에도 이러한 전문 요건 충족여부가 핵
심쟁점이 될 것으로 예상된다.

Ⅰ. chapeau 요건의 분석기준

제20조 chapeau 요건은 문구 자체로는 구체적인 적용을 위한 해석기
준이 명확하지 않다. 결국 패널 및 상소기구가 구체적 사안에 있어 조약
법협약(VCLT)의 조약해석원칙에 따라 해석하고 적용해야 할 사안이며,
WTO 상소기구는 그간의 결정들을 통해 chapeau 요건의 법리를 발전시
켜 왔다. 이렇게 누적된 상소기구의 결정들은 후속 분쟁에서도 chapeau
해석상 중요한 참고기준이 된다고 할 수 있으므로, 탄소배출권 국경조정
의 사안에 있어 chapeau 요건에 합치하는지 여부를 분석하기 위해서는
그간 상소기구의 판단과 논리들을 충분히 참고해야 할 것이다.

---

1) 미국-휘발유 사건, 미국-새우수입금지 사건; 한편, GATT하에서는 제20조의 1단
   계 분석인 각호 요건을 통과한 조치가 적어 2단계 분석인 chapeau를 다룬 사건이
   2건 밖에 없었다.

1. 근본취지: 권리의무의 균형

chapeau 요건의 근본적인 목적과 취지를 살펴보자. 먼저 미국-휘발유 사건의 상소기구는 제20조 전문의 목적과 취지는 제20조 예외의 남용으로 인해 협정상 의무규정에 의해 부여된 다른 회원국의 법적 권리가 좌절되거나 훼손되어서는 안된다는 원칙에 기초하여, 특정 예외사유에 해당하는 조치가 예외를 원용하는 회원국의 법적 의무와 다른 회원국의 법적 권리를 적절히 고려하여 합리적으로 적용되도록 하는 균형 테스트 (balancing test)라고 하였다.[2] 미국-새우수입금지 사건의 상소기구도 제20조 각호에 해당되는 조치에 대해 예외를 원용하는 회원국의 권리와 GATT 협정상 다른 회원국의 실질적인 권리간 균형을 유지해야 할 필요가 있고, 예외가 남용될 경우 그 회원국의 협정상 의무가 실질적으로 낮아질 뿐만 아니라 다른 당사국의 협정상 권리를 무력화시킬 수 있다는 우려가 반영된 것이라고 설명하고 있다.[3]

---

[2] Appellate Body Report on *US-Gasoline*, p.22: [t]he chapeau is animated by the principle that while the exceptions of Article XX may be invoked as a matter of legal right, they should not be so applied as to frustrate or defeat the legal obligations of the holder of the right under the substantive rules of the General Agreement. If those exceptions are not to be abused or misused, in other words, the measures falling within the particular exceptions must be applied reasonably, with due regard both to the legal duties of the party claiming the exception and the legal rights of the other parties concerned.

[3] Appellate Body Report on *US-Shrimp*, para.156: Turning then to the chapeau of Article XX, we consider that it embodies the recognition on the part of WTO Members of the need to maintain a balance of rights and obligations between the right of a Member to invoke one or another of the exceptions of Article XX, specified in paragraphs (a) to (j), on the one hand, and the substantive rights of the other Members under the GATT 1994, on the other hand. Exercise by one Member of its right to invoke an exception, such as Article XX(g), if abused or misused, will, to that extent, erode or render naught the substantive treaty rights in, for example, Article XI:1, of other Members. Similarly, because the

2. 해석상 기준:
국제법상 일반원칙으로서 신의성실원칙

미국-새우수입금지 사건의 상소기구는 제20조 예외의 남용 방지라는 근본취지에 따른 해석기준으로 국제법 일반원칙인 신의성실원칙(principle of good faith)을 제시하였다. 즉, 제20조 chapeau 요건은 국제법 일반원칙인 신의성실원칙의 한 표현이며, 일국이 조약상 의무를 일탈하는 권리를 주장할 경우에 이러한 권리는 신의로(bona fide) 또는 합리적으로(reasonably) 행사되어야 한다는 권리남용금지원칙(doctrine of abus de droit)이 그러한 일반원칙이 적용되는 하나의 방식이 되는 것이다.4) 따라서, 제20조

GATT 1994 itself makes available the exceptions of Article XX, in recognition of the legitimate nature of the policies and interests there embodied, the right to invoke one of those exceptions is not to be rendered illusory. The same concept may be expressed from a slightly different angle of vision, thus, a balance must be struck between the right of a Member to invoke an exception under Article XX and the duty of that same Member to respect the treaty rights of the other Members. To permit one Member to abuse or misuse its right to invoke an exception would be effectively to allow that Member to degrade its own treaty obligations as well as to devalue the treaty rights of other Members. If the abuse or misuse is sufficiently grave or extensive, the Member, in effect, reduces its treaty obligation to a merely facultative one and dissolves its juridical character, and, in so doing, negates altogether the treaty rights of other Members. The chapeau was installed at the head of the list of "General Exceptions" in Article XX to prevent such far-reaching consequences.

4) Appellate Body Report on *US-Shrimp*, para.158: The chapeau of Article XX is, in fact, but one expression of the principle of good faith. This principle, at once a general principle of law and a general principle of international law, controls the exercise of rights by states. One application of this general principle, the application widely known as the doctrine of abus de droit, prohibits the abusive exercise of a state's rights and enjoins that whenever the assertion of a right "impinges on the field covered by [a] treaty obligation, it must be exercised bona fide, that is to say, reasonably." An abusive exercise by a Member of its own

chapeau의 해석 및 적용은 기본적으로 예외를 원용한 회원국의 권리와
실질적 의무규정상 다른 회원국의 권리간의 균형을 찾는 것이며, 어느
한 쪽의 권리를 배제시키거나 협정상 회원국간 권리와 의무의 균형을 무
력화 또는 훼손하여서는 안 된다는 점을 염두해 두어야 한다. 다만 어디
에서 그러한 균형을 찾을지는 정해져 있는 것이 아니며 문제된 조치의
성격과 양태, 그리고 구체적 사안의 사실관계에 따라 달라질 것이다.5)

한편, 본 사안에서처럼 무역과 환경 관련 사건에서는 WTO 협정의 전
문(preamble)에 선언된 지속가능발전(sustainable development)이라는 이
념도 제20조 chapeau 해석에 있어 고려하여야 한다. WTO 협정 전문의
문구는 WTO 협정내 회원국간 권리 및 의무 관계에 색감, 질감 및 명암
을 주는 것으로서, 제20조 chapeau의 문맥으로 고려될 수 있다.6)

---

treaty right thus results in a breach of the treaty rights of the other Members
and, as well, a violation of the treaty obligation of the Member so acting. Having
said this, our task here is to interpret the language of the chapeau, seeking
additional interpretative guidance, as appropriate, from the general principles of
international law.

5) Appellate Body Report on *US-Shrimp*, para.159: [t]he task of interpreting and
applying the chapeau is ··· essentially the delicate one of locating and marking
out a line of equilibrium between the right of a Member to invoke an exception
under Article XX and the rights of the other Members under varying substantive
provisions (e.g. Article XI) of the GATT 1994, so that neither of the competing
rights will cancel out the other and thereby distort and nullify or impair the
balance of rights and obligations constructed by the Members themselves in that
Agreement. The location of the line of equilibrium, as expressed in the chapeau,
is not fixed and unchanging; the line moves as the kind and the shape of the
measures at stake vary and as the facts making up specific cases differ.

6) Appellate Body Report on *US-Shrimp*, para.155: ··· Pending any specific
recommendations by the CTE to WTO Members on the issues raised in its terms
of reference, and in the absence up to now of any agreed amendments or
modifications to the substantive provisions of the GATT 1994 and the WTO
Agreement generally, we must fulfill our responsibility in this specific case,
which is to interpret the existing language of the chapeau of Article XX by

3. 횡적 구분: 3가지 위반 시나리오

제20조 chapeau는 3가지 위반 시나리오(자의적 차별, 정당화할 수 없는 차별, 국제무역에의 위장된 제한)를 구분하고 있다. 상소기구도 각각의 시나리오를 구분하여 위법성 판단기준을 마련해가고 있다. 하지만 이들 3가지 위반 시나리오가 그 문언적인 의미에서 상당부분 중첩되고 상호간 규율 범위의 경계가 명확하지 않으며 상소기구의 위법성 판단기준에도 작위적인 부분이 발견되는 법해석상 문제를 안고 있다. 이러한 횡적 중첩의 문제는 향후 발전시켜 나가야 할 숙제로 남아 있다.[7]

구체적인 분석에 있어 반드시 3가지 개별 시나리오에 따른 분석을 시도해야 하는 것은 아니고 분석상 편의에 따라 접근해도 무방한 것으로 보인다. 일례로, 미국-새우수입금지 사건의 상소기구는 3가지 위반 시나리오(자의적 차별, 정당화할 수 없는 차별, 국제무역에의 위장된 제한)에 따라 분석을 시도한 반면[8], 브라질-재생타이어 사건의 상소기구는 위반 유형은 크게 ① 자의적 또는 정당화할 수 없는 차별과 관련된 경우와 ② 국제무역에의 위장된 제한의 두 가지 사항으로 구분하여 분석하였다.[9] 브라질-재생타이어 상소기구의 접근방식이 제20조 chapeau의 문언

---

examining its ordinary meaning, in light of its context and object and purpose in order to determine whether the United States measure at issue qualifies for justification under Article XX. It is proper for us to take into account, as part of the context of the chapeau, the specific language of the preamble to the WTO Agreement, which ⋯ gives colour, texture and shading to the rights and obligations of Members under the WTO Agreement, generally, and under the GATT 1994, in particular.

7) Vranes, Erich(2009), Trade and the Environment: Fundamental Issues in International Law, WTO Law, and Legal Theory (Oxford), p.277

8) Appellate Body Report on *US-Shrimp*, para.150: ⋯ There are three standards contained in the chapeau: first, arbitrary discrimination between countries where the same conditions prevail; second, unjustifiable discrimination between countries where the same conditions prevail; and third, a disguised restriction on international trade. ⋯

구성에 보다 충실한 해석으로 판단되고 최근의 결정이라는 점을 감안하여 본 분석에서는 후자의 접근에 따르기로 한다.

4. 종적 구분: 조치 vs 적용

제20조 chapeau의 "적용되지(applied)"라는 문구 해석상 chapeau의 분석대상은 조치가 적용되는 방식이다. 이는 제20조 각호 분석과 제20조 chapeau 분석을 구분하는 중요한 기준이 된다. 다시 말해서, 조치의 실질적인 내용은 제20조 각호 분석대상이 되며, 그러한 조치의 세부적인 운영규정과 실제 적용되는 방식은 제20조 chapeau 분석대상이 된다고 할 수 있다. 하지만 세부쟁점으로 들어가면 이러한 구분이 명확하지 않은 경우가 많아 조치의 동일한 측면이 각호와 전문에서 이중으로 분석될 소지가 남아있다. 상소기구는 이러한 종적 중첩 문제를 해소하기 위해, 제20조 각호 분석대상인 조치 자체(measure itself)와 조치의 적용(application of measure)을 구분하는 접근방식을 채택하고 있다.10) 하지만 조치 자체와 조치의 적용간의 구분이 작위적이라는 비판이 제기되고 있으며 이러한 종적 중첩의 문제도 역시 향후 발전시켜 나가야 할 과제인 것으로 생각된다.11)

---

9) Appellate Body Report on *Brazil-Retreaded Tyres*, para.215: The chapeau's requirements are two-fold. First, a measure provisionally justified under one of the paragraphs of Article XX must not be applied in a manner that would constitute "arbitrary or unjustifiable discrimination" between countries where the same conditions prevail. Secondly, this measure must not be applied in a manner that would constitute "a disguised restriction on international trade."

10) Appellate Body Report on *US-Gasoline*, p.22: [t]he chapeau by its express terms addresses, not so much the questioned measure or its specific contents as such, but rather the manner in which that measure is applied

11) Desmedt, A(2001), 'Proportionality in WTO Law', Journal of International Economic Law 441, p.473

II. 자의적이거나 정당화할 수 없는 차별

먼저 "자의적이거나 정당화할 수 없는 차별"의 분석기준은 무엇이며, 탄소배출권 국경조정의 경우에는 어떻게 적용될 것인지 살펴보자. 제20조 chapeau 문구는 동일한 여건이 지배적인 국가간에 자의적이거나 정당화할 수 없는 차별의 수단으로 적용되어서는 안 된다고 규정하고 있다. 3가지 요소가 검토되어야 한다: ① 첫째, 조치의 적용이 차별(discrimination)을 야기하고, ② 둘째, 그러한 차별이 자의적이거나 정당화될 수 없으며 (arbitrary or unjustifiable), ③ 셋째, 동일한 여건이 지배적인 국가간에 (between countries where the same conditions prevail) 차별하는 방식으로 적용되어야 한다.12)

1. 차별

탄소배출권 국경조정 조치의 적용이 수입상품에 대한 "차별"을 가져오는지 여부를 검토하여야 한다.

1) '차별'의 판단기준

제20조 "차별"의 판단기준은 무엇인가? 미국-휘발유 사건의 상소기구는 제20조 "차별"의 특징과 성질은 GATT내 다른 실질적 의무조항 위반으로 판단된 "차별"과는 차이가 있음을 분명히 하였다. 제3조 등의 차별과 같은 의미라면 제20조로 정당화되는 것이 불가능하다는 다소 불합리

---

12) Appellate Body Report on *US-Shrimp*, para.150: In order for a measure to be applied in a manner which would constitute "arbitrary or unjustifiable discrimination between countries where the same conditions prevail", three elements must exist. First, the application of the measure must result in discrimination. ⋯ Second, the discrimination must be arbitrary or unjustifiable in character. ⋯ Third, this discrimination must occur between countries where the same conditions prevail.

한 결론에 도달하게 되기 때문이다.13) 미국-새우수입금지 사건의 상소기
구도 이러한 점을 재확인하였다.14) 제3조 등에 위반되는 조치가 반드시
그 자체로(ipso facto) 제20조 차별에 해당되는 것은 아니며, 조치의 성격
상 내재하는 제한과는 별개로 조치의 적용(application)이 제20조(g) 예외
사유의 남용에 해당되는지가 검토되어야 한다는 의미이다.15) 그렇다면
제3조에 위반되는 차별이라고 하더라도 제20조 차별에 해당되지 않는
경우가 있는가? 물론 있을 수 있다. 그러나 이는 "차별"의 범위에 차이가
있다기보다는 제20조의 차별에는 "자의적이거나 정당화할 수 없는"과
"동일한 여건이 지배적인 국가간"이라는 두 가지 조건이 부가되기 때문
으로 보는 것이 적절하다. 일부에서는 제20조 chapeau는 실체적인 요건
이 아니라 절차적인 요건이므로 조치의 절차상의 차별만을 분석하는 것
이라는 주장이 있을 수 있으나, 미국-새우수입금지 사건의 상소기구는

---

13) Appellate Body Report on *US-Gasoline*, p.22: The enterprise of applying Article
   XX would clearly be an unprofitable one if it involved no more than applying
   the standard used in finding that the baseline establishment rules were inconsistent
   with Article III:4. That would also be true if the finding were one of inconsistency
   with some other substantive rule of the General Agreement. The provisions of
   the chapeau cannot logically refer to the same standard(s) by which a violation
   of a substantive rule has been determined to have occurred. To proceed down
   that path would be both to empty the chapeau of its contents and to deprive the
   exceptions in paragraphs (a) to (j) of meaning. Such recourse would also confuse
   the question of whether inconsistency with a substantive rule existed, with the
   further and separate question arising under the chapeau of Article XX as to
   whether that inconsistency was nevertheless justified. One of the corollaries of
   the "general rule of interpretation" in the Vienna Convention is that interpretation
   must give meaning and effect to all the terms of a treaty. An interpreter is not
   free to adopt a reading that would result in reducing whole clauses or paragraphs
   of a treaty to redundancy or inutility
14) Appellate Body Report on *US-Shrimp*, para.150
15) Appellate Body Report on *US-Shrimp*, para.160: ⋯ We address, in other words,
   whether the application of this measure constitutes an abuse or misuse of the
   provisional justification made available by Article XX(g). ⋯

조치의 세부운영규정이 자의적이거나 정당화할 수 없는 행위를 규정한 경우뿐만 아니라, 조치가 명목상으로는 공정하게 되어 있지만 실제적으로 자의적이거나 정당화할 수 없는 방식으로 적용되는 경우도 포함된다면서, 제20조 chapeau 기준은 실체적인 요건과 절차적인 요건에 모두 해당된다고 설명하였다.16)

2) 탄 소 배 출 권 국 경 조 정 시 나 리 오 에 의 적 용

탄소배출권 국경조정은 수입상품과 동종 국내상품에 대해 탄소배출량에 따라 각기 다른 탄소배출권 의무부담을 적용하게 되므로 제20조 차별의 존재를 부정할 수 없을 것이다. 특히 시나리오 1의 경우는 원산지국의 탄소규제 수준이나 평균탄소배출량을 기준으로 하게 되므로 이는 분명한 차별에 해당된다. 시나리오 2의 경우에서도 탄소다배출 수입상품과 탄소저배출 동종 국내상품에 탄소배출권 국경조정에 따른 의무수준에 차이가 있게 되며, 실제 조치의 집행과정에서 수입상품에 대한 탄소배출량 측정이 어려울 경우 법정기준치로 적용하는 점, 수입상품에 대해서는 탄소배출권 의무부과시점이 다르다는 점 등을 감안할 때, 차별의 존재 자체를 부인하기는 어렵다고 판단된다.

2. 자의적이거나 정당화할 수 없는

다음으로 수입상품에 대한 탄소배출권 국경조정의 적용에 있어서의 차별이 "자의적이거나 정당화할 수 없는(arbitrary or unjustifiable)" 것이

---

16) Appellate Body Report on *US-Shrimp*, para.160: ⋯ We note, preliminarily, that the application of a measure may be characterized as amounting to an abuse or misuse of an exception of Article XX not only when the detailed operating provisions of the measure prescribe the arbitrary or unjustifiable activity, but also where a measure, otherwise fair and just on its face, is actually applied in an arbitrary or unjustifiable manner. The standards of the chapeau, in our view, project both substantive and procedural requirements.

어야 한다. "자의적이거나 정당화할 수 없는" 요건이 그간 WTO 분쟁사례에서 어떻게 해석되었는지를 기초로 동 요건의 판단기준을 살펴보고 나서, 탄소배출권 국경조정과 관련하여 어떠한 쟁점이 있는지를 살펴보도록 하겠다.

1) '자의적이거나 정당화할 수 없는' 판단기준

"자의적이거나 정당화할 수 없는" 요건은 기본적으로 차별의 원인이나 이유에 대한 분석과 관련된다.17) 즉 구체적인 사안에 있어 조치국이 제시하는 정당화 사유가 합리적인지를 평가하는 작업이라고 할 것이다. 이를 통해 예외를 원용하는 회원국의 권리가 남용되지 않도록 견제하는 역할을 한다. 하지만 문언상 그 의미와 판단기준이 분명하지 않아 다양한 해석의 여지를 두고 있다. 다시 말해서 어떠한 경우에 자의적이거나 정당화할 수 없는 조치라고 하는지에 대한 일률적인 판단기준이 발견되지는 않으며 WTO 패널 및 상소기구가 구체적 사안에서의 사실관계에 따라 분석을 수행하고 그 위반여부를 판단해 왔다. 그간 WTO 상소기구의 판례를 기초로 하여 "자의적"과 "정당화할 수 없는"이라는 두 가지 요건에 대한 판단기준을 살펴보면 다음과 같다.

(1) 자의적

"자의적(arbitrary)"이라는 단어의 문언적 의미는 "임의적인(dependent on will or pleasure)", "변덕스러운(capricious)", "예측불가능한(unpredictable)", "일관적이지 않은(inconsistent)" 등이다.18) 따라서 '자의적' 요건은 기본

---

17) Appellate Body Report on *Brazil-Retreaded Tyres*, para.225: Analyzing whether discrimination is arbitrary or unjustifiable usually involves an analysis that relates primarily to the cause or the rationale of the discrimination.

18) *The Shorter Oxford English Dictionary*, Vol. I , p.109: arbitrary. 1 Dependent on will or pleasure; 2 Based on mere opinion or preference as opposite to the real nature of things; capricious, unpredictable, inconsistent; 3 Unrestrained in the exercise of will or authority; despotic, tyrannical.

적으로 조치국이 협정에 위반되는 차별조치를 임의적으로, 변덕스럽게, 예측불가능한 방식으로 적용했는지 여부에 대한 문제라고 할 수 있다.

미국-휘발유 사건의 상소기구는 자의적 차별, 정당화할 수 없는 차별, 위장된 제한을 상호 연계된 개념이라고 하면서 이를 개별적으로 분리하지 않고 합쳐서 분석하였다.[19] 그렇기 때문에 어떤 경우를 자의적 차별이라고 한 것인지를 분명하게 구분하기는 어렵다. 다만 상소기구의 분석 중에서, 미국이 휘발유규정상 요건의 검증 및 이행상의 행정적 부담을 이유로 수입상품에 대한 법정기준치 적용이 불가피하다고 주장한데 대해, 수입상품 관련 자료의 분석 및 검증을 위한 확립된 기술이 있고 미국은 외국 정유업체와 외국 정부간 협력약정을 통해 이러한 기술과 절차가 작동되도록 할 수 있음을 인지하였음에도 상대국 정부와 그러한 협력 노력을 시도하지 않았다고 적시한 부분이 자의적 차별과 관련되는 것으로 보인다.[20]

---

19) Appellate Body Report on *US-Gasoline*, p.25: "Arbitrary discrimination", "unjustifiable discrimination" and "disguised restriction" on international trade may, accordingly, be read side-by-side; they impart meaning to one another.

20) Appellate Body Report on *US-Gasoline*, p.27: We agree with the finding above made in the Panel Report. There are, as the Panel Report found, established techniques for checking, verification, assessment and enforcement of data relating to imported goods, techniques which in many contexts are accepted as adequate to permit international trade -trade between territorial sovereigns- to go on and grow. The United States must have been aware that for these established techniques and procedures to work, cooperative arrangements with both foreign refiners and the foreign governments concerned would have been necessary and appropriate. At the oral hearing, in the course of responding to an enquiry as to whether the EPA could have adapted, for purposes of establishing individual refinery baselines for foreign refiners, procedures for verification of information found in U.S. antidumping laws, the United States said that "in the absence of refinery cooperation and the possible absence of foreign government cooperation as well", it was unlikely that the EPA auditors would be able to conduct the on-site audit reviews necessary to establish even the overall quality of refineries' 1990 gasoline. From this statement, there arises a strong implication, it appears to the Appellate

미국-새우수입금지 사건의 상소기구에서는 자의적 차별과 정당화할
수 없는 차별을 구분하여 접근하였으며, 자의적 차별인지 여부를 평가하
는데 있어 ① 조치 적용의 경직성(rigidity and inflexibility)과 ② 수출국
의견수렴절차(opportunity for an applicant country to be heard) 여부라는
2가지 요인을 주목하였다. 구체적으로 소개하면, 우선 Section 609는 그
적용에 있어, 수출국의 여건에 고려가 전혀 없이 다른 국가가 미국의 제
도와 반드시 동일한 종합적인 규제제도를 채택하도록 하는 획일적이고
경직적이며 단정적인 요건을 부과하고 있으며, 담당기관이 허가 결정을
함에 있어 아무런 유연성이 없다고 하면서, 이러한 경직성과 비유연성은
자의적 차별을 구성한다고 하였다.[21] 또한, Section 609(b)(2)의 허가 절
차가 미 국무성 직원의 일방적인 조사에 의한 것이고 신청 처리과정에서

Body, that the United States had not pursued the possibility of entering into
cooperative arrangements with the governments of Venezuela and Brazil or, if
it had, not to the point where it encountered governments that were unwilling
to cooperate.

21) Appellate Body Report on *US-Shrimp*, para.177: We next consider whether
Section 609 has been applied in a manner constituting "arbitrary discrimination
between countries where the same conditions prevail". We have already observed
that Section 609, in its application, imposes a single, rigid and unbending
requirement that countries applying for certification under Section 609(b)(2)(A)
and (B) adopt a comprehensive regulatory program that is essentially the same
as the United States' program, without inquiring into the appropriateness of that
program for the conditions prevailing in the exporting countries. Furthermore,
there is little or no flexibility in how officials make the determination for
certification pursuant to these provisions. In the oral hearing, the United States
stated that "as a policy matter, the United States government believes that all
governments should require the use of turtle excluder devices on all shrimp
trawler boats that operate in areas where there is a likelihood of intercepting sea
turtles" and that "when it comes to shrimp trawling, we know of only one way
of effectively protecting sea turtles, and that is through TEDs." In our view, this
rigidity and inflexibility also constitute "arbitrary discrimination" within the
meaning of the chapeau.

수출국에 어떠한 의견제출 기회도 허용하지 않고 있으며 거부결정이나 그 이유에 대한 통지도 없다는 점도 자의적 차별이라고 지적하였다.22) 브라질-재생타이어 사건의 상소기구는 '자의적이거나 정당화할 수 없는 차별' 요건에 대한 기본적인 접근시각으로서, 조치국이 제시하는 변명이 차별의 정당한 사유로서 수용가능한지 여부를 판단하는 것이며 그 과정에서 예외사유의 남용을 방지하는 제20조 chapeau의 역할을 염두에 두어야 한다고 전제하고, 그러한 차별의 이유가 제20조 각호 사유의 목적과 합리적인 연관성(rational connection)을 갖지 못하는 경우에는 자의적이거나 정당화할 수 없는 차별로 보아야 한다고 제시하였다.23) 상소기

---

22) Appellate Body Report on *US-Shrimp*, para.180: However, with respect to neither type of certification under Section 609(b)(2) is there a transparent, predictable certification process that is followed by the competent United States government officials. The certification processes under Section 609 consist principally of administrative ex parte inquiry or verification by staff of the Office of Marine Conservation in the Department of State with staff of the United States National Marine Fisheries Service. With respect to both types of certification, there is no formal opportunity for an applicant country to be heard, or to respond to any arguments that may be made against it, in the course of the certification process before a decision to grant or to deny certification is made. Moreover, no formal written, reasoned decision, whether of acceptance or rejection, is rendered on applications for either type of certification, whether under Section 609(b)(2)(A) and (B) or under Section 609(b)(2)(C). Countries which are granted certification are included in a list of approved applications published in the Federal Register; however, they are not notified specifically. Countries whose applications are denied also do not receive notice of such denial (other than by omission from the list of approved applications) or of the reasons for the denial. No procedure for review of, or appeal from, a denial of an application is provided.

23) Appellate Body Report on *Brazil-Retreaded Tyres*, para.227: We have to assess whether this explanation provided by Brazil is acceptable as a justification for discrimination between MERCOSUR countries and non-MERCOSUR countries in relation to retreaded tyres. In doing so, we are mindful of the function of the chapeau of Article XX, which is to prevent abuse of the exceptions specified in the paragraphs of that provision. In our view, there is such an abuse, and,

구는 이러한 기본시각에 기초하여 브라질이 MERCOSUR 국가로부터의 재생타이어 수입만 허용한 차별 조치와 법원명령에 따라 일부 중고타이어 수입을 허용한 차별 조치가 자의적이거나 정당화할 수 없는 것인지를 분석하였는데, MERCOSUR 국가로부터의 수입 허용은 MERCOSUR 협정 위반이라는 중재판정을 이행하기 위해 불가피하게 취한 조치이고, 법원명령에 따라 일부 중고타이어 수입을 허용한 조치도 법원에서 다툰 특정 사건에 한정되고 브라질 정부가 이러한 법원명령이 철회될 수 있도록 법적으로 다투고 있는 상황임을 감안할 때 브라질의 조치가 '자의적'이라고 할 수 없다고 하였다. EC는 브라질이 MERCOSUR 중재판정에서 적극적인 방어를 하지 않았다면서 그러한 판결에 공동책임이 있다고 주장하였으나, 상소기구는 다른 중재판정을 구체적으로 검토하는 것이 적절하지 않고 패널이 자의적이지 않다고 판단할 충분한 근거가 있다고 보았다. 하지만 상소기구는 조치가 합리적인 결정이나 행동에 의해 이루어

---

therefore, there is arbitrary or unjustifiable discrimination when a measure provisionally justified under a paragraph of Article XX is applied in a discriminatory manner "between countries where the same conditions prevail", and when the reasons given for this discrimination bear no rational connection to the objective falling within the purview of a paragraph of Article XX, or would go against that objective. The assessment of whether discrimination is arbitrary or unjustifiable should be made in the light of the objective of the measure. We note, for example, that one of the bases on which the Appellate Body relied in US-Shrimp for concluding that the operation of the measure at issue resulted in unjustifiable discrimination was that one particular aspect of the application of the measure (the measure implied that, in certain circumstances, shrimp caught abroad using methods identical to those employed in the United States would be excluded from the United States market was "difficult to reconcile with the declared objective of protecting and conserving sea turtles". Accordingly, we have difficulty understanding how discrimination might be viewed as complying with the chapeau of Article XX when the alleged rationale for discriminating does not relate to the pursuit of or would go against the objective that was provisionally found to justify a measure under a paragraph of Article XX.

졌다고 하더라도 조치의 이유가 제20조 각호 사유의 목적과 합리적인 연관성이 없다면 여전히 자의적이거나 정당화할 수 없는 차별로 판단된다고 하였다.24)

상소기구 결정들을 종합해볼 때, 기본적으로 '자의적'이라는 단어는 임의적이고 변덕스럽고 예측불가능한 행위를 의미하는 것이지만 그 구체적인 판단기준에 대해서는 일률적으로 정해진 것이 없고 문제된 사안의 사실관계에 따라 달라질 수 있다고 할 것이다. 다만 미국-새우수입금지 사건에서 상소기구가 ① 조치 적용의 경직성과 ② 수출국 의견수렴 절차라는 2가지 요인을 중요한 판단기준으로 제시한 것이 참고가 될 것이다.

   (2) 정당화할 수 없는

다음으로 "정당화할 수 없는(unjustifiable)"의 경우, 사전적으로 "정당화가 불가능한(not justifiable, indefensible)"이라는 의미를 가진다.25) 즉 조치의 적용으로 인해 발생하는 차별에 대해 설득력 있는 논리로 설명할 수 있어야 한다는 요건이라고 할 수 있다.26) 앞의 '자의적' 요건과 마찬가지로, 이에 대한 구체적인 판단기준은 일률적으로 정해져 있지 않으며

---

24) Appellate Body Report on *Brazil-Retreaded Tyres*, para.232: Like the Panel, we believe that Brazil's decision to act in order to comply with the MERCOSUR ruling cannot be viewed as "capricious" or "random". Acts implementing a decision of a judicial or quasi-judicial body -such as the MERCOSUR arbitral tribunal- can hardly be characterized as a decision that is "capricious" or "random". However, discrimination can result from a rational decision or behaviour, and still be "arbitrary or unjustifiable", because it is explained by a rationale that bears no relationship to the objective of a measure provisionally justified under one of the paragraphs of Article XX, or goes against that objective.

25) *The Shorter Oxford English Dictionary*, Vol. II, p.3450: *unjustifiable*. Not justifiable, indefensible;
   Id., p.1474: *justifiable*. 2 Able to be legally or morally justified; able to be shown to be just, reasonable, or correct; defensible.

26) Panel Report on *Brazil-Retreaded Tyres*, para.7.260

WTO 패널 및 상소기구가 구체적 사안에서의 사실관계에 따라 다양한 기준을 적용하여 왔다.

미국-휘발유 사건의 상소기구는 '정당화할 수 없는' 요건은 단순히 우연이나 불가피한 사정이 아니라 예견되었던 차별의 문제로 접근하였다. 동 사건에서 미국은 수입휘발유에 대해 개별기준치를 산정하고 검증하는데 행정적 어려움이 있으므로 법정기준치를 적용할 수밖에 없었다고 정당화를 시도하였으나, 상소기구는 미국이 그러한 행정적 부담 문제를 해소하기 위해 제소국 정부와 협력하여 적정한 방법을 찾으려 하지 않았고 법정기준치 부과로 외국 정유업체에 야기될 비용부담을 고려하지 않았다는 두 가지 부작위를 지적하면서, 이는 우연이나 불가피한 사정이 아닌 예견되었던 차별이므로 정당화할 수 없는 차별이라고 하였다.27)

미국-새우수입금지 사건의 상소기구는 '정당화할 수 없는' 차별을 판단하는 기준으로 ① 조치의 의도되고 실질적으로 강압적인 효과와 ② 진지한 협상노력의 결여라는 두 가지 사항을 제시하였다. 상소기구의 분석을 구체적으로 소개하면, 첫째 Section 609 적용의 가장 두드러진 문제점은 다른 WTO 회원국 정부로 하여금 특정한 정책결정을 하도록 하는

---

27) Appellate Body Report on *US-Gasoline*, p.28: We have above located two omissions on the part of the United States: to explore adequately means, including in particular cooperation with the governments of Venezuela and Brazil, of mitigating the administrative problems relied on as justification by the United States for rejecting individual baselines for foreign refiners; and to count the costs for foreign refiners that would result from the imposition of statutory baselines. In our view, these two omissions go well beyond what was necessary for the Panel to determine that a violation of Article III:4 had occurred in the first place. The resulting discrimination must have been foreseen, and was not merely inadvertent or unavoidable. In the light of the foregoing, our conclusion is that the baseline establishment rules in the Gasoline Rule, in their application, constitute "unjustifiable discrimination" and a "disguised restriction on international trade." We hold, in sum, that the baseline establishment rules, although within the terms of Article XX(g), are not entitled to the justifying protection afforded by Article XX as a whole.

의도되고 실질적인 강압적 효과(intended and actual coercive effect)라고
보았다. Section 609 규정 자체가 반드시 미국과 동일한 정책과 집행관행
을 요구하고 있지는 않지만 집행을 위한 하위규정인 국무성의 1996
Guideline을 통해 실질적으로 동일한 정책을 채택하도록 요구하는 것으
로 판단하였다.28) 1996 Guideline과 관련, 허가발급에 있어 "미국에 비견
할만한 규제" 채택과 "신뢰할만한 집행노력"을 강제요건으로 규정하고
이에 더하여 실제로는 미국과 동일한 규제조치를 두도록 운영하고 있으
며, 어장내 거북의 분포 등 다른 회원국의 다양한 상황을 고려하지 않고
TED 사용이라는 단일 규제조치를 국제무역관계에 확대 적용한 것은 수
용할 수 없다고 하였다.29) 또한 미국내에서 사용되는 것과 동일한 방법
에 의해 어획한 새우의 경우에도 단지 미국에 의해 허가받지 않은 국가
의 수역에서 어획되었다는 이유로 미국 시장으로부터 배제되도록 하였

---

28) Appellate Body Report on *US-Shrimp*, para.161: We scrutinize first whether
Section 609 has been applied in a manner constituting "unjustifiable discrimination
between countries where the same conditions prevail". Perhaps the most
conspicuous flaw in this measure's application relates to its intended and actual
coercive effect on the specific policy decisions made by foreign governments,
Members of the WTO. Section 609, in its application, is, in effect, an economic
embargo which requires *all other exporting Members*, if they wish to exercise
their GATT rights, to adopt *essentially the same* policy (together with an approved
enforcement program) as that applied to, and enforced on, United States domestic
shrimp trawlers. As enacted by the Congress of the United States, the *statutory*
provisions of Section 609(b)(2)(A) and (B) do not, in themselves, *require* that
other WTO Members adopt *essentially the same* policies and enforcement
practices as the United States. Viewed alone, the statute appears to permit a
degree of discretion or flexibility in how the standards for determining
comparability might be applied, in practice, to other countries. However, any
flexibility that may have been intended by Congress when it enacted the statutory
provision has been effectively eliminated in the implementation of that policy
through the 1996 Guidelines promulgated by the Department of State and through
the practice of the administrators in making certification determinations.

29) Appellate Body Report on *US-Shrimp*, paras.162-164

다는 문제점도 지적하였다.30) 둘째 미국이 다른 회원국들과 바다거북 보호를 목적으로 하는 양자 또는 다자협정의 체결을 목표로 진지하게 (seriously) 국제협상에 임하지 않았다는 점도 정당화할 수 없는 차별 여부의 평가요인으로 고려하였다.31) 바다거북이라는 이동성 어족의 보호를 위해서는 이동경로에 있는 많은 국가들간의 조화된 노력을 필요로 하며, 이러한 노력의 필요성과 적절성은 WTO 협정, 무역환경위원회 보고서32)뿐만 아니라 리오선언 원칙12³³), 의제21³⁴) 등에 적시되어 있다고

---

30) Appellate Body Report on *US-Shrimp*, para.165: ⋯ In other words, *shrimp caught using methods identical to those employed in the United States* have been excluded from the United States market solely because they have been caught in waters of *countries that have not been certified by the United States*. The resulting situation is difficult to reconcile with the declared policy objective of protecting and conserving sea turtles ⋯.

31) Appellate Body Report on *US-Shrimp*, para.166: Another aspect of the application of Section 609 that bears heavily in any appraisal of justifiable or unjustifiable discrimination is the failure of the United States to engage the appellees, as well as other Members exporting shrimp to the United States, in serious, across-the-board negotiations with the objective of concluding bilateral or multilateral agreements for the protection and conservation of sea turtles, before enforcing the import prohibition against the shrimp exports of those other Members.

32) Report of the Committee on Trade and Environment, WT/CTE/1, 12 November 1996, para. 171, Section VII of the Report of the General Council to the 1996 Ministerial Conference, WT/MIN(96)/2, 26 November 1996: ⋯ *multilateral solutions based on international cooperation and consensus as the best and most effective way for governments to tackle environmental problems of a transboundary or global nature.* WTO Agreements and multilateral environmental agreements (MEAs) are representative of efforts of the international community to pursue *shared goals,* and in the development of a mutually supportive relationship between them, *due respect must be afforded to both.*

33) Principle 12 of the Rio Declaration on Environment and Development: Unilateral actions to deal with environmental challenges outside the jurisdiction of the importing country should be avoided. *Environmental measures addressing*

하였다.35)

브라질-재생타이어 사건의 상소기구는 미국-휘발유 사건과 미국-새우수
입금지 사건에서와는 다소 다른 접근방식을 취하였다. 상소기구는 자의
적이거나 정당화할 수 없는 차별인지를 판단하는 핵심기준은 피소국이
제시한 차별의 원인이나 이유(cause or rationale)가 조치의 목적(objective
of the measure)에 비추어 타당한지 여부라고 보았다. 즉 조치의 이유가
제20조 각호 사유의 목적과 합리적인 연관성(rational connection)이 없다
면 자의적이거나 정당화할 수 없는 차별로 판단된다는 것이다.36) 이러한

---

transboundary or global environmental problems should, as far as possible, be
based on international consensus.

34) Agenda 21, paragraph 2.22(i): Avoid unilateral action to deal with environmental
challenges outside the jurisdiction of the importing country. *Environmental
measures addressing transborder problems should, as far as possible, be based
on an international consensus.*

35) Appellate Body Report on *US-Shrimp*, para.168: Second, the protection and
conservation of highly migratory species of sea turtles, that is, the very policy
objective of the measure, demands concerted and cooperative efforts on the part
of the many countries whose waters are traversed in the course of recurrent sea
turtle migrations. The need for, and the appropriateness of, such efforts have
been recognized in the WTO itself as well as in a significant number of other
international instruments and declarations. As stated earlier, the Decision on
Trade and Environment, which provided for the establishment of the CTE and
set out its terms of reference, refers to both the Rio Declaration on Environment
and Development and Agenda 21.

36) Appellate Body Report on *Brazil-Retreaded Tyres*, para.227: In our view, there
is such an abuse, and, therefore, there is arbitrary or unjustifiable discrimination
when a measure provisionally justified under a paragraph of Article XX is applied
in a discriminatory manner "between countries where the same conditions prevail"
and when the reasons given for this discrimination bear no rational connection
to the objective falling within the purview of a paragraph of Article XX, or
would go against that objective. The assessment of whether discrimination is
arbitrary or unjustifiable should be made in the light of the objective of the
measure. We note, for example, that one of the bases on which the Appellate

기준은 브라질-타이어 사건 상소기구에 의해 새롭게 소개된 것으로, 종전까지는 chapeau 요건을 적법한 절차를 제공하였는지 유연성은 충분했는지 등의 주로 절차법적 기준이 검토되었는데 반해, 동 사건에서는 '차별 조치와 정책목적간 합리적인 관련성'이라는 실체법적 기준을 도입한 점이 주목된다.37) 한편, 브라질-재생타이어 상소기구는 차별의 효과(effect)가 분석의 결정적인 기준이 될 수 없다는 점을 분명히 하였다. 브라질-재생타이어 사건의 패널은 차별로 인해 수입되는 양이 조치의 목적 달성을 상당하게 저해하는 정도이어야 '정당화할 수 없는' 경우라고 판단하였는데, 상소기구는 이러한 패널의 접근은 차별의 원인이나 이유가 아니라 차별의 효과에 치중한 잘못된 분석으로 제20조 문언상 근거도 없고 그간의 상소기구의 해석방식과도 합치되지 않는다고 하였다.38) 다만, 차별의

Body relied in *US-Shrimp* for concluding that the operation of the measure at issue resulted in unjustifiable discrimination was that one particular aspect of the application of the measure (the measure implied that, in certain circumstances, shrimp caught abroad using methods identical to those employed in the United States would be excluded from the United States market) was "difficult to reconcile with the declared objective of protecting and conserving sea turtles". Accordingly, we have difficulty understanding how discrimination might be viewed as complying with the chapeau of Article XX when the alleged rationale for discriminating does not relate to the pursuit of or would go against the objective that was provisionally found to justify a measure under a paragraph of Article XX.

37) 김호철, "브라질-재생타이어 수입제한조치 사건", 통상법률 (2009); Arjun Ponnam-balam, "U.S. Climate Change Legislation and the Use of GATT Article XX to Justify a "Competitiveness Provisions" in the wake of *Brazil-Tyres*", 40(1) *Georgetown Journal of International Law* 261 (2008)

38) Appellate Body Report on *Brazil-Retreaded Tyre*, para.229: The Panel considered that the MERCOSUR exemption resulted in discrimination between MERCOSUR countries and other WTO Members, but that this discrimination would be "unjustifiable" only if imports of retreaded tyres entering into Brazil "were to take place in such amounts that the achievement of the objective of the measure at issue would be significantly undermined". The Panel's interpretation implies

원인 또는 이유가 정당한 것인지를 결정하는데 있어 차별의 효과가 여러 관련요인 중 하나가 될 수는 있을 것이라고 부연하였다.[39]

상소기구 결정들을 종합해 볼 때, '정당화할 수 없는' 요건은 기본적으로 조치국이 차별의 이유를 합리적으로 변명할 수 있어야 함을 의미하는 것으로 이해되나, 그 구체적인 판단기준은 일률적으로 정해져 있는 것이 아니고 개별 사안에서의 사실관계에 따라 달라지는 것으로 보인다. 다만 미국-새우수입금지 사건의 상소기구가 제시한 ① 조치의 의도적이고 실질적인 강압적 효과, ② 양자 또는 다자협상 체결을 위한 진지한 노력, 그리고 브라질-재생타이어 사건의 상소기구가 제시한 ③ 조치의 목적과 차별간의 합리적인 연관성이 그 기준으로서 참고가 될 수 있는 것으로 판단된다.

2) 탄소배출권 국경조정 시나리오에의 적용

'자의적이거나 정당화할 수 없는' 요건은 제20조 chapeau 분석에 있어 가장 핵심적인 부분이며, 탄소배출권 국경조정이 제20조 (g)호 사유에 해당되는 것으로 볼 때 제20조 chapeau의 '자의적이거나 정당화할 수 없는'

---

that the determination of whether discrimination is unjustifiable depends on the quantitative impact of this discrimination on the achievement of the objective of the measure at issue. As we indicated above, analyzing whether discrimination is "unjustifiable" will usually involve an analysis that relates primarily to the cause or the rationale of the discrimination. By contrast, the Panel's interpretation of the term "unjustifiable" does not depend on the cause or rationale of the discrimination but, rather, is focused exclusively on the assessment of the effects of the discrimination. The Panel's approach has no support in the text of Article XX and appears to us inconsistent with the manner the Appellate Body has interpreted and applied the concept of "arbitrary or unjustifiable discrimination" in previous cases.

39) 브라질-재생타이어 사건의 상소기구가 제시한 합리적인 연관성 기준의 경우에는 다른 사건에도 그대로 적용될 수 있을지에 의문이 남는다. 다만 상소기구의 판단인 만큼 본고에서도 이를 감안하여 분석하겠다.

요건이 동 조치의 WTO 합치성 여부를 판가름하는 중요한 기준이 될 것이다. 본고의 분석대상인 수입상품에 대한 탄소배출권 국경조정 시나리오를 중심으로, 각 시나리오에서 어떠한 차별이 문제되고 조치국은 어떤 사유를 들 것인지를 예상해보고, 이에 대해 상기 그간의 상소기구 결정에 대한 분석결과를 근거로 '자의적이거나 정당화할 수 없는' 요건에 해당되는지 여부를 살펴보도록 하겠다.

(1) 시나리오 1: 국별 탄소배출치 기준 배출권 의무 산정

첫 번째 시나리오는 조치국이 일방적으로 각국의 탄소규제 수준에 따라 '국가별 탄소배출계수'를 미리 정하고 이를 기준으로 하여 수입상품에 대해 차별적으로 탄소배출권 제출의무를 산정하여 부과하는 경우이다. 이때 탄소다배출 국가로부터의 수입상품과 동종 국내상품간의 차별, 그리고 탄소다배출 국가로부터의 수입상품과 탄소저배출 국가로부터의 수입상품간의 차별이 문제된다. 조치국의 입장에서는 차별의 이유로서, 국제사회의 현안인 '기후변화'에 효과적으로 대응하기 위해서는 탄소다배출 국가로부터의 수입상품에 대해 일정한 의무를 부과함으로써 그러한 국가들이 적절한 탄소규제를 도입하도록 유도하는 것이 필요하며, 수입되는 상품에 대해 탄소배출량을 측정하여 개별기준치를 설정하는 것은 행정적 부담과 현실적 검증 곤란을 감안할 때 도입이 불가능하므로 미리 정한 국가별 탄소배출계수를 적용하는 것이라고 대응할 것이다.

'자의적이거나 정당화할 수 없는' 요건을 해석함에 있어, 제20조 chapeau의 역할은 제20조 각호 예외사유가 남용되지 않도록 하는데 있으며 그러한 역할이 의미가 있도록 접근해야 한다. 상소기구의 결정들을 보면, ① 조치 적용의 경직성, ② 수출국 의견수렴절차, ③ 조치의 의도적이고 실질적인 강압적 효과, ④ 양자 또는 다자협상 체결을 위한 진지한 노력, ⑤ 조치의 목적과 차별의 이유간의 합리적인 연관성이 '자의적이거나 정당화할 수 없는' 요건의 판단기준으로 활용되어 왔다. 이러한 기준들에 비추어볼 때, 한 국가가 일방적으로 다른 국가의 탄소규제 적정성을 평가하고 자국과 동등한 규제를 도입하지 않았다는 이유로 무역제한조치를 취하는 것은 조치 적용이 지나치게 경직적이고 상대국으로 하여금 자국과 동등한 탄소규제를 취하도록 강압하는 효과를 가지고 있다. 더구나 기후변화 관련 국제체제가 '차별화된 공동의 책임' 원칙에 기초하고 있으며 각국의 역사적 책임과 경제발전 정도에 따라 각기 다른 수준의 온실가스 배출감축 의무를 진다는 점을 감안할 때, 기후변화 문제에 대한 그러한 국제적으로 합의된 접근방식을 수용하지 않고 이와는 별개의 차원에서 상대국에게 탄소배출 규제를 강요하는 것은 분명히 제20조 예외사유의 남용에 해당한다. 또한 조치가 상품의 실제 탄소배출량이 아니라 원산지 국가의 탄소배출량을 기준으로 탄소배출권 의무를 산정하도록 하고 있으므로 이로 인한 차별은 탄소배출 감축이라는 정책목표에 비추어 볼 때 불합리한 것으로 판단된다. 따라서 조치국이 제시하는 차별의 이유는 정당한 것으로 보기 어려우며 '자의적이거나 정당화할 수 없는' 차별로 판단될 것으로 생각된다.

(2) 시나리오 2: 원산지중립적인 2단계 기준치 적용

두 번째 시나리오의 경우 상품의 원산지에 따른 구분 없이 모든 수입상품에 대해 동종 국내상품에 적용되는 탄소배출권 산정기준치를 적용하여 의무를 부과하는 것이다. 이때 차별이 존재하는 부분은 탄소다배출 수입상품과 탄소저배출 동종 국내상품간, 그리고 탄소다배출 수입상품과 탄소저배출 동종 수입상품간이다. 조치국의 입장에서는 '기후변화'라는 국제현안에 대응하기 위해서는 탄소배출로 인한 사회적 비용을 상품가격으로 내부화하는 정책이 필요하고, 각 상품에 대해 탄소배출량에 따라 비용부담이 달라지는 것은 그러한 기후변화정책에 따라 불가피하게 발생하는 차별이라고 항변할 것으로 생각된다.

시나리오 1에서와는 달리 시나리오 2에서는 원산지 국가의 탄소배출 규제 도입여부에 따른 차별은 존재하지 않으며, 제도적인 측면에서 수입상품과 국내상품에 동일한 기준이 적용되는 것이다. 다시 말해서 탄소다

배출 상품과 탄소저배출 상품간의 차별적인 비용부담은 배출권거래제라
는 기후변화정책 자체가 의도하는 것이며 일부러 수입상품을 불리하게
대우하려는 의도나 상대국에 동일한 규제를 도입하라는 강압적 효과가
포함된 것이 아니다. 따라서 그러한 차별은 합리적인 이유를 가지고 있
으며 충분히 정당화될 수 있을 것으로 판단된다.

시나리오 2의 탄소배출권 국경조정이 제20조 chapeau 요건에 합치될
가능성이 크다고 하더라도, 제20조 chapeau 요건 충족여부는 조치가 실
제로 적용되는 방식과 밀접하게 관련되기 때문에 조치의 전반적인 구조
만으로는 그 합치 여부를 단언하기는 어려우며 그 적용방식에 있어 자의
적이거나 정당화할 수 없는 차별이 존재할 수도 있다. 따라서 자의적이
거나 정당화할 수 없는 차별에 해당되지 않으려면, 조치를 운영함에 있
어 다음 몇 가지 사항을 고려해야 할 것이다.

첫째, 탄소배출권 국경조정 조치 적용에 있어 '자의적' 요건과 관련된
① 조치의 유연성과 ② 수출국 의견수렴의 두 가지 사항을 유의해야 한
다. 국내의 대부분 품목에는 개별기준치가 적용되고 수입상품에는 탄소
배출량 측정 및 검증의 행정적 부담을 이유로 대부분의 경우에 불리한
법정기준치를 일방적으로 적용하게 될 경우, 조치가 유연하지 못하며 수
출국 의견수렴도 충분치 않은 것으로 판단되어 자의적 차별에 해당될 될
소지가 있다. 따라서 수입상품에 대해 2단계 기준치를 적용함에 있어 수
입상품이 개별기준치를 선택할 수 있도록 다양한 방법을 제공하여야 하
며 그러한 기준치 설계 및 운영과정에서 수출국에 의견제출 기회를 충분
히 제공해야 한다.

둘째 탄소배출권 국경조정이 자국의 배출권거래제를 다른 WTO 회원
국이 일방적으로 따르도록 강요하는 방식으로 적용되어서는 안 된다. 다
른 회원국에서 이와 비견할만한(comparable) 다른 조치를 통해 기준을 충
족할 수 있도록 유연하게 설계해야 한다. 이러한 유연성은 주로 하위법
령상의 내용과 관련되는 경우가 대부분일 것으로 생각된다. 일례로, 미국-
새우수입금지 사건의 상소기구는 문제된 조치의 자의적이거나 정당화할

수 없는 차별 여부 분석에 있어 Section 609가 아니라 국무성 지침을 검토하였고, 미국은 Section 609를 그대로 유지하면서 국무성 지침 개정만으로 분쟁해결기구 권고를 이행할 수 있었다.40) 또한 미국-새우수입금지 21.5조 사건에서 상소기구는 미국의 개정된 지침은 수출국에게 동일한 효과를 달성하기 위한 다른 조치를 채택할 수 있을 만큼 유연하다고 판단하였다.41) 탄소배출권 국경조정 관련 하위지침에서 일정한 유연성을 둔다고 하더라도 조치 자체의 일방적인 성격은 여전히 남겠지만, 상소기구는 조치의 이러한 일방적인 성격은 제20조 각호 사유에 해당하는 조치들의 공통적인 측면이므로 그 자체로 자의적이거나 정당화할 수 없는 차별을 구성하는 것은 아니라는 입장이다.

셋째, 탄소배출권 국경조정을 부과하는데 있어 조치국은 기후변화 공동대응을 목적으로 하는 양자 및 다자협정 체결을 위해 진지하게 협상에 임해야 한다. 현재 진행 중인 기후변화 관련 Post-2012 국제체제에 대한 협상에 진지하게 참여해야 함을 의미한다. 다만 이러한 의무가 반드시

---

40) 탄소배출권 국경조정 조치가 어떻게 규정되어 있는지가 중요하다. 미국-새우수입금지 사건에서 문제된 Section 609는 "comparableness" 기준을 도입하고 있었기 때문에 하위 국무성 지침이 "sameness" 기준을 도입하는 것과는 차이가 있었으며, 그런 경우에 한하여 조치는 유지한 채 하위규정만 수정하면 제20조 chapeau 위반을 피하는 것이 가능하다고 판단된다.

41) Appellate Body Report on *US-Shrimp (21.5)*, para.146: We note that the Revised Guidelines contain provisions that permit the United States authorities to take into account the specific conditions of Malaysian shrimp production, and of the Malaysian sea turtle conservation programme, should Malaysia decide to apply for certification. The Revised Guidelines explicitly state that "[if] the government of a harvesting nation demonstrates that it has implemented and is enforcing a comparably effective regulatory program to protect sea turtles in the course of shrimp trawl fishing without the use of TEDs, that nation will also be eligible for certification." Likewise, the Revised Guidelines provide that the "Department of State will take fully into account any demonstrated differences between the shrimp fishing conditions in the United States and those in other nations as well as information available from other sources."

국제협정을 체결할 것을 요구하는 것은 아님을 유의할 필요가 있다. 미국-새우수입금지 21.5조 사건에서 말레이시아는 미국이 국제협정 체결을 위해 진지하고 신의성실하게 협상하는(negotiate) 노력만으로는 제20조 chapeau 요건을 충족했다고 면책해 줄 수 없으며 미국이 실제 국제협정을 체결해야(conclude)한다고 주장하였으나, 상소기구는 자의적이거나 정당화할 수 없는 차별 요건은 국제협정을 협상할 유사한 기회(similar opportunity to negotiate)에 모든 수출국에게 제공해야 한다는 의미라고 하면서 두 개의 협상이 동일할 수도 그럴 필요도 없으며 비견할만한 (comparable) 노력이 투입되면 충분하다고 보고42), 미국이 양자 및 다자 협정 체결을 위한 진지한 신의성실 노력을 계속하는 것을 조건으로 미국의 조치를 허용해 주었다. 따라서 기후변화 관련 Post-2012 국제체제가 타결되지 않았다고 하더라도 국제협정 체결을 위해 진지하고 신의성실하게 모든 회원국들과 협상하려고 노력하였다면 자의적이거나 정당화할

---

42) Appellate Body Report on *US-Shrimp (21.5)*, para.122: We concluded in United States-Shrimp that, to avoid "arbitrary or unjustifiable discrimination", the United States had to provide all exporting countries "similar opportunities to negotiate" an international agreement. Given the specific mandate contained in Section 609, and given the decided preference for multilateral approaches voiced by WTO Members and others in the international community in various international agreements for the protection and conservation of endangered sea turtles that were cited in our previous Report, the United States, in our view, would be expected to make good faith efforts to reach international agreements that are comparable from one forum of negotiation to the other. The negotiations need not be identical. Indeed, no two negotiations can ever be identical, or lead to identical results. Yet the negotiations must be comparable in the sense that comparable efforts are made, comparable resources are invested, and comparable energies are devoted to securing an international agreement. So long as such comparable efforts are made, it is more likely that "arbitrary or unjustifiable discrimination" will be avoided between countries where an importing Member concludes an agreement with one group of countries, but fails to do so with another group of countries.

수 없는 차별에 해당되지 않을 것이다.

3. 동일한 여건이 지배적인 국가간

마지막으로 탄소배출권 국경조정의 적용이 "동일한 여건이 지배적인 국가간(between countries where the same conditions prevails)"[43] 차별이어야 한다. 만일 그러한 차별이 동일한 여건이 지배적이지 않은 국가간에 이루어지는 것이라면 자의적이거나 정당화할 수 없는 차별이라고 하더라도 제20조 chapeau 위반이 되지 않을 것이다. 이때 비교대상 국가에는 수출국과 다른 수출국간 또는 수출국과 수입국간 차별이 모두 포함된다.

1) '동일한 여건이 지배적' 판단기준

'동일한 여건이 지배적'이라는 것이 어떠한 의미인지에 대해서는 그간 충분히 검토되지 못하였기 때문에 아직 확립된 해석기준이 있지 않다. 제20조 chapeau의 근본취지는 각호의 예외사유가 남용되지 않도록 하여 예외를 원용하는 회원국의 법적 의무와 다른 회원국의 법적 권리간에 적절한 균형을 유지하는 것이므로 동 요건도 그러한 취지에 어긋나지 않게 해석되어야 한다. 즉 이를 지나치게 확대 해석하거나 좁게 해석해서는 안 된다.

'동일한 여건(the same conditions)'이란 무엇인가? '동일(the same)'은 "같은 종류의", "같은 성격의"라는 의미이며[44], '여건(conditions)'은 그 국가의 사회경제적 "상황"을 의미한다.[45] 이 때 사회경제적 상황이 무엇

---

43) 외교통상부 공식번역본에서 'condition'을 '조건'이 아닌 '여건'으로 번역한 부분은 정확한 번역이라고 보기 어렵다고 생각한다.

44) Webster's Dictionary of the English Language(1995 edition), 'same': (with 'the') being of one kind, having one nature or set of characteristics

45) Webster's Dictionary of the English Language(1995 edition), 'conditions': circumstances;

   Oxford Dictionary of English(2003 second edition), 'conditions': the circumstances

을 의미하는지가 문제된다. 경제적인 관점에서 상품의 경쟁관계에 영향을 미치는 조건만으로 국한되는 것으로 보아야 하는 것인지 아니면 제20조가 무역 이외의 가치를 보호하기 위한 조항이므로 시장 외적인 조건들도 포함되어야 하는 것인지가 판단되어야 한다. 국가별 탄소배출량 차이의 경우, 전자의 입장을 취한다면 그 국가의 '여건'에 포함되지 않을 것이며, 후자의 입장을 취한다면 그 국가의 '여건'으로 고려될 수 있을 것이기 때문이다. 제20조 문맥상으로 볼 때 이는 '자의적이거나 정당화할 수 없는 차별'에 조건으로 부가되어 있으므로 차별의 이유나 원인과 관련되는 것이며, '여건'을 지나치게 넓게 해석할 경우 차별을 무분별하게 허용하여 제20조 예외사유의 남용이라는 chapeau의 기능을 무력화할 우려가 있으며, WTO 규범이 기본적으로 '무역자유화'를 그 대상과 목적으로 것이라는 점을 감안할 때, 이때의 '여건'은 시장에서의 경쟁조건을 의미하는 것으로 접근하는 것이 바람직하다고 본다. 그간의 분쟁사례를 보더라도, 미국-새우수입금지 사건의 상소기구는 미국에서와 동일한 어획방법으로 외국에서 잡은 새우가 미국시장에 진입하지 못한다는 점을 주목하였고46), 브라질-재생타이어 사건의 상소기구는 지역협정을 체결한 MERCOSUR 국가와 그렇지 않은 EU를 동일한 여건이 지배적인 국가로 보았다.47) 따라서 그 국가가 자국과 유사한 환경규제를 도입하지 않았다거나 자국과 양자 또는 다자협정 체결국이 아니라는 것을 근거로 '여건'이 다르다고 주장할 수는 없다고 생각된다.

2) 탄소배출권 국경조정 시나리오에의 적용

탄소배출권 국경조정의 경우, 배출권거래제를 도입한 국가와 이에 상응하는 탄소배출 규제를 도입하지 않은 국가가 '동일한 여건이 지배적인

---

or factors affecting the way in which people live or work, especially with regard to their well-being

46) Appellate Body Report on *US-Shrimp*, para.165
47) Appellate Body Report on *Brazil-Retreaded Tyres*, para.227

국가간'이라고 볼 수 있는지가 문제된다. '탄소규제 차이'라는 측면만을 보면 국가간 동일한 여건이 아니라고 볼 여지도 있을 것이다. 그러나 협정상 회원국간 권리의무의 균형이라는 제20조 chapeau의 근본취지를 고려할 때, '여건'의 범위에 '탄소규제 차이'가 포함되는 것으로 보기는 어렵다고 판단된다. WTO 협정은 기본적으로 시장에서 경쟁조건의 동등성을 보장하려는 목적을 가진 제1조 및 제3조의 비차별대우 의무이다. 그러한 조항에서 경쟁관계에 있다고 판단한 사항을 제20조 chapeau 요건 분석에서 전혀 다른 방향으로 결론내리는 데에는 신중할 필요가 있다. 또한 문맥상으로 볼 때 '여건'이 다르다고 보게 되면 '자의적이거나 정당화할 수 없는 차별'이 정당화됨으로써 제20조 chapeau를 통한 예외남용의 통제가 불가능해진다는 문제도 우려된다. 탄소배출권 국경조정 시나리오 1의 경우, 두 국가간의 여건상 차이는 기후변화협정 가입 여부, 탄소규제의 수준 등이다. 이러한 차이를 이유로 자의적이거나 정당화할 수 없는 차별이 가능하다고 해석하는 것은 제20조 예외를 원용하는 국가의 권리를 과도하게 인정하는 것이므로 타당한 접근이 아니라고 생각한다. 이는 미국-새우수입금지 사건과 브라질-재생타이어 사건에서의 상소기구의 접근방식과도 일치하는 것으로 판단된다.

III. 위장된 국제무역에의 제한

다음으로 탄소배출권 국경조정이 국제무역에 있어서의 위장된 제한을 부과하는 방법으로 적용되어서는 안 된다. 이는 앞에서의 자의적 차별, 정당화할 수 없는 차별과 병렬적 관계이며 별개의 의미를 가지는 것으로 읽혀져야 한다.

1. '위장된 국제무역에의 제한' 판단기준

'위장된 국제무역에의 제한' 여부에 대한 분석은 ⅰ) 조치가 국제무역에의 제한이 되는 방식으로 적용되고 ⅱ) 그러한 제한이 위장된 것인지를 평가하는 작업이라고 할 수 있다.[48] 이때 "제한(restriction)"은 사전적으로 제한적인 조건이나 조치를 의미하는 상당히 광범위한 개념으로 해석되고[49], "위장된(disguised)"은 사전적으로 본래의 모습이나 형태를 바꾸어 자신의 정체를 숨기는 것을 의미한다.[50] 따라서 문제된 조치가 수입상품에게 경쟁상 불리한 일정한 제한조건을 부과하는 것이고 그러한 조치가 외형상으로는 제20조 예외사유에 해당되는 것처럼 보이지만 실제로는 국내산업을 보호하는 등의 다른 숨은 의도를 가지고 취해진 것이라면 '위장된 국제무역에의 제한'에 해당되는 것으로 보아야 할 것이다.

한편 상소기구는 제20조 chapeau의 자의적 차별, 정당화할 수 없는 차별, 국제무역에의 위장된 제한이라는 세 가지 위반 시나리오를 엄격하게 구분하지 않고 서로 연계되는 개념으로 접근하고 있다. 즉, '위장된 국제무역에의 제한'은 국제무역에 있어서의 위장된 차별(disguised discrimination), 은폐되거나 공표되지 않은 제한이나 차별(concealed or unannounced restriction or discrimination), 그리고 제20조 예외사유의 명목 하에 취해진 국제무역에서의 자의적이고 정당화할 수 없는 차별(arbitrary or unjustifiable discrimination)에 이르는 제한조치들을 모두 포괄하는 것으로 넓은 개념으로 해석한다.[51] 이에 따를 경우, '위장된 국제무역에의 제

---

48) Panel Report on *Brazil-Retreaded Tyres*, para.7.315
49) Oxford Dictionary of English(2003 second edition), 'restriction': a limiting condition or measure, especially a legal one
50) Webster's Dictionary of the English Language(1995 edition), 'disguise': 1 to change the normal appearance, sound etc. of, so as to conceal identity, 2 an altering of appearance to conceal identity;
    Oxford Dictionary of English(2003 second edition), 'disguise': give (someone or oneself) a different appearance in order to conceal one's identity
51) Appellate Body Report on *US-Gasoline*, p.25: "Arbitrary discrimination",

한'에는 매우 다양한 상황이 포함되며 탄력적으로 해석된다고 본다.

2. 탄소배출권 국경조정 시나리오에의 적용

탄소배출권 국경조정 시나리오의 경우, '위장된 국제무역에의 제한' 요건과 관련하여 협정상 의무에 위반되는 조치가 국내산업 보호라는 위장된 목적과 효과를 가지고 있는지 여부가 쟁점이 될 것이다.

상소기구의 접근에 따르면, 탄소배출권 국경조정이 '위장된 국제무역에의 제한'에 해당되는지 여부는 앞에서 살펴본 '자의적이거나 정당화할 수 없는 차별'에 해당되는지 여부와 명확하게 구분되지 않으며 유사한 논리와 방식으로 분석되는 것으로 보인다. 일례로 미국-휘발유 사건에서 상소기구는 미국이 기술적 가능성에도 불구하고 국내외 휘발유에 차별적인 기준치를 적용하는 것이 정당화할 수 없는 차별과 국제무역에 대한 위장된 제한 모두에 해당된다고 판단하였다. 그러나 '자의적이거나 정당화할 수 없는 차별'과 '위장된 국제무역에의 제한'이 chapeau 문언상 별개의 위반 시나리오로 적시되어 있다는 점을 감안할 때 이를 동일시하는

"unjustifiable discrimination" and "disguised restriction" on international trade may, accordingly, be read side-by-side; they impart meaning to one another. It is clear to us that "disguised restriction" includes disguised discrimination in international trade. It is equally clear that concealed or unannounced restriction or discrimination in international trade does not exhaust the meaning of "disguised restriction." We consider that "disguised restriction", whatever else it covers, may properly be read as embracing restrictions amounting to arbitrary or unjustifiable discrimination in international trade taken under the guise of a measure formally within the terms of an exception listed in Article XX. Put in a somewhat different manner, the kinds of considerations pertinent in deciding whether the application of a particular measure amounts to "arbitrary or unjustifiable discrimination", may also be taken into account in determining the presence of a "disguised restriction" on international trade. The fundamental theme is to be found in the purpose and object of avoiding abuse or illegitimate use of the exceptions to substantive rules available in Article XX.

상소기구의 접근은 적절치 않으며 '위장된 국제무역에의 제한'에 대해서는 별개의 분석을 시도하는 것이 타당하다고 생각한다.

이러한 판단에 따라, 탄소배출권 국경조정의 두 가지 시나리오에 대해 '위장된 국제무역에의 제한'인지 여부를 분석해보면 다음과 같다. 우선 시나리오 1의 경우 탄소다배출 국가로부터의 수입상품에게 경쟁상 불리한 차별적인 제한조건을 부과하는 것이므로 국제무역에의 제한에 해당되며, 그러한 조치의 결과가 제20조 예외사유에서 제시한 '기후 안정화'라는 외형적인 정책목적 보다는 국내상품의 상대적인 '경쟁력' 제고라는 조치의 드러나지 않은 정책목적에 기여하는 것으로 볼 수 있으므로 '위장된 국제무역에의 제한'인 것으로 판단된다. 반면 시나리오 2의 경우 탄소다배출 수입상품에게 그 탄소배출량 수준에 비례하여 일정한 금전적 부담을 부과함으로써 경쟁상 불리한 차별적인 제한조치가 되는 것은 맞지만, 그러한 조치는 수입상품과 국내상품에 동일한 기준에 따라 적용되는 것이고 그로 인한 결과는 탄소배출 감축을 통한 '기후 안정화'라는 외형상의 정책목적에 보다 부합하는 것으로 평가되므로 '위장된 국제무역에의 제한'이라고 볼 수 없다고 생각된다.

IV. 분석 결과

제20조 chapeau는 "동일한 여건이 지배적인 국가간에 자의적이거나 정당화할 수 없는 차별의 수단을 구성하거나 또는 국제무역에 있어서의 위장된 제한을 구성하는 방법으로 적용하지 아니할 것"을 규정하고 있다. 이는 제20조 예외사유는 신의성실하게 원용되어야 하며 그러한 예외사유의 남용으로 인해 협정상 의무규정으로 부여된 다른 회원국의 법적 권리가 부당하게 훼손되어서는 안 된다는 원칙에 기초하고 있는바 chapeau 해석시 이러한 원칙이 중요한 기준이 될 것이다. 다시 말해서, 수입상품에 대한 탄소배출권 국경조정이 제20조 (g)호 사유에 해당된다고 하더라

도, 그 적용에 있어 자국의 탄소규제 기준을 다른 회원국에 일방적으로 강요한다거나 수입상품에 대해 자료검증이 어렵다는 행정적인 이유로 자의적이고 불리한 기준을 적용하는 등의 행위를 통제하는 역할을 한다.

chapeau 요건을 구체적으로 살펴보면, '자의적 차별', '정당화할 수 없는 차별', '위장된 국제무역에의 제한'이라는 3가지 위반 시나리오로 구성된다. 각각의 위반 시나리오에 대한 판단기준이 WTO 판례상 아직 명확하게 정립되어 있는 상황이지만, '자의적이거나 정당화할 수 없는 차별'의 판단기준으로 ① 조치 적용의 경직성, ② 수출국 의견수렴절차, ③ 조치의 의도적이고 실질적인 강압적 효과, ④ 양자 또는 다자협상 체결을 위한 진지한 노력, ⑤ 조치의 목적과 차별의 이유간의 합리적인 연관성 등을 활용할 수 있으며, '위장된 국제무역에의 제한'의 판단기준으로는 조치가 다른 숨은 목적과 효과를 가지고 있는지를 들 수 있다.

이러한 판단기준을 탄소배출권 국경조정 관련 두 가지 시나리오에 적용해 보면, 시나리오 1에서처럼 일방적으로 국가별 탄소배출계수를 미리 정하고 이를 기준으로 하여 탄소배출권 의무를 부과하는 것은 '자의적이거나 정당화할 수 없는 차별' 및 '위장된 국제무역에의 제한'에 해당되므로 제20조 chapeau 요건을 충족할 수 없다. 시나리오 2의 경우에는 '기후안정화'라는 정책목적에 따라 합리적인 방식으로 설계되고 수입상품과 국내상품에 동일한 기준을 적용하는 중립적인 조치이므로 제20조 chapeau 위반 소지가 적은 것으로 판단된다. 다만 시나리오 2의 경우에도 그러한 조치가 적용방식에 있어 자의적이거나 정당화할 수 없는 차별에 해당될 가능성은 여전히 남아 있으므로, 그러한 조치의 적용에 있어 수출국의 의견을 적극 수렴하고 기후변화 공동대응을 위한 양자 및 다자 협상에 진지하게 임할 것이 요구된다.

미국-휘발유 사건 개요

미국은 1990년 대기청정법(Clean Air Act)을 개정하여 대기오염 방지를 위한 여러 조치들을 도입하였다. 오존 오염이 심한 9개 광역도시권(미국 전체 휘발유 시장의 30% 차지)에서 오염물질을 덜 배출하는 개질유(reformulated gasoline)만을 판매토록 하였고, 개질유 및 전통휘발유로 인한 오염물질 배출이 1990년 기준치 대비 심해지지 않도록 하기 위한 규제를 도입하고 환경보호청으로 하여금 비교를 위한 기준치(baselines)를 설정하도록 하였다. 동 법에 따라 미 환경보호청은 국내 정유업자, 혼합업자, 수입업자 별로 각 회사의 과거 자료에 근거하여 1990년 회사별 기준치(individual historic baseline)를 설정하고, 1990년에 생산한 휘발유 품질에 대해 적절한 자료를 제출하지 않은 회사에 대해서는 공통 기준(statutory baseline)을 설정하였다. 개별 회사별 기준치는 3가지 방법을 사용할 수 있도록 되어 있었다: 1) 1990년 생산되거나 선적된 휘발유의 품질에 관한 자료 이용, 2) 1990년 생산된 혼합연료의 품질에 관한 자료, 3) 1990년 이후 혼합연료 또는 휘발유의 품질에 관한 자료. 수입업자나 혼합업자에게는 방법1을 사용할 수 없는 경우 법정 기준을 사용하도록 했다.(방법 2, 3 사용 불가) 브라질과 베네주엘라는 이러한 미국의 가솔린 규정은 미국산 휘발유와 수입 휘발유를 부당하게 차별하는 것으로서 GATT 제1조1항, 제3조4항에 위반된다며 제소하였다.

EC-호르몬 사건 개요

EC는 일련의 이사회 지침(Council Directives)을 통해 성장 호르몬을 투여하여 육성한 육류 및 육류 제품의 판매와 수입을 금지하여 왔다. EC 지침은 1981년부터 시행되기 시작하였으며 1988년 및 1996년 금지범위를 보다 확대하였다. 미국과 캐나다는 EC의 이러한 조치는 SPS 협정 2조, 3조, 5조, TBT 협정 2조, GATT 1조, 3조, 11조에 위반된다고 제소하였다.

미국-새우수입금지 사건 개요

미국은 1987년 "멸종위기에처한동식물보호법(Endangered Species Act)"에 의거 새우-저인망어로 중 바다거북(sea turtle)의 사망률이 높은 일정 수역에서 모든 미국의 새우 트롤어선들로 하여금 거북제외장치(Turtle Excluder Devices: "TEDs")를 사용할 것을 요구하는 규칙을 공표하였다. 또한 1989년 미 의회는 제609조(Section 609 of the United States Public Law 101-162 Relating to the Protection of Sea Turtles in Shrimp Trawl Fishing Operations: 이하 '제609조')를 제정하였다. 동 조에서는 새우어획국이 미국에 상응하는 바다거북의 보호를 위한 규제프로그램을 갖고 있거나 어획국의 환경이 바다거북의 생명에 위협이 없다고 인정받은 경우가 아닌 한, 바다거북의 생명에 영향을 미칠 수 있는 방법으로 어획된 새우는 미국으로의 수입을 금지할 수 있다고 규정하였다. 1991년 미국은 외국의 규제프로그램이 미국의 프로그램과의 상응성을 평가하기 위한 가이드라인('1991년 가이드라인')을 공표하였고, 이어 1993년 제정한 가이드라인에서는 모든 새우트롤어선에 대해 TEDs의 사용을 요구하였고 1991년 가이드라인에서 허용되었던 새우 저인망어로에서 바다 거북의 사망률을 감소시키는 TEDs 이외의 과학적 프로그램의 이용에 대한 예외 인정을 폐지하였다. 그런데 1995년 미국제무역법원(CIT)이 1991년 및 1993년 가이 드라인이 제609조의 요건과 부합되지 않는다는 판정을 내리자 미 국무부는 동 판 정을 수용하기 위하여 1996년 가이드라인을 공표하였는데, 동 가이드라인에서는 상업적인 새우저인망어로 중 바다거북의 의도되지 않은 사망 위험이 없는 어로 환 경을 가진 어획국의 인증 기준에 대해 규정하면서 당해 국가 정부가 미국의 프로 그램과 상응하는 수준으로 상업적인 새우 저인망어로 중 바다거북의 의도하지 않 은 사망에 관한 규제프로그램을 채택하고 있다는 서류상 증거를 제출하고 당해 어 로국의 선박에 의한 의도하지 않은 바다거북의 평균 사망률이 미국 어선에 의한 평균 사망률과 상응하는 경우에 한하여 그러한 인증을 부여할 수 있다는 규정을 포함하고 있다. 이와 관련 1996년 미 국제무역법원은 제609조에 의해 부과되는 새 우 및 새우제품에 대한 수입금지는 인증을 받지 않은 국가의 시민이나 선박에 의 해 자연상태에서 어획된 모든 새우 및 새우제품에 대해 적용된다고 판정하였다. 다만, 그 후 동 법원은 바다거북에 해를 끼치지 않는 수동방법에 의해 어획된 새우 는 비록 제609조에 따른 인정을 받지 않은 국가들로부터라도 계속 수입될 수 있다 고 밝혔다. 인도, 말레이시아, 파키스탄 및 태국이 미국의 1989년 새우저인망어로 작업에 있어 바다거북의 보호에 관한 미 공법 101-162호 제609조 및 집행조치들이 GATT 제1조, 제11조1항 및 제13조와 합치되지 않는다면서 1997년 미국을 WTO 분쟁해결절차에 제소하였다. 이에 대해 미국은 자국의 새우수입금지조치가 GATT 제20조 (b)호와 (g)호에 의해 정당화된다고 반박하였다.

미국-새우수입금지 판정이행 사건 개요

　미국-새우수입금지 사건 패소 이후 미국은 판정 이행을 위해 1999년 7월 section 609 시행규칙을 개정하였다. 개정된 시행규칙은 section 609에 의한 새우수입금지 조치는 양식 새우, TED 사용 트롤 어선이 포획한 새우, 기계식 어망 등을 사용하지 않는 방식으로 포획된 새우, 기타 미 국무부가 바다거북 포획 위협을 제기하지 않 는다고 판정한 기타 방법으로 포획된 새우에는 적용하지 않는다고 밝혔다. 아울러 개정 규칙은 미국으로의 제품선적시 section 609에 의해 승인된 국가의 관할수역에 서 바다거북에 불리한 영향을 주지 않는 방법으로 포획되었다는 수출자/수입자의 신고서를 첨부하도록 규정하였다. 개정 규칙은 새우 포획국 정부가 TED는 아니나 미국 제도와 실효성을 비견할만한 바다거북 보호조치를 집행 중임을 입증할 경우

section 609에 따른 승인을 받을 수 있도록 하였다. 말레이시아는 미국이 여전히 일방적인 새우수입금지 조치를 적용하는 것은 GATT 의무 및 DSB 권고를 준수하지 못한 것이라고 주장하며 2000년 10월 DSU 21.5조 이행패널 설치를 요청하였다. 이에 대해 미국은 자국의 조치가 GATT 제20조 (g)호 예외로 정당화된다고 반박하였다.

EC-석면 사건 개요

프랑스 정부는 1996년 행정명령(Decree) 제96-1133호를 제정하여 모든 종류의 석면제품(asbestos), 석면이 포함된 물질의 제작·가공·판매·수입·유통을 전면금지하였다. 다만 백석면제품(chrysotile asbestos)에 대해 질병유발위험이 낮거나 대체물질이 없는 경우에 한하여 제한적으로 예외를 인정하였다. 캐나다는 프랑스의 석면금지법이 GATT 제3조4항과 TBT협정 제2조에 위반된다고 제소하였다. 이에 대해 EC는 석면사용을 금지하는 프랑스의 1996년 행정명령이 GATT 제20조 (b)호로 정당화된다고 반박하였다. 동 사건에서는 패널 판정 및 상소기구 판정 모두 석면 및 석면함유 제품의 사용을 금지한 프랑스 조치가 GATT 제20조 요건을 충족한다고 함으로써 GATT 및 WTO 시기를 합쳐 처음으로 GATT 제20조 환경조항에 기한 무역조치의 정당성이 인정되었다는 점에서 큰 주목을 받았다.

브라질-재생타이어 사건 개요

타이어는 수명이 다하면 폐타이어로 버려지게 되는데 이렇게 축적된 폐타이어는 황열모기의 서식처를 제공하는 등 공중보건 및 환경 문제를 야기한다. 브라질 정부는 이러한 폐타이어 문제 해결책의 일환으로 2000년 9월 25일 개발상공부 고시를 통해 재생타이어 및 중고타이어 수입을 금지하였다. 그러자, 우루과이는 브라질의 재생타이어 수입금지 조치가 MERCOSUR 협정에 위반된다며 MERCOSUR 중재절차를 개시하였고, 중재판정에서 패소한 브라질은 2002년 3월 8일 고시를 개정하여 MERCOSUR 국가들로부터의 재가공된 타이어(remoulded tyre) 수입은 허용하는 예외(이하 "MERCOSUR 면제") 조항을 추가하였다. 한편, 브라질 재생타이어 생산업체는 중고타이어에 대한 수입금지조치가 브라질 헌법상 보장된 기본권을 침해한다면서 브라질 법원에 제소하였고 법원은 이들 제소업체에게 중고타이어 수입을 허용해 주라는 법원명령(injunction)을 발부하였다. 이러한 배경 하에, 2005년 11월 17일 EC는 브라질 재생타이어 수입금지 조치가 WTO 규범에 위반된 조치라고 주장하며 WTO 패널설치를 요청하였다. 김호철, "브라질-재생타이어 사건", 통상법률 89호 (2009년 10월) 참조

제8장

법정책적 평가 및 보완과제

탄소배출권 국경조정에 대한 WTO 규범 합치성 분석 결과는 시나리오 1의 경우에는 WTO 규범 위반이지만 시나리오 2의 경우에는 WTO 규범 위반이 아닐 수 있다는 것이다. 여기에서는 이러한 법적 분석이 정책적으로 타당한 방향인지 평가하고, 탄소배출권 국경조정 문제에 대응하여 WTO가 보완해 나가야 할 사항은 무엇인지를 살펴보도록 하겠다.

리스크 상황에서의 법정책적 선택

WTO 규범은 단순히 주권국들의 '국가 동의'에 기초한 타협의 산물에 그치지 않고 국제공동체의 경제활동을 규율하는 '법'으로 역할하고 있다고 생각한다.[1] 글로벌화로 국가간 상호의존이 증대하면서 종래 국제법의 엄격한 국가불간섭 원칙에서 제도적 시스템에 기초한 국제협력(international cooperation) 체제로의 변화가 진행되고 있다. 더구나 회원국들은 WTO 협상에 있어 자국의 경제적 이해관계에 따라 다양한 이슈들을 제기하고 협상을 수행하지만 각국 대표들은 WTO 규범을 통해 국제공동체가 추구하려는 가치와 동떨어진 주장은 다른 회원국들의 지지를 받을 수 없음을 잘 인식하고 있다. 경우에 따라서는 자국 기업의 경제활동에 대한 영향이 미미하더라도 무역규범의 확대 및 공고화를 위해 협상에 적극적으로 임하기도 한다. 국경조정의 문제에 있어서도 마찬가지이다. 탄소배출권 국경조정을 WTO 규범이 허용할지의 문제를 단순히 수동적으로 주어진 관련 규정의 해석 문제로 보거나 각국의 상이한 경제적 이해관계에 따른 다툼으로 치부하는 것은 바람직하지 않으며 WTO 규범이 국제공동체의 경제활동을 규율하는 법으로서 현재 국제사회가 처한 상황에 비추어 어떠한 역할을 해야 하는지의 문제로 접근하는 것이 타당하다.

그렇다면 이러한 인식하에 기후변화 문제에 대해 WTO 규범이 어떻게 대응해야 하는지를 생각해보자. 기후변화라는 인류에의 심각한 위협을 야기하는 경제활동에 대해 어떻게 규율해야 하는지에 대해서는 크게 두 가지 관점으로 정리해 볼 수 있을 것이다. 하나는 존 스튜어트 밀(John Stewart Mill)[2]의 접근에 따라, '해악의 원리'에 어긋나는 행위이므로 정

---

[1] John H. Jackson, Sovereignty, the WTO and Changing Fundamentals of International Law (Cambridge, 2005) 참조

부가 적극적으로 나서서 이를 예방하여야 한다고 주장하는 관점이고, 다른 하나는 로널드 코즈(Ronald Coase)[3]의 접근에 따라, 한 사회에서 어떤 행위를 허용할 것인가 여부의 결정은 그 행위 자체의 선악만을 기준으로 해서 판단해서는 안 되고, 그 행위를 규제함으로써 얻게 되는 사회적 효용과 비용을 비교하여 판단해야 한다고 보는 관점이다.[4] 생각건대, 탄소배출 행위를 규제함에 있어 해악 여부만을 가지고 판단하게 되면 다른 대립하는 더 큰 이익을 침해할 우려가 있으며 이는 가치가 다원화된 공동체 사회에서 바람직하지 않다. 코즈가 제시한 것과 같이 그 행위를 규제함에 있어 환경적 이익과 경제적 이익을 모두 고려하는 것이 합리적인 접근이라고 할 것이다.

---

2) John Stewart Mill, *On Liberty* (1859)

3) Ronald Coase, "The Problem of Social Cost", 3 *Journal of Law and Economics* 1-44 (1960); 노벨상 수상자 코즈는 가령 B에게 가해지는 유해한 효과를 피하기 위해 A를 제지하는 것은 결국 A에게 해를 가하는 것과 같다고 하면서 이를 문제의 "상호성(reciprocity)"이라 하였다. 결국 실제로 우리가 이런 상황에서 결정해야 하는 문제는 A가 B에게 해를 끼치는 것을 용인할 것인가, 아니면 B가 A에게 해를 가하는 것을 용인할 것인가의 선택의 문제가 되는 것이다.

4) 조홍식, "환경법의 해석과 자유민주주의", 서울대학교 법학 제51권 제1호 (2010), p.243

보수행렬 분석으로 본 바람직한 정책방향

탄소배출권 국경조정의 문제와 관련, 환경적 이익과 경제적 이익을 모두 반영한 단순화한 보수행렬을 통해 대략적인 정책방향을 도출해 볼 수 있을 것이다.

A국과 B국이 있고, 탄소배출의 사회적 비용을 '2', 탄소규제 차이로 인한 경쟁력 변화를 '1'이라고 가정하겠다. A국이 탄소배출의 사회적 비용을 가격으로 완전히 내부화하는 조치를 취할 경우 지구환경에의 혜택은 '2', 자국 산업의 비용부담은 '-2'로 표시될 수 있을 것이다. A국과 B국이 모두 탄소규제 조치를 도입하는 경우(①영역), 지구환경에의 혜택은 공유하는 것이므로 '4'가 되고, 각각의 자국 산업에 미치는 비용부담은 '-2'에 불과하므로 A국과 B국 모두 '2'만큼의 혜택을 얻게 되며 국제 공동체의 보상은 '4'이다. A국과 B국 모두 탄소규제를 도입하지 않을 경우(②영역)에는 아무런 혜택과 비용이 없으므로 '0'이다. 그런데 A국만 탄소규제 조치를 도입하는 경우(③영역), 지구환경에의 혜택 '2'가 A국과 B국 모두에게 주어지지만 A국은 자국 산업에 '-2'만큼의 비용이 발생하고, 가격경쟁력 변화로 인해 A국에는 '-1'만큼의 추가적인 손실이 야기되고 B국에는 '1'만큼의 경쟁력 상승 혜택이 발생한다. 결국 A국만 탄소규제 조치를 도입할 경우, A국의 보수는 '-1'(지구환경에의 혜택 2, 자국 산업에의 비용부담 -2, 경쟁력 손실 -1)이고 B국의 보수는 '3'(지구환경에의 혜택 2, 자국 산업에의 비용부담 0, 경쟁력 상승 1)이 된다. 역으로, B국만 탄소규제 조치를 도입하는 경우(④영역)에는 A국의 보수는 '3'이고, B국의 보수는 '-1'이 된다. 정리해보면, 국경조정 없는 탄소규제 조치의 보수행렬 하에서는 무임승차를 통한 지대추구행위가 존재하기 때문에 A국과 B국 모두 탄소규제를 도입하지 않는 것이 우월한 선택이 된다. 그렇게 되면 어느 국가도 자국의 경제적 손실을 감수하면서 기후

변화에 대응하기 위한 국내조치를 도입하는 정치적 선택을 하기 어려워
진다.

〈표 8-1〉 탄소규제 도입의 보수행렬

		B국	
		탄소규제 도입	현행 유지
A국	탄소규제 도입	①영역 (2, 2)	③영역 (-1, 3)
	현행 유지	④영역 (3, -1)	②영역 (0, 0)

합리적인 수준의 탄소배출권 국경조정 도입을 허용함으로써 양국 산
업의 국제경쟁력 변화를 차단하는 경우에는 다음과 같은 보수행렬의 변
화를 가져온다. 첫째 탄소규제 차이로 인한 경쟁력 변화인 '1'이 사라진
다. 둘째 각국 산업이 생산량의 절반을 상대국에 수출하는 단순화한 상
황을 가정할 경우, A국만 탄소규제를 도입한 상황(③영역)에서 국경조정
으로 인해 A국 조치는 A국 국내소비되는 물품과 B국으로부터 수출되는
물품에 적용된다. 이 경우 지구환경에의 혜택 '2'는 변함이 없지만 자국
산업의 부담은 '2'에서 '1'로 감소하고 상대국 산업의 부담을 '0'에서 '1'
로 증가하게 된다. 따라서 A국만 탄소규제를 도입하는 경우의 보수행렬
은 A국은 '1'(지구환경에의 혜택 '2', 자국 산업에의 비용부담 '-1')이고,
B국은 '1'(지구환경에의 혜택 '2', 자국 산업에의 비용부담 '-1')이 된다.
B국만 탄소규제를 도입하는 경우(④영역)에도 마찬가지의 보수행렬 변
화가 나타나게 된다. 결국 A국과 B국 모두의 보수행렬에 있어 탄소규제
를 도입하는 경우가 이를 도입하지 않는 경우보다 우월한 선택이 된다.
이 경우 국제공동체의 사회적 효용이 극대화되는 ①영역으로의 유도가
가능해지는 바람직한 결과가 도출된다.

〈표 8-2〉 합리적인 탄소배출권 국경조정 도입의 보수행렬

		B국	
		탄소규제+BCA	현행 유지
A국	탄소규제+BCA	①영역 (2, 2)	③영역 (1, 1)
	현행 유지	④영역 (1, 1)	②영역 (0, 0)

한편, 모든 탄소배출권 국경조정이 바람직한 결과를 가져오는 것은 아니다. 조치국이 자국 산업을 보호하기 위해 국경조정을 국내상품에 비해 수입상품에 불리한 방식으로 적용하거나 자의적인 방식으로 운영하여 불필요한 교역장벽을 야기하는 경우에는 보수행렬이 부정적으로 바뀐다. A국과 B국이 생산량 절반을 상대국에 수출하고 있으며, 이러한 위장된 국경조정으로 자국 상품의 경쟁력을 보호하는 효과는 '1', 수입상품에 추가적으로 발생시키는 비용부담은 '1', WTO 규범의 기본원칙과 법적안정성을 훼손함으로써 각국의 국제무역을 위축시키는 효과를 '1'이라고 가정해보자. 먼저, A국과 B국 모두 탄소규제와 위장된 국경조정을 도입하는 경우(①영역), A국의 보수는 '0'(지구환경에의 혜택 '4', 자국 국내소비 상품의 부담 '-1', 자국 수출상품의 부담 '-2', 자국 국내산업의 경쟁력 보호 '1', 상대국 조치로 인한 경쟁력 저하 '-1', 국제무역 위축 효과 '-1')이고, B국의 보수도 마찬가지로 '0'이다. 다음으로, A국만 탄소규제와 위장된 국경조정을 도입하는 경우(③영역), A국의 보수는 '1'(지구환경에의 혜택 '2', 자국 국내소비 상품의 부담 '-1', 자국 국내산업의 경쟁력 보호 '1', 국제무역 위축 효과 '-1')이고, B국의 보수는 '-2'(지구환경에의 혜택 '2', 자국 수출상품의 부담 '-2', 상대국 조치로 인한 경쟁력 저하 '-1', 국제무역 위축 효과 '-1')이다. 역으로, B국만 탄소규제와 위장된 국경조정을 도입하는 경우(④영역)에는 A국 보수는 '-2', B국 보수는 '1'이 된다. 이러한 각국의 보수행렬 하에서는 탄소규제와 함께 위장된 국경조정을 도입하는 것이 전략적으로 우월한 선택이 될 것이며, A국과 B국이 모두 그러한 조치를 선택하는 경우 탄소규제로 인한 지구환경에의 혜택은 기업활동 손실에 의해 상쇄되어 국제공동체의 사회적 혜택은 전혀 없는 결과가 예상된다.

〈표 8-3〉 위장된 국경조정 도입의 보수행렬

		B국	
		탄소규제+위장BCA	현행 유지
A국	탄소규제+위장BCA	①영역 (0, 0)	③영역 (1, -2)
	현행 유지	④영역 (-2, 1)	②영역 (0, 0)

더구나 만일 각국이 국내적으로 도입한 탄소규제가 지나치게 느슨하여 실효성이 없거나 아예 그러한 탄소규제 없이 위장된 국경조정만을 도입하는 경우에는 지구환경에의 혜택마저 사라지게 되므로, A국과 B국의 보수가 '-4'까지 하락할 수 있는 위험한 상황이 발생한다.

〈표 8-4〉 탄소규제 없이 위장된 국경조정 도입의 보수행렬

		B국	
		위장BCA	현행 유지
A국	위장BCA	①영역 (-4, -4)	③영역 (-1, -4)
	현행 유지	④영역 (-4, -1)	②영역 (0, 0)

분석 결과를 정리하면, 합리적인 방식의 국경조정은 '기후변화'라는 글로벌 환경문제에 대응하는데 있어 유용하고 필요한 조치이다. 그러나 그러한 조치가 자국산업 보호를 위해 악용되거나 자의적으로 적용되는 경우에는 탄소규제로 인한 지구환경에의 혜택이 자유무역이라는 다른 가치를 심각하게 훼손할 우려가 있다는 점에 유의해야 한다. 이는 WTO 규범이 탄소배출권 국경조정의 활용 가능성을 완전히 차단해서는 안 되며, 합리적인 수준의 탄소배출권 국경조정을 허용하면서도 위장된 보호 조치로 악용되지 않도록 하는 방향이 타당함을 시사한다.

WTO 체제의 보완과제에 대한 정책적 제언

WTO 규범 해석상 탄소배출권 국경조정이 제한적으로 허용될 여지가 있고, 앞 절에서 살펴보았듯이 이러한 '제한적 허용'의 접근방식이 정책적으로도 타당하다는 것이 필자의 생각이다. 그러나 현실적인 측면에서, 탄소배출권 국경조정의 WTO 규범 합치가능성과 정책적 타당성에 대해 아직 일반적인 컨센서스가 형성되어 있지 않으며, 단순히 법적 해석의 문제가 아니라 각국의 이해관계가 복잡하게 얽힌 정치적 사안이 되었다는 점을 부인하기 어려운 상황이다. 그로 인해 WTO라는 다자무역시스템에 심각한 도전요인이 되고 있다. '기후변화'라는 새로운 도전에 대응하여 다자무역시스템의 안정성과 신뢰성을 확보하기 위해 WTO가 어떤 역할을 해야 하는지에 대해 필자의 의견을 제시해 보고자 한다.

Ⅰ. 방법론적 아이디어

'탄소배출권 국경조정' 문제에 대한 국제사회의 컨센서스를 형성해 나가기 위한 방법론적 아이디어로서, ⅰ) WTO 규범을 개정하여 해결하는 방안, ⅱ) 국제환경협약(MEA)을 통해 당사국간 합의를 도출하고 WTO는 이러한 MEA 합의를 존중하는 방안, ⅲ) 각국이 분쟁을 제기하면 WTO 분쟁해결기구가 상황에 따라 해결하고 이를 통해 판례를 축적해가는 방안을 생각해 볼 수 있다.[1]

---

1) Gary C. Hufbauer, Steve Charnovitz and Jisun Kim, *Global Warming and the World Trading System* (Peterson Institute for International Economics, 2009) 참조

1. WTO 규범의 개정을 통한 해결방안

WTO 회원국간 협상을 통해 탄소배출권 국경조정 관련 WTO 규범을 개정하는 방안이 있다. 하지만 WTO 협정은 원칙적으로 회원국 전체의 컨센서스에 의해 개정된다.[2) 이는 반대국가가 없어야 함을 의미한다. DDA 협상이 지속적으로 정체되고 있는 점을 감안할 때 기후변화 대응을 위한 어떠한 WTO 개정도 실현가능성이 높지 않은 것이 사실이다. 종전에도 EU는 환경보호를 이유로 WTO 규범의 수정을 주장하였으나, 많은 국가들의 반대로 인해 실패한 바 있다.

DDA 협상 의제로 무역과 환경 관련 사안을 추가할 경우 WTO 기후변화 규범을 제정하고자 하는 의욕을 가져와 현재 부진한 DDA 협상에 활력을 불어넣을 수 있다고 주장도 있다. 기후변화 협상과 WTO/DDA 협상을 연계함으로써 시너지 효과를 얻을 수 있다는 것이다. 그러나 이러한 이슈 연계 주장은 추가적인 의무 부담을 우려하는 주요 개도국들의 반대 입장으로 인해 힘을 얻지 못하고 있다.

일부에서는 복수국간 협정 방식의 별도의 합의(code)를 제안하기도 한다. 참여국 범위에 있어 critical mass를 형성할 수 있다면 충분한 유효성을 가질 것이다. 그러나 현재로서는 그러한 논의가 거의 전무한 상황이므로 복수국간 협정 방식도 실현가능성이 높지 않은 것은 마찬가지이다. 일례로 2009년 WTO 각료회의를 앞두고 미국과 EU가 일부 선진국들과 환경상품 자유화 이니셔티브 추진을 도모하였으나 별다른 진전을 보지 못하고 폐기된 바 있다.

2. 국제환경협정(MEA) 합의를 존중하는 방안

국제환경협정(MEA)에서 탄소규제의 국경조정 관련 규정과 지침을 포

---

2) Marrakesh Agreement Establishing the WTO, Article IX, para.1: The WTO shall continue the practice of decision-making by consensus followed under GATT 1947.

함하고, WTO 규범이 이러한 합의를 존중하는 방안이다. 2008년 G-8 홋카이도 정상회담 선언문에서도 각국 정상들이 통상관료들로 하여금 기후변화 대응에 대한 협력 촉진 이슈에 대해 시급성을 가지고 논의를 진전시켜 나갈 것을 지시한 바 있다.3) Pascal Lamy WTO 사무총장도 기후변화 문제에 대해서는 MEA에서 합의를 도출하고 그러한 규범을 WTO가 진지하게 받아들이는 방안을 수차례 언급한 바 있다. 일례로 2008년 5월 유럽의회 연설에서 "주요 온실가스 배출국이 참여한 다자협정은 WTO 등 다른 협정을 안내하는 국제적인 기준이 될 수 있다"4)고 하였고, 2007년 12월 비공식 통상장관회담에서는 "UNFCCC에서 논의중인 기후변화에 대한 합의는 WTO 규범이 어떻게 지속가능발전에 기여할 지에 대한 적절한 신호를 보내게 될 것"이라고 하였다.

기후변화협약 등을 통해 탄소배출 규제의 국경조정 허용범위에 대해 합의를 한다고 하더라도 WTO 규범 합치성 문제가 완전히 해결되는 것이 아니라는 점에 유의해야 한다. 국제환경협약(MEA)에 근거하여 환경보호를 목적으로 무역제한조치를 행사할 경우 WTO 협정상 최혜국대우(GATT 제1조), 내국민대우(GATT 제2조), 수량제한 금지 의무(GATT 제11조) 등에 위반될 수 있기 때문에 MEA와 WTO 규범간 양립성 문제가 오랫동안 제기되어 왔다. 자유무역론자들은 환경보호를 위한 무역조치가 무역을 불필요하게 또는 부당하게 제약하는 또 다른 무역장벽으로 작용할 수 있을 뿐만 아니라 환경보전을 이유로 한 무역조치가 보호주의의 수단으로서 남용될 수 있음에 우려를 제기하면서 MEA와 WTO 협정상 규정이 충돌하는 경우 WTO 협정의 관련 규정이 우선 적용되어야 한다고 주장하는 반면, 환경보호론자들은 무역의 확대가 환경의 악화를 초래할 수 있다면서 환경보호를 위한 효과적인 수단으로서 무역제한조치가

---

3) 2008 G-8 Summit in Hokkaido: Direct our trade officials responsible for WTO issues to advance with a sense of urgency their discussions on issues relevant to promoting our cooperation on climate change
4) Pascal Lamy, "A Consensual International Accord on Climate Change Is Needed," Temporary Committee on Climate Change, European Parliament, May 29, 2008

불가피하므로, MEA와 WTO 협정의 관련 규정이 충돌하는 경우 환경보호에 관해 보다 구체적 규범인 MEA가 우선 적용되어야 한다고 주장하고 있으며, 이러한 시각의 차이는 아직 좁혀지지 않고 있다. 더구나, 이러한 조치를 둘러싼 회원국간 분쟁이 WTO 분쟁해결절차로 제기될 경우, 패널 및 상소기구의 심사범위는 WTO 협정에 국한되므로 MEA 규정에 따라 합법적으로 취해진 조치인지 여부를 심사할 수 없다는 시스템적 문제도 안고 있다.

3. 사안별 분쟁해결을 통한 접근

각국의 탄소배출권 국경조정 조치를 WTO 분쟁해결절차에 회부하여 사안별로 WTO 규범상 허용여부를 판단하고, 이를 통해 WTO 상소기구 결정이 축적되면 탄소배출권 국경조정과 관련하여 WTO 협정상 의무와 예외의 범위가 보다 명확해질 것이라는 접근이다. 선진국과 개도국의 대립, 기후변화를 둘러싼 복잡한 이해관계 등을 감안할 때, 앞에서 언급하는 다자적 합의가 지금 당장 현실화되기는 어렵고 협상에 상당한 시일이 소요될 것으로 전망되는 현 상황에서, 국제사회가 취할 수 있는 유일한 대안이기도 하다. 앞에서 설명한 바와 같이 WTO 규범에는 환경문제와 관련하여 일정한 예외를 인정하고 있다. 그간의 상소기구 결정례를 보더라도 환경문제를 진지하게 고려하고 있기 때문에 기후변화에 대응하기 위한 온실가스 배출규제가 WTO 규율을 통과할 여지가 분명히 존재한다.

다만 이러한 접근방법에는 몇 가지 극복해야 할 문제점이 있다. 첫째, WTO 규범 해석에 대한 명확한 지침이 필요하다. 그렇지 않을 경우 탄소배출권 국경조정의 자의적인 적용으로 인해 무역분쟁이 보다 빈번해지고 결국 패널과 상소기구에 상당한 부담으로 작용할 우려가 있다. 둘째, 법적 기구인 WTO 분쟁해결기구가 정치적 판단이 요구되는 민감한 이슈를 다루기 적절한 포럼인지의 문제이다. 상소기구가 무역관련 기후변화 조치에 대해 지나치게 엄격할 경우 WTO 시스템 전반에 대한 상당한 비

난이 촉발될 것이며, 반면 각국의 일방적 국경조치를 존중하여 지나치게
관대하게 판단할 경우 이는 기회주의적 보호무역주의와 지대추가 행위
를 확산시키는 계기가 될 것이다. 또한, 상소기구가 기존 WTO 규범체계
와 무역과 환경간의 합리적인 균형을 감안하여 합당한 결론에 도달하더
라도, 이러한 균형에 대해 다른 생각을 가진 국가들이 그러한 결정이 부
당하다고 주장할 수 있다.

4. 평가 및 시사점

탄소배출권 국경조정 문제에 대한 대응에 있어 기본적으로 어느 한 가
지 방법이 정답인 것은 아니고 상기 세 가지 방법이 모두 적절하게 활용
되어야 한다. 다시 말해서 국제사회의 장기적인 목표로서, 각국은 국제환
경협정의 협상을 통해 탄소배출권 국경조정의 허용기준을 구체화하고,
WTO 협상에서는 이러한 합의에 대비하여 MEA상 합의가 WTO 규범체
제에서 존중될 수 있도록 구체적인 방안을 마련해야 한다. 현실적인 측
면에서 선진국과 개도국간 이견으로 합의도출에 오랜 시일이 소요될 수
있으므로, 그러한 합의가 도출되기 이전까지는 WTO 패널 및 상소기구
가 구체적인 사안에 있어 국제사회가 납득할만한 합리적인 해석을 시도
함으로써 기후변화와 WTO 규범간의 적절한 균형을 도모해 나가는 것이
바람직할 것으로 생각한다.

II. WTO 체제가 보완해 나갈 사항

상기 방법론적 검토를 기초로 기후변화와 WTO간 조화를 위해 WTO
체제가 보완해 나갈 사항을 추출해보면, ① MEA상 합의가 WTO 체제에
서 존중될 수 있도록 기존 규범을 보완해야 하고, ② WTO 패널 및 상소
기구는 구체적인 분쟁사안이 제기될 경우 합리적인 해석을 제공해야 한다.

1. 국제환경협정(MEA)과 WTO 규범간의 관계 정립

WTO 차원에서 국제환경협정(MEA)과 WTO 규범간의 관계를 명확하게 정립할 필요가 있다. 이에 대해서는 그간 많은 논의가 있어 왔다. 1994년 4월 마라케쉬 각료회의에서 채택된 "무역과 환경에 관한 결정(Decision on Trade and Environment)"과 1995년 2월 WTO 일반이사회 회의 결과에 따라, 1995년 WTO 무역환경위원회(Committee on Trade and Environment: CTE)가 각료회의 직속으로 출범하였고 CTE에서 논의할 10개 의제가 선정되었는데, 그 중 첫 번째 의제가 MEA와 WTO 규범간의 관계였다. 또한 2001년 DDA 협상을 출범시킨 도하 각료선언문에 EU의 적극적인 주장으로 MEA와 WTO 규범간의 관계가 무역과 환경 관련 3개 협상의제 중 하나로 포함되었다. 아래 지난 15년간의 WTO에서의 논의현황을 살펴보고 나서, 향후 협상과제는 무엇인지 제시해 보겠다.

1) WTO CTE에서의 GATT 제20조 개정 논의[5]

GATT 제20조 개정 문제는 각국이 다자환경협정(MEA)상 규정되어 있는 무역조치를 행사할 경우 WTO 규범과의 충돌가능성을 배제할 수 없으므로 이러한 MEA상 무역조치를 WTO 체제로 어떻게 수용해야 하는지에 대한 물음에서 출발하였다. 기존 GATT 제20조상 환경관련 예외규정을 통해 문제를 해결할 수 있으므로 별도의 입법작업이 불필요하다는 개도국들의 주장과 양자간의 충돌가능성을 피하기 위해서는 GATT 제20조 환경관련 예외규정을 보다 명확히 할 필요가 있다는 주장이 대립하였다. 각국 제안내용은 다음과 같다.

---

5) 외무부(1997), 환경과 무역문제, 내부참고자료; 고준성(1999), 국제환경협약과 WTO 규정상의 분쟁해결절차 및 GATT 제20조의 개정검토, 환경보호목적의 무역규제 대한 대응방안 조사 연구, 환경부 용역보고서

(1) 현행체제유지(status-quo) 입장

미국[6]은 기본적으로 환경관련 무역조치가 현행 WTO 규범, 특히 GATT 제20조(g)호 등에 의해 허용될 수 있다는 전제하에, 현 단계에서는 GATT 제20조 개정이 필요한지가 불확실하므로 기존 WTO 규범에 대한 DSB 해석의 추이를 지켜보는 것이 필요하다는 입장이다. 다만, 기존 규범의 개정이 필요하다면 이는 환경관련 무역조치를 보다 넓게 허용하는 방향으로 개정되어야 할 것이라고 주장하였다.

인도[7]는 GATT 제20조가 환경관련 무역조치를 취하는 것을 허용하고 있으므로 WTO는 개별 국가가 MEA상 취한 무역조치 문제를 사안별로 제20조를 적용하여 검토하면 된다고 주장하였다. 또한, 기존 GATT/WTO 규범을 개정하는 경우 WTO 회원국의 권리와 의무간의 균형 유지에 문제가 있다고 지적하였다. 다만, 인도가 status quo를 유지하려는 목적은 미국과는 달리 환경을 이유로 한 무역조치를 최대한 제한하려는 것이다.

브라질 역시 인도의 주장을 지지하면서, MEA상 무역조치가 WTO 규범과 일치하지 않는 경우가 있었음에도 불구하고 지금까지 WTO 규범 때문에 그러한 MEA가 체결되지 못한 사례가 없었음을 지적하고, MEA상 무역조치는 이미 다자간에 합의된 것이기 때문에 WTO 규범상 문제가 되지 않는다고 하였다. 그리고 이 문제는 해당 MEA의 틀안에서 다루는 것이 적절하며 WTO 체제안으로 끌어들일 필요는 없다고 주장하였다.

(2) 사전적 환경창 접근

EU[8]는 기존의 GATT 제20조 규정을 개정, 확대함으로써 환경관련 무역조치를 WTO 내에 사전적으로 수용하자고 제안하였는데, 구체적으로 GATT 제20조의 개정하여 환경창(environmental window)을 설치하고, MEA상 무역조치와 WTO 규범간의 관계에 대한 양해를 채택할 것을 주

---

6) 미국 non-paper, 1996.9.11
7) 인도 non-paper, 1996.7.23
8) EU non-paper, 1996.2.19

장하였다. 먼저, GATT 제20조에 환경창 설치방안으로 2가지 방법을 제 안하였다. 첫 번째 방법은 제20조(b)호에 "… MEA에 따라 취한 조치와 WTO 규범간의 관계에 대한 양해를 준수하여 MEA상 특정규정에 따라 취해진 조치"9)라는 문구를 추가하는 방안이다. 두 번째 방법은 제XX조 에 (k)호로 상기 "MEA에 따라 취한 조치와 WTO 규범간의 관계에 대한 양해를 준수하여 MEA상 특정규정에 따라 취해진 조치"를 신설하는 방 안이다. 다음으로, MEA상 무역제한조치와 WTO 규범간의 관계에 대한 양해(understanding)를 채택하여 환경관련 무역조치의 수용방식을 규정할 것을 제안하였다. 구체적인 내용으로, MEA상 무역조치에 관한 분쟁이 WTO에 제소될 경우 WTO 패널은 먼저 MEA가 동 양해상의 기준과 일 치하는지의 여부를 검토하도록 하고, 동 양해상의 기준과 일치하는 경우 해당 조치의 필요성을 인정하여 제20조 chapeau 요건이 충족되었는지에 대해서만 판단하도록 한다는 것이다. 이는 MEA상 무역조치가 필요성 (necessity) 심사에서 제외되도록 하기 위한 것이다. EU는 양해가 적용될 MEA의 기준으로, 당해 환경협약의 환경목적에 관심을 가진 모든 당사 국들에 의한 참가가 개방되어 있을 것과 적절한 참가를 통해 상당한 무 역 및 경제적 이익을 가진 이해당사국들의 이익을 반영하고 있을 것을 제시하였다.

일본은 당초 법적 구속력이 없는 지침(guideline)을 통해 MEA상 무역 조치를 WTO 체제로 수용할 것을 제안10)하였으나, 이러한 입장을 수정 하여 GATT 제20조의 개정과 제20조 개정조항의 해석에 관한 양해(under-standing)를 통해 접근하는 새로운 유형의 사전적인 환경창 접근방법을 제 안하였다. 먼저 GATT 제20조 예외사유의 하나로서 "MEA에서 명백히 규 정하고 있거나 당해 MEA의 당사자들에 의해 명시적으로 결정되고 동시 에 WTO 일반이사회에 제출하여 동 이사회로부터 승인을 받은" 조치를

---

9) "and measures taken pursuant to specific provisions of MEA complying with the Understanding on the relationship between measures taken pursuant to MEAs and the WTO rules"
10) 일본 최초 제안서, WT/CTE/W/31

(k)호로 신설할 것을 제안하였다. 다음으로, 상기 (k)호의 적용상 요건 및 기준을 "GATT 제20조(k)호 해석에 관한 양해(Understanding on the Interpretation of Article XX(k))"로 규정하자고 하였다. 동 양해에는 MEA가 충족해야 할 2가지 요건이 포함되는데, 첫 번째 요건으로 당해 MEA가 관련된 모든 당사국들에게 개방되어 있을 것, 두 번째 요건으로는 MEA 당사국 수가 WTO 회원국의 3/4 이상, WTO 회원국의 물품 교역량의 대부분을 차지, 모든 국가의 이익을 반영이라는 3가지 대안을 제시하였다.

스위스[11]는 GATT 제20조를 개정하는 방법은 오랜 협상의 균형인 GATT 조문 전체를 재검토해야 하는 부담이 수반되어 논란의 여지가 크므로, 그 대안으로 WTO와 MEA간 협의메커니즘에 관한 공식협정을 체결하고 동 협정에 해석적인 "일치조항(coherence clause)"을 규정함으로써 WTO 규범과 MEA상 환경관련 무역조치간의 충돌에 대처하도록 하는 지침을 제공할 것을 제안하였다. 스위스가 제안한 일치조항은 WTO 패널은 제소된 MEA상 무역조치와 관련하여 GATT 제20조 chapeau 요건에 따라 동 조치가 동일한 조건하에 있는 국가들 간에 자의적인 차별 또는 위장된 무역제한의 수단으로 운영되었는지의 여부만을 판단하고, 해당 조치의 정당성이나 필요성에 대한 판단은 허용하지 않는다는 것이다. 또한 동 일치조항의 적용대상이 될 MEA 목록을 사전에 작성할 것을 제안하였다.

(3) 사후적 웨이버 접근

홍콩[12]은 MEA상 무역조치를 사안별로 일정한 기준을 충족하면 WTO 설립협정 제9조의 웨이버를 부여하여 이를 수용하는 방법을 제안하였다. 그러한 웨이버 부여기준에 관한 지침(guideline)을 작성하여, 특정무역조치에 대해서는 WTO 규범과의 최소한의 불합치 기준(least inconsistency)을 적용하고, 불특정무역조치에 대해서는 필요성, 최소무역제한성, 효과

---

11) 스위스 non-paper, 1996.5.20
12) 홍콩 non-paper, 1996.7.22

성, 비례성 등 GATT 제20조 chapeau 요건을 적용하자고 주장하였다.

싱가포르[13]는 웨이버 부여대상을 MEA의 당사국인지 여부와 관계없이 특정무역조치로만 국한하고, 특정무역조치는 필요성, 최소무역제한성, 유효성, 비례성, 과학적 근거 등과 같은 비구속적인 지침에 따라 사안별로 웨이버 부여를 주장하였다.

(4) 절충적 접근

뉴질랜드[14]는 환경관련 무역조치가 당사국들간 적용되는 것인지 및 특정적인 것인지 여부를 기준으로, ① MEA 당사자들간에 MEA상 특정적으로 위임받은 조치, ② MEA 당사자들간에 MEA상 특정적으로 위임받지 않은 조치, ③ MEA상 특정적으로 위임받았으나 MEA 비당사국에게 부과된 조치, ④ MEA상 특정적으로 위임받지 않은 MEA 비당사국에 대한 조치, ⑤ MEA 적용범위 밖에서 개별 국가들에 의해 부과된 일방적인 조치의 5가지 유형으로 분류하여, 각 유형별 조치에 대해 차별화된 접근(differentiated approach)을 주장하였다.

구 분	MEA상 특정무역조치	MEA상 불특정무역조치	일방적 조치
MEA 당사국간 조치	MEA 절차적 기준 충족, WTO 규범에 우선함을 명문화	MEA 절차적 기준 충족, 실체적 심사(효과성, 최소무역제한성, 비례성)	수용불가
MEA 당사국과 비당사국간 관계	MEA 절차적 기준 충족, 실체적 심사(효과성, 최소무역제한성, 비례성)	WTO협정상 웨이버 또는 당해 MEA 규정 개정(사실상 수용불가)	

우리나라[15]는 MEA 무역조치의 특정성 여부 및 MEA 당사국간 관계인지의 여부에 따라 뉴질랜드와 같이 5가지 유형으로 구분하여 차별화된 접근을 주장하였는데, 각각의 접근방안에 대해서는 다소 차이를 두었다.

---

13) 싱가포르 제안서, WT/CTE/W/39
14) 뉴질랜드 제안서, WT/CTE/W/20
15) 한국 non-paper, 1996.6.12

즉, MEA 특정무역조치가 MEA 당사국간 적용되는 경우, 조문화는 해당 무역조치가 WTO 규범과 상충되는 범위 내에서 동 무역조치가 WTO 규범에 우선한다는 내용으로 하고, 절차적 요건으로 WTO에 통보 후 90일 이내에 이의가 없으면 조문화되는 것으로 간주하는 통고협의 방식을 적용하며, 실체적 요건으로 분쟁이 제기될 경우 WTO 규범과의 최소한의 불일치성(least inconsistency) 심사만을 수행할 것을 제안하였다.

2) DDA 협상 para.31(i) : WTO와 MEA 관계

2001년 도하 각료선언을 통해 DDA 협상의제로 포함된 사항은 ① WTO 규범과 MEA상에 명시된 특정무역의무간의 관계 수립, ② MEA 사무국과 WTO 관련 위원회간의 정례적인 정보교류와 옵저버 지위 기준에 대한 절차 마련, ③ 환경상품·서비스에 대한 관세·비관세 장벽 철폐 및 완화의 3가지이다.

WTO 규범과 MEA상에 명시된 특정무역의무간의 관계(para.31(i))[16] 관련 각국 입장을 보면, EC, 스위스 등은 WTO규범과 MEA간의 갈등은 상존하며, 충돌문제가 드러나지 않았더라도 관계 개선을 위해 둘 간의 관계를 분명하기 위한 원칙 정립이 필요하며, WTO 환경관련 분쟁 해결시 MEAs 전문적 의견을 반드시 요청해야 한다는 입장인 반면, 미국, 호주 및 개도국은 MEA와 WTO간 관계에 지금까지 별다른 문제가 없었으므로 특별한 원칙이 필요한 것은 아니며, 환경관련 분쟁시 MEAs 의견 요청을 의무화하는 것은 WTO 협정상 회원국의 권리·의무를 변경하는 것이므로 수용할 수 없다는 입장이다. 그동안 각국 제안서를 기초로 논

---

16) Doha Ministerial Declaration, WT/MIN(01)/DEC/1, 20 November 2001, para.31(i): the relationship between existing WTO rules and specific trade obligations set out in multilateral environmental agreements (MEAs). The negotiations shall be limited in scope to the applicability of such existing WTO rules as among parties to the MEA in question. The negotiations shall not prejudice the WTO rights of any Member that is not a party to the MEA in question

의를 진행해 오다가, 2011년 4월 CTE-SS 의장이 처음으로 각료결정문 초안 형태의 의장텍스트를 제시하였다. 동 초안은 미국·멕시코·호주 제안을 기초로 작성되었으며, WTO-MEA 관계에서 각국의 국내적 조정의 효과적인 역할 강조, WTO-MEA간의 정보교환·문서공유·기술지원 강화, MEA 사무국에 대한 옵저버 지위 부여 기준 등을 주요 내용으로 하고 있다.17)

3) 향후 협상과제

WTO 협정 발효 초기에는 WTO CTE가 설립되고, DDA 협상의제로 무역과 환경 이슈가 포함되는 등의 일부 진전이 있는 듯하였으나, 선진국과 개도국간 대립으로 많은 논의에도 불구하고 아직까지 특별한 진전을 이루지 못하였으며, DDA 협상의 경우도 협상 전반의 침체와 더불어 무역과 환경 협상에 대한 각국의 관심이 지극히 저조한 상태이다. 현재 협상상황을 방치할 경우 WTO CTE 또는 DDA 협상의 CTE-SS를 통해 기후변화와 WTO 규범 간 조화를 위한 타결책을 합의하기란 극히 어려울 것이다. 물론 이러한 협상의 정체가 농업, NAMA 모델리티 타결 지연 등 무역과 환경 협상 이외의 요인에서 비롯된 것이지만, 사안의 중요성을 감안하여 무역과 환경 협상에 보다 더 관심을 가지고 진전시켜 실질적으로 의미를 가진 타협안을 마련하는 노력이 반드시 필요하다고 하겠다. DDA 협상을 통한 일괄타결이 어렵다면, WTO 규범과 MEA 특정무역의무간의 관계에 관한 2011.4월 의장텍스트를 기초로 별도의 각료결정문을 채택하는 방안도 검토되어야 할 것이다.

2. WTO 패널 및 상소기구의 합리적인 해석

탄소배출권 국경조정 관련 구체적인 사안이 WTO 분쟁으로 제기될 경

---

17) TN/TE/20, 21 April 2011

우, WTO 패널 및 상소기구가 합리적인 방식으로 규범을 해석해야 할 것이다. 그 과정에서 특히 법적 보완이 요구되는 쟁점으로 다음 몇 가지 사항을 들 수 있다.

1) 국가관할권과 WTO 관할권간의 영역 조정

WTO 규범은 국경조치에 대해서는 엄격하게 금지하지만 국내조치에 대해서는 원칙적으로 주권적 관할권을 허용하면서 외국상품을 차별하지 않을 의무만을 부과하고 있다. 배출권거래제가 국내 기후변화정책의 일환이라는 점이 분명한 상황에서 법기술적인 이유로 국경조치 규율이 적용된다면 이는 불합리한 법적용이라고 할 것이다.

특히 문제가 되는 부분은 GATT 제2조2항(a)의 국경세조정 적격대상이다. 동 조항 해석과 관련하여, 다수 학설과 판례는 국경세조정 적격대상의 판단기준으로 1970년 국경세조정 작업반 보고서의 간접세와 직접세 구분을 인용하고 있다. 그러다보니 탄소배출권 규제와 같이 사업자를 규제대상으로 하며 생산과정에서 소비된 화석연료에 대해 부과되는 조치를 국경세조정 허용대상으로 보는데 법기술적 어려움이 제기되고 있다. 그러나 간접세와 직접세의 구분은 협정문에 근거한 판단기준도 아니며 경제활동이 복잡다기해진 지금의 시대상에 부합하지도 않는다. 협정문의 문언적 의미, 문맥, 그리고 그 대상과 취지에 따라 합리적으로 재해석하는 작업이 필요하다. 제2조2항(a) 또는 제3조 주해를 해석함에 있어, 국내에서 시행하는 배출권거래제를 수입상품에 동등한 수준으로 적용하려는 조치가 제2조 또는 제11조에 따라 금지되지 않도록 해야 할 것이다.

국가관할권과 WTO 관할권간의 충돌과 조정에 대한 이론적인 발전도 필요하다. WTO 규범의 관할권이 다양한 국내조치로 점차적으로 그 범위를 확장해 가면서 이러한 관할권 충돌 문제는 보다 심각해질 것으로 우려되므로, 이에 대한 이론적 논의가 보다 성숙해질 필요가 있다고 생각된다. 일부에서 아이디어로 제시하는 재산권과 규제외부성(regulatory externality)에 근거한 이론적 시도[18]가 좋은 출발점이 될 것으로 생각한다.

2) '교정적 동등성'으로의 패러다임 전환

GATT 비차별대우 의무에 대한 WTO 패널 및 상소기구의 해석을 보면 두 상품간 '시장'에서 경쟁조건의 '동등성'을 강조하고 있다. 이때의 동등성이 어떠한 상태를 의미하는 것인지를 재고해 볼 필요가 있다. '같은 것을 같게'라는 것은 법철학적으로 '정의'의 한 표현이고 법이 형식적 정의를 추구하느냐 실질적 정의를 추구하느냐에 대한 관념적 사색들을 곱씹어볼 필요가 있다. 특히, 법규범이 '시장'에서의 경쟁관계의 동등성을 추구하면서 그 시장 자체의 왜곡을 시정하는 정부 개입을 허용하지 않는 방식으로 해석되는 것은 분명히 역설이다. 이러한 '동등성의 역설' 문제에 대해서는 제3조 분석에서 설명한바와 같이 기존 분석의 방법론을 '교정적 동등성'이라는 관점에서 새로운 방법론으로 보완할 필요가 있다.

이와 함께, 제3조와 제20조간의 적절한 역할부담에 대한 이론적인 분석도 보완되어야 한다. 제3조는 일반적인 의무이고 제20조는 그러한 의무위반에 대한 예외적인 정당화이다. 제3조에 위반되지 않는다는 것은 WTO 규범상 합법적인 조치라는 의미이고, 제3조에 위반되지만 제20조로 정당화된다는 것은 WTO 규범상 불법적인 조치이지만 예외적으로 허용한다는 의미이다. 합리적인 방식의 탄소배출권 국경조정을 과연 이 두 가지 중 어느 범주로 분류해야 하는 것이 옳은 판단인지에 대한 고민이 필요하다. 필자의 견해로는 그러한 조치가 예외적으로 허용되는 조치의 범주로 유형화되는 것은 과연 바람직한 결정인지 의문이 든다.

3) 보호조치로의 남용 견제를 위한 '실체적 통제' 강화

탄소배출권 국경조정이라는 이유로 일방적인 무역제한조치가 아무런 통제 없이 허용되어서는 안 된다. 탄소배출권 국경조정을 반대하는 측의

---

18) Trachtman, Joel P.(2008), "Regulatory Jurisdiction and the WTO", in The Future of International Economic Law, eds by William J Davey and John Jackson, pp.193-213

핵심 주장은 탄소배출권 국경조정 취지의 타당성에 있기 보다는 그러한 조치가 위장된 보호조치로 남용될 소지가 크다는 점에 있다. 따라서 탄소배출권 국경조정의 가능성을 열어주면서 그러한 조치의 남용을 차단하기 위한 법적 통제를 발전시켜 나가는 것이 바람직할 것이다.

이러한 사법통제는 기본적으로 제20조 예외의 해석을 통해 접근할 수 있다. 제20조 분석에 있어, 각호 요건은 조치의 '실체적' 내용에 대한 통제를, 그리고 chapeau 요건은 조치의 절차적 내용에 대한 통제를 담당하는 것으로 역할을 명확하게 분담하고, 각 분석 단계별 합법성 구성요건을 실질적으로 보완하여야 한다. 다시 말해서, 각호 분석 관련, (b)호의 필요성 테스트와 (g)호의 관련성 테스트가 조치의 사유가 정당한 것인지를 판단함에 있어 중요한 사법적 기준으로서의 역할을 재정립해야 하고, 다음으로 전문 분석 관련, 조치의 '절차적' 측면에서 적법절차에 준하는 엄격한 통제를 도입하는 방향으로 접근함과 동시에 3가지 위반 시나리오의 구성요건의 불확정성 문제와 횡적 중첩 문제를 좀 더 보완해 나갈 필요가 있다.

참 고 문 헌

1. 국내문헌

강상인, "탄소세와 GATT/WTO 국경세조정 규정에 관한 소고", 국제법무연구 제2
호, 경희대 국제법무대학원, 1999

강상인·이호생·김정인·윤창인·고준성·임종수, 환경보호목적의 무역규제에 대한
대응방안 조사·연구, 환경부 용역보고서, 한국환경정책평가연구원, 1999

권오성·강만옥, 환경세가 산업 및 무역부문에 미치는 영향에 관한 연구, 한국조
세연구원, 2003

김기홍, 무역과 환경, 집문당, 2005

김대원, "환경마크(Eco-labels)와 WTO법: 제품무관련 생산방법(NPR-PPM)을 어
떻게 포섭할 것인가?", 국제법학회논총 54권 3호, 2009

김승래, "녹색성장을 위한 탄소세 도입방안", 재정포럼, 2009

김승래·송호신·김지영, 저탄소·환경친화적 산업을 위한 재정정책 방향, 한국조
세연구원, 2009

김승호, WTO 통상분쟁판례해설 I/II, 법영사, 2007

김용건, "온실가스 배출권 거래제 도입방향", 환경법연구 제30권 제2호, 2008

김종률, "기후변화협약 논의 경과와 대응 방향", 통상법률 제37호, 2001

김준환, "배출권거래제도의 도입에 관한 연구", 토지공법연구 제34집 제3호, 2009

김호철, "브라질-재생타이어 수입제한조치 사건", 통상법률 제89호, 2009

김혁기, "법해석에 의한 모호성 제거의 불가능성", 서울대학교 법학 제50권 제1
호, 2009

_____, "통상법에서 시장접근과 국내규제 규범간 구분: 한·미 FTA 제13장과 금
융규제 자율성", 통상법률 제85호, 2009

김홍균, "기후변화협약체제와 WTO 체제의 충돌과 조화", 법학논총 26권 4호,
2009

_____, "GATT/WTO 체제하의 환경분쟁 해결방식", 환경법연구 31권 1호, 2009

노상환, "우리나라 온실가스 배출권거래제도의 도입에 관한 연구", 환경정책연구

8권 4호, 2009

녹색성장위원회, 녹색성장 국가전략, 2009.7

_____, 녹색성장 5개년계획(2009~2013), 2009.7

류창수, "미국 기후변화 입법상 국경조치의 WTO 협정상 적법성 연구", 통상법률 통권 제93호, 2010

박덕영, "WTO 일본의 사과수입제한조치 사건 고찰", 법학연구 19권 1호, 2009

_____, "WTO EC-석면 사건과 첫 환경예외의 인정", 국제법학회논총 51권 3호, 2006

박명섭·홍란주·윤유리, "청정개발메커니즘을 통한 배출권거래에 관한 연구: EU의 사례를 중심으로", 유럽연구 27권 2호, 2009

서원상, "다자간환경협정과 WTO 협정의 융합: 통합적 해석방법을 중심으로", 성균관법학 21권 2호, 2009

서진교·Sherzod Shadikhodjaev·이경희·박지현·윤창인, WTO 체제의 개혁방향과 한국의 대응, KIEP 연구보고서 08-05, KIEP, 2008

서철원, "WTO에서의 환경보호를 이유로 한 무역제한 조치: WTO 규범의 개선방법을 중심으로", 국제법학회논총 제47권1호, 2002

_____, WTO 체제에서의 무역과 환경보호에 관한 연구, 서울대학교 박사학위논문, 1995

성봉석, 무역과 환경, 대경, 2004

소병천, "기후변화 대응 국제논의의 쟁점 및 국제법적 함의", 서울국제법연구 16권 2호, 2009

손기윤, "무역과 환경: DDA 수산보조금 협상을 중심으로", 통상법률 79호, 2008

안완기, "미국-새우 수입제한조치", 통상법률 제26호, 1996

오태현, EU의 기후변화 대응정책과 시사점, KIEP 지역연구시리즈 08-01, KIEP, 2008

윤창인, 기후변화 대응조치와 국제무역규범 연계에 대한 논의 동향, KIEP 연구자료 08-08, KIEP, 2008

이성형·전정기, "WTO체제 하에서 환경마크제도의 적합성에 관한 연구", 국제상학 24권 4호, 2009

이소영, GATT/WTO 체제상 환경세의 국경에서의 조정에 관한 연구, 연세대학교 법과대학원 박사학위논문, 2006

이은섭, "WTO체제하의 환경라벨링 제도를 통한 무역과 환경의 조화", 통상법률 77호, 2007

_____, "중국의 무역 관련 환경규제조치", 통상법률 72호, 2006

이은섭·김철수, "WTO의 무역과 환경의 조화를 위한 사법적 접근", 국제상학 21
　　권 4호, 2006
이인규, "미국-참치수입제한사건Ⅱ", 통상법률 제3호, 1995
이재면, 무역과 환경의 연계, 청목, 2005
이재협, "녹색성장기본법의 친환경적 실현을 위한 법적 수단: 기후변화 대응 시
　　장적 메커니즘을 중심으로", 환경법연구 제31권 제1호, 2009
＿＿＿, "기후변화입법의 성공적 요소: 미국의 연방법률안을 중심으로", 한양대학
　　교 법학논총 제26집 제4호, 2009
＿＿＿, "국제환경법상 형평성 원칙의 적용: 교토의정서에서의 개도국의 의무부
　　담", 국제법논총 제49권 제1호, 2004
이재형, "기후변화협약과 환경세의 국경조정", 통상법률 제61호, 2005
＿＿＿, "상품교역에서의 비차별적 내국세 부과의무", 통상법률 제34호, 2000
이준규·박정우, "기후변화협약에 따른 탄소배출 규제의 과세문제", 조세법연구
　　15권 3호, 2009
이태호, "WTO 보조금사건 분석", 통상법률 제40호, 2001
임성진, "EU의 기후변화정책과 정책결정과정의 특성: 배출권거래제와 한국에의
　　시사점을 중심으로", 한국동북아논총 14권 4호, 2009
장승화, "GATT 제3조상의 '동종물품'의 개념", 서울대학교 법학 제37권 1호, 1996
＿＿＿, "자동차 누진세제와 내국민대우 원칙", 통상법률 제9호, 1996
＿＿＿, "기업구조조정과 WTO 보조금협정", 통상법률 제45호, 2002
＿＿＿, "WTO 협정과 국내법: 한·일간 PDP 특허 관련 무역분쟁의 시사점", 서울
　　대학교 법학 제46권 3호, 2005
장승화·정영진, "1995 미국-일본 자동차분쟁 사례연구", 통상법률 제12호, 1996
장승화·조인영, "WTO 보조금협정상 수입대체보조금과 GATT Ⅲ:4", 서울대학교
　　법학 제44권 1호, 2003
전정기·이성형, "WTO체제하에 환경보호를 목적으로 한 무역규제의 허용범위에
　　관한 고찰", 통상법률, 2007
정성춘·이형근·권기수·이철원·오태현·김진오·이순철, 기후변화협상의 국제적 동
　　향과 시사점, KIEP 연구보고서 09-01, 2009
정성춘·김양희·김규판·이형근·김은지, 일본의 저탄소사회전략에 관한 연구, KIEP
　　협동연구총서 09-06-09, KIEP, 2009
정진옥, "기후변화 협약 및 교토의정서와 WTO/DDA와 FTA와의 조화가능성 및
　　발전방향의 검토", 통상법률 72호, 2006
정찬모, "WTO 한국 주세 사건 연구", 통상법률, 1998

조홍식, "환경법의 해석과 자유민주주의", 서울대학교 법학 제51권 제1호, 2010
조홍식·이재협·허성욱(편), 기후변화와 법의지배, 박영사, 2010
최석영, "기후변화 협약과 교토 의정서: 협상의 쟁점과 향후 전망", 통상법률 제
    43호, 2002
최원기, "기후변화 대응 국제협력체제에 대한 국제법적 검토: 주요국 포럼을 중
    심으로", 서울국제법연구 16권 2호, 2009
KOTRA, "최근 환경규제 동향 및 2010년 전망", Global Issue Report 10-002, 2010
한지희, "Green Protectionism과 EU의 환경정책: REACH를 중심으로", 법학연구
    19권 4호, 2009

2. 외국문헌

Aldy, J. and W. Pizer, "The Competitiveness Impacts of Climate Change Mitigation
    Policies", Report Prepared for the Pew Centre on Global Climate Change,
    Resources for the Future, May 2009
Alexeeva-Talebi, V., N. Anger, and A. Löchel, "Alleviating Adverse Implications
    of EU Climate Policy on Competitiveness: The Case for Border Tax
    Adjustments or the Clean Development Mechanism?", ZEW Discussion
    Paper No. 08-095, Centre for European Economic Research, 2008
Alexeeva-Talebi, V., A. Löchel, and T. Mennel, "Climate Policy and the Problem
    of Competitiveness: Border Tax Adjustments or Integrated Emissions Trading,
    ZEW Discussion Paper No. 08-061, Centre for European Economic
    Research 2008
Babiker, M., and T. Rutherford, "The Economic Effects of Border Measures in
    Sub-global Climate Agreements", The Energy Journal, Vol. 26, No. 4, 2005
Bhagwati, Jagdish, "Trade and Environment: The False Conflict?", in Durwood
    Zaelke et al. eds., Trade and Environment: Law, Economics and Policy,
    1993
Bhagwati, J. and Petros Mavroidis, "Is action against US exports for failure to sign
    Kyoto Protocol WTO-legal?", 6:2 World Trade Review 299
Baldwin, R., "The Political Economy of Trade Policy", The Journal of Economic
    Perspectives, Vol.3, No.4, 1989
Barker, T., I. Bashmakov, A. Alharthi, M. Amann, L. Cifuentes, J. Drexhage, M.

Duan, O. Edenhofer, B. Flannery, M. Grubb, M. Hoogwijk, F. I. Ibitoye, C. J. Jepma, W.A. Pizer, K. Yamaji, "Mitigation from a Cross-Sectoral perspective" in B. Metz, O.R. Davidson, P.R. Bosch, R. Dave, L.A. Meyer (eds), Climate Change 2007: Mitigation. Contribution of Working Group III to the Fourth Assessment Report of the Intergovernmental Panel on Climate Change, Cambridge University Press, 2007

Bordoff, Jason E., "International Trade Law and the Economics of Climate Policy: Evaluating the Legality and Effectiveness of Proposals to Address Competitiveness and Leakage Concerns", Prepared for Brookings Forum: Climate Change, Trade and Competitiveness: Is a Collision Inevitable, 2008

Brenton, P. and H. Imagawa, "Rules of Origin, Trade, and Customs" in Wulf and Sokol eds., Customs Modernization Handbook, World Bank, 2005

Bruyn, S., D. Nelissen, M. Korteland, M. Davidson, J. Faber, and G. van de Vreede, "Impacts on Competitiveness from EU ETS", CE Delft, June 2008

Burniaux, J., J. Château, R. Duval, and S. Jamet, "The Economics of Climate Change Mitigation: Policies and Options for the Future", OECD Economics Department Working Papers, No. 658, OECD, 2008

Carbon Trust, "EU ETS Impacts on Profitability and Trade: A Sector by Sector Analysis", Carbon Trust, 2008

Charnovitz, Steve, "Trade and Climate: Potential Conflicts and Synergies", in Beyond Kyoto: Advancing the International Effort Against Climate Change, Pew Center on Global Climate Change, 2003

Choi, Won-Mog, Like Products in International Trade Law: Towards a Consistent GATT/WTO Jurisprudence, Oxford University Press, 2003

CISA, A National Production, Trade and Emissions Database, Report for the Australian Government Department on Climate Change, Centre for Integrated Sustainability Analysis, The University of Sydney, 26 August 2008

Climate Strategies, "International Cooperation to Limit the Use of Border Adjustment", Workshop Summary, South Center, Geneva, 10 September 2008

Commonwealth of Australia, "Australia's Low Pollution Future: The Economics of Climate Change", Summary report, Canberra, 2008

Cosbey, Aaron, "Trade and Climate Change Linkages", A Scoping Paper produced for the Trade Ministers' Dialogue on Climate Change Issues, 2007

_____, "Border Carbon Adjustment", Trade and Climate Change Seminar, June 18-20 2008

Damme, Isabelle V., *Treaty Interpretation by the WTO Appellate Body*, Oxford University Press, 2009

Demailly, Damien and Philippe Quirion, "Changing the Allocation Rules in the EU ETS: Impact on Competitiveness and Economic Efficiency", Climate Change Modelling and Policy, Fondazione Eni Enrico Mattei, 2008

Demailly, D., and P. Quirion, "Leakage from Climate Policies and Border Tax Adjustment: Lessons from a Geographic Model of the Cement Industry", forthcoming in Roger Guesnerie and Henry Tulkens, editors, The Design of Climate Policy, papers from a Summer Institute held in Venice, CESifo Seminar Series, Boston: The MIT Press, 2008

Dröe, S., "Tackling Leakage in a World of Unequal Carbon Prices", Climate Strategies, 2009

EPA, "EPA Analysis of the Lieberman-Warner Climate Security Act of 2008: S.2191 in 110th Congress", US Environmental Protection Agency Office of Atmospheric Programs, 14 March 2008

EPA, "EPA Preliminary Analysis of the Waxman-Markey Discussion Draft: The American Clean Energy and Security Act 2009 in the 111th Congress", US Environmental Protection Agency Office of Atmospheric Programs, 2009

European Commission, "Green Paper on greenhouse gas emissions trading within the European Union", COM/2000/0087, 8 February 2000

European Commission, "Questions and Answers on the Commission's proposal to revise the EU Emissions Trading System", MEMO/08/35. Brussels, 23 January 2008

European Commission, "Commission services paper on Energy Intensive Industries exposed to significant risk of carbon leakage: Approach used and state of play", 12 September 2008

Eurostar, "Tread Lightly Report", 2009

Fauchald, Ole Kristian, Environmental Taxes and Trade Discrimination, Kluwer Law International, 1998

Fischer, Carolyn, "Rebating Environmental Policy Revenues: Output-Based Allocations and Tradable Performance Standards", Resource for the Future Discussion Paper 01-22, 2001

Fischer, C., and A. Fox, "Comparing Policies to Combat Carbon Leakage: Border Tax Adjustments Versus Rebates", Resources for the Future Discussion Paper 09-02, February 2009

Giddens, Anthony, The Politics of Climate Change, Polity Press, 2009

Graichen, V., K. Schumacher, F. Matthes, L. Mohr, V. Duscha, J. Schleich, and J. Diekmann, "Impacts of the EU Emissions Trading Scheme on the Industrial Competitiveness in Germany", Climate Change 10/08, Umwelt-bundesamt, Dessau-Roßlau, Germany, 2008

Grubb, M., J. Köler, and D. Anderson, "Induced Technical Change: Evidence and Implications for Energy-Environmental Modeling and Policy", *Annual Review of Energy and Environment*, 27, 2002

Grubb M., C. Hope, and R. Fouquet, "Climatic Implications of the Kyoto Protocol: The Contribution of International Spillover", *Climatic Change*, Volume 54, Numbers 1-2, July 2002

Grubb, M., and K. Neuhoff, "Allocation and Competitiveness in the EU Emissions Trading Scheme: Policy Overview", *Climate Policy*, Vol.6, No.1, 2006

Hoerner, A. and F. Muller, "Carbon Taxes for Climate Protection in a Competitive World", paper prepared for the Swiss Federal Office for International Economic Affairs, Environmental Tax Program Center for Global Change, University of Maryland College Park, June 1996

Horn, Henrik and J.H.H. Weiler, "Asbestos", in J.H.H. Veiler, S. Cho and Isabel Feichtner(eds), *International and Regional Trade Law: The Law of the World Trade Organization, Unit VI: The Central Legal Discipline of the WTO: National Treatment (Taxation and Regulation)*, 2007

Hourcade, J., D. Damailly, K. Neuhoff, and M. Sato, "Differentiation and Dynamics of EU ETS Industrial Competitiveness Impacts", Climate Strategies Report, Climate Strategies, 2007

Houser, Trevor, Copenhagen, the Accord, and the Way Forward, Policy Brief 10-5, Peterson Institute for International Economics, 2010

Houser, T., R. Bradley, B. Childs, J. Werksman, and R. Heilmayr, "Levelling the Carbon Playing Field: International Competition and US Climate Policy Design", Peterson Institute for International Economics and World Resources Institute, 2008

Howse, R., "Subsidies to Address Climate Change: Legal Issues", IISD, March 2009

Howse, Robert and Antonia Eliason, "Domestic and International Strategies to Address Climate Change: An Overview of the WTO legal Issues", in *International Trade Regulation and the Mitigation of Climate Change*, Thomas Cottier, Sadeq Bigdeli and Olga Nartova eds, Cambridge University Press, 2008

Hudec, R, "GATT/WTO Constraints on National Regulation: Requiem for an "Aim and Effects" Test", 32 International Lawyer 619, 1998

Hufbauer, C., S. Charnowitz, and J. Kim, *Global Warming and the World Trading System*, Peterson Institute, 2009

IPCC, A Report of Working Group I of the Intergovernmental Panel on Climate Change, 2007

Ismer, R., and K. Neuhoff, "Border Tax Adjustment: A Feasible Way to Support Stringent Emission Trading", *European Journal of Law and Economic* 24: 137-164, 2007

Jackson, John H., "World Trade Rules and Environmental Policies: Congruence or Conflict?", 49 Wash & Lee L. Rev. 1227, 1992

_____, World Trade and the Law of GATT, 1969

Krugman, P., "Competitiveness: a Dangerous Obsession", *Foreign Affairs* 73:2, 1994

Lipsey, R.G., "Economic Growth: Science and Technology and Institutional Change in a Global Economy", Toronto: Canadian Institute for Advanced Research, 1991

Lockwood, B. and J. Whalley, "Carbon Motivated Border Tax Adjustments: Old Wine in Green Bottles?", NBER Working Paper No. W14025, 2008

Mandelson P., "How Trade Can be Part of the Climate Change Solution", Comment by Peter Mandelson, EU Trade Commissioner, Brussels, 18 December 2006

Matsuchita, Mitsuo, Thomas J. Schoenbaum and Petros C. Mavroidis, *The World Trade Organization: Law, Practice and Policy (2d ed.)*, Oxford University Press, 2006

Manders, T., and P. Veenendaal, "Border Tax Adjustments and the EU-ETS: A Quantitative Assessment", CPB Netherlands Bureau for Economic Policy Analysis, October 2008

McKibbin, W., and P. Wilcoxen, "The Economic and Environmental Effects of Border Tax Adjustment", Working Papers in International Economics, No. 1.09, February 2009, Lowy Institute for International Policy

Monjon, Stéhanie and Philippe Quirion, "Addressing Leakage in the EU ETS: Results from the CASE II Model", Climate Strategies Working Paper, 2009

Morgenstern, R., J. Aldy, E. Herrnstadt, M. Ho, and W. Pizer, "Competitiveness Impacts of Carbon Dioxide Pricing Policies on Manufacturing", Resources for the Future, Issues Brief 7, November 2007

Neuhoff, K., K. Keats, and M. Sato, "Allocation, Incentives and Distortions: the Impact of EU ETS Emissions Allowance Allocations to the Electricity Sector", Climate Policy, Vol.6, No.1, Earthscan, 2006

OECD, "Environmental Taxes and Border Tax Adjustments", Environment Policy Committee and Committee on Fiscal Affairs, Joint Sessions on Taxation and Environment, COM/ENV/EPOC/DAFFE/CFA(94)31. OECD, 1994

OECD, The Political Economy of Environmentally Related Taxes, OECD, 2006

OECD, "Competitiveness, Leakage, and Border Adjustment: Climate Policy Distractions?", by John Stephenson and Simon Upton, Round Table on Sustainable Development, 22-23 July 2009, SG/SD/RT(2009)/3

OECD, "Border Carbon Adjustment and Free Allowances: Responding to Competitivenss and Leakage Concerns", by Peter Wooders, Aaron Cosbey and John Stephenson, Round Table on Sustainable Development, 23 July 2009, SG/SD/RT(2009)8

OECD, The Economics of Climate Change Mitigation: Policy Options for a Post Kyoto Global Action Plan beyond 2012, OECD, 2009

OECD, "Linkages Between Environmental Policy and Competitiveness", OECD Environment Working Papers, No.13, OECD Publishing, doi: 10.1787/218446820583, 2010

Pauwelyn, Joost, "U.S. Federal Climate Policy and Competitiveness Concerns: The Limits and Options of International Trade Law", Nicholas Institute for Environmental Policy Solutions Working Paper 07-02, NI, April 2007

_____, Testimony Before the Subcommittee on Trade of House Committee on Ways and Means, 24 March 2009

Pearce, D., The Role of Carbon Taxes in Adjusting to Global Warming, The Economic Journal 101, 1991

Peterson, E. and J. Schleich, "Economic and Environmental Effects of Border Tax Adjustments", Working Paper Sustainability and Innovation No. S 1/2007,

Fraunhofer Institute Systems and Innovation Research, October 2007

Ponssard, J., and N. Walker, "EU Emissions Trading and the Cement Sector: a spatial competition analysis", *Climate Policy*, Vol.8, No.5, Earthscan, 2008

Porter, M.E., Ketels, C. and Delgado, M., The Microeconomic Foundations of Prosperity: Findings from the Business Competitiveness Index, in the Global Competitiveness Report 2007-2008, World Economic Forum, 2007

Reinaud, Julia, "Issues Behind Competitiveness and Carbon Leakage: Focus on Heavy Industry", IEA Information Paper, OECD/IEA, 2008

Roessler, Frieder, "Diverging Domestic Policies and Multilateral Trade Integration", in 2 Fair Trade and Harmonization 21 edited by Jagdish Bhagwati and Robert E. Hudec, 1997

Stephenson, J., "Post-Kyoto Sectoral Agreements: A Constructive or Complicating Way Forward?", Round Table on Sustainable Development background paper, OECD, Paris, 13 March 2009

Stern, Nicolas, "Stern Review: The Economics of Climate Change", Cambridge University Press, United Kingdom 2006

Sijm, J.P.M. et al, "The Impact of the EU ETS on Electricity Prices", final report to DG Environment of the European Commission. ECN-E--08-007, 2008

Takamura, Yukari and Yasuko Kameyama, "Border Adjustments in Japanese Climate Policy: Policy Discussion and Perception of Stakeholders", Climate Strategies Working Paper, 2009

Tokarick, S., "simple rule for assessing tariff and tax incidence", Economics Letters, Volume 93, Issue 1, October 2006

UK HM Treasury, The Climate Change Levy Package, 2006

UK National Audit Office, The Climate Change Levy and Climate Change Agreements, 2007

Voiturié, T., and X. Wang, "Can Unilateral Trade Measures Significantly Reduce Leakage and Competitiveness Pressures on EU-ETS-constrained Industries? The case of China export taxes and VAT rebates", Climate Strategies Working Paper, 2009

Vranes, Erich, "Trade and the Environment: Fundamental Issues in International Law, WTO Law, and Legal Theory", International Economic Law Series, Oxford University Press, 2009

Waxman, Henry A. and Edward J. Markey, Chairman and Subcommittee Chairman of the Energy and Commerce Committee, H.R. 2454, The American Clean Energy and Security Act, May 15 2009

Werksman, J., and T. Houser, "Competitiveness, Leakage and Comparability: Disciplining the Use of Trade Measures under a Post-2012 Climate Agreement", World Resources Institute, Discussion Paper, December 2008

Wooders, P, A. Cosbey, and J. Stephenson, "Border Carbon Adjustment and Free Allowances: Responding to Competitiveness and Leakage Concerns", Round Table on Sustainable Development background paper, OECD, July 2009

World Bank, "International Trade and Climate Change: Economic, Legal and Institutional Perspective", World Bank 2008

WTO-UNEP, Trade and Climate Change, WTO-UNEP, 2009, available at www.wto.org

김호철

♦ 학력

고려대학교 경영대학

서울대학교 행정대학원 석사과정 졸업

미국 조지타운로스쿨 LLM (미국 버지니아주 변호사)

서울대학교 법학전문대학원 박사과정 졸업 (법학전문박사)

♦ 경력

1998년 - 행정고시 제42회 국제통상직 수석합격

1999년 - 2004년 산업자원부 근무

2005년 - 현재 외교통상부 근무: FTA정책과, 한미FTA이행팀, 다자통상협력
　　　　과, 주제네바대표부 1등서기관

♦ 주요논문

미국 법학저널: Does Annex 22-B of the proposed US-Korea Free Trade
Agreement contemplate and allow for trade with respect to North Korea?,
Georgetown Journal of International Law (2008); Burden of proof and the prima
facie case: Evolving history and its application in the WTO jurisprudence,
Richmond Journal of Law and Business (2007)

국내 학술지: 전통지식 보호의 국제적 논의동향, 서울대 기술과법센터 Law &
Technology (2010); 브라질-재생타이어 수입제한조치 사건, 통상법률(2009);
한미 FTA 저작권 분야 협상결과 및 국내법 이행 검토, 계간 저작권(2009);
한미자유무역협정 의약품 지재권 관련 법적 쟁점 검토, 서울대학교 법학
(2009, 공저); 통상법에서 시장접근 규범과 국내규제 규범간 구분: 한미자유
무역협정 제13장과 금융규제 자율성, 통상법률(2009); 한미자유무역협정의
미국 국내적 효력 및 이행절차 검토, 통상법률(2008)

기후변화와 WTO : 탄소배출권 국경조정 값 28,000원

2011년 7월 05일 초판 인쇄
2011년 7월 15일 초판 발행

편   자 : 김 호 철
발 행 인 : 한 정 희
편   집 : 김 송 이
발 행 처 : 경인문화사
　　　　　서울특별시 마포구 마포동 324 · 3
　　　　　전화 : 718 · 4831~2, 팩스 : 703 · 9711
　　　　　이메일 : kyunginp@chol.com
　　　　　홈페이지 : 한국학서적.kr / www.kyunginp.co.kr
등록번호 : 제10 · 18호(1973. 11. 8)

ISBN : 978-89-499-0796-3　94360
ⓒ 2011, Kyung-in Publishing Co, Printed in Korea
* 파본 및 훼손된 책은 교환해 드립니다.